제2판

장선구 노동경제학 연습

응용실전편

경제학 박사 **장선구** 편저

비앤엠북스

차례

노동경제 **응용실전편**

노동경제 **실전모의고사**

노동경제 **계산문제 특강**

고득점 답안 작성 방법

최근 우리나라는 15~29세 청년인구가 1990년을 기점으로 해서 감소하고, 30~54세의 경제활동의 장년인구가 2010년 기점으로 감소하고 있다. 청년인구가 감소하고, 좋은 음식 섭취, 건강증진 활동, 의료기술 발달, 주거환경 청결로 고령화도 동시에 진행되고 있다. 이러한 상황을 기반으로 하여 다음 물음에 답하시오. (50점)

(1) 노동수요를 결정하는 요인들은 무엇이 있는지 설명하고, 노동수요함수 형태로 나타내시오. (10점)

(2) 노동수요의 탄력성의 크기를 결정하는 요인인 마샬-힉스 법칙에 대해 4가지 측면에서 설명하시오.(10점)

(3) 노동수요 결정요인 중 특히 정부의 규제인 법정복리비, 퇴직금 등이 노동수요에 어떤 영향을 미치는지 설명하시오.(10점)

(4) 청년인구의 감소와 고령화가 동시에 진행되는 상황이 노동수요에 어떤 영향을 미칠지 설명하시오. (10점)

(5) 최근 노동수요의 급감으로 인해 발생하는 청년의 고용절벽 현상을 타개할 수 있는 처방책을 제시하시오.(10점)

1 취소선은 자를 대고 두 줄로 그어 주세요.

설명 부분에서든, 그림에서든 취소선을 그냥 직직 긋거나 막 지워버리는 경우가 있는데 채점할 때 매우 좋지 않은 인상을 줍니다. 되도록이면 자를 대고 정성스럽게 두 줄로 그어 주세요.

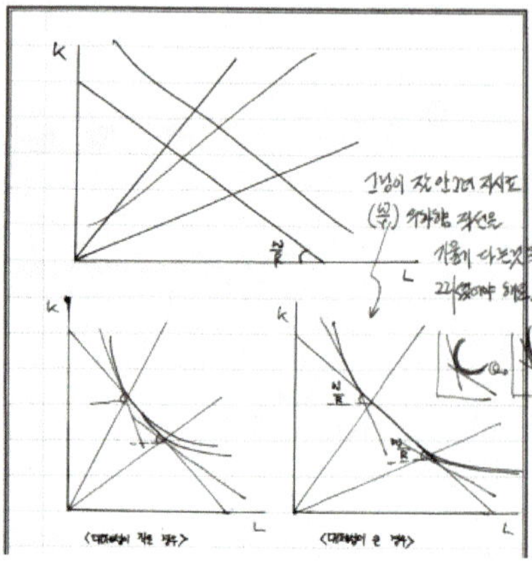

2 그림이 있으면 그림에 대한 간략한 언급이 있어야 합니다. 그림은 가운데 정렬해서 크게 그려 주세요.

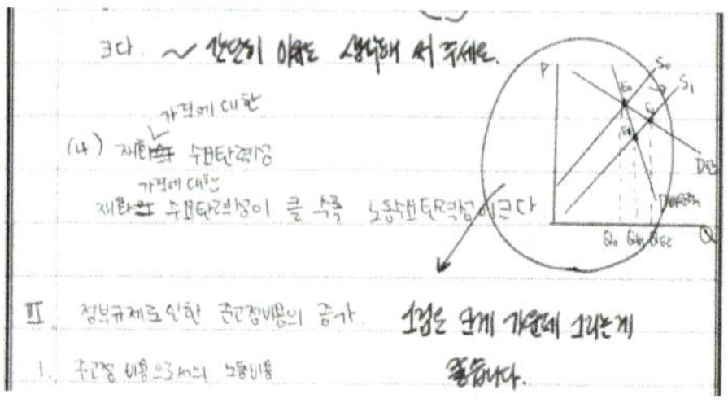

3 바로 답을 작성하지 마시고, lead 부분을 넣어 매끄럽게 진행해 주세요.

자기소개를 할 때 “난 홍길동이야, 만나서 반가워. 잘 지내자!” 이렇게 끝내면 뭔가 아쉬워요. 여친(송혜교), 남친(송중기)을 처음 만났을 때처럼, 자신을 어필하려는 자세로 글을 써야 합니다. 정보만 제공하고자 하는 목적이 아닙니다.

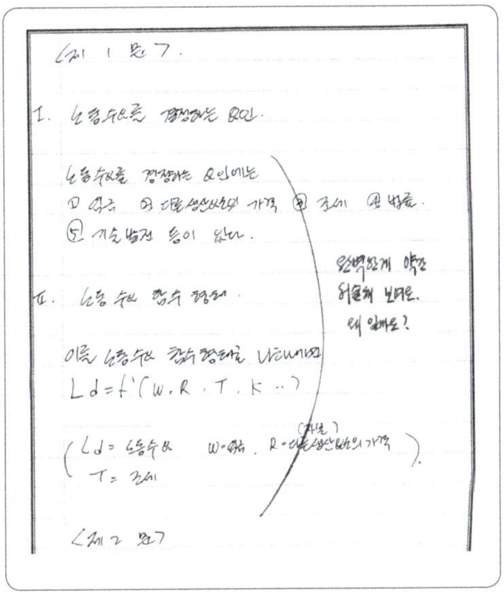

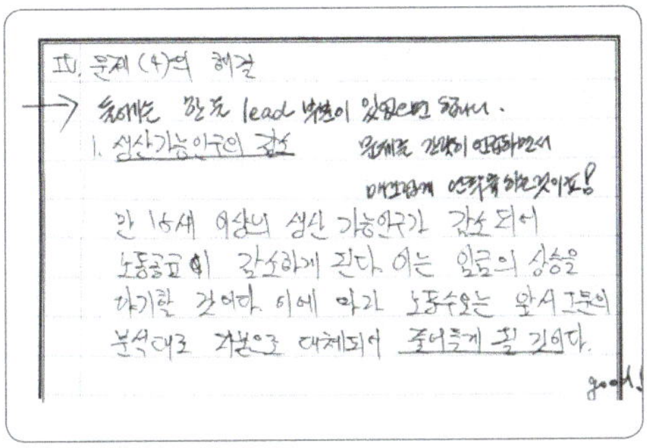

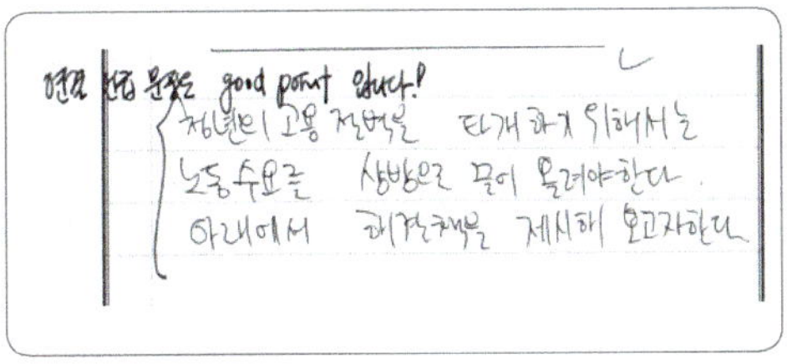

4 마무리로 결론을 몇 줄이라도 넣어 주세요. 내용도 중요하지만 연결이 매끄러워야 합니다.

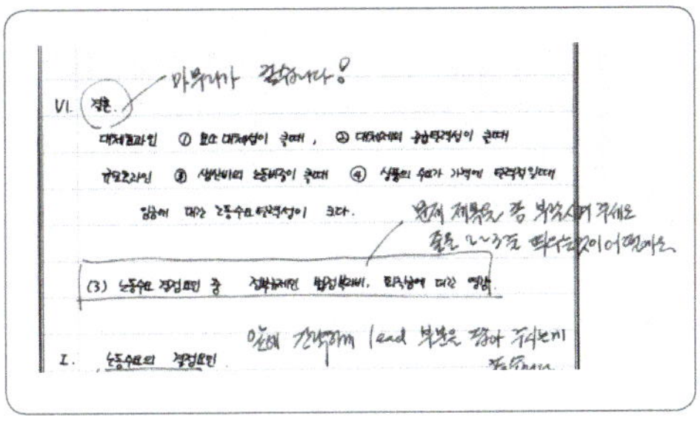

5 공간은 충분히 활용해서 줄 간격을 크게 두시고, 여백의 미를 활용하세요.

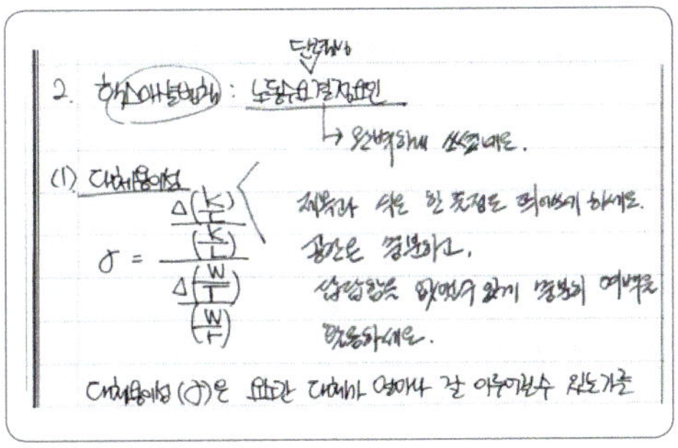

6 식은 본문에서 따로 빼 주세요.

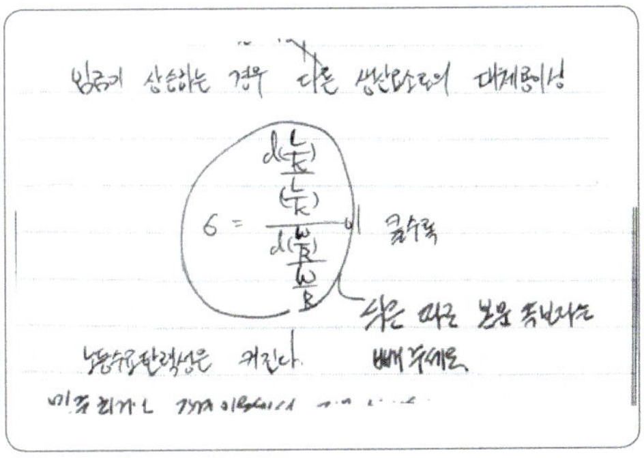

7 현실에 적용시키면 좋습니다.

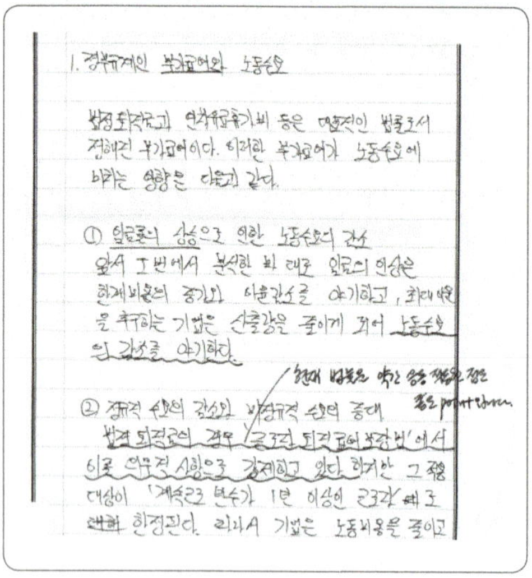

8 첫 글자부터 약자를 쓰는 것은 보기에 안 좋습니다. 사람 이름은 영문으로도 알아두시기 바랍니다.

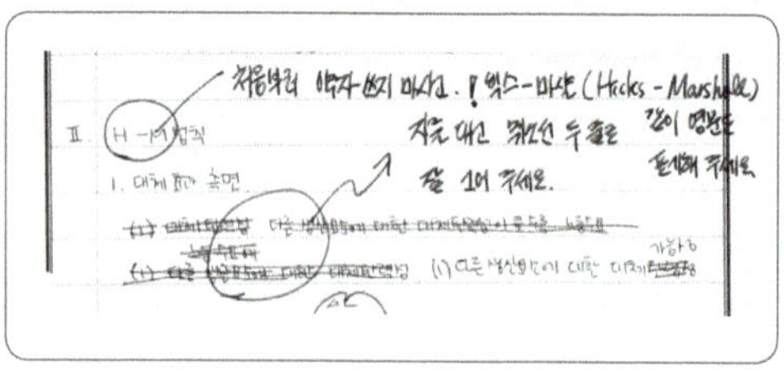

9 간결하게 써 주세요. 만연체 싫어요.

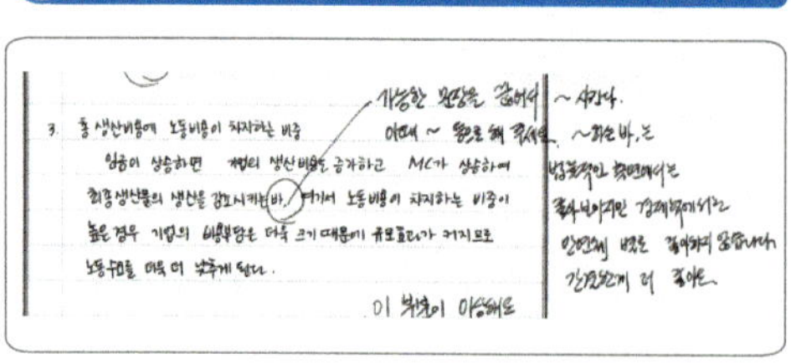

10 강한 표현 싫어요.

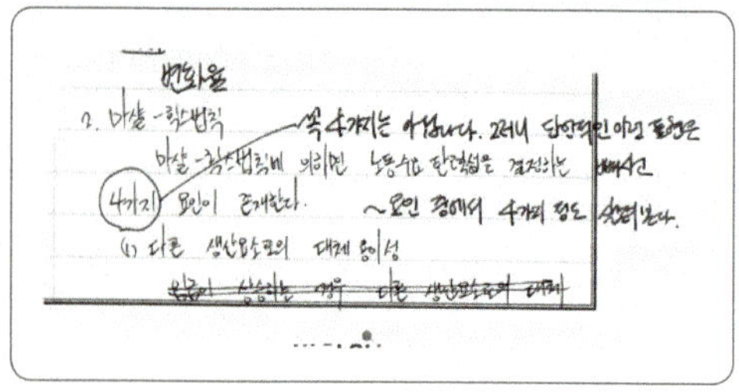

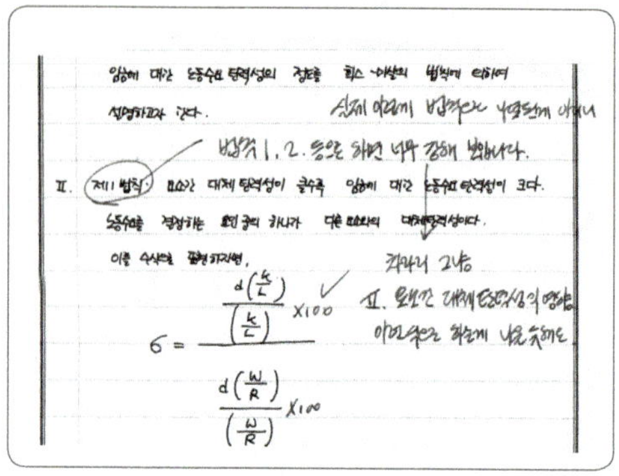

11 기타

몰라도 최선을 다하세요.

모르는 부분이 나오더라도 포기하시면 안 됩니다. 모르면 대충 목차라도 써 주세요.

문제라도 다시 풀어서 써주시면 채점자가 짜증은 낼지언정 정성에는 감동할 겁니다.

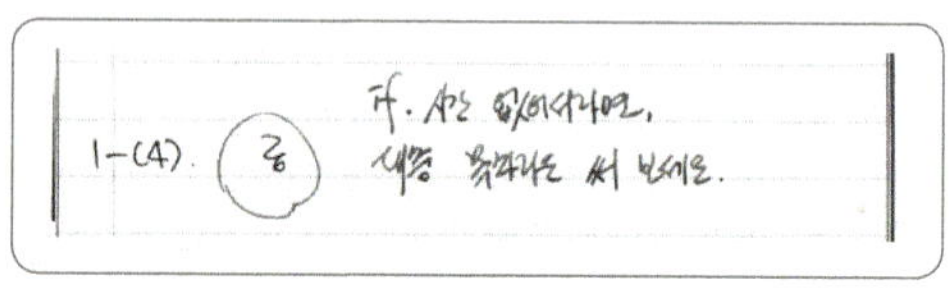

그래프에서는 두 축이 매우 중요합니다. 간략하게나마 두 축이 의미하는 바를 언급해 주세요.

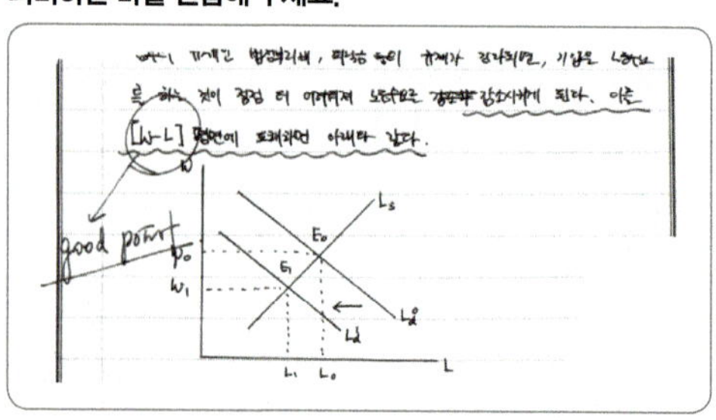

경제적인 마인드와 연결시키려는 노력은 매우 중요합니다.

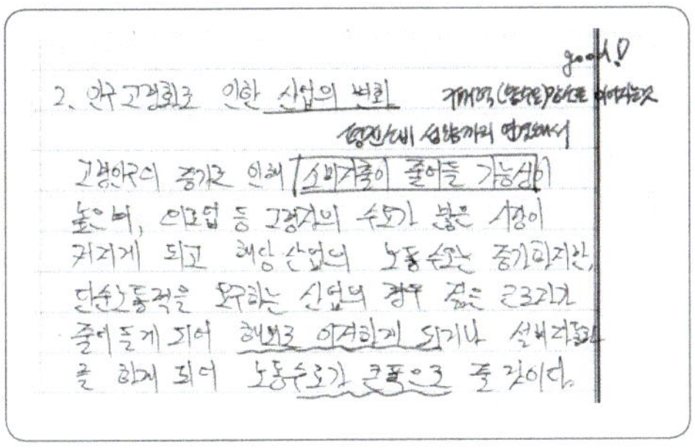

한자는 중요한 용어만 병기하세요.

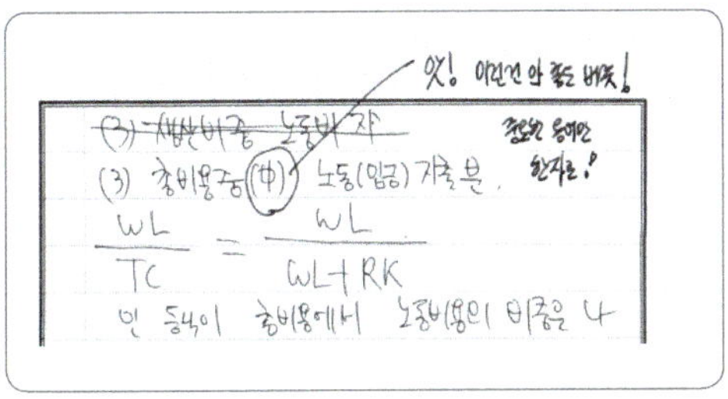

문장은 명확하게 표현해 주세요. 특히 수식어는 어느 부분을 수식하는지 명확히 해 주시고, 지시어는 무엇을 의미하는지 풀어서 써 주시기 바랍니다.

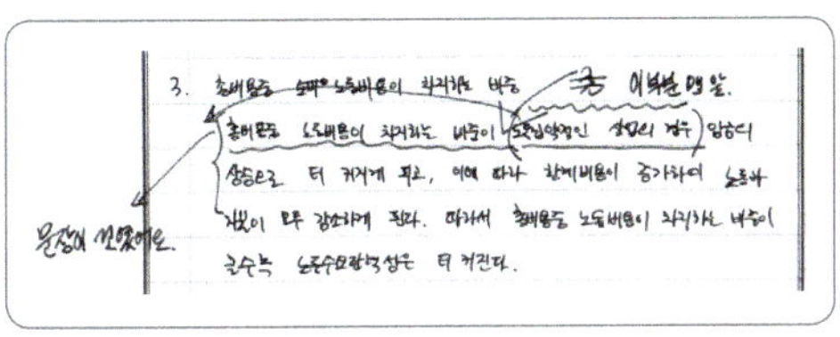

식은 점선(………)으로 표시해 주세요.

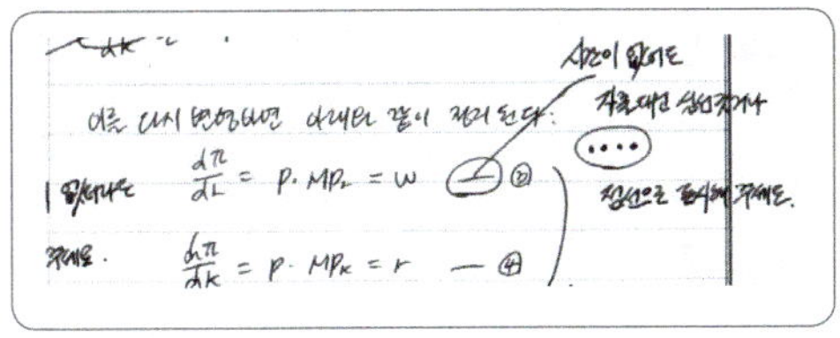

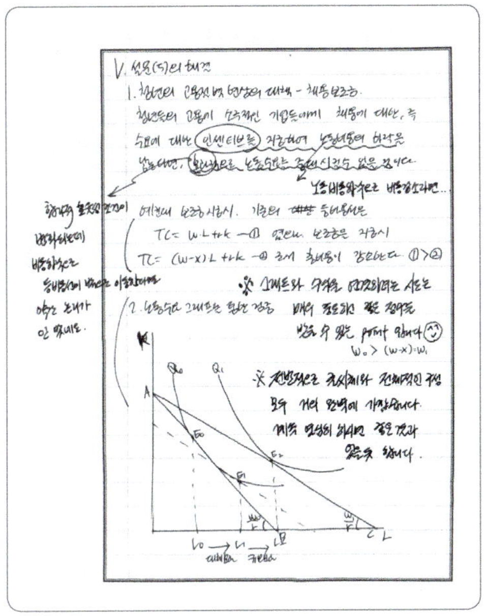

다음은 노동시장에 대한 질문이다. 물음에 답하여라.

(1) 노동시장에서 수요독점시장이란 무엇을 의미하는지를 설명하고, 완전차별적인 수요독점기업과 차별이 없는 수요독점기업으로 나누어 기업의 이윤극대화 조건을 설명하시오. (15점)

(2) 최저임금제를 실시하게 되면 실업이 발생한다고 일반적으로 알려져 있다. 그러나 패스트푸드 시장을 대상으로 한 연구에서는 오히려 고용자의 수가 증가했다는 연구결과도 있다. 어떻게 다른 결과가 발생했는지를 설명하여라. (20점)

(3) 정부는 근로자들에게 다양한 혜택과 방법을 제공하고 있다. 특히 작업장의 청결유지, 보상보험 제공, 맛있는 점심식사 제공 등과 같이 법정부가혜택을 제공하기도 한다. 이러한 법정부가혜택은 급여세와 비교해서 그 효과가 다르다. 근로자들이 느끼는 법정부가혜택의 가치가 부가혜택의 제공비용보다 큰 경우 급여세와 비교하여 후생측면에서 어떤 결과를 얻게 되는지 그래프를 이용해서 설명하시오. (15점)

1 수요독점하에서 완저차별적인 경우와 차별이 없는 경우로 나누어서 잘 알아두시기 바랍니다.

분량 조절을 잘 하셔야 합니다.

무조건 내용을 채우는 것도 중요하지만, 문제에서 묻고 있는 부분보다 다른 내용을 너무 많이 쓰면 논점이탈이 되고, 오히려 좋지 않는 인상을 심어줄 수 있습니다.

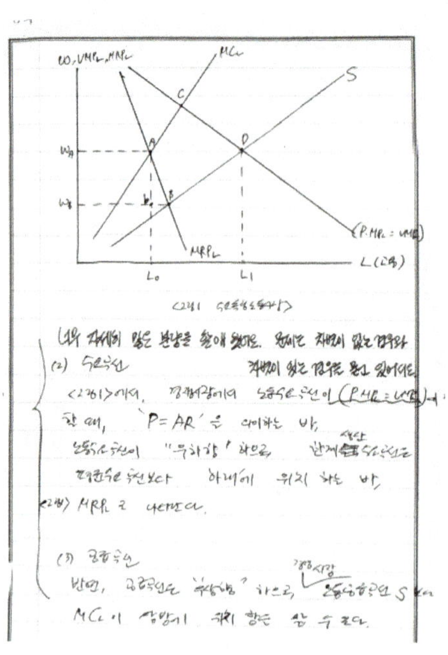

그림이 바로 나오면 부담스럽습니다.

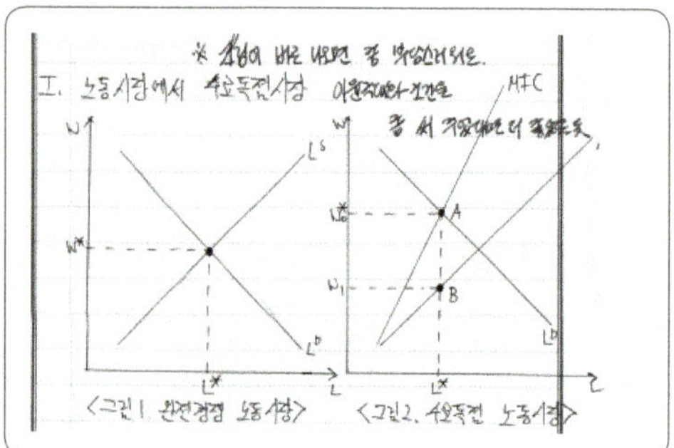

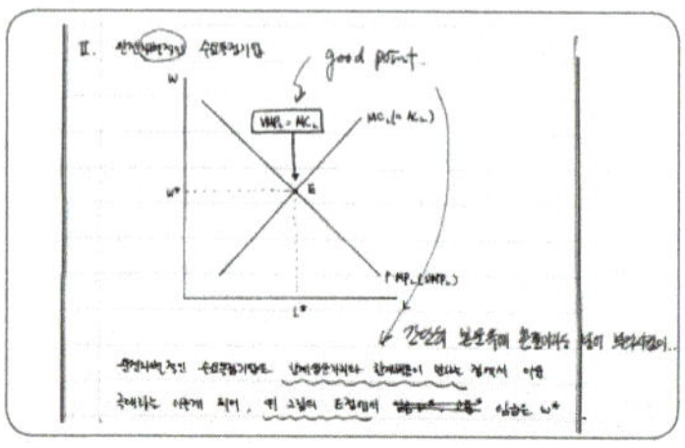

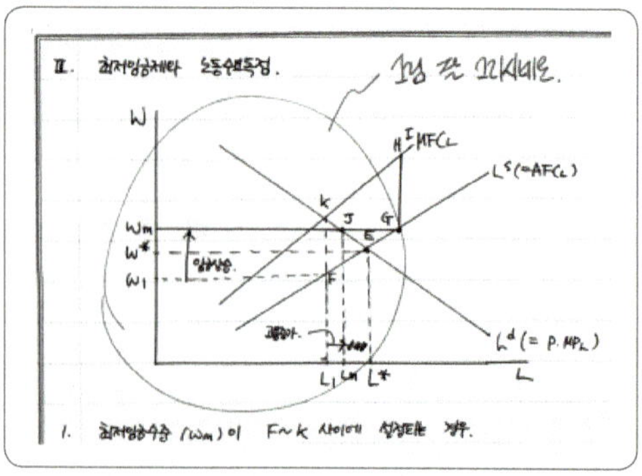

2 최저임금제의 도입 취지를 서론부분에 간략이 언급하는 것은 좋은 자세입니다.

수요독점하에서 최저임금 효과가 얼마 전에 출제되었다고 공부 아예 안하시면 안됩니다. 이것은 수요곡선과 공급곡선에 대한 일반적인 내용의 문제이므로 반드시 준비해두셔야 합니다.

우리끼리 쓰는 표현은 안됩니다.

그러나 최저임금 효과 분석시 다른 시장과 비교해서 설명하는 것도 분량 채우는데 좋고, 일반균형시각을 반영하므로 간단하게 써 보세요.

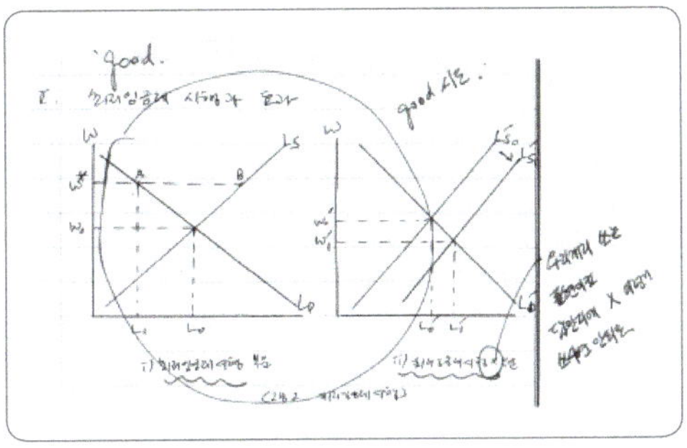

'그러나'를 문장의 처음에 시작하는 것은 별로 바람직하지 않습니다.

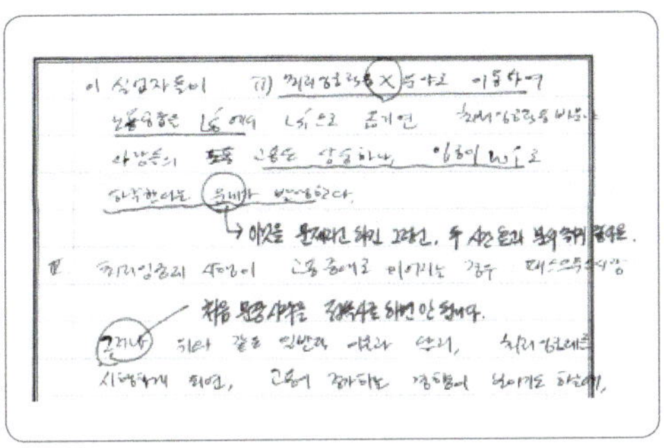

서론이 잘 되었네요.

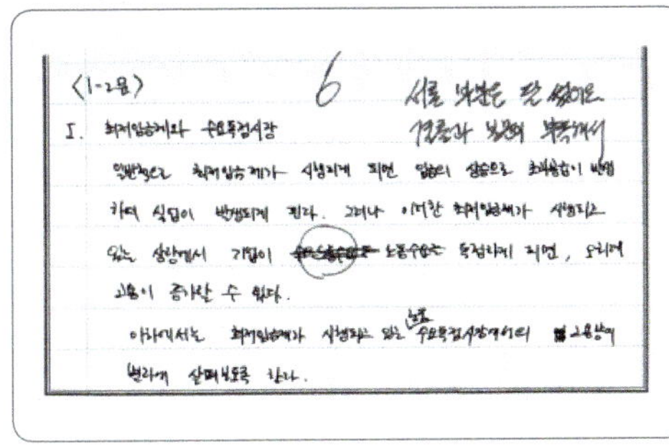

그림은 굵기로 표현해주세요.

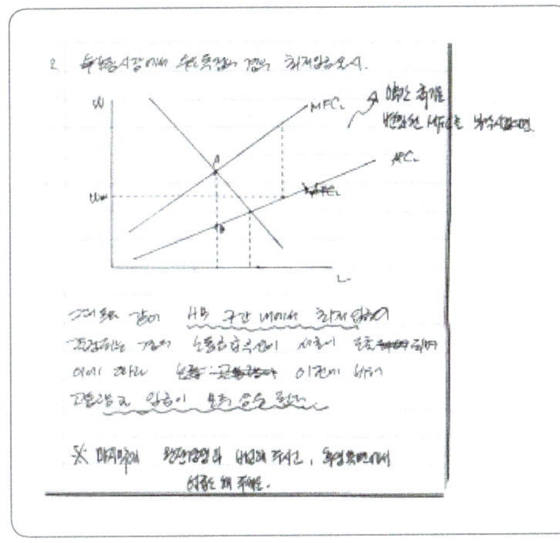

기존이론과 실증연구결과를 매칭하려는 시도는 좋습니다.

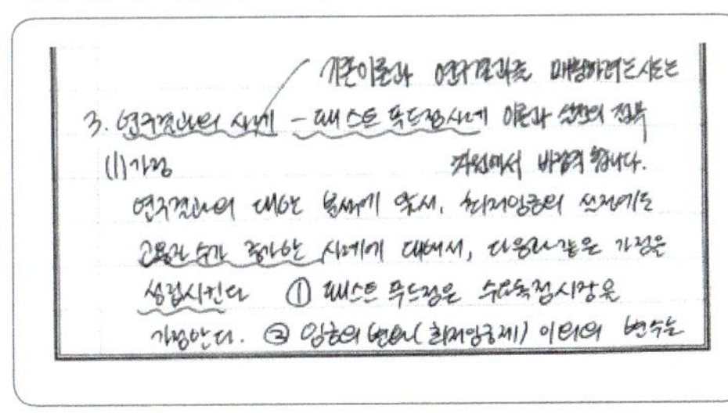

3 부가급여에 대해서 별로 공부를 안하신 듯합니다. 대부분 시간이 없고 해서인지 안쓴 분들이 계세요.

급여세와 법정부가혜택을 그래프에서 비교할 때 무차별곡선을 차라리 이용해야 합니다. 좋은 시도입니다만..

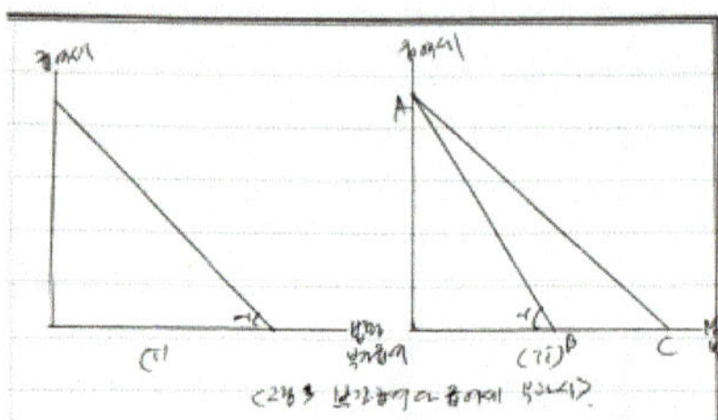

우수답안 사례 1

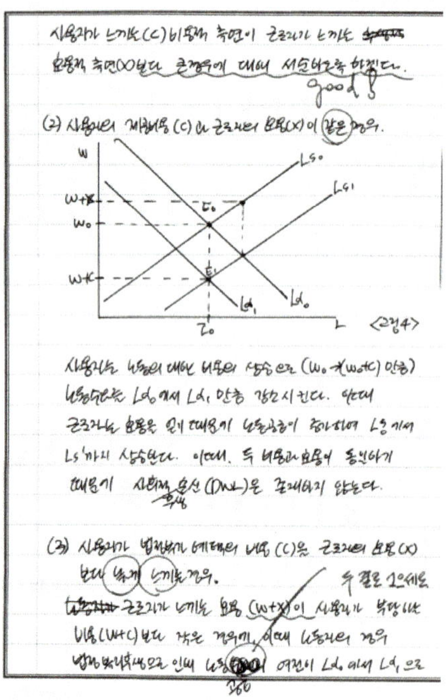

사용자가 느끼는 (C) 비용적 측면이 근로자가 느끼는 효용적 측면(X)보다 큰 경우에 대해 서술하도록 하겠다. good!

(2) 사용자의 제공비용 (C)과 근로자의 효용(X)이 같은 경우.

사용자는 노동에 대한 비용의 상승으로 (W0 → (W0+C) 만큼) 노동수요는 Ld0에서 Ld1 만큼 감소시킨다. 반대 근로자는 효용을 얻기 때문에 노동공급이 증가하여 Ls0에서 Ls1까지 상승한다. 이때, 두 비용과 효용이 동일하기 때문에 사회적 후생손실(DWL)은 존재하지 않는다.

(3) 사용자가 법정부가혜택의 비용 (C)을 근로자의 효용(X) 보다 높게 느끼는 경우.

근로자가 느끼는 효용 (W+X)이 사용자가 부담하는 비용(W+C)보다 작은 경우이며, 이때 노동자의 경우 법정부가혜택으로 인해 노동 여전히 Ld0 에서 Ld1 으로

우수답안 사례 2

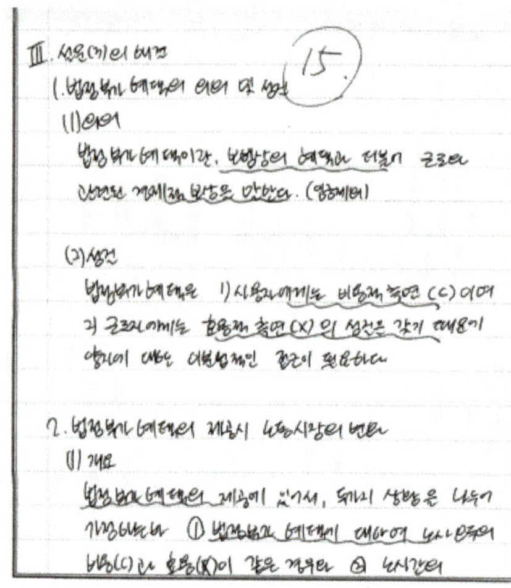

Ⅲ. 성(?)의 예견

1. 법정부가 혜택의 의의 및 성격

(1) 의의

법정부가 혜택이란, 보험상의 혜택과 더불어 근로와 관련된 계속적 보상을 말한다.

(2) 성격

법정부가혜택은 1) 사용자에게는 비용적 측면 (C)이며 그 근로자에게는 효용적 측면 (X)의 성격을 갖기 때문에 양자에 대한 대립적인 결과가 필요하다

2. 법정부가 혜택의 제공시 노동시장의 변화

(1) 개요

법정부가 혜택의 제공에 있어서, 두가지 상황을 나누어 가정한다. ① 법정부가 혜택에 대하여 노사 양측의 비용(C)과 효용(X)이 같은 경우와 ② 노사간의

우수답안 사례 3

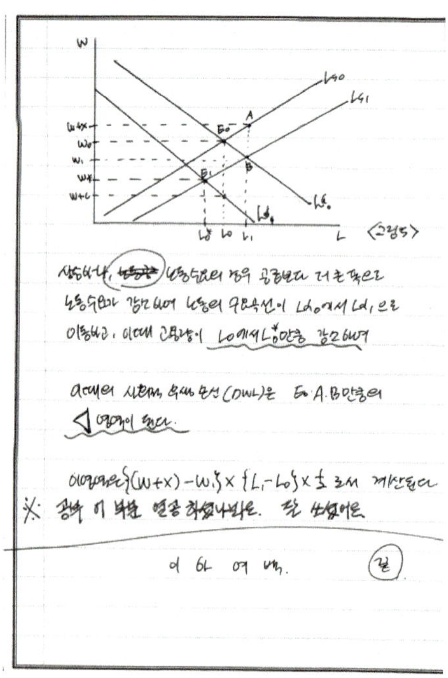

사용자가 노동수요의 경우 공급보다 더 큰 폭으로 노동수요가 감소하여 노동의 수요곡선이 Ld0에서 Ld1으로 이동하고, 이때 고용량이 L0에서 L1만큼 감소하여

이때의 사회적 후생손실 (DWL)은 E0·A·B만큼의 △ 면적이 된다.

이 면적은 {(W+X) − W1} × {L1 − L0} × ½ 로서 계산된다.

이하 여백. (끝)

노동경제
응용실전편

Point 1

노동공급

1. 공무원 중에서 다양한 파트타임 공무원제가 확립되어 오전 8시에 출근해서 12시, 오후 1시에 출근해서 5시, 또는 오전 10시에 출근하여 오전 2시간, 오후 2시간 근무한 후 오후 3시에 퇴근하는 근무 형태가 보장된다면 어떻게 될 것인가?
2. 부유한 배우자를 가진 기혼여성은 가난한 배우자의 기혼여성보다 경제활동에 참여할 가능성이 낮다는 것을 설명하라.
3. 노년기에 제공되는 복지혜택이 적은 경우 노령인구의 경제활동참가율을 높아지게 한다는 것을 설명하라.
4. 구직확률이 낮아질수록 실망 노동자가 될 가능성이 높다는 것을 그래프를 이용해서 설명하라.
5. 불경기에 여성의 경제활동 참가가 증가하는 경향을 그래프를 이용해서 설명하라.
6. 소득이 전혀 없는 경우에 일정한 금액의 보조금을 지급받는다고 한다. 이때 소득이 증가함에 따라서 소득의 일정률만큼 보조금이 계속 감소하는 경우 예산선을 그리시오. 이때 노동공급량이 증가하는가 감소하는가를 소득효과와 대체효과로 나누어서 설명하시오. (단, 비근로소득이 일정하게 존재한다고 가정한다.)
7. 초과근로에 대한 할증임금이 동등한 액수를 지급하는 임금 인상보다 근로자들로 하여금 더 많은 시간을 일하도록 유도할 것이지만, 더 낮은 효용수준을 달성하는 상황을 그래프를 이용해서 설명하시오.
8. 육아시간이 존재할 때 기혼여성의 경제활동참가에 미치는 영향을 설명하여라. 또한 정부가 육아시간에 투입되는 비용을 감소시켜주기 위해서 무상으로 탁아시설을 제공한다면 여성의 노동공급에 어떤 영향을 미칠지 그래프를 이용해서 설명하여라.
9. 정부는 노무관련 법률 서비스를 받지 못하는 사회적 약자층이 많아지자 노무사들에게 의무적으로 다음과 같은 방식으로 사회에 기여해 줄 것을 요청하였다. 제시된 방안이 노무사의 노동공급에 미치는 영향을 그래프를 이용하여 설명하여라.

1. 최소근로시간 제약하의 노동공급곡선

1. 공무원 중에서 다양한 파트타임 공무원제가 확립되어 오전 8시에 출근해서 12시, 오후 1시에 출근해서 5시, 또는 오전 10시에 출근하여 오전 2시간, 오후 2시간 근무한 후 오후 3시에 퇴근하는 근무 형태가 보장된다면 어떻게 될 것인가?

1. 의의

① 일반적인 노동공급 결정 모형에서는 개인이 근로시간을 자유롭게 선택할 수 있다고 가정

② 대부분의 경우 일자리는 '9-to-5' 혹은 '9-to-6'와 같이 근로시간이 주 40시간으로 정해져 있는 경우가 많아 개인의 선택폭은 매우 제한적

③ 최적노동시간이 상대적으로 짧은 기혼여성이나 학비나 용돈을 벌면서 공부해야 하는 청년층, 체력적으로 장시간 노동이 힘든 고령자들의 경우에도 자유롭게 노동시간을 선택할 수 있다는 가정은 심각한 왜곡을 발생시킬 수 있음

2. 최소근로시간 제약

(1) 최소근로시간 제약

① 최소근로시간 제약(minimum-hour constraint), 고정근로시간 제약(fixed-hour constraint)이란 노동시장에서 개인의 근로시간 선택에 제약이 있는 상황을 말함

② 예산선의 일정 구간에 한정된다는 것을 의미

(2) 근로시간 선택에 제약이 발생하는 경우

① 기업은 근로자를 채용하는 데 고정비용이 들어가기 때문에 일정 근로시간 이하로 일하는 근로자의 채용을 꺼리게 됨

② 근로자들이 다함께 작업해야 성과를 내는 경우에도 모든 근로자들은 동일한 시간을 정해 두고 일을 하기 때문에 근로시간에는 제약이 발생

3. 효용을 직접 비교해 차선의 선택을 하는 경우

근로자의 형태를 다음과 같이 4가지 유형으로 나눌 수 있음

- 유형1 : 대단히 소득선호적인 경향
- 유형2 : 대단히 여가선호적인 경향
- 유형3 : 다소간 소득선호적인 경향
- 유형4 : 다소간 여가선호적인 경향

(1) 최소근로시간 제약하의 예산선

그림 1 최소근로시간 제약하의 예산선

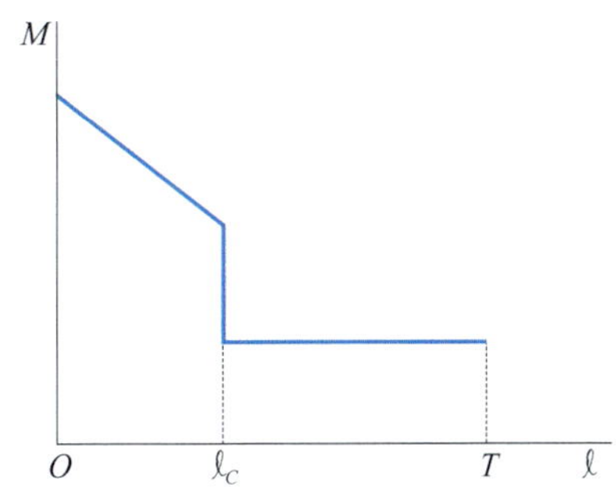

(2) 대단히 소득선호적인 경향의 근로자

① 일(노동)에 대한 선호적 취향을 지니고 있어 효용극대화는 FC구간에서 이루어짐

② 개인의 효용극대화 여가시간이 기업이 허용하는 여가시간보다 작기 때문에 자신이 선호하는 여가시간을 선택할 수 있음

→ 희망하는 근로시간만큼 일할 수 있음

그림 2 대단히 소득선호적인 경향의 근로자

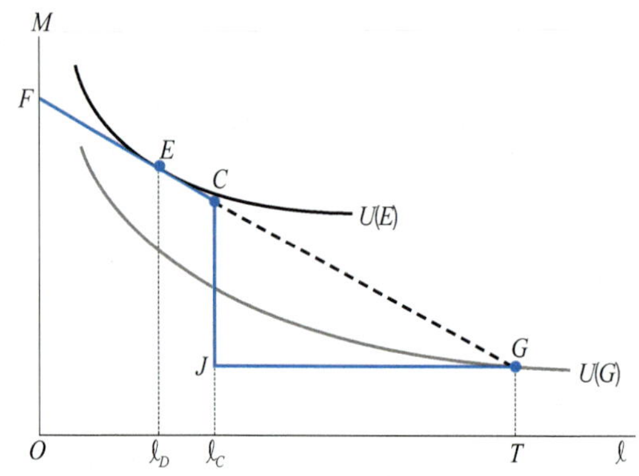

(3) 대단히 여가선호적인 경향의 근로자

① 극도로 일(노동)기피적인, 즉 여가선호적인 취향을 지니고 있어 효용극대화는 G점에서 이루어짐

② 노동공급시간이 0이 되어 비경제활동인구의 상태를 선택할 것임

그림 3 대단히 여가선호적인 경향의 근로자

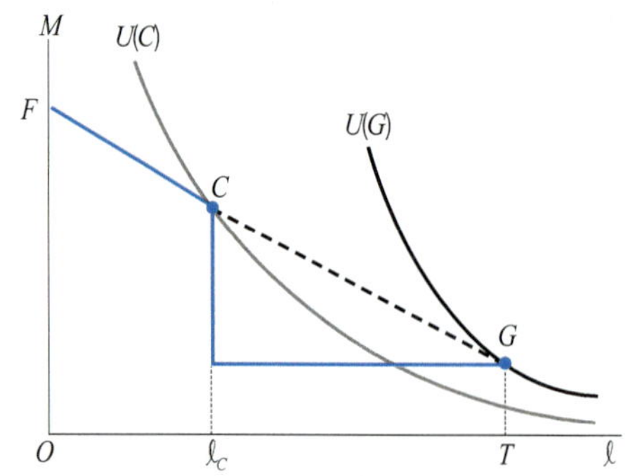

(4) 다소간 소득선호적인 경향의 근로자

① 효용극대화점은 E점이나, 최소근로시간 제약으로 인해서 현실적으로 선택할 수 없게 됨
② 차선의 선택은 $T\ell_C$을 수용하고 노동공급을 할 것인가, 일을 하지 않고 쉴 것인가를 선택
→ 무차별곡선의 위치를 보면 C점을 선택하는 것이 G점을 선택하는 경우보다 효용수준이 높음
③ $T\ell_C$을 수용하고 노동공급하는 것을 선택

그림 4 다소간 소득선호적인 경향의 근로자

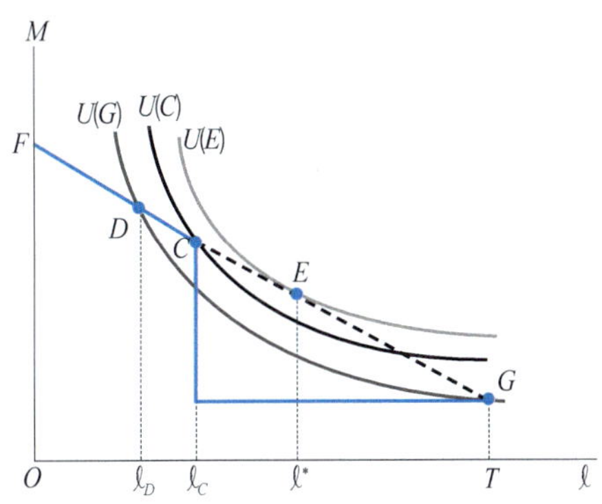

(5) 다소간 여가선호적인 경향의 근로자

① 효용극대화점은 E점이지만, 최적 근로시간 $T\ell^*$만큼 일하기를 희망하나 조건에 맞는 일자리가 없어 최선을 선택할 수 없음
② $T\ell_C$를 수용하는 경우에는 효용수준이 C점을 지나는 $U(C)$가 되나, 노동공급을 하지 않게 되면 효용수준은 G점을 지나는 $U(G)$가 됨
③ $U(C) < U(G)$이므로 이 근로자에게 차선의 선택은 비경제활동인구 상태로 남아있는 것임

그림 5 다소간 여가선호적인 경향의 근로자

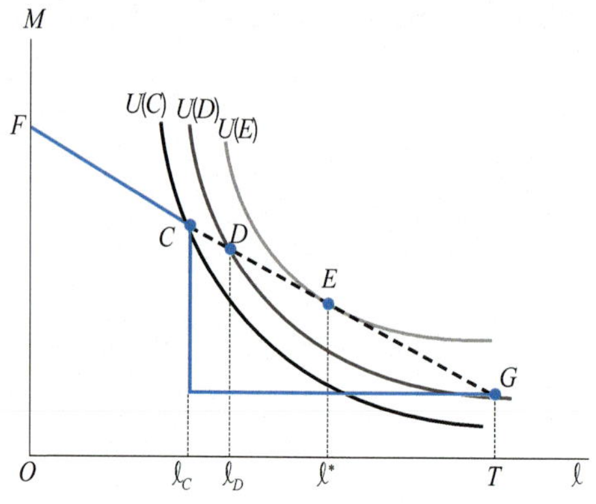

4. 희망여가시간을 차선의 선택기준으로 삼는 경우

① 최선의 선택이 불가능한 경우에 차선의 선택 시 개인의 희망여가시간을 찾아서 기업이 이 수준을 최소한 보장하지 않는 경우 아예 일을 하지 않게 됨

② 무차별곡선을 사용하는 것은 추상적인 효용수준을 비교하는 것이지만, 개인의 희망여가시간을 이용하여 컷오프 여가시간이라는 구체적인 척도를 상정하게 됨

(1) 다소간 소득선호적인 경향의 근로자

① 이 경향의 근로자는 노동공급을 전혀 하지 않는 G점을 선택하는 경우의 효용수준과 동일한 예산선상의 점을 D라고 가정

② G점과 D점은 동일한 효용수준을 제공

③ D와 관련한 여가시간을 ℓ_D라고 하면 이 수준의 여가시간이 주어지지 않는 경우에 전혀 일을 하지 않는 것이 더 낫다는 의미

④ $U(C) > U(D)$인 경우에 C를 선택하게 됨

→ 최소한의 여가시간을 확보할 수 있기 때문

(2) 다소간 여가선호적인 경향의 근로자

① 이 경향의 근로자가 희망하는 여가시간은 ℓ_D이나 기업이 허용하는 여가시간은 ℓ_C임

② $\ell_C < \ell_D$의 상황이므로 노동공급을 하지 않는 G점을 선택하게 됨

(3) 대단히 소득선호적인 근로자 혹은 대단히 여가선호적인 근로자

① 대단히 소득선호적인 근로자의 경우는 $\ell_C > \ell_D$이므로 노동공급을 선택하게 됨
② 대단히 여가선호적인 근로자의 경우는 $\ell_C < \ell_D$이므로 노동공급을 아예 선택하지 않게 됨

5. 모형의 결론

① 근로자 유형에 따른 노동의 선택에서는 대단히 소득선호적이거나 대단히 여가선호적인 경향을 지닌 근로자의 경우에는 최소근로시간의 제약이 있더라도 제약이 없는 경우와 크게 다른 결과를 초래하지 않게 됨
② 최소근로시간보다 적게 일하기를 희망하는 개인들은 비자발적으로 원하는 근로시간보다 더 많이 일하거나(유형3), 아예 일을 하지 않는 결정(유형4)을 하게 됨
③ 개인의 효용극대화 관점에서 볼 때 유형3의 근로자는 과다고용(over-employment)인 경우이고, 유형4의 근로자는 과소고용(under-employment) 상태에 있음

6. 현실에의 적용

(1) 장시간 근로의 관행

① 우리나라에서는 사회적으로 장시간 근로의 관행이 있는데 이 경우 기업이 허용하는 여가시간이 짧아서 상대적으로 더 많은 사람들이 비자발적으로 노동공급을 결정해야 함
② ℓ_C가 더욱 왼쪽으로 치우치게 되면 예산선의 더 많은 부분이 선택불가능한 영역이 되어버림
③ 장시간 근로가 만연해 있는 한국의 노동시장에서는 일단 취업한 자들은(유형3) 과다고용 상태에 있는 경우가 증가하게 됨
④ 일하기를 희망하지만, 노동시간에 참여하지 못하는 사람들(유형4)은 과소고용 상태에 있게 됨

(2) 기혼여성과 청년·고령자의 과소고용 가능성

① 한국의 남성 및 취업여성들은 과다고용 상태가 일반적
② 기혼여성이나 청년·고령자들은 과소고용 상태에 빠져있을 가능성이 많음
③ 따라서 최소근로시간 제약이 변경되면 유형4의 근로자 중에서 상당수가 경제활동에 새로이 참가할 수 있음
④ 그 결과 학생, 고령자, 여성의 경제활동 참가가 획기적으로 증대하게 됨

(3) 네덜란드 실제 사례

① 네덜란드는 1970년 여성의 경제활동참가율이 29.9%에 불과했으나 2010년에는 72.6%로 상승하게 되었음

② 1980년대 초에 대규모 재정적자와 2년 연속 마이너스 성장을 기록하여, 노사는 임금인상 억제와 노동시간 단축 등을 핵심 내용으로 하는 '바세나르 협약'을 체결하게 됨

③ 이 협약은 노조가 임금인상 요구를 억제하는 대신에 기업은 근로시간 단축 등으로 일자리를 늘린다는 것

④ 이 협약의 결과 여성의 경제활동 참여가 늘면서 고용률이 크게 상승했고, 정규직 남성 근로자의 임금 억제와 노동시간 단축을 통해 파트타임 여성 근로자가 증가한 셈

(4) 한국에의 교훈

① 기업과 노동조합이 기존의 풀타임근로, 장시간근로제도에 집착하고, 정부 및 공공부문은 경직적인 근로시간 제약 관행을 유지하게 되면 장시간 노동과 낮은 고용율이라는 불명예에서 벗어날 수 없음

② 정부부문, 공기업에서 다양한 파트타임 근로제를 확립하여 민간부문에 확산시키면, 근로자가 선택 가능한 근로시간이 많아져 '적정노동시간+높은 고용률'의 조합을 달성할 수 있음

2. 비근로소득의 효과

2. 부유한 배우자를 가진 기혼여성은 가난한 배우자의 기혼여성보다 경제활동에 참여할 가능성이 낮다는 것을 설명하라. 또한 노년기에 제공되는 복지혜택이 적은 경우 노령인구의 경제활동참가율을 높아지게 한다는 것을 설명하라.

1. 비근로소득과 유보임금

① 비근로소득이 전혀 없는 경우 개인은 근로소득이 유일한 소득의 원천이므로, 유보임금이 매우 낮기 때문에 노동을 공급해야 함

② 비근로소득이 있으면 유보임금은 상승하게 되고, 시장임금이 일정수준 이상이 되어야만 노동공급을 결정하게 됨

③ 비근로소득이 적을수록 유보임금은 낮아지고, 경제활동에 참여할 가능성은 높아짐

2. 비근로소득이 경제활동 참가에 미치는 영향

(1) 비근로소득이 없는 경우

① 비근로소득이 전혀 없는 경우 T점을 선택하고, 효용수준은 U_0가 됨

② T점에서 U_0의 접선의 기울기는 매우 낮은 수준

③ 시장임금수준이 W가 되면 효용극대화점은 E가 되고 U_1의 효용을 누림

그림 **비근로소득과 노동공급**

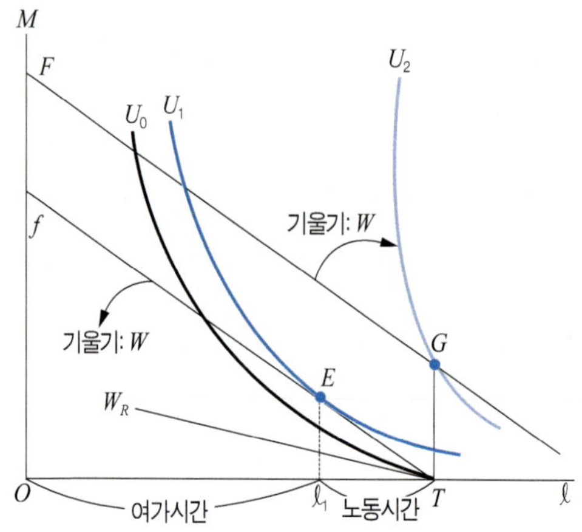

(2) 비근로소득이 존재하는 경우

① 비근로소득이 GT만큼 존재하는 경우, G점을 선택하고, U_2의 효용을 달성
② G점에서는 $MRS > W$이므로 비경제활동인구가 됨

3. 비근로소득이 기혼여성과 고령근로자에 미친 영향

(1) 비근로소득이 기혼한 여성의 선택에 미치는 영향

① 결혼한 여성의 입장에서 남편의 소득은 노동공급과 관련이 없는 비근로소득의 의미
② 부유한 배우자를 가진 기혼여성은 가난한 배우자의 기혼여성보다 경제활동에 참여할 가능성이 낮음

(2) 복지혜택이 고령 근로자의 선택에 미치는 영향

① 사회보장제도가 미흡한 우리나라에서 노년기에 제공되는 복지혜택은 금전적 가치가 크지 않음
② 복지혜택은 비근로소득으로 분류됨
③ 비근로소득의 크기가 작기 때문에 한국 노령인구의 유보임금은 낮고, 경제활동참가율은 높게 됨

3. 실망 근로자 효과

3. 구직확률이 낮아질수록 실망 노동자가 될 가능성이 높다는 것을 그래프를 이용해서 설명하라.

1. 실망 근로자 효과

① 경기변동에 따라 경제활동참가율이 영향을 미치게 되는데, 불경기에 경제활동참가율이 낮아지는 경향이 있음
② 불경기에 경제활동인구에 속하는 실업자는 직장을 구할 가능성이 크게 줄어들어 아예 구직활동을 단념하면서 비경제활동인구로 분류되는 근로자가 많아짐에 따라 경제활동참가율을 크게 낮추는 결과를 보임

2. 해고와 효용감소

① 시장임금이 W인 경우 $\ell_1 T$만큼 노동을 공급하고 있음
② 불경기로 해고를 당해 실업 상태에 빠지게 되면 노동공급시간은 0이 되고, G점
③ W임금하에서 일하기를 원하나 일자리를 상실했으므로 불균형 상태에 있음

그림 **해고와 노동공급**

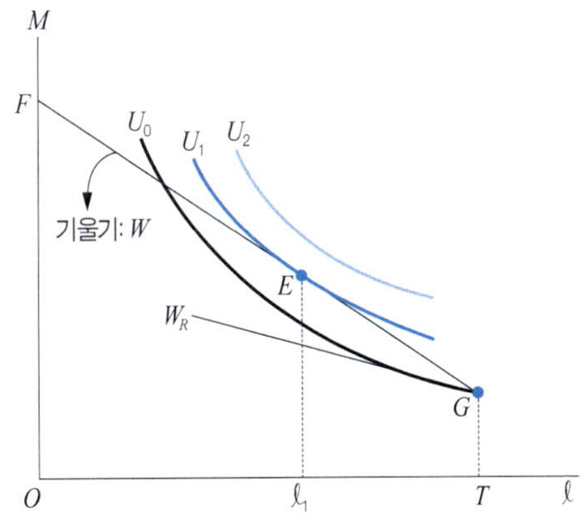

3. 새로운 직장 탐색

(1) 새로운 직장 탐색의 기대임금

① 불균형 상태에 처한 실업자는 새로운 일자리를 찾아 나서게 되고, 직장 탐색과정에서 W를 지급하는 직장을 만날 수도 있고, 만나지 못할 수도 있음

② W를 지급하는 직장을 만날 가능성을 P라고 하면 기대임금(expected wage)은 다음과 같음
→ $E(W)=P\times W$

(2) 원하는 직장을 만날 가능성과 선택

① $P<1$인 경우에는 기대임금 $E(W)<W$가 되어 예산선의 기울기는 낮아짐

② 유보임금이 기대임금보다 높은 상황이라면 $E(W)<W_R$, 실직한 개인은 T를 선택해 비경제활동인구가 됨

③ 기대를 고려한 경우 $W_R<W$일지라도 $E(W)<W_R<W$라면 비경제활동인구로 남음

(3) 구직확률과 실망 근로자 가능성

구직확률 P가 낮을수록 기대임금이 더 작아져 G점의 모서리해에 머물게 될 가능성이 더 높아지므로 실망 근로자가 될 가능성이 높음

4. 부가 근로자 효과

4. 불경기에 여성의 경제활동 참가가 증가하는 경향을 그래프를 이용해서 설명하라.

1. 부가근로자 효과

불경기에 부가적인 근로자들의 노동시장 참가가 증가하는 것을 말함

2. 불경기와 노동 참가

(1) 경기침체가 노동수요에 미치는 영향

① 경기가 침체되면 노동에 대한 수요가 감소
② 가구주인 근로자의 실직, 충분한 일거리의 부족은 소득 감소로 연결되고, 가구주의 근로소득만으로는 가구의 생계비를 충족하지 못하게 됨

(2) 경기침체가 경제활동참가율에 미치는 영향

생계유지의 어려움으로 종전의 비경제활동인구에 속한 가구원이 가구소득 유지를 위해서 노동시장에 참여해 경제활동참가율이 상승

3. 그림을 통한 설명

남성가구주의 소득감소는 부인의 비근로소득 감소로 나타나고, 비경제활동인구였던 가구원이 노동시장에 참여하게 된다는 것을 쉽게 분석 가능

그림 **부가근로자와 노동공급**

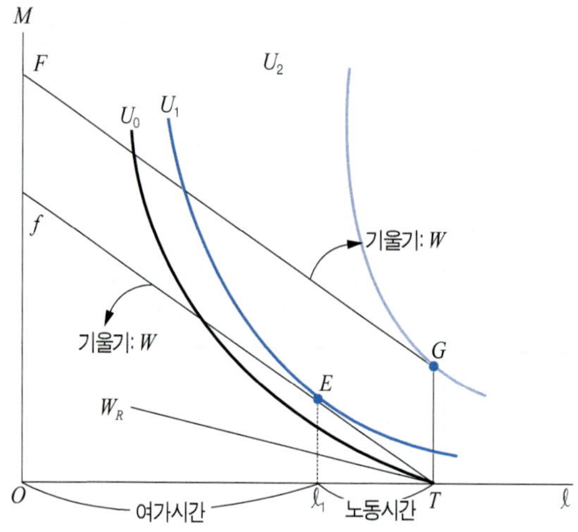

4. 불경기가 노동시장에 미치는 효과

① 불경기에는 실망 근로자 효과와 더불어 부가 근로자 효과가 동시에 나타남
② 두 효과 중에서 어느 효과가 큰가에 따라서 경제활동인구의 크기가 달라질 것임
③ 불경기에 실망 근로자 효과는 실업률을 낮추고, 부가 근로자 효과는 실업률을 높이게 됨

5. 실증분석 결과

미국의 실증연구에 의하면 실망 근로자 효과가 매우 크게 나타나고, 부가 근로자 효과는 부수적임

5. 부의 소득세와 노동공급 효과

> **5.** 소득이 전혀 없는 경우에 일정한 금액의 보조금을 지급받는다고 한다. 이때 소득이 증가함에 따라서 소득의 일정률만큼 보조금이 계속 감소하는 경우 예산선을 그리시오. 이때 노동공급량이 증가하는가 감소하는가를 소득효과와 대체효과로 나누어서 설명하시오. (단, 비근로소득이 일정하게 존재한다고 가정한다.)

1. 문제의 소재 파악

① 문제에서 소득이 전혀 없는 경우에 일정한 금액의 보조금을 받고, 소득이 증가함에 따라서 소득의 일정비율만큼 보조금이 감소한다고 하였는데 이러한 형태의 정부 지원은 부의 소득세라고 할 수 있음

② 부의 소득세는 소득이 증가함에 따라서 일정비율로 보조금이 감소하게 됨

2. 부의 소득세와 예산선의 형태

(1) 부의 소득세 개념

부의 소득세(negative income tax)는 $T=-V+tM$의 형태로 부과
(여기서 T는 조세, $-S$는 소득이 없는 경우 받게 되는 보조금의 크기, t는 세율, M은 소득을 의미)

(2) 부의 소득세와 예산선

① 근로자가 여가(ℓ)와 소비(C)를 선택하는 상황이라고 가정하고 부의 소득세가 전혀 없는 경우에 예산선은 다음과 같음

$$C=wL=w(24-\ell)=-w\ell+24w$$

② 이때 정부가 부의 소득세를 제공하면 소득이 전혀 없는 경우 일정한 금액의 보조금을 지급한 후에 소득이 증가함에 따라서 소득의 일정비율만큼 보조금이 계속 줄어든다는 것

③ 이 경우 예산선은 다음과 같이 나타낼 수 있음

$$C=w(1-t)(24-\ell)+V=-w(1-t)\ell+24w(1-t)+V$$

3. 그래프를 이용한 설명

그림 1 부의 소득세의 예산선 형태

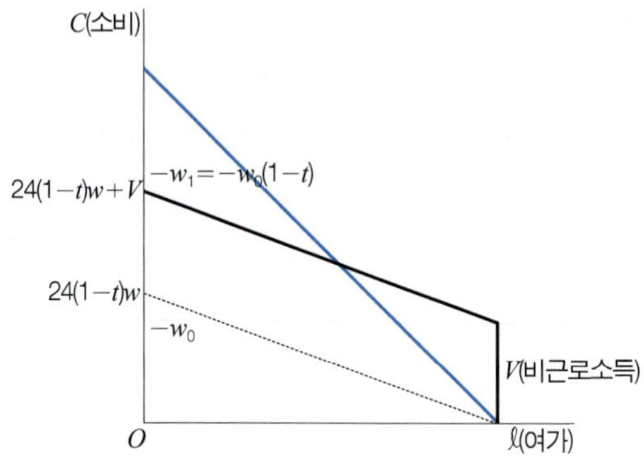

4. 부의 소득세와 효용극대화

(1) 효용극대화 조건

① 부의 소득세가 적용된 후에 근로자의 효용극대화 조건은 다음과 같음

$$MRS_{\ell c} = \frac{MU_\ell}{MU_c} = w$$

② 이 식의 의미는 효용함수를 나타내는 무차별곡선의 접선의 기울기인 한계대체율과 임금률이 같다는 것을 의미

③ 한계대체율은 소비를 기준으로 한 여가의 한계편익을 의미하고, 임금률은 여가의 기회비용을 나타내어 이를 그림으로 나타내면 [그림 1]과 같음

(2) 부의 소득세 부과 효과

① 근로자는 부의 소득세를 통해서 [그림 2]에서와 같이 효용이 증대되는 것을 알 수 있음
② 여가의 소비가 증가하는 것을 통해 부의 소득세로 인해 노동공급이 감소한다는 것을 알 수 있음

그림 2 효용극대화 조건

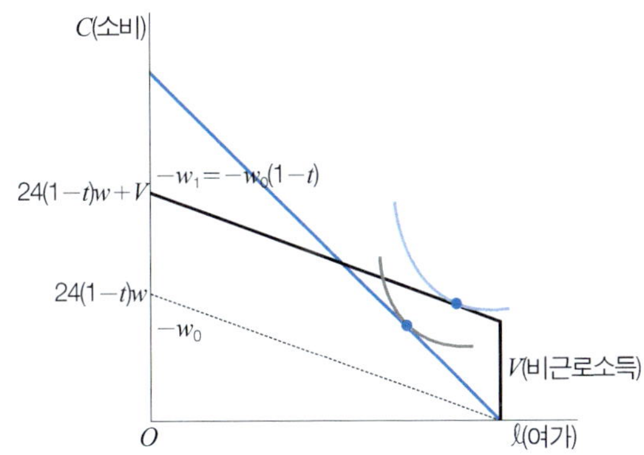

5. 부의 소득세가 노동공급에 미친 효과

(1) 개요 : 임금효과의 분해

① 부의 소득세를 부과하게 되면 근로자의 노동공급에 영향을 미치게 됨
② 이때 임금의 변화는 가격효과를 가져오게 되고, 이를 대체효과와 소득효과로 구분할 수 있음
③ 구별하는 방법은 보상변화와 동등(대등)변화의 방법이 있는데 여기서는 동등변화를 기준으로 설명
→ 동등변화(equivalent variation)란 임금이 변화한 이후의 '새로운 효용'과 같은 효용을 보장하려고 할 때 '원래의 임금'을 기준으로 해서 조정해 주는 것
→ 이를 그림으로 나타내면 [그림 3]과 같으며 여기서 a에서 c는 임금변화로 인한 총효과인 가격효과를 말하고, a에서 b는 소득효과, b에서 c는 대체효과를 말함

그림 3 **임금변화 총효과=대체효과+소득효과**

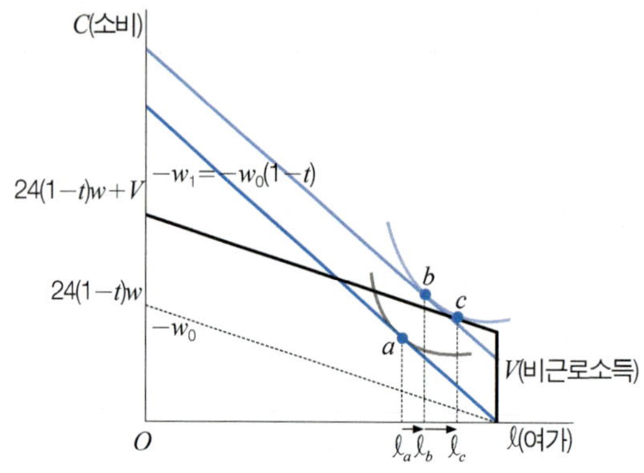

(2) 대체효과

① 대체효과(substitute effect)란 동일한 효용을 유지하면서 상대가격의 변화로 발생하는 효용의 변화
→ 새로운 무차별곡선상에서 접하는 상대가격의 변화로 인한 b에서 c가 대체효과

② 조세의 부과로 인해 임금이 하락하게 되면서 여가의 가격은 상대적으로 하락하게 되므로 상대적으로 하락한 여가를 더 많이 소비하는 것
→ 단, 동일한 효용을 유지한다는 점에서 b에서 c로 변한 ℓ_b에서 ℓ_c로의 변화 크기이다.

(3) 소득효과

① 소득효과(income effect)란 상대가격변화로 인한 실질소득의 변화가 선택에 미치는 영향

② 부의 소득세의 부과로 예산선의 기울기는 그대로 유지된 채, 실질소득의 증가로 인해 a에서 b로 변화한 것
→ 그 결과 소득효과는 여가가 ℓ_a에서 ℓ_b로 증가한 크기

(4) 소결

① 정부가 저소득층의 삶의 증진을 위해서 부의 소득세를 실시하게 되면 대체효과 소득효과 모두 여가를 증가시키는 즉, 노동공급을 감소시키는 결과를 초래

② 따라서 일반적인 임금률 인상과 달리 대체효과와 소득효과 모두 노동공급에 부정적인 결과를 초래

6. 맺음말

① 부의 소득세를 부고하는 경우에 근로자는 효용이 증가하게 되고 노동공급이 감소
② 특히 중요한 것은 부의 소득세 부과가 대체효과와 소득효과 모두 노동공급에 부정적인 영향을 가져다준다는 것
③ 실질소득의 증가로 인해서 효용이 증가하게 되기 때문에 효율성 측면에서는 부정적이지만 공평성 측면에서는 저소득층의 생활을 보조한다는 의미도 동시에 내포
④ 따라서 사회 전체적인 측면에서 비용편익분석을 할 때 정부는 효율성과 공평성이란 두 잣대 중에서 어느 쪽에 가중치를 두는가에 따라서 이 정책의 의미를 평가할 수 있음

6. 할증임금 효과

6. 초과근로에 대한 할증임금이 동등한 액수를 지급하는 임금 인상보다 근로자들로 하여금 더 많은 시간을 일하도록 유도할 것이지만, 더 낮은 효용수준을 달성하는 상황을 그래프를 이용해서 설명하시오.

1. 할증임금으로 인한 여가와 노동의 선택

(1) 할증임금으로 인한 예산선의 변화

그림 1 할증임금과 효용극대화 선택

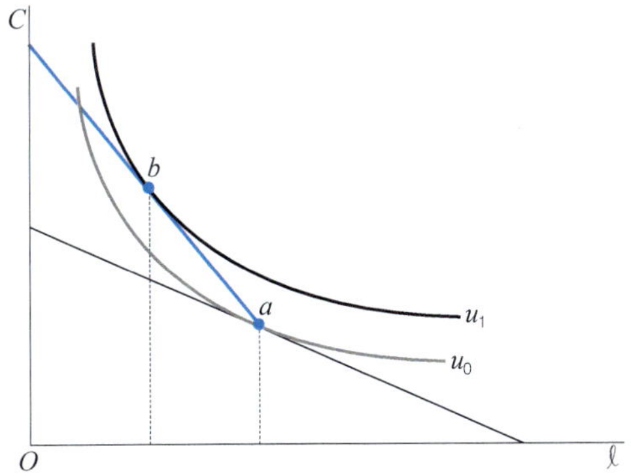

(2) 할증임금으로 인한 효용극대화 선택과 과잉고용

① 초과근로에 대한 할증임금을 적용하게 되면 예산선은 초과근무를 넘어서는 순간 기울기가 가파르게 되어 굴절

② [그림 1]에서와 같이 이때 효용극대화되는 선택점은 a에서 b로 이동하여 여가를 줄이고 노동시간을 늘리게 됨

→ 따라서 과잉고용을 유도

2. 할증임금과 동등액수를 보장하는 임금률의 인상 효과와 비교

(1) 할증임금과 임금률 인상의 차이

① 초과근로에 대한 할증임금은 초과근로 할증임금을 받는 개인에 의해서 실제로 선택된 시간과 동일한 근로시간에 동일한 소득을 받는 기본적 임금률 수준보다 더 많은 근로시간을 일하게 됨

② 할증임금은 초과근로시간에만 적용되므로 할증임금이 시행되면 상대적으로 소득효과부분이 작아지는 반면에 임금률이 급격하게 상승하게 되어 대체효과가 커짐

→ 따라서 대체효과가 소득효과보다 큰 상황

③ 그러나 동등액수를 지급하는 기본임금률의 상승은 모든 근로시간에 적용되므로 할증임금보다 더 큰 소득효과를 가지게 됨

→ 상대적으로 대체효과는 작아짐

(2) 그래프를 이용한 설명

① 할증임금을 적용하는 경우 선택점인 b와 동일한 금액을 임금률 인상으로 제시한다면 예산선의 기울기는 처음부터 가파른 기울기로 시계방향으로 회전이동

→ 이때 효용극대화 선택점은 c

② [그림 2]에서 알 수 있듯이 초과근로에 대한 할증임금보다는 동액의 임금률 인상이 근로자에게는 더 높은 효용을 달성하게 함

그림 2 **할증임금과 임금률 인상 차이**

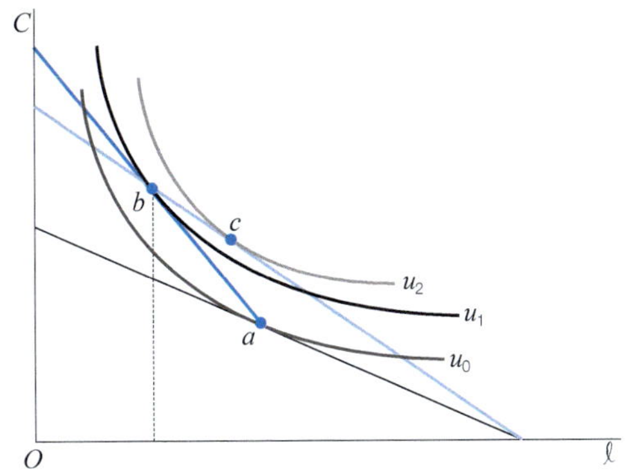

(3) 시사점

사용자는 상이한 근로시간에 상이한 임금을 지급하는 인센티브를 활용하여 동일한 비용을 지출하면서 더 많은 노동시간 투입을 유도할 수 있게 됨

7. 육아시간 감소 위한 무상 탁아시설 제공 효과

7. 육아시간이 존재할 때 기혼여성의 경제활동참가에 미치는 영향을 설명하여라. 또한 정부가 육아시간에 투입되는 비용을 감소시켜주기 위해서 무상으로 탁아시설을 제공한다면 여성의 노동공급에 어떤 영향을 미칠지 그래프를 이용해서 설명하여라.

1. 육아시간이 존재하는 경우에 예산선의 형태

(1) 육아시간의 존재와 최대 노동공급 시간

① 육아시간의 존재는 최대 노동 가능한 시간을 줄이는 결과를 가져오고, 예산선의 기울기는 그대로
② 최대한 활용 가능한 여가시간은 OT_0에서 OT_1으로 감소

그림 1 **육아시간 존재 시 예산선**

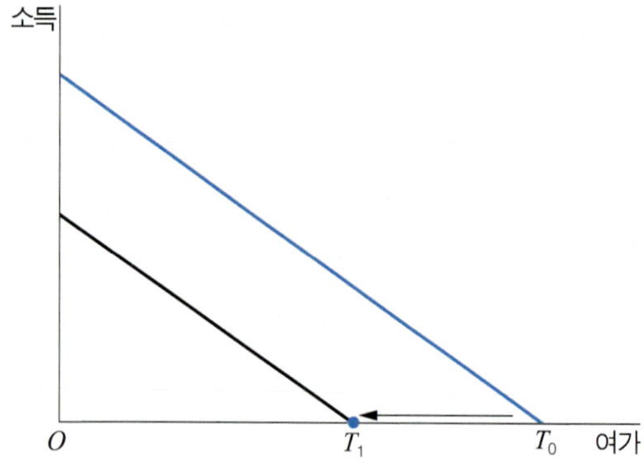

(2) 육아시간의 존재로 인한 노동공급

① 기혼여성의 효용극대화 조건은 무차별곡선의 접선의 기울기인 한계대체율과 예산선의 기울기인 임금률이 같아지는 수준임

② 육아시간이 일정수준 이상이 되면 경제활동에 참가하지 않는 것이 효용극대화가 될 수 있음

그림 2 **육아시간 존재 시 효용극대화 선택**

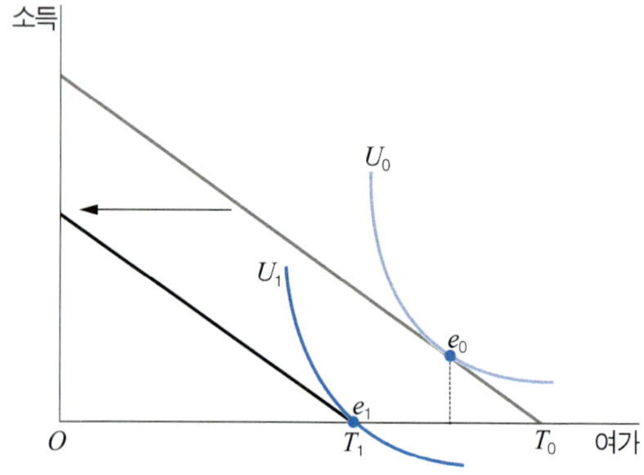

2. 정부의 무상 탁아시설 제공과 노동공급에 미치는 효과

① 무상탁아시설을 제공하면 여성이 활용 가능한 여가시간 증가
② 기혼여성의 예산선이 밖으로 평행이동
③ 기혼여성은 시장에 참여해 경제활동참가자가 될 가능성이 높게 되고, 노동공급을 증가

그림 3 **정부 무상탁아시설 제공 시 노동공급에 미치는 효과**

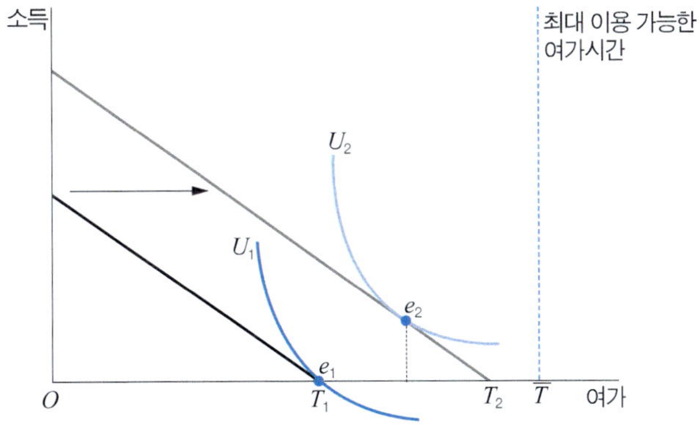

8. 정부는 노무관련 법률 서비스를 받지 못하는 사회적 약자층이 많아지자 노무사들에게 의무적으로 다음과 같은 방식으로 사회에 기여해 줄 것을 요청하였다. 제시된 방안이 노무사의 노동공급에 미치는 영향을 그래프를 이용하여 설명하여라.

> (A) 근로시간의 일정비율을 무료로 노무 상담에 할애해야 한다.
> (B) 매주 일정 수준의 근로시간을 무료로 노무 상담에 할애해야 한다.
> (C) 일정한 근로소득을 초과하는 경우에 무료 노무 상담을 위해 일정액을 기부한다.

1. 근로시간의 일정비율을 할애하는 경우 : (A) 방안

① 근로시간의 일정비율을 무료 노무 상담에 할애하는 경우는 근로소득이 일정비율만큼 감소하는 효과

② 임금률의 감소 효과와 동일하게 볼 수 있고, 대체효과와 소득효과에 의해서 노동공급에 미치는 영향이 달라짐

③ 임금률 감소 효과로 인한 대체효과가 소득효과보다 큰 경우는 노동공급시간은 감소하게 됨

그림 1 **근로시간 일정비율 할애하는 경우**

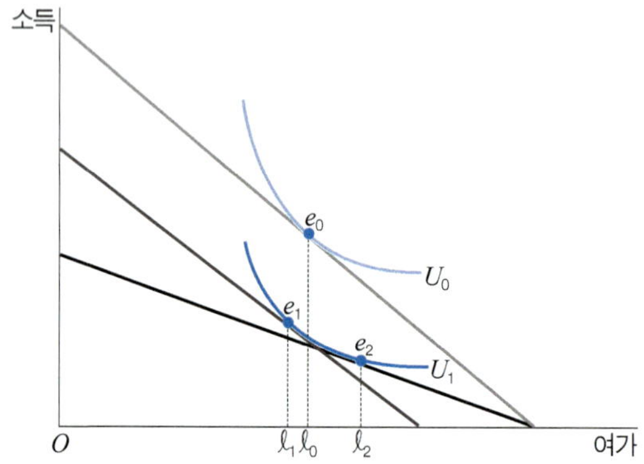

2. 일정수준의 근로시간을 무료로 제공하는 경우 : (B) 방안

① 일정 시간을 무료 노무 상담에 할애하는 경우 총이용가능한 여가시간이 감소하는 결과를 초래
② 임금률은 불변인 채 예산선은 좌측으로 평행이동하여 소득효과만 존재
③ 실질소득의 감소는 여가를 줄이고 노동공급을 증가시키는 효과를 가져옴

그림 2 일정수준의 근로시간을 무료 제공하는 경우

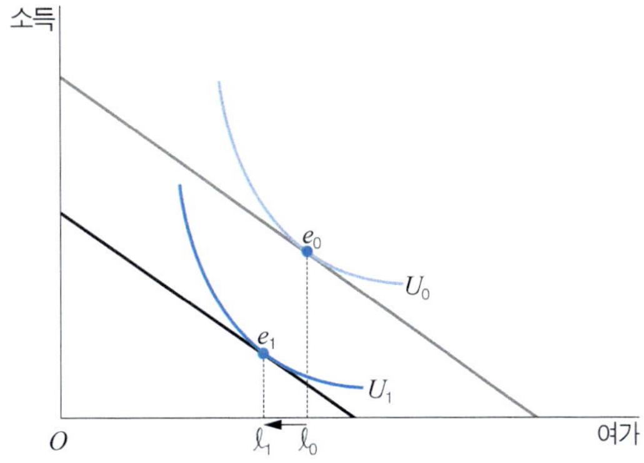

3. 일정한 근로소득 초과 시 일정액을 기부하는 경우 : (C) 방안

① 일정수준 이상의 소득을 초과하는 노무사에게 일정액의 기부금을 요구하게 되면 일정수준 이상의 소득을 넘어서는 경우 예산선이 하방으로 평행이동

② 일정수준 소득을 넘어서는 경우 소득효과가 발생하지만 굴절된 점에서 기부금을 내지 않은 경우에 효용이 극대화되어 오히려 노동공급은 감소하고 여가 소비는 증가할 수 있음

그림 3 일정시간 초과 시 일정액을 기부하는 경우

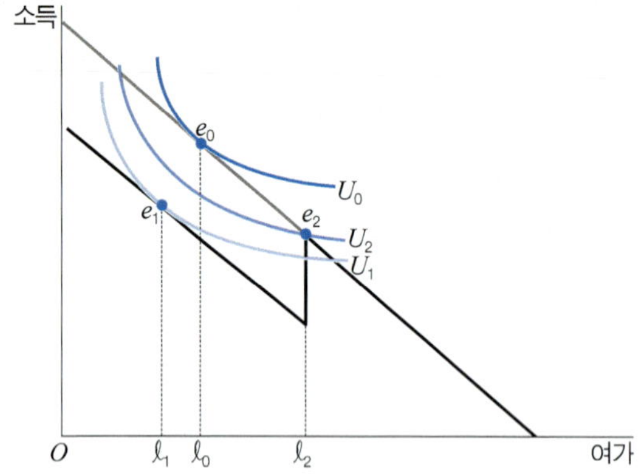

Point 2

노동수요

1. 노동수요를 결정하는 요인들은 무엇이 있는지 설명하고, 노동수요함수 형태로 나타내어라.
2. 노동수요탄력성의 크기를 결정하는 요인인 마샬-힉스법칙에 대해 4가지 측면에서 설명하라.
3. 노동수요 결정요인 중 특히 정부의 규제인 법정복리비, 퇴직금 등이 노동수요에 어떤 영향을 미치는지 설명하라.
4. 청년인구의 감소와 고령화가 동시에 진행되는 상황이 노동수요에 어떤 영향을 미칠지 설명하라.
5. 최근 노동수요의 급감으로 인해 발생하는 청년의 고용절벽 현상을 타개할 수 있는 처방책을 제시하라.
6. 숙련근로자들에게 유리한 숙련편향적 기술진보가 일어나는 경우 등량곡선에 미치는 영향과 노동시장에 미치는 효과를 그래프를 이용해서 설명하여라.
7. 정부는 일자리를 증가시키기 위해서 새로운 기계와 기타 자본재에 투자하는 기업에게 세금을 공제하는 법을 통과시켰다고 한다. 정부의 정책이 효과를 보기 위해서는 어떤 조건이 필요한지를 교차탄력성을 이용해서 설명하여라.
8. 미국 정부는 철강수입의 관세를 인상하는 조치를 취하였다. 추가적으로 경제적인 이유로 노동자들을 일시 해고시키는 것이 불법이 되도록 하는 법률을 통과시켰다고 한다. 이러한 미국 정부의 정책은 미국철강업에 종사하는 노동자에 어떤 영향을 미치게 될지 노동수요탄력성을 이용해서 그래프로 설명하여라.
9. 기술혁신으로 인한 AI의 등장은 일자리의 붕괴(The Collapse of Work)를 발생시킬 수 있다. 이러한 기술변화와 노동시장에 미치는 영향을 미숙련노동자에 초점을 두고 규모의 효과와 대체효과를 중심으로 설명하여라.

1. 노동수요 결정요인

1. 노동수요를 결정하는 요인들은 무엇이 있는지 설명하고, 노동수요함수 형태로 나타내어라.

1. 노동수요에 영향을 미치는 변수들

(1) 기본적인 변수

① 노동에 대한 수요는 등비용선의 기울기인 상대가격인 임금(w), 자본의 가격(r), 등량선의 모습을 나타내는 생산기술(T), 기업의 이윤극대화 생산량을 나타내는 산출량(Q)에 의해서 결정됨

② 여기서 등량선의 모습인 생산기술은 한계기술대체율($MRTS_{LK}$)에 정보가 담겨있기 때문에 노동과 자본의 한계생산성의 비율인 $\frac{MP_L}{MP_K}$도 영향을 미치게 됨

(2) 추가적인 변수

① 시장의 노동에 대한 수요는 개별기업의 노동수요곡선의 수평적 합계이므로, 기업의 수(N)도 노동의 수요에 영향을 미침

② 즉, 불완전경쟁 시장에서 기업의 수가 변하면 노동수요에도 영향을 미치게 됨

(3) 준고정적 노동비용도 노동수요에 영향을 미치게 됨

(4) 노동의 질적 수준

노동의 질(Ω)은 근로자의 노력, 근로자의 인적자본량(건강, 교육, 훈련의 양), 서로 믿고 신뢰하고 협동하려는 의지와 자세인 사회적 자본(social capital)에 의존[1)]

1) 근로자가 도덕적 해이, 직무소홀, 직무태만에 빠지지 않고 열과 성을 다해서 일하게 하는 기업의 인사관리제도, 다양한 전문가, 숙련기술인을 공급하는 국가의 교육과 훈련제도, 신뢰와 자발적인 협동을 낳는 윤리, 도덕, 문화 등은 노동의 질을 높이는 데 기여할 수 있다.

2. 노동수요함수의 표시

$$L^D = f(w, r, Q, T, N, \Omega)$$

① 단, 여기서 L^D는 이론적으로 고용된 사람 수와 노동시간을 모두 포함하는 개념임
② 실증분석에서는 기업이 투입하는 고용량과 근로시간의 합을 의미하는 자료는 없기 때문에 단기 고용된 사람의 수만 이용 가능한 정보가 됨
③ 만일 정규직 노동에 대한 수요를 탐구하기 위해서는 수요함수식에서 정규직의 노동에 대한 비정규직의 임금을 추가하면 됨

2. 마샬-힉스법칙

2. 노동수요탄력성의 크기를 결정하는 요인인 마샬-힉스법칙에 대해 4가지 측면에서 설명하라.

마샬-힉스 파생수요법칙이란 노동수요탄력성의 크기에 영향을 주는 요인들을 영국의 경제학자 마샬(A.Marshall)이 검토하고, 힉스(J.Hicks)가 정교화시킨 법칙

1. 상품에 대한 수요탄력성

① 노동에 대한 수요는 최종생산물에 대한 수요에서 유발되어 최종생산물의 수요탄력성은 노동수요탄력성에 1차적인 영향을 미침
② 제품가격 상승으로 제품수요가 줄어들 때, 제품의 수요탄력성이 클수록 고용감소율은 커짐
③ 결국 최종생산물 수요의 탄력성이 크면 노동수요의 탄력성도 커짐[2)]

참고

상품의 수요탄력성이 노동수요탄력성과 관련이 있다는 점은 다음으로 확장할 수 있다.
① 개별기업의 상품수요탄력성 > 산업의 상품수요탄력성
② 장기 노동수요탄력성 > 단기 노동수요탄력성

2) 일본의 사례를 보면 일본의 자동차 제품은 불량품이 거의 없는 고급제품이므로 수요의 가격탄력성이 매우 낮다. 1990년대 엔고로 인해서 미국에서 일제차의 값이 크게 상승한 적이 있으나 일제차의 수요는 거의 감소하지 않았다. 즉, 일본에서 자동차 산업의 노동에 대한 수요는 비탄력적이었던 것이다.

2. 다른 생산요소와의 대체 가능성 : 대체효과

① 노동에 대한 수요탄력성은 다른 생산요소와의 대체 가능성에 의해서 결정됨
② 다른 요소와의 대체 가능성이 높을수록 노동에 대한 수요탄력성이 커짐
③ 대체 가능성이 큰 사례 : 청년층 근로자의 임금 상승은 장년층 미숙련 근로자나 기혼여성 근로자라는 강력한 대체생산요소가 있어 청년층 근로자에 대한 수요는 탄력성이 큼
④ 대체 가능성이 작은 사례 : 비행기 조종사인 파일럿에 대한 수요는 다른 대체생산요소가 없어 매우 비탄력적임

3. 다른 생산요소의 이용의 매력정도 : 보완효과

① 노동에 대한 수요탄력성은 다른 생산요소의 공급탄력성에 의해서도 영향을 받음
② 임금 상승으로 노동수요량이 감소 시, 다른 생산요소를 더 이용하려고 하는데, 다른 생산요소 고용의 증가로 그 가격이 크게 상승하는 경우(공급탄력성이 작은 경우), 노동 대신 다른 생산요소를 더 이용하려는 매력이 감소
③ 예를 들어 임금 상승으로 고용을 줄이고 기계장비를 더 사용하려고 하는데, 기계장비 제작공장이 이미 완전가동 상태여서, 수요 증가로 기계장비가격이 큰 폭으로 증가하면 노동을 기계장비(자본)로 쉽게 대체하기 어려움

참고

숙련노동과 비숙련노동의 예를 통해서도 설명할 수 있다. 숙련 근로자의 수가 제한되어 있는 경우에 미숙련 근로자의 임금이 상승했다면 고용주는 숙련 근로자를 더 고용하려고 하는데, 숙련 근로자의 공급탄력성이 작으면 쉽게 대체할 수 없게 되어 미숙련 근로자에 대한 고용 감소는 예상보다 작게 된다.

4. 총생산비에 대한 노동비용의 비중 : 규모효과

① 임금 상승 시 총비용 증가로 기업이윤은 감소하게 되는데, 이때 총비용 중에서 노동비용의 비중이 높으면 고용감소폭이 커지고 그 결과 노동수요탄력성이 커짐
② 노동비용이 총비용에서 차지하는 비중이 작으면 (예를 들어 총생산비의 5%), 임금이 상승해도 상품생산비용이 크게 영향을 받지 않게 되어 규모효과가 작으나, 노동비용이 총비용에서 차지하는 비중이 크다면(예를 들어 총생산비의 80%), 임금 상승이 상품생산비용을 크게 상승시켜 규모효과가 커짐

3. 준고정비용이 노동수요에 미치는 영향

3. 노동수요 결정요인 중 특히 정부의 규제인 법정복리비, 퇴직금 등이 노동수요에 어떤 영향을 미치는지 설명하라.

1. 준고정비용

(1) 준고정비용 개념

① 준고정비용이란 기업이 선택하는 전략에 따라서 고정비용이 되기도 하고, 가변비용의 성격을 지니기도 한다고 해서 '준(quasi)' 고정비용이라고 함

② 노동비용은 임금비용(=노동시간×근로자 수×시간당 임금)과 비임금비용(=근로자 수×1인당 부가급여)으로 구성됨[3)]

③ 기업의 관점에서 보면 단기에 노동은 가변생산요소이고 자본은 고정생산요소이기 때문에 노동비용은 가변비용, 자본비용은 고정비용에 해당

④ 부가급여를 고려하면 노동비용 중에서 임금비용은 가변노동비용, 비임금비용은 준고정적 노동비용이 됨

⑤ 노동수요가 증가하면 기업은 기존 근로자의 노동시간을 늘리거나, 근로자 수를 늘릴 수 있음(반대로 노동수요가 감소하면 노동시간 단축, 감원을 선택할 수 있음)

⑥ 부가급여는 근로자 1인당 지급되므로, 노동시간만 조정하는 경우에 부가급여 총액은 변동하지 않음

⑦ 근로자를 더 고용하거나 감원하는 경우에는 부가급여 총액이 변화함

⑧ 따라서 기업의 선택에 따라서 부가급여는 고정비용이 되기도 하고 안 되기도 함(시간조정 or 근로자수 조정)

---

3) ① 이 문제의 출제 포인트는 준고정비용이 노동수요에 미치는 영향이다.
② 준고정비용은 정부의 노동시장규제와 밀접한 관련이 있는데, 법정복리비, 퇴직금 등의 부가급여, 해고의 제한 등과 같은 준고정비용의 대부분이 정부규제에 기반을 두고 있기 때문이다.
③ 임금비용=hLw이고 비임금비용=$L \cdot \alpha$로 나타낼 수 있다.

(2) 준고정비용과 기업의 행동 변화

① 근로자 고용으로 기업이 부담하게 되는 준고정비용이 너무 높으면 기업은 사람을 더 이상 고용하지 않으려고 할 것이고, 기존 노동자의 근로시간만 늘려서 일을 시키는 것이 유리하게 됨
② 기업에서 최소근로시간 제약을 설정하는 이유 중의 하나가 준고정비용 때문임

참고

기업이 근로자를 해고하기가 매우 어렵고 해고하는 데 많은 비용이 든다면, 근로자를 더 이상 고용하지 않고 기존 노동자에게 일을 더 시키는 장시간노동의 관행을 보이게 된다.
→ 이는 기존 근로자의 장시간노동과 여성, 청년, 고령자의 과소고용 문제를 기업의 높은 준고정비용과 관련지을 수 있다.

2. 준고정비용의 유형

(1) 부가급여

부가급여는 비임금비용으로 근로자를 고용할 때 임금 이외에 고정적으로 발생하는 비용

(2) 채용비용

① 채용비용이란 일자리 공석을 광고하고, 지원자를 선발하고 면접하는 비용
② 정보의 비대칭성으로 인한 복잡한 채용과정에는 비용이 수반되며, 인재채용은 기업에게 높은 비용을 유발하고, 준고정적 노동비용이 됨

(3) 훈련비용[4)] : 준고정비용 + 투자성격

① 훈련비용은 기업들이 신규 및 기존 근로자들에게 공식 또는 비공식훈련을 제공하는 비용
② 훈련과정에 들어가는 명시적 비용, 경험 있는 근로자들의 시범과정에서 발생하는 생산손실이라는 기회비용, 피훈련인들의 기회비용이 있음

4) 훈련비용도 하나의 측면으로는 준고정비용이지만, 다른 한편으로는 현재 비용이 발생해도 미래에 생산성의 증가로 이익을 얻을 수 있기 때문에 투자로 분류될 수 있다. 투자는 일단 이루어지면 되돌릴 수 없는 매몰비용의 성격을 지닌다. 기업의 채용비, 훈련비가 여기에 해당한다. 또한 투자는 미래수익에 대한 보장이 없기 때문에 위험을 수반하게 된다. 이러한 포인트는 근로자에 대한 훈련 투자와 고용주의 선택에 미치는 영향으로 연결시킬 수 있다.

(4) 해고비용

① 해고와 관련된 직접비용에는 해고수당, 퇴직금, 퇴직위로금 등이 있고, 간접비용인 잠재적 해고비용이 발생

② 잠재적 해고비용은 고용주가 '해고가 정당한 사유'임을 입증해야 할 책임이 있기 때문에 그와 관련한 법적 비용, 생산손실로 인한 비용부담 등이 있음[5)]

3. 준고정비용과 초과근무

① 노동의 고용량에서 채용된 근로자 수(L)와 각 근로자의 평균근로시간(h)을 구분하여 두 종류의 노동투입의 한계생산을 비교

② 1원당 한계생산을 비교하여 $\frac{MP_L}{P_L} = \frac{MP_h}{P_h}$에서 결정

→ 준고정비용 증가로 인해서 $P_L > P_h$인 경우에는 $\frac{MP_L}{P_L} < \frac{MP_h}{P_h}$

→ 신규채용을 줄이고, 기존 근로자의 근로시간을 증가

→ 노동투입요소 중에서 '근로자'를 '근로자 1인당 근로시간'으로 대체

③ 한국에서 초과근무가 일반화되어 있고, *OECD* 국가 중 1인당 근로시간이 가장 긴 이유를 설명 가능

4. 준고정비용이 비정규직 수요를 증가시키는 효과

(1) 기업의 준고정비용 회피노력

① 기업은 정규직 근로자들에게 제공되는 준고정비용이 커지면 이를 회피하기 위해서 준고정비용이 적게 드는 고용형태로 전환하려고 시도

② 파견근로자, 2년 계약인 한시적 계약직 근로자, 임시직 근로자, 파트타임 근로자 등 다양한 비정규직 근로자의 확산은 높은 준고정비용 때문

참고

노동보유(labor hoarding)

해고비용과 관련해서 기업은 핵심 숙련인력은 정규직으로 보유하고, 미숙련인력은 해고가 용이한 비정규직으로 대체하려는 유인을 가지게 된다.[6)]

5) 우리나라는 노동보호법제가 상대적으로 강한 국가에 속해서 기업의 잠재적 해고비용이 매우 높다. 따라서 기업들은 해고비용이 발생하지 않도록 근로시간을 통한 고용량의 조절, 비정규 근로자의 채용을 선호하게 된다.

6) 기업이 경기침체기에 감원을 했다가 경기회복기에 근로자를 다시 채용하려고 할 때, 미숙련 노동자의 경우에는 해고했던 근로자를 재고용하거나, 동일한 대체인력을 고용하는 것이 용이하지만, 높은 교육수준과 기술을 보유한 고숙련 근로자의 경우에는 다시 채용하기가 쉽지 않다. 이미 다른 직장으로 취업했을 가능성이 높기 때문이다. 따라서 숙련 노동자에 대해서는 경기침체 시에 기업이 쉽게 해고하지 않으려는 경향을 가지게 된다. 이러한 현상을 노동보유(labor hoarding)라고 한다.

4. 청년감소와 고령화가 노동수요에 미치는 영향

4. 청년인구의 감소와 고령화가 동시에 진행되는 상황이 노동수요에 어떤 영향을 미칠지 설명하라.

1. 노동의 질적수준 저하

① 생산직 제조업 분야에서 청년층의 감소와 고령화는 노동의 질적수준을 떨어뜨리고, 생산직 근로자의 생산성 하락을 가져옴[7)]

② 그 결과 추가적인 노동수요의 감소로 이어질 수 있음

2. 세대 간 숙련의 단절, 노동의 질적수준 저하와 노동생산성 저하

(1) 세대 간 숙련의 단절

① 청년층은 노동시장 신참자로서 생산활동에 보조적 역할을 수행하며 윗세대로부터 숙련, 노하우를 전수받아 장래의 생산주역이 되기 위해 준비

② 청년층의 인구감소와 더불어 만일 청년층이 생산직을 기피한다면 기능인력이 고령화되어 생산성을 떨어뜨리고, 세대 간 숙련의 단절로 이어져 국내 제조업 기반이 약화되어 수출경쟁력의 저하를 야기할 수도 있음

7) 예를 들어 기계제조를 위해서는 선반, 드릴, 밀링머신 등을 다루는 상당한 체력과 근력을 활용해야 하며, 정밀조립을 위해서는 기계를 신속하게 다루는 정확함과 체력을 겸비해야 한다. 식품가공을 위해서는 칼, 전기, 톱, 동력절단기를 능숙하게 사용할 수 있어야 하며 보석세공을 위해서는 섬세하고 복잡한 디자인에 맞추어 화학성분, 톱, 송곳 등의 장비를 이용하여 장시간 앉은 자세로 구부려서 일하는 등 생산직에게 공통으로 요구되는 자질은 체력, 집중력, 정확성, 민첩성, 손재주 등이다. 고령인력은 이러한 노동의 질적인 측면에서 청년에게 뒤처지고, 부상과 상해의 우려가 높으며, 생산성이 낮다.

(2) 노동의 질적수준 하락

청년 근로자들에게 고령인력이 보유하고 있는 기술, 노하우, 핵심체화기술, 숙련기능 등이 제대로 전수되지 못하고 소실된다면 노동의 질적수준이 크게 낮아지고, 기업과 산업의 노동생산성이 저하되어 노동수요의 추가적인 감퇴가 나타남

3. 비정규직 확산

① 청년인구의 감소와 고령화는 제조업에서 정규직 노동의 공급을 감소시키고, 그 결과 정규직의 임금을 상승시켜 비정규직의 확산을 심화

② 정규직 근로자와 비정규직 근로자의 한계생산과 임금을 고려한 경제적 이윤극대화 조건은 다음과 같음

$$\frac{MR_{정}}{w_{정}} = \frac{MR_{비}}{w_{비}}$$

③ 정규직과 비정규직 임금 대비 노동생산성이 일치하는 수준에서 정규직과 비정규직의 고용량 결정

④ 청년인구의 감소와 고령화로 정규직의 생산성이 하락하고($MP_{정}$ 감소), 정규직의 임금($w_{정}$)이 상승하게 되면 $\frac{MR_{정}}{w_{정}} < \frac{MR_{비}}{w_{비}}$가 되어 기업들은 비정규직 고용을 증가시키려고 할 것임

4. 해외로의 공장이전

① 청년인구 감소 및 고령화의 진전은 제조업의 공장을 해외로 이전시킬 수 있음

② 국내 산업과 해외 산업에서 활동하는 제조기업의 이윤극대화 조건은 다음과 같음

$$\frac{MR_{국}}{w_{국}} = \frac{MR_{해}}{w_{해}}$$

③ 해외시장에 비해서 국내시장에서 청년인구 감소와 고령화로 인해 생산성이 하락하고, 임금이 상승하게 되면 $\frac{MR_{국}}{w_{국}} < \frac{MR_{해}}{w_{해}}$ 상황이 되어 기업들은 해외로의 공장이전을 가속화

5. 청년의 고용절벽 타개책

5. 최근 노동수요의 급감으로 인해 발생하는 청년의 고용절벽 현상을 타개할 수 있는 처방책을 제시하라.

1. 문제상황

- 청년의 고용절벽이란, 기업의 고용여력이 급감해서 일자리가 크게 줄어드는 현상
  → 인구감소시대에 노동에 대한 수요가 급감하여 청년층의 일자리가 크게 소멸하는 상태
- 결국 일자리를 창출해야 하는데 그 처방책은 한마디로 노동수요를 진작시키고, 노동공급을 증대시키는 것
- 2020년이면 최고점인 1980년대 기준으로 매년 약 40만 명의 청년이 감소하기 때문에 20만 명은 외국인 이민으로 충원하되, 청년의 대체인력으로 여성, 고령자 등 매년 20만 명을 활용해야 함
- 개방적인 이민, 여성과 고령인력 활용 등의 정책을 통해 노동공급을 증가시키고, 노동공급 증가로 임금은 떨어지나 고용은 확대 가능

2. 노동공급 가능인구 증대 정책 : 노동공급 우측 이동 정책[8)]

(1) 개방적 이민 정책

① 한국인들의 대부분은 개방적인 이민 정책에 반대
→ 단일민족으로 민족적 동질성을 계속 유지해야 하기 때문
→ 현재의 노동력 감소와 고령화 추세의 속도를 감안하더라도 대규모의 이민을 받아들이는 것은 현실적으로 가능성이 낮아 보임

② 이민쇄국주의를 택한 일본이 1990년부터 2013년까지 계속 장기침체를 겪음

(2) 여성, 고령자, 청년의 활용

① 여성을 위한 파트타임 근로기회를 대폭 확대
→ 주 40시간 이상의 근로시간 제약은 여성, 노인, 학생들을 과소고용하게 만듦[9)]

8) 정책적인 제언을 할 때는 경제학 모형에서 어떤 부분을 활용했는지 간략하게나마 제목에서라도 언급해줄 필요가 있다. 그래야 경제학적인 접근이라는 강한 인상을 심어줄 수 있다.

9) 노동공급 부분에서 40시간 이상 근로시간의 제약이 있는 경우, 예산선이 어떻게 변화하고 어떤 사람들에게 과소고용의 결과를 가져올 수 있는지 다시 한 번 숙지한다.

② 파트타임 고용제의 정착을 위해서는 정부부문과 다양한 공공부문에서부터 파트타임 근로제를 확립하고 민간부문으로 확산시킬 필요가 있음

③ 과도한 노동보호와 높은 준고정비용 제거

→ 과도한 노동보호를 완화하고 준고정비용을 줄여주면 여성, 노인, 학생의 고용을 촉진하여 한국 전체의 고용률을 높이는 효과가 있을 수 있음

(3) 출산의 장려

① 2020년 기준으로 청년인구 감소분 40만 명 중 국내출산율을 현재의 1.1명에서 1.6명 수준으로 올려 약 20만 명의 추가 청년노동력의 증가를 도모해야 함

② 그러나 결혼 지연, 만혼, 노산, 초저출산, 청년인구 감소의 근원적인 구조 문제를 해결하는 데 30년 이상의 긴 시간이 필요함

3. 기업과 산업의 노동생산성 증대 지원 정책 : 노동수요곡선 우측 이동 정책

- 외국인의 국내투자, 성과와 업적 중심의 조직개편과 인사관리, 개방적 내부노동시장은 노동생산성의 향상을 가져와 노동수요곡선을 우측 이동시킬 수 있고, 고용 증대와 임금 상승 효과를 유발하고, 추가적으로 비정규직 축소로 고용의 질을 높임
- 숙련편향적 기술진보 시대, 교육체제의 *R&D* 역량 강화, 전문기술인 배양
- 생산성의 증가 측면으로 설명 진행

(1) 외국인 자본투자 증대에 의한 노동생산성 증가

① 생산입지에서 이점을 제시하지 못하면 직장 및 고용의 유출이 생겨 구조적 실업이 장기화될 수 있음

② 외국기업들의 생산입지 선택에 적극적으로 대응해서 외국인 투자에 유리한 조건을 갖추어야 함

③ 상품시장규제, 서비스시장규제, 노동시장규제 등의 폐지 및 완화가 필요함

④ 이러한 노력으로 한국의 총투자량 증가, 자본스톡의 증가, 새로운 기술의 도입으로 노동생산성의 증대를 이루어야 함

⑤ 외국기업에 적용된 규제완화를 국내기업에도 같이 적용하는 긍정적인 외부성을 기대할 수 있음

(2) 노동시장 유연성 제고에 의한 노동생산성 증가

① 노동시장 유연성의 제고 및 조직개편만으로도 비정규직 문제를 상당 부분 해결할 수 있음

② 우리나라 비정규직 확산의 진정한 요인은 해고의 어려움과 관련된 높은 준고정비용, 과보호 내부

노동시장에서 생산성을 초과하는 높은 임금 등이 일차적인 원인[10)]

③ 추가적으로 획일적이고 폐쇄적인 일자리 서열구조, 다양한 직무급제를 설정함으로써 성과연동의 인사관리를 행하지 않는 전근대적인 인사관리도 문제의 원인

(3) 교육개혁에 의한 노동의 질 제고와 연구개발 촉진 : human capital

① 교육의 이념을 재정립하여 전인교육과 더불어 전문교육이 이루어질 수 있도록 균형을 맞추어야 함

② 대학과 대학원에서 세계 최고의 교육이 행해지고, 다양한 직업학교에서는 탁월한 전문기술인의 체계적인 양성이 가능하도록 교육체계의 개혁이 있어야 함

③ 교육개혁을 통한 인적자본이 질적수준을 높이고, 노동의 질적생산성 향상과 더불어 연구개발에 의한 생산기술의 혁신으로 노동수요 증대

4. 종합적 결론

(1) 단기적 대책

일자리 창출을 위해 규제를 폐지하고 지역별 외국 기업의 유치, 산업진흥, 서비스업 진입규제 폐지 등으로 자유시장 경제질서가 확립되어야 함

(2) 장기적 대책

동시에 개방적 이민 정책, 청년층이 능력을 발휘할 평등한 기회를 제공하는 교육제도의 확립 등 중장기적인 정책을 진행하여, 한국 노동시장의 유연성을 높이는 정교한 노동시장 프로그램이 진행되어야 함

10) 조우현(2016)에 따르면 노동시장의 유연성 제고 추진의 우선순위를 정부부문, 공기업부문, 정부가 예산을 지원하는 각종 기관과 조직에 두어야 한다고 지적하고 있다. 이들 부문에서 해고를 쉽게 하는 방식으로서의 관련법과 행정규칙의 개정에 초점을 두어 비판한다. 정부부문은 공무원연금이라는 사회안정망이 견실하므로 쉬운 해고를 위한 법제가 가장 먼저 도입될 수 있다고 보고, 솔선수범하여 다양한 직무급제의 도입과 역량수행의 결과에 따른 임금 위주의 임금체계를 개편해야 한다고 주장한다. 정부가 최대의 고용주임을 자각하고 공공부문 고용과 임금유연성을 선도적으로 추구하며, 민간부문의 참여를 끌어낼 수 있어야 한다고 주장하고 있다. 민간부문이 먼저 추진하고 공공부문은 예전대로 유지하면 성공하기 어렵고, 민간부문에서 노동시장 유연성을 추구하기 위해서는 적극적인 노동시장 정책을 병행하여 실업부조, 실업급부, 재취업직업훈련, 직장정보제공 등의 보상의 원리를 적용해야 한다고 주장한다.

6. 숙련 편향적 기술진보와 등량곡선

6. 숙련근로자들에게 유리한 숙련편향적 기술진보가 일어나는 경우 등량곡선에 미치는 영향과 노동시장에 미치는 효과를 그래프를 이용해서 설명하여라.

1. 숙련편향적 기술진보 개념과 등량곡선 형태

(1) 기술진보의 개념

① 기술진보란 동일한 노동과 자본을 통해서 더 많은 생산량을 생산하거나, 동일한 수준의 생산량을 더 적은 노동과 자본의 양으로 생산할 수 있게 되는 것을 말함
② 이는 등량곡선이 안쪽으로 이동하는 것으로 나타낼 수 있음

(2) 숙련편향적 기술진보와 등량곡선 형태

① 숙련편향적 기술진보가 일어나는 경우 등량곡선은 원점에 가깝게 이동
② 단, 숙련편향적노동자를 H라고 하고 비숙련노동자를 L이라고 하는 경우에 균형점은 a에서 b로 이동
③ 이와 같이 숙련노동자와 비숙련노동자의 가격을 각각 h, w이라고 할 때, $\left(\frac{w}{h}\right)$이 일정한 경우에, 비숙련노동자 대비 숙련노동자의 비율인 $\left(\frac{H}{L}\right)$은 증가하게 되면 이를 숙련편향적 기술진보라고 함

그림 1 숙련편향적 기술진보와 등량곡선

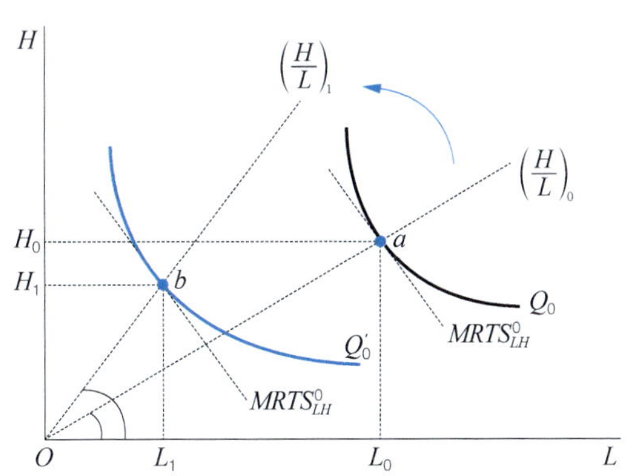

2. 숙련편향적 기술진보가 노동시장에 미치는 효과

(1) 숙련편향적 기술진보와 노동수요 변화

① 숙련편향적 기술진보는 숙련된 노동자에 대한 수요를 증가시키고, 비숙련노동자에 대한 수요는 감소

② 숙련편향적 기술진보로 인해서 숙련노동자의 한계생산은 증가하게 되기 때문

(2) 숙련노동시장과 비숙련노동시장의 비교

① 숙련노동자에 대한 수요가 증가하고, 비숙련노동자에 대한 수요가 감소하게 되면 숙련노동자의 임금과 고용은 증가하고, 비숙련노동자의 임금과 고용은 감소

② 이를 그래프로 나타내면 [그림 2]와 같음

③ 결론적으로 숙련노동시장과 비숙련노동시장의 임금격차는 벌어짐

그림 2 숙련노동시장과 비숙련노동시장

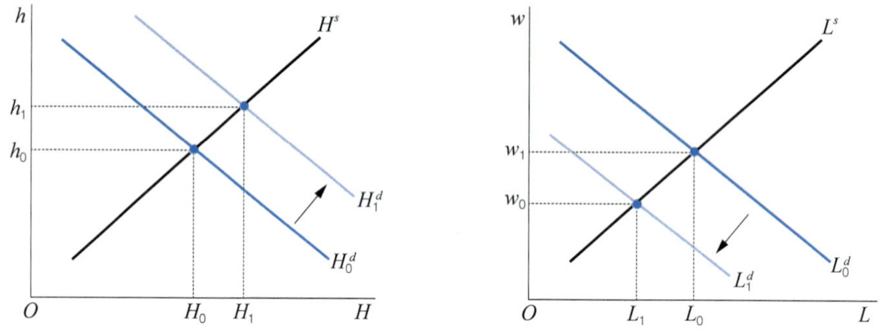

7. 정부의 자본재 가격하락정책과 고용증가

7. 정부는 일자리를 증가시키기 위해서 새로운 기계와 기타 자본재에 투자하는 기업에게 세금을 공제하는 법을 통과시켰다고 한다. 정부의 정책이 효과를 보기 위해서는 어떤 조건이 필요한지를 교차탄력성을 이용해서 설명하여라.

1. 정부의 자본재에 세금공제 효과

① 정부의 자본구입에 따른 세금공제는 자본비용을 감소
② 자본가격의 하락은 상대가격 하락으로 인한 대체효과와 비용감소와 생산량 증대로 인한 규모효과를 야기
③ 따라서 정부의 자본가격 하락이 노동시장의 고용에 미치는 효과는 대체효과와 규모효과의 크기에 따라 달라짐
④ 대체효과는 작을수록 규모의 효과는 클수록 정부의 고용증대 효과가 커짐

2. 자본재 가격하락에 따른 대체효과와 소득효과

(1) 대체효과

① 자본의 상대가격 하락은 자본의 사용량을 증가시키고 노동의 사용량을 줄이는 효과
② 따라서 대체효과는 고용에 부정적인 영향을 미치게 됨

(2) 규모효과

① 자본가격의 하락은 생산비용을 감소시키고, 생산량의 증대를 가져옴
② 생산량의 증대를 통한 규모의 효과로 노동과 자본을 증가시키고, 고용증대 효과를 야기함

$r\downarrow$ → 대체효과: $\left(\frac{w}{r}\right)\uparrow \rightarrow K\uparrow, L\downarrow$

$r\downarrow$ → 규모효과: $TC\downarrow \rightarrow P\downarrow \rightarrow Q\uparrow \rightarrow K\uparrow, L\uparrow$

3. 자본재 가격하락이 고용증대에 미치는 효과가 큰 경우

(1) 대체효과 측면

① 자본의 가격하락 시 자본과 노동의 대체가 어려울수록(대체탄력성이 작을수록) 고용의 감소가 크지 않게 됨

② 극단적으로 노동과 자본이 완전보완관계인 경우에 대체효과는 없어 고용감소의 효과는 존재하지 않게 됨

(2) 규모효과 측면

① 자본가격의 하락은 비용 절감으로 생산물의 가격이 하락하게 되고 그 결과 생산량이 증가

② 생산량의 증대로 인해 파생수요 성격을 지닌 노동과 자본은 모두 증가. (단, 모두 정상투입요소인 경우)

③ 이때 자본의 비중이 클수록 생산물의 가격은 크게 하락하게 되고 생산량의 증대효과도 커짐

④ 또한 산업에 직면하는 생산물의 가격하락이 생산물 수요에 미치는 영향이 클수록 (즉 생산물에 대한 수요의 가격탄력성이 큰 경우) 규모의 효과도 커짐

8. 수입관세부과와 일시 해고금지 정책 효과

8. 미국 정부는 철강수입의 관세를 인상하는 조치를 취하였다. 추가적으로 경제적인 이유로 노동자들을 일시 해고시키는 것이 불법이 되도록 하는 법률을 통과시켰다고 한다. 이러한 미국 정부의 정책은 미국철강업에 종사하는 노동자에 어떤 영향을 미치게 될지 노동수요탄력성을 이용해서 그래프로 설명하여라.

1. 철강수입에 관세 부과 시 효과

(1) 생산물시장에 미치는 효과

① 수입품의 가격상승으로 인해 국산품으로 소비가 증가하는 대체효과 발생

② 수입품 가격 상승으로 국내 생산물에 대한 약간의 가격인상은 수요량을 크게 감소시키지 않게 됨 따라서 국내 생산물에 대한 가격탄력성을 낮추게 되는 효과가 발생

(2) 생산요소(노동)에 미치는 효과

국내 생산물에 대한 가격탄력성이 낮아지면 파생수요 성격을 지닌 국내 노동자에 대한 수요도 좀 더 비탄력적인 결과를 초래

2. 정부의 정책이 노동시장의 고용에 미치는 효과

(1) 직관적인 설명

① 정부의 정책은 노동자들을 일시적으로 해고하는 것을 어렵게 했으므로 노동수요곡선을 임금에 비탄력적으로 만듦
② 추가적으로 관세부과정책은 생산물에 대한 수요를 비탄력적으로 만들고, 노동수요 또한 비탄력적으로 만듦
③ 정부의 관세부과로 국산품에 대한 수요증가는 노동수요 증가로 이어질 수 있고, 이때 노동수요곡선의 기울기가 가파른 비탄력적인 경우에 임금상승효과는 크게 됨

(2) 그래프를 이용한 설명

① 노동공급곡선은 수직이라고 가정할 때 노동수요곡선이 가파른 기울기를 지닌 경우 노동수요 증가 시 임금상승 폭이 커짐
② 노동수요곡선이 가파른 A의 경우가 완만한 B의 경우보다 임금상승 효과가 큼

그림 그래프

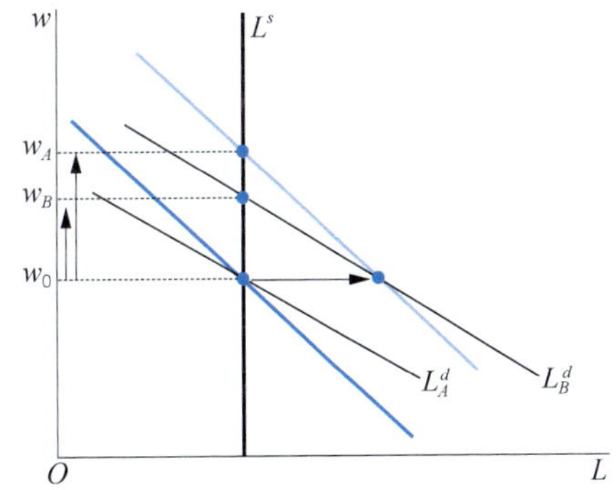

9. 기술혁신과 노동시장

9. 기술혁신으로 인한 AI의 등장은 일자리의 붕괴(The Collapse of Work)를 발생시킬 수 있다. 이러한 기술변화와 노동시장에 미치는 영향을 미숙련노동자에 초점을 두고 규모의 효과와 대체효과를 중심으로 설명하여라.

1. 기술변화의 충격이 노동시장에 미치는 현실

① 기술변화로 인한 노동시장에 미치는 연구의 공통점은 일반적으로 기술진보는 자본과 보완적인 숙련노동의 수요는 증가시키지만, 미숙련노동은 대체관계가 커서 오히려 수요를 줄일 수 있음
② 기술변화와 관련한 많은 연구들은 규모효과는 간과되고 관심초점이 겁주기 위한 대체효과에 비중을 두는 경우가 많음
③ 그러나 기술변화가 노동시장에 미치는 영향은 대체효과와 규모의 효과를 모두 고려해야 함

2. 기술변화가 노동시장에 미치는 요인

(1) 대체효과 : 부정적인 효과

노동과 자본의 대체는 기술변화로 인해 노동의 일자리 일부를 파괴할 수도 있음

(2) 규모의 효과 : 긍정적인 효과

① 기술변화로 인해서 생산량이 증가하는 규모효과가 충분히 큰 경우에는 생산에 대체관계인 생산요소들조차도 조보완요소가 될 수 있음
② 따라서 규모의 효과가 존재하게 되면 동일산업에서 다른 일자리를 창출할 수도 있게 됨

3. 기술변화의 종합적인 효과

① 지난 100년 동안 전체 노동자에서 미숙련노동자가 차지하는 비중이 감소하는 추세
② 그러나 이러한 추세가 자본과 미숙련노동자 사이의 조대체성을 확인하는 증거는 아님
③ 노동수요의 탄력성과 노동과 자본의 교차탄력성의 개념은 다른 조건이 일정할 때 임금 또는 자본의 가격변화로 발생한 노동수요의 변화에 초점을 맞춤
④ 시간이 경과하면서 실제 고용의 결과는 노동자의 노동공급 행태에 의해서도 영향을 받기 때문에 기술변화로 인한 고용수준에 미치는 영향은 임금탄력성과 교차탄력성으로 해석할 때 주의가 필요

Point 3

노동시장균형

1. 노동시장에서 수요독점시장이란 무엇을 의미하는지를 설명하고, 완전차별적인 수요독점기업과 차별이 없는 수요독점기업으로 나누어 기업의 이윤극대화 조건을 설명하라.
2. 최저임금제를 실시하게 되면 실업이 발생한다고 알려져 있다. 그러나 패스트푸드 시장을 대상으로 한 연구에서는 오히려 고용자의 수가 증가했다는 연구 결과도 있다. 어떻게 다른 결과가 발생했는지 설명하라.
3. 정부는 근로자들에게 다양한 혜택과 방법을 제공하고 있다. 특히 작업장의 청결 유지, 보상보험 제공, 맛있는 점심식사 제공 등과 같이 법정부가혜택을 제공하기도 한다. 이러한 법정부가혜택은 급여세와 비교해서 그 효과가 다르다. 근로자들이 느끼는 법정부가혜택의 가치가 부가혜택의 제공비용보다 큰 경우 급여세와 비교하여 후생 측면에서 어떤 결과를 얻게 되는지 그래프를 이용해서 설명하라.
4. 내부노동시장이란 무엇이며, 어떤 유형이 있는지 설명하고, 내부노동시장에서 이연임금과 성과연동임금이 어떤 역할을 할 수 있는지 설명하시오.
5. 대기업 공장의 해외 이전으로 인한 노동시장의 양극화에 대해서 설명하시오.
6. 과보호 내부노동시장에 대해서 설명하시오.

1. 수요독점적 노동시장

1. 노동시장에서 수요독점시장이란 무엇을 의미하는지를 설명하고, 완전차별적인 수요독점기업과 차별이 없는 수요독점기업으로 나누어 기업의 이윤극대화 조건을 설명하라.

1. 수요독점시장 개념

(1) 수요독점시장과 경쟁시장 비교

① 노동시장이 완전경쟁적이라고 하면 기업은 모든 근로자들에게 시장에서 결정된 임금수준을 지급하면 되며, 일정하게 주어진 임금수준에서 기업은 원하는 만큼의 노동력을 고용할 수 있음

② 수요독점시장(monopsony)에서는 기업이 더 많은 근로자들을 고용하기 위해 더 높은 임금을 주어야만 함

→ 수요독점기업의 노동공급곡선은 우상향하는 형태가 됨

(2) 수요독점시장의 예

어느 작은 산간지역의 석탄광산을 지닌 소도시에 단 하나의 기업만이 존재하는 경우

→ 더 많은 지역주민들을 자발적으로 일터인 광산으로 끌어내기 위해서는 임금을 올려주어야 현재 일하고 있지 않은 사람들을 일자리로 끌어낼 수 있음

2. 완전차별적인 수요독점시장

임금이 완전차별적인 수요독점기업은 개별 근로자들을 각기 차별적인 임금을 주고 고용할 수 있음

(1) 노동공급곡선

임금에 대해서 완전차별적인 수요독점기업의 우상향하는 공급곡선은 고용하는 근로자마다 상이한 임금을 주고 이들을 고용할 수 있음

(2) 기업의 이윤극대화 조건과 균형

① 이윤극대화 기업은 마지막으로 고용된 근로자의 화폐가치와 그 사람을 고용하는 데 들어가는 비용이 같아지는 수준까지 근로자를 고용

② 최종 근로자가 기업의 수입에 기여하는 정도(VMP_L)가 노동의 한계비용과 같아지는 순간까지 고용 지속

그림 1 이윤극대화 조건의 최적 노동투입량 결정

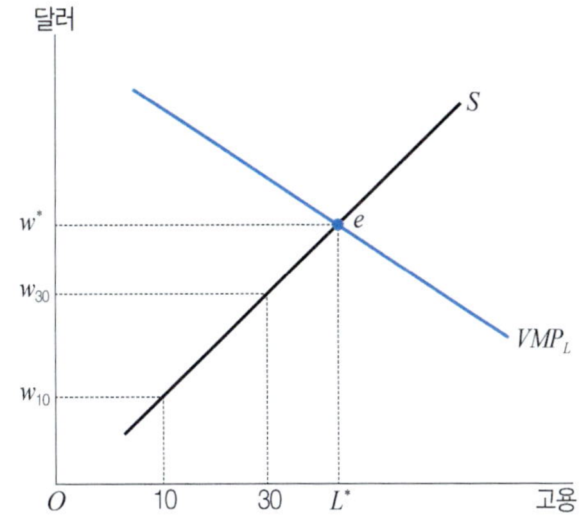

③ 시장균형은 $e(L^*, w^*)$에서 결정

→ 여기서 w^*는 경쟁임금이 아니고, 수요독점기업이 마지막으로 채용된 근로자들을 노동시장으로 유인하기 위해 지불해야 하는 임금을 의미

④ 다른 모든 근로자는 각자의 유보임금에 해당하는 w^*보다 낮은 임금을 받음

3. 차별 없는 수요독점시장

임금 차별 없는 수요독점기업은 모든 근로자에게 그들의 유보임금과 상관없이 동일한 임금을 지급해야 함

(1) 노동공급곡선

① 1명의 근로자를 추가로 고용할 경우에 모든 근로자에게 지불하는 임금을 올려주어야 하므로 노동공급곡선은 더 이상 고용의 한계비용이 아님

② 고용의 한계비용은 추가 근로자에게 지불하는 임금뿐만 아니라 이전에 고용된 모든 근로자에게도 더 높은 임금을 지불해야 한다는 사실을 포함

③ 기업이 고용규모를 확장함에 따라서 더 높은 한계비용을 지불해야 함

④ 더 많은 근로자를 고용하는 과정에서 임금이 상승하기 때문에 노동의 한계비용곡선(MC_E)은 우상향하는 기울기를 갖게 됨

⑤ 한계비용은 임금보다 빠르게 상승하여 노동공급곡선 위쪽에 위치

(2) 노동시장의 균형

① 수요독점의 고용(L_M) < 경쟁고용(L)인 자원배분

→ 불완전고용 발생(비효율적 자원배분), 완전경쟁노동시장에 비해서 적은 수의 근로자를 고용

② 수요독점의 임금(w_M) < 경쟁임금(w^*)

그림 2 차별 없는 수요독점시장

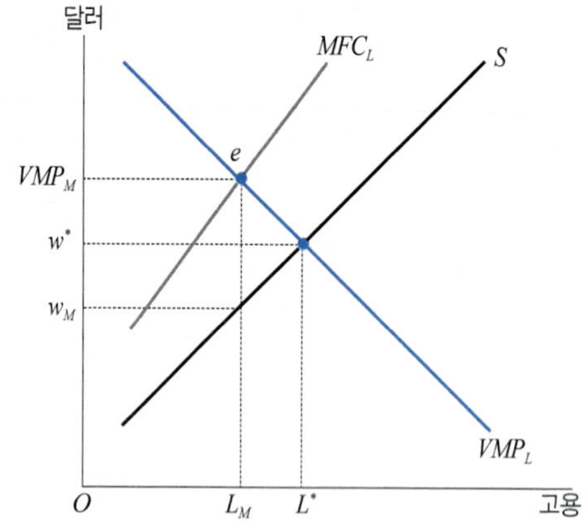

2. 최저임금제의 효과

2. 최저임금제를 실시하게 되면 실업이 발생한다고 알려져 있다. 그러나 패스트푸드 시장을 대상으로 한 연구에서는 오히려 고용자의 수가 증가했다는 연구 결과도 있다. 어떻게 다른 결과가 발생했는지 설명하라.

1. 최저임금제의 일반적인 통념 : 완전경쟁시장하에서의 최저임금 효과

2. 수요독점시장에서의 최저임금 효과

수요독점시장에서 최저임금제 실시는 임금과 고용을 모두 증가시킬 수 있음

(1) 수요독점시장에서의 이윤극대화

① 균형 $e(L_M, w_M)$에서 정부가 최저임금 $\overline{w}$을 도입하는 경우 $\overline{L}$까지는 최저임금을 주고 고용 가능
→ 최저임금 이하의 임금을 받고 일할 의향이 있기 때문

② $\overline{L}$의 근로자까지는 완전탄력적인 영역이고 이후에는 상승하는 영역을 지님

그림 수요독점시장에서 최저임금제 효과

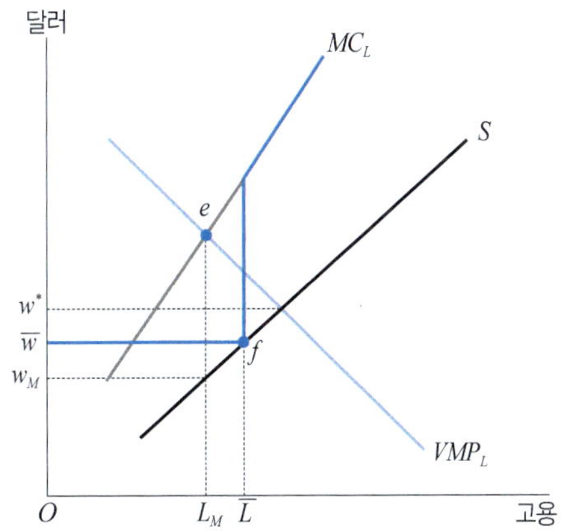

(2) 최저임금제가 고용을 증가시키는 경우: 최저임금수준이 $w_M < \overline{w} < w^*$에서 결정되는 경우

① 이윤극대화 수요독점기업은 '고용의 한계비용=노동의 한계생산가치'에서 결정

② 최저임금 $\overline{w}$을 주고 $\overline{E}$의 근로자를 고용해 $e(E_M, w_M) < f(\overline{L}, \overline{w})$으로 임금과 고용이 모두 증가

③ $\overline{w}$의 임금하에서 일하고 싶어 하는 모든 사람들이 일자리를 얻을 수 있음

(3) 최저임금제가 고용을 완전경쟁시장과 동일하게 만드는 경우: 최저임금수준이 $w = w^*$에서 결정되는 경우

① 노동시장이 경쟁적인 상황과 동일한 결과를 얻을 수 있음

② 경쟁임금을 지급해 불완전고용도 사라지고, 수요독점기업의 시장지배력 제거 가능

(4) 최저임금제가 고용을 오히려 감소시키는 경우

3. 소결 : 최저임금제도의 실증연구 결과와 제언

최소한 패스트푸드 산업에서 최저임금의 인상이 패스트푸드 산업에서 고용된 근로자 수를 감소시키지 않고 오히려 증가시켰을 가능성도 있음

3. 법정부가혜택과 급여세의 비교

3. 정부는 근로자들에게 다양한 혜택과 방법을 제공하고 있다. 특히 작업장의 청결 유지, 보상보험 제공, 맛있는 점심식사 제공 등과 같이 법정부가혜택을 제공하기도 한다. 이러한 법정부가혜택은 급여세와 비교해서 그 효과가 다르다. 근로자들이 느끼는 법정부가혜택의 가치가 부가혜택의 제공비용보다 큰 경우 급여세와 비교하여 후생 측면에서 어떤 결과를 얻게 되는지 그래프를 이용해서 설명하라.

1. 정부의 근로자에 대한 혜택방법

① 법정부가혜택은 작업장 청결 유지, 보상보험 제공, 맛있는 점심식사 제공 등

② 법정부가혜택이 근로자들에게 어떤 혜택을 주는 경우에 고용감소의 크기가 작아져 급여세보다 더 선호됨

2. 부가혜택의 경제적 분석

① 정부의 부가혜택 강제조항은 추가적인 비용 발생(C원의 비용발생)

② 노동수요곡선이 아래로 이동[1]해 균형 전(P)에서 균형 후(Q)로 이동
→ 기업은 L_0의 근로자를 $(w_0 - C)$의 임금으로 고용하고 싶어함

3. 부가혜택의 경제적 효과

(1) 근로자들이 느끼는 부가혜택의 가치가 0인 경우

① 근로자들이 정부가 기업을 통해 제공한 부가혜택의 가치를 0이라고 인식하는 경우
→ 새로운 균형점은 Q가 됨

② 고용은 L_1에서 $(w_1 + C)$원의 비용을 지불
→ 여기서 w_1은 임금, C는 부가혜택비용으로 지출

③ 균형점은 $P \rightarrow Q$: 정부의 부가혜택 효과=급여세 효과와 동일

1) 새로운 수요곡선 D_1은 원래의 수요곡선 D_0와 C원의 차이가 발생한다.

(2) 근로자들이 느끼는 부가혜택의 가치가 부가혜택 제공비용보다 작은 경우

① 산업 내 모든 근로자들이 정부의 부가혜택 가치를 C보다는 낮은 B로 인식하는 경우

② 근로자들은 기업이 부가혜택을 제공하기 위해서 지불해야 하는 비용보다는 약간 작은 부담을 지불할 의향이 있다고 인식하는 경우

③ 근로자들이 부가혜택에 대해서 B의 가치를 인식하고 있기 때문에 L_0의 근로자는 (w_0-B)의 임금을 지불하면 기꺼이 일할 의사가 있음

④ 균형점의 이동은 $P \rightarrow R$: 급여세의 경우보다 고용감소폭이 작아짐

⑤ 새로운 균형점인 w^*에서 기업은 1명의 근로자를 고용하기 위해서 (w^*+C)를 지불하고, 근로자는 (w^*+B)를 받게 됨

⑥ 초기 균형에 비해서 근로자의 보수는 줄어들고 기업의 고용비용은 증가

⑦ 급여세와 비교하는 경우에 기업과 근로자 모두 경제적 지위 향상

→ 근로자는 더 높은 보수 받고, 기업은 더 낮은 비용에 직면

그림 1 법정 부가혜택 제공비용이 근로자의 가치보다 높은 경우

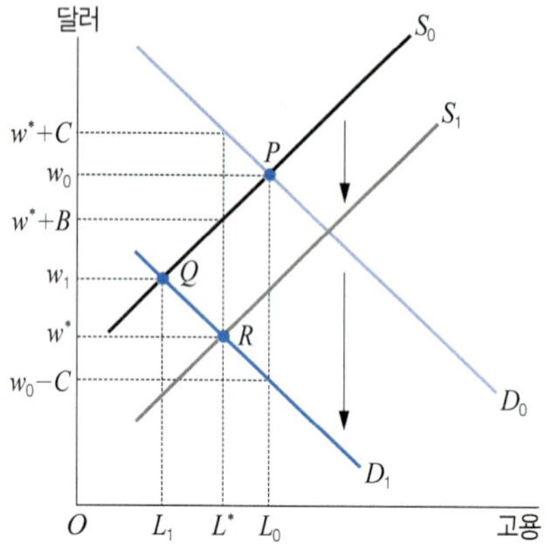

(3) 근로자들이 느끼는 부가혜택의 가치가 부가혜택 제공비용과 같은 경우

① 노동공급곡선과 노동수요곡선이 모두 같은 크기만큼 아래로 이동

② 새로운 균형점 R에서는 고용은 여전히 L_0에 머물러 있고, 근로자들이 받는 보수는 (w^*+C)이고 기업의 비용은 (w^*+C)가 되어 경쟁임금 w_0와 동일

그림 2 법정 부가혜택 제공비용이 근로자의 가치와 같은 경우

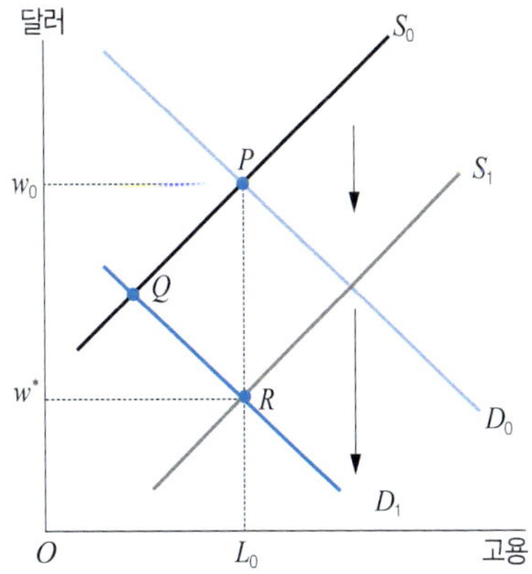

4. 소결

① 급여세보다 고용감소 크기가 작다는 것은 유발하는 사중손실의 크기가 작다는 것을 의미함

② 법정부가혜택의 비용이 근로자가 인식하는 혜택과 동일하면 부가혜택으로 인한 사중손실은 발생하지 않음

③ 경쟁균형에서 기업이 동일한 비용을 들여서 고용했을 근로자의 수와 동일한 수준으로 근로자를 고용하기 때문

4. 대기업의 공장 해외이전과 노동시장의 양극화

4. 내부노동시장이란 무엇이며, 어떤 유형이 있는지 설명하고, 내부노동시장에서 이연임금과 성과연동임금이 어떤 역할을 할 수 있는지 설명하시오.

1. 내부노동시장의 정의와 유형

(1) 내부노동시장의 정의와 특성

① 미국의 제도학파 경제학자인 도린저와 피오르(P.Doeringer and M. Piore)에 의하면 내부노동시장을 "노동의 가격결정과 배치가 일련의 규칙과 절차에 의해서 지배되는 하나의 관리단위(an administrative unit)"로 정의

② 내부노동시장은 한 기업 내에 직종별, 숙련수준별로 여러 종류로 각각 상이하게 작동할 수 있음

③ 화이트 칼라는 하급사원에서 최고경영자까지의 생애경력경로가 전체 기업을 범위로 설계되어 있고, 생산직의 경우는 하나의 사업장이라는 경계 안에서 몇 개의 직무를 수행하면서 승진하도록 설계되어 있음

④ 외부노동시장에서는 임금수준에 따라서 고용결정이 이루어지나, 내부노동시장에서는 입직구(port of entry) 일자리에서만 신참근로자의 채용이 이루어지고 현역근로자에게 비입직구의 일자리를 맡을 권한을 부여하여 장기 고용기회를 제공하는 등 기업의 규칙과 절차에 의해서 임금과 고용의 제 측면이 결정됨

(2) 내부노동시장의 유형

① 효율적 내부노동시장과 비효율적 내부노동시장
- 효율적 내부노동시장 : 생산성과 임금이 연계
- 비효율적 내부노동시장 : 생산성 향상이 없음에도 불구하고 높은 임금이 지급
- 따라서 근로자의 숙련향상 혹은 생산성 향상이 없음에도 불구하고 높은 임금이 지급되는 경우 도덕적 해이 발생 가능

② 폐쇄적 내부노동시장과 개방적 내부노동시장
- 폐쇄적 내부노동시장 : 해고나 신규진입이 어려운 시장
- 개방적 내부노동시장 : 해고가 쉽고, 진입장벽이 높지 않은 시장

③ 과보호 내부노동시장과 동기유발 내부노동시장
- 과보호 내부노동시장 : 비효율 + 폐쇄적
- 동기유발 내부노동시장 : 효율적 + 개방형

2. 내부노동시장의 임금

(1) 이연임금

① 이연보수계약(delayed compensation contract)은 근속연수가 짧은 근로자에게는 생산성 이하의 임금을 지급하고, 근속연수가 특정기간을 지나면 생산성 이상의 임금을 지급하는 것을 말함

② 이연보수계약과 내부노동시장

- 이러한 계약은 장기계약관계로 특징지어지는 내부노동시장을 가진 대기업의 경우에 유효하게 됨
- 내부노동시장과 관련하여 최하위 직급에서 외부충원과 상위직급으로의 내부승진이 일어나는 이유와 그러한 구조가 안정성을 갖게 되는 이유 설명
- 이연임금이론에 의하면 비대칭적 정보의 상황에서 기업의 합리적 선택의 결과로 참되고 성실한 근로자와의 장기계약이 이루어지고 있음
- 이 이론에 의하면 입직구에서의 임금은 개인의 생산성보다 낮게 책정되지만, 작업 노력이 좋은 개인은 일정한 근속기간이 지나면 임금이 자신의 생산성보다 높게 책정되어 초기의 낮은 임금을 보상하는 성격을 지님
- 작업 노력이 나쁜 개인은 고용관계 초기에 해고됨
- 이연임금제하에서의 근속에 따른 임금과 생산성을 비교하고 있는데 근로자들은 t^*만큼의 경력과 근속연수를 축적한 후에 정년 시점까지 고용을 보장하는 기업과 이연보수계약을 받아들이게 되고, 기업은 고용계약을 중간에 어기고 근로자들을 해고하지 않게 되면 이연임금계약은 장기고용계약으로 지속될 수 있음

그림 장기계약과 이연임금제

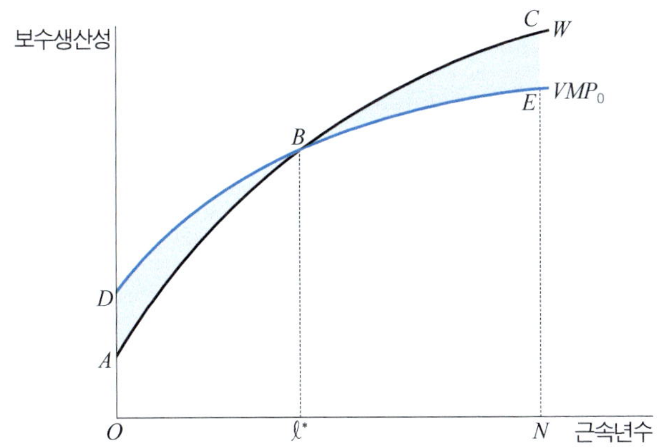

(2) 성과연동임금

① 같은 등급에서조차 임금이 모두 동일하지 않고 변동폭이 존재하게 되는데, 이는 임금을 노동투입량에 따라 지급하는 대신 그 성과에 연동하는 임금제도를 채택하는 데서 비롯된 것임

② 성과연동임금과 내부노동시장

- 내부노동시장에서는 임금이 어떻게 결정되는가를 살펴보면 각 등급마다 일자리와 직무가 상당히 많이 존재하나, 하나의 등급 내에서 각 일자리와 직무는 유사한 수준의 급여를 보여줌
- 하위 등급에서는 급여의 폭이 작으나 등급이 높아질수록 급여 변동의 폭이 커짐
- 상위직급으로 승진하는 경우에는 그렇지 않은 경우에 비해서 더 큰 폭의 임금상승이 있음을 알 수 있는데, 이는 승진이 명백히 인센티브 제도로 활용할 수 있음을 의미함

5. 기업 해외 이전과 노동시장 양극화

5. 대기업 공장의 해외 이전으로 인한 노동시장의 양극화에 대해서 설명하시오.

1. 제조업 대기업 공장의 해외이전

(1) 제조업 대기업의 일자리 소멸 현상: 우리나라 제조업 대기업의 고용이 지난 20년간 급격히 감소한 이유

① 제조업 대기업의 해외로의 공장이전 및 해외공장 신축, 세계 전 지역으로 해외공장망 확대

② 무인공장, 공장자동화, 로봇 활용 등 노동 대신 기계를 집중 활용

③ 기업들이 구조조정 차원에서 단순 행정업무, 단순 조립업무, 단순 유지보수업무 등을 용역회사에 맡기거나 파견업체를 활용해 직접 고용근로자 수를 줄임

(2) 글로벌 생산의 등장배경

글로벌 생산(생산의 세계화)은 기업이 세계 각국의 생산비용 차이, 생산요소의 질 차이, 최종소비시장에서의 접근성을 위해 재화와 서비스의 생산을 세계 곳곳에 위치시키는 것을 말함

→ 기업은 총생산비를 낮추거나 높은 품질의 제품을 만들어 경쟁우위를 획득하려고 노력

① 운송기술의 혁신

→ 화물비행기나 컨테이너 대형화물선을 이용하면서 생산기지가 반드시 한국이어야 할 필요성이 없어졌으며, 생산비용과 생산요소의 질이 글로벌 생산의 중요 원인

② 통신기술의 혁신

→ 마이크로프로세서의 발전으로 고성능의 저가 컴퓨터 이용이 가능해지고, 엄청난 양의 정보가 개인 간, 기업 간에 빠르게 전달

→ 산업 간 분업에서 산업 내 분업으로 국제무역패턴이 바뀜[2)]

③ GATT와 WTO

→ GATT에서는 자유무역주의가 국가 간 교역, 곧 국제무역의 자유화

→ WTO는 세계시장에서의 모든 상품 및 교역 형태의 자유화를 의미하는 '세계무역의 자유화'

④ 한국 청년인구의 감소와 생산직의 고령화 : 고용 없는 성장

→ 1990년부터 청년층 인구 감소를 예견한 조립가공분야 대기업들은 젊은 근로자의 높은 생산성을 찾아 해외로 공장을 이전하였고 국내 투자를 기피하는 대신 해외의 생산기지를 확충하여, 수출은 지속적으로 확대되었으나 국내 고용은 거의 늘지 않은 '고용 없는 성장'에 처하게 됨

2. 노동시장의 양극화 : 취업난과 구인난의 병존

한국 노동시장은 피상적으로 20대 후반의 대졸 청년은 극심한 취업난에 시달리고, 중소기업은 구인난에 시달리는 패러독스가 관찰

→ 취업난은 인력공급과잉, 구인난이라는 인력부족 현상을 동시에 유발

(1) 대기업 노동시장

① 대기업은 노동수요 감소(세계화 영향) 및 노동공급 증대(대기업 취업선호)[3)]

② 노동의 초과공급인 취업난이 극심

③ 대기업이 연공임금, 효율임금으로 임금의 하방경직적이라면 비자발적 대기실업이 크게 발생

④ 특히, 대기업에서는 준고정비용이 낮은 비정규직을 고용하려고 함

→ 해고가 어려운 한국에서는 신규인력 채용 시, 쉽게 고용종료가 가능한 단기계약의 한시적 근로자, 파견 근로자 같은 비정규직을 고용하려는 유인이 높음

---

2) 산업 간 무역(inter-industrial division of labor)은 산업의 비교우위가 서로 다른 두 국가가 농림수산, 광업에 특화하거나, 공업제품에 특화해 교역하는 것을 말하고, 산업 내 분업(intra-industrial division of labor)은 하나의 산업이 각 공정을 기준으로 차별화된 제품을 기준으로 각 나라가 특화해서 교역하는 것을 말한다. 산업내 분업은 제품차별화 분업과 공정다각화 분업으로 발전하게 되었다. 제품차별화(product diversification)는 자동차 산업 내의 대형차와 소형차, 트럭과 스포츠 차량 등에서 각국의 특수한 생산요소의 이점에 따라 나누어 생산하는 것을 말한다. 공정의 다각화(process diversification)는 하나의 완성품을 만들기 위해서 요구되는 부품을 각기 특화하는 것으로, 예를 들면 마이크로프로세서는 미국 캘리포니아에서 디자인되고 미국과 독일의 금융지원을 받아서 한국에서 조립하는 것을 말한다.

3) 대기업시장은 세계화의 영향으로 노동수요가 감소했으나, 고졸자의 75%가 대학에 진학하여 졸업한 후에 비싼 대학투자를 보상받을 수 있는 높은 임금을 제공하는 대기업에 취업하기를 희망하면서 대졸인력의 공급이 증가하게 되었다.

그림 1 **대기업 노동시장 변화**

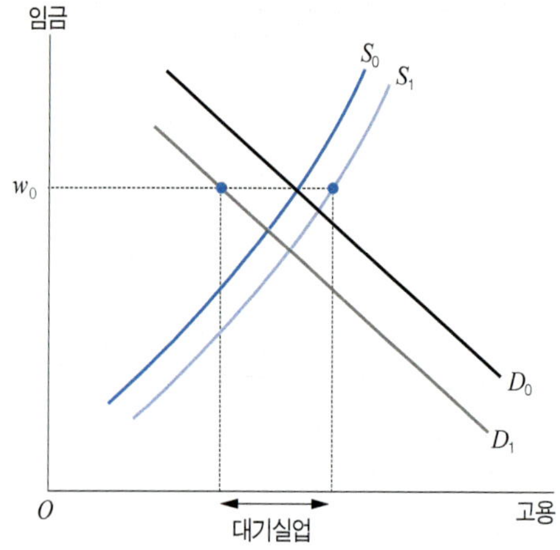

(2) 중소기업 노동시장

① 중소기업은 노동수요의 미미한 증가, 노동공급은 크게 감소해 임금 상승

② 명백한 초과수요가 있어 구인난 관찰

③ 특히 고졸청년의 선호가 중소기업의 3D(dangerous, difficult, dirty) 직업을 기피하는 방향으로 바뀜

그림 2 **중소기업 노동시장 변화**

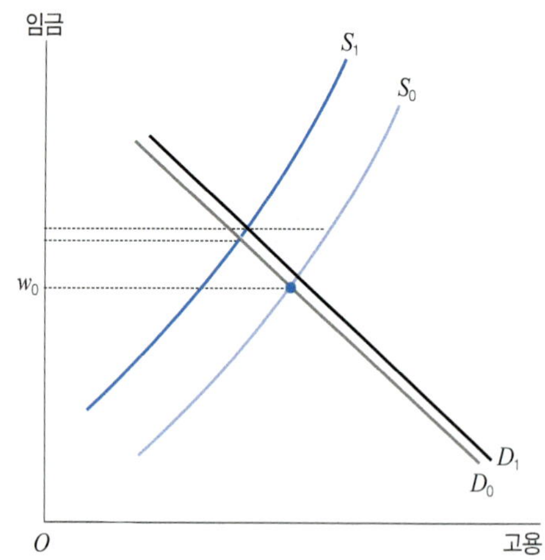

(3) 노동시장의 양극화 심화

① 제1차 노동시장의 대기업에서는 취업난과 대기실업, 제2차 노동시장의 중소기업에서는 구인난을 경험
② 중소기업에 채용될 근로자들이 고령인구만 존재 → 계약직 확대 → 노동시장 이중구조 심화
③ 근로자 간 임금격차를 확대

6. 과보호 내부노동시장의 부정적 효과

6. 과보호 내부노동시징에 대해서 설명하시오.

1. 내부노동시장의 등장배경과 전망

① 한국의 대기업은 비효율적이며, 폐쇄성이 지나치게 강한 과보호의 내부노동시장을 가지고 있어 노동의 질적수준 하락으로 생산성을 떨어뜨리고, 경쟁력의 약화를 가져옴
② 우리나라 비정규직 문제를 해결하려면 정부, 공기업, 언론기관, 금융기관, 대학 그리고 대기업의 과보호 내부노동시장을 동기유발의 내부노동시장으로 전환해야 할 필요성이 있음

(1) 내부노동시장

① 내부노동시장(internal labor market)이란 기업 내에서 근로자들이 암묵적 계약(implicit contract)으로 장기간 일하고, 일자리 서열구조(job hierarchy)에 따라 임금을 받고 승진할 기대를 갖는 경우를 말함
② 일반적인 외부노동시장과 분리되어 있고, 독립적인 규칙과 절차에 의해 특정한 고용관계를 유지하고 보호하는 것을 핵심으로 하고 있음
③ 일반적인 기업은 입직구(port of entry)에 해당하는 가장 낮은 수준의 일자리에 채용하고, 높은 수준의 일자리는 내부승진을 통해서 채워짐
④ 단계적인 상향 이동을 통해 장기 고용관계가 근로자와 기업 간에 이루어지고, 임금도 내부적인 규칙이나 관행에 의해서 결정
⑤ 그 결과 외부노동시장이 압력을 거의 받지 않음

(2) 내부노동시장 출현 배경

① 기업의 규모와 복잡성
기업의 규모가 커지고 제품이 다양해지면서 생산과정도 복잡해져, 이를 테일러의 과학적 경영으로 노동력을 관리하기 위해 등장[4)]

② 직장이동비용
동일노동에 대한 동일임금법칙이 적용되는데, 권위적인 작업환경 때문에 노동자들의 직장이동율이 높아지면서 기업은 이러한 직장이동비용(turnover costs)이 큰 부담으로 작용하여 안정적인 고용관계를 확보하기를 원함

③ 노조 활동
노조의 활동이 활발해지면서 이에 대응하기 위해서 복지적 자본주의(welfare capitalism)가 등장하게 되었고, 기업은 근로자들을 좀 더 생산적이고, 기업에 충성하도록 만들기 위해 교육, 의료, 휴가, 이윤공유, 연금 및 사회복지 프로그램을 제공

(3) 내부노동시장의 전망

① 최근 경영환경에서의 극심한 글로벌 경쟁, 기술변화의 급변, 근로자들의 개인주의와 일자리, 고용주, 직업의 빈번한 변동으로 기업은 유연하고 신축적으로 운영되어야 하는데, 내부노동시장은 경직적인 구조 때문에 내부의 직무사다리를 통한 승진 시스템이 부적절해짐

② 그러나 실증연구 결과상 국가별 근속연수가 더욱 길어지는 점을 고려하면 아직까지 내부노동시장이 중요한 제도로 작동하고 있다는 것을 알 수 있음

2. 내부노동시장의 유형

(1) 효율적 내부노동시장과 비효율적 내부노동시장

① 효율적인 내부노동시장은 근로자의 전체 근속기간 중의 생산성과 임금이 연계되는 시장이고, 비효율적 내부노동시장은 생산성 향상이 별로 없음에도 불구하고 높은 임금이 지급되는 시장[5)]

② 근로자의 숙련 향상 혹은 생산성 향상이 없으나 높은 임금이 지급되는 경우는 상품시장에서 독점적 이윤과 관련이 있는 경우가 많고 이는 근로자들의 도덕적 해이(moral hazard)와 연결

---

4) 테일러주의란 기업경영에 과학을 도입하여 기업들이 보유한 인적자원을 최대한도로 이용하고자 하는 공학적 원리를 제품의 설계와 생산과정에 적용한 것이다. 이는 노동력관리를 전문화하겠다는 것을 의미한다.

5) 효율적인 내부노동시장은 근로자에게 직무급 또는 직능급에 따른 숙련 형성을 자극하고, 고숙련 근로자에게는 좀 더 높은 임금을 제공하며, 승진을 통해 자신의 생애경력(lifetime career)을 실현시켜 기업의 효율성과 생산성을 높이게 된다. 직무, 직능연계임금, 내부승진 및 장기 계약고용 등은 근로자의 생산성과 직결된다. 여기서 생산성은 근로의욕, 노력을 감안한 노동생산성을 의미한다.

(2) 개방적 내부노동시장과 폐쇄적 내부노동시장

① 폐쇄적 내부노동시장은 무능한 근로자를 해고하지 못하거나, 유능한 외부자의 진입이 용이하지 않은 경우로 외부자(outsider)에 대한 진입장벽이 높은 경우를 말함
② 개방적 내부노동시장은 내부자(insider)에 대한 해고가 쉽게 이루어지고, 외부자에 대한 진입장벽이 높지 않아 내부자와 외부자 간의 경쟁이 존재하는 시장

그림 1 내부노동시장

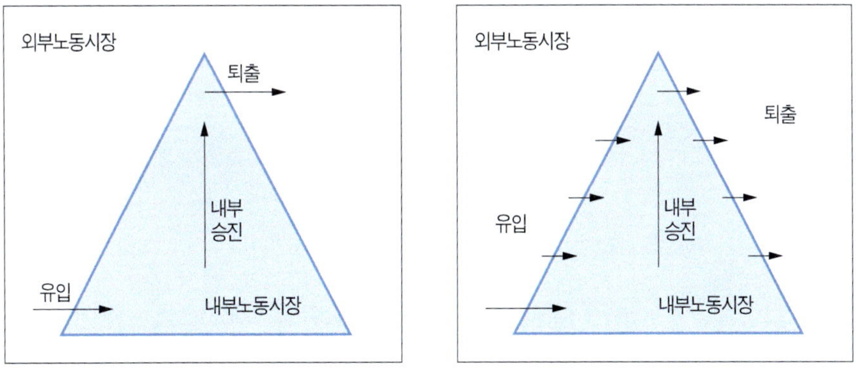

(a) 폐쇄적 내부노동시장　　(b) 개방적 내부노동시장

(3) 과보호 내부노동시장과 동기유발 내부노동시장

① 과보호 내부노동시장은 비효율적인 내부노동시장이 폐쇄적으로 운영되는 경우를 말함
② 동기유발 내부노동시장은 효율적인 내부노동시장이면서, 상위 일자리가 적정수준으로 외부에 개방되어 있는 경우를 말함

그림 2 **과보호 내부노동시장 vs. 동기유발 내부노동시장**

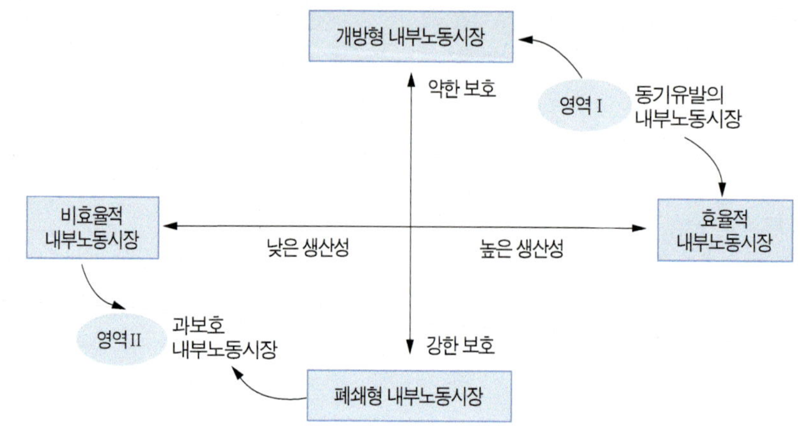

3. 한국의 과보호 내부노동시장과 부정적 파급효과[6)]

① 과보호 내부노동시장에서는 근로자의 생산성이 크게 하락
② 해고위협이 없고, 평생고용이 보장되어 도덕적 해이가 심각해짐
③ 근로자의 준고정비용이 크게 높아짐[7)]
④ 노동생산성 하락은 기업의 노동에 대한 수요 감소 경향

6) 과보호 내부노동시장은 준고정비용과 연결하여 기존 근로자의 과다근무시간, 최소근로시간 제약으로 기혼여성, 청년, 고령자의 과소고용으로 이어질 수 있다.
조우현 교수님은 사실상 과보호 내부노동시장에 대한 그릇된 이해로 OECD 국가 중 고용률이 가장 낮은 나라가 되었고, 일부 논자들이 워크셰어링(work sharing) 차원에서 기존 근로자의 장시간근로를 줄이고 신규 근로자를 더 고용하자고 주장하기도 한다고 비판한다. 따라서 기업이 왜 장시간근로를 강제하는지에 대한 명확한 이해의 근거로 활용할 수 있을 것이다.

7) 근로자의 준고정비용은 근속년수가 증가함에 따라서 연공급과 연동된 부가급여가 크게 늘어나고 장기근속자에 대한 해고의 어려움이 가중되어 생산성은 낮아지며, 임금과 준고정비용이 증가하면 기업이윤은 크게 감소하게 된다.

Point 4

노동이동

1. 쇄국적인 이민 정책은 국내산업의 공동화 문제를 일으키고, 국내 근로자를 보호하기는커녕 일자리를 소멸시킬 수도 있다. 2부문 모형을 활용한 국제 간 노동이동 효과의 분석에 대한 문제이다. 완전한 자유이동 상황을 고려하는 경우 외국인력의 국내 유입이 미치는 효과를 설명하고, 누가 이득을 보고, 누가 손해를 보는지 설명하라.
2. 노동의 공급이 완전비탄력적인 경우 이민잉여(immigration surplus)를 나타내어라. 기업의 총생산과 기업이윤, 근로자의 임금 몫은 어떻게 될 것인가? 그림에 표시하라.
3. 노동의 공급이 탄력적인 경우 국내 근로자들은 외국 근로자들을 모두 본국으로 축출하면 국내 고용이 다시 증가할 수 있다고 주장할 수 있다. 이 주장에 대해서 평가하라.
4. Roy의 모형에 입각하여 숙련과 전문기술에 대한 상대적 보수의 크기가 숙련 이민 근로자의 국가 선택에 영향을 미친다는 것을 그래프를 이용해서 설명하라.
5. Roy의 모형에 따르면 보수수준의 기댓값도 중요하다는 것을 보여준다. 보수수준에 대한 기댓값이 어긋나 실현되는 보수수준이 낮아지면 외국인들은 본국으로 되돌아가려고 한다. 어떤 경우에 현실과 기대치가 크게 어긋나는지 설명하고, 이를 초대로 정부의 정책은 어떤 방향으로 나아가야 할지 설명하라.

1. 노동이동 효과분석

1. 쇄국적인 이민 정책은 국내산업의 공동화 문제를 일으키고, 국내 근로자를 보호하기는커녕 일자리를 소멸시킬 수도 있다. 2부문 모형을 활용한 국제 간 노동이동 효과의 분석에 대한 문제이다. 완전한 자유이동 상황을 고려하는 경우 외국인력의 국내 유입이 미치는 효과를 설명하고, 누가 이득을 보고, 누가 손해를 보는지 설명하라.

1. 들어가는 말

참고

- 인구감소시대에 노동수요와 노동공급이 동시에 감소함으로써 야기되는 심각한 고용위기에 대응하는 효과적인 방법은 ① 시장저해적 규제를 폐지하여 노동수요를 진작시키고, ② 시장친화적 규제로 노동공급을 증대시키는 것이다. 구체적으로 시장저해적 정부규제 폐지는 노동수요를 증대시키는 효과를 갖고 있는데, 탁월한 인재를 낳는 교육제도는 연구개발에 따른 기술혁신을 용이하게 하고, 노동의 질 제고를 통해 노동수요를 증대시킨다.
- 한국 노동시장 정책의 출발점은 사회에서 가장 불우한 위치에 있는 사람들에 대한 기초생활보장제도의 내실화, 쉬운 해고, 기술업그레이딩을 위한 직업훈련, 사회안전망의 결합에 있다. 노동시장 정책의 발전단계로 보면, 제2단계인 적극적 노동시장 정책의 정착과 내실화가 시장친화적 규제라고 할 것이다.
- 청년인구의 급격한 감소는 제조업 대기업이 해외로의 공장이전을 가속화시키는 요인이 되고, 노동시장의 분단을 심화시키며, 지역과 계층 간 양극화를 더욱 심화시키기 때문에 개방적 이민 정책도 하나의 대안으로 고려해 볼 필요가 있음
- 구체적으로 외국의 청년 인력, 특히 전문기술 인력을 대거 국내로 영입해야 함. 한국은 상품거래와 자본거래에서는 개방주의를 채택했으나, 이민에 관해서는 쇄국주의를 채택하고 있음
- 쇄국적 이민 정책의 지표는 전체 인구 중 외국에서 태어났으나 현재 체류하고 있는 외국인의 비중으로 측정할 수 있음

(1) 선진국들이 개방적인 이민 정책을 표방하는 이유

- 미국, 호주, 뉴질랜드 등 : 원래 이민자들이 건설한 국가들이므로 전통적으로 이민에 개방적
  → 미국 오바마 정부는 이민법 개정을 장려하여 약 1,100만 명의 불법이민자들에게 사면을 실시하고, 이들에게 영주권을 부여하고자 함
- 스위스, 독일, 스웨덴 등 유럽 국가 : 각국의 출산율 저하와 청년층 인구 감소와 직결

2. 모형의 설정

(1) 모형의 가정

① 본국와 외국의 두 국가만 존재
② 생산요소는 노동과 자본 두 가지만 존재
③ 생산물은 단 한 가지 재화만 생산하고, 수확체감법칙의 성질을 띰
④ 생산요소는 완전고용되고, 생산물시장과 상품시장은 완전경쟁적임
　→ 동일노동에 대한 동일임금을 가정하는 2부분 모형을 국제 간 노동이동으로 확대

(2) 노동수요곡선과 노동공급곡선

① 양 국가 노동력의 총합은 OO'
- 원점이 O인 좌표에서 수평축은 한국 근로자의 수, 수직축은 달러로 표시한 한국의 임금
- 원점이 O'인 좌표에서 수평국은 외국 근로자 수, 수직축은 달러로 표시한 외국의 임금

② 수요곡선은 달러표시 한계생산물가치를 의미
③ 공급곡선은 수직이라고 가정
④ 생산요소의 보수는 한계생산물가치와 일치

그림 **한국과 외국의 노동시장 모형**

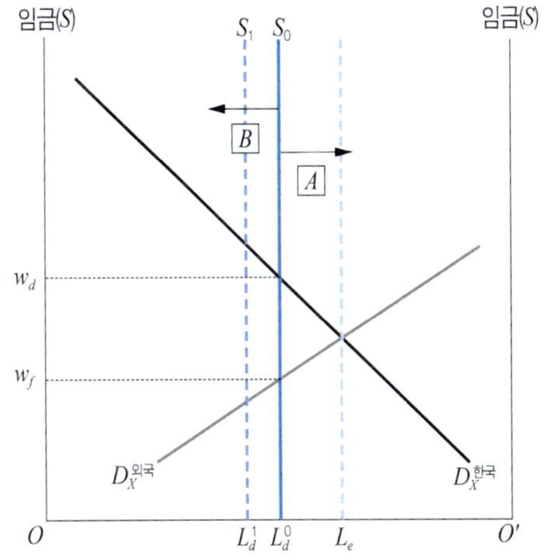

(3) 이민제한 정책을 실시하는 경우

노동공급이 S^0로 주어진 경우에 한국에서 임금은 w_d, 외국에서 임금은 w_f임

3. 노동이동이 자유로운 경우 분석: $\boxed{A}$의 경우

(1) 임금균등화

① 한국에서 임금수준이 더 높기 때문에($w_d>w_f$), 글로벌 경제에서 외국 근로자들은 한국의 높은 임금으로 인해 한국으로 이동

② 한국으로의 노동이동은 외국에서 노동공급 감소를 유발하고, 한국과 외국 간의 임금격차는 축소됨

→ 외국의 노동력이 한국으로 이동하면서 양국 간의 임금은 균등화

→ 한국 임금수준은 하락, 외국 임금수준은 상승

(2) 총생산 증대 효과

① 한국은 노동유입으로 총생산 증가, 외국은 노동유출로 총생산 감소

② 두 국가로 구성된 세계의 생산은 최대가 되어 효율적임

(3) 부의 재분배 효과

① 한계생산물가치곡선 아래의 면적은 총생산물가치를 의미하는데, 임금과 이윤으로 분류 가능

② 한국 자본가와 외국 근로자는 이익을 보고, 한국 근로자와 외국 자본가는 손해를 봄

4. 노동이동이 어려운 경우 : 쇄국적 이민제한 정책의 부정적 효과

(1) 국가 간 임금격차 유지

한국이 노동이동을 받아들이지 않게 되면 노동공급이 S_0로 주어져 있게 되어, 양국 간 임금격차는 유지됨

(2) 국제 간 자본 이동

① 외국의 싼 노동력을 이용하기 위해 자본은 한국에서 빠져나가 해외로 이동하게 됨

② 한국 국내 산업의 공동화가 전개될 수 있음

③ 쇄국적 이민 정책은 국내 산업의 공동화에 기여하게 되고, 국내 근로자를 보호하기는커녕 일자리 소멸의 결과를 낳게 될 것임

(3) 노동공급의 변화와 임금격차 확대: $\boxed{B}$의 경우

① 양 국가 노동력의 합계가 불변인 경우, 한국은 청년인구 감소, 외국은 청년인구 증가
② 노동공급곡선은 S_0에서 S_1으로 이동
③ 양국 간 임금격차 확대

5. 소결과 정책적 시사점

① 해외 근로자들의 한국 유입은 한국의 생산을 증가시키고, 국내 자본가에게 이윤을 증대
② 세계적 차원에서 효율적인 인적자원배분 효과를 야기
③ 국내 근로자들 입장에서는 외국 근로자와의 경쟁에 따른 고용기회의 감소와 임금 하락 때문에 노동조합은 반대
④ 그러나 국내의 정치적 반대로 인해 쇄국적 이민 정책을 유지하면, 산업공동화 및 장기간에 걸친 경제침체로 근로자들의 일자리가 소멸될 것임
⑤ 대화와 타협을 통해 개방적 이민정책을 마련하고, 그 범위에 대해 사회적 합의를 도출해야 할 것임

2. 이민잉여

2. 노동의 공급이 완전비탄력적인 경우 이민잉여(immigration surplus)를 나타내어라. 기업의 총생산과 기업이윤, 근로자의 임금 몫은 어떻게 될 것인가? 그림에 표시하라.

1. 이민 전과 후의 변화 비교

(1) 이민 전 경제적 상황 분석

- 한국의 노동수요곡선은 L^d, 노동공급곡선은 L^S
- 총생산$=ABL_1O$
- 임금 몫$=w_1BL_1O$
- 이윤 몫$=ABw_1$

(2) 이민 후 경제적 상황 분석

- 개방적 이민으로 노동공급 증가 L_1L_2
- 국내 근로자 임금 몫$=Ow_2GL_1$ $(=r)$
- 외국인 근로자 임금 몫$=L_1GCL_2$ $(=\varepsilon)$
- 기업 이윤 몫$=Aw_2C$ $(=\alpha+\beta+\theta)$

그림 **이민의 경제적 분석**

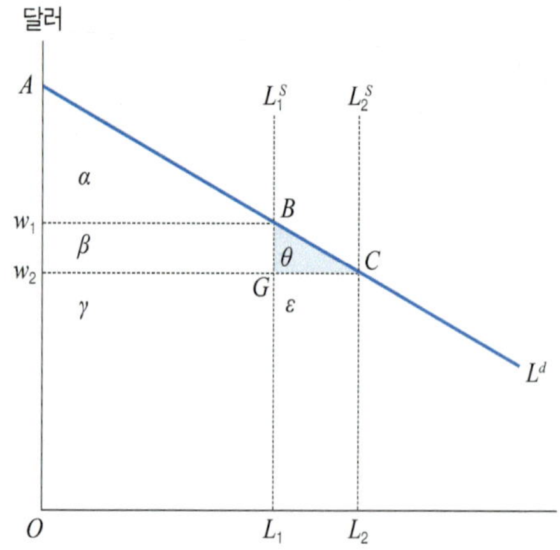

2. 이민잉여

(1) 이민 잉여 개념

- 이윤 몫 중에서 과거 근로자의 몫에서 자본가로 이전$=w_1w_2GB$ $(=\beta)$
- 이민잉여(개방적 이민으로 새로 창출된 잉여)$=BGC$ $(=\theta)$

(2) 이민 잉여 크기 계산

$$\frac{1}{2}(w_2-w_1)(L_2-L_1)$$

3. 소결

개방적 이민은 총생산을 증가시키고, 기업의 이윤을 증대시키나, 국내 근로자의 임금을 하락시키며, 국내 근로자 임금 몫을 하락시킴

3. 노동공급이 탄력적인 경우 이민잉여

3. 노동의 공급이 탄력적인 경우 국내 근로자들은 외국 근로자들을 모두 본국으로 축출하면 국내 고용이 다시 증가할 수 있다고 주장할 수 있다. 이 주장에 대해서 평가하라.

1. 상황의 설정

① 노동공급이 탄력적인 경우에 외국인 근로자의 유입 효과를 분석하기 위해서 노동수요곡선을 L^d 라고 하고, 노동공급곡선은 L_2^S

② 국내에서 인구 감소로 국내 노동공급곡선은 L_1^S까지 이동하여 국내 임금이 w_1까지 상승

2. 비교정태 분석

(1) 외국인 노동자 유입 이전: 국내 노동공급곡선 L_1^S

- 기업총생산가치 $= OABL_1$
- 기업이윤 $= Aw_1B$
- 근로자의 임금 $= Ow_1BL_1$

(2) 외국인 노동자 유입 이후 고용량의 변화

① 국내 높은 임금을 보고 국내 기업이 해외로 공장이전
→ 국내 임금 하락

② w_2임금수준에서 상황
- OL_2 시장고용량
- OL_3 국내 고용인원
- L_2L_3 외국인 근로자의 고용인원

(3) 후생의 변화

- 기업의 총가치 $= OACL_2$
- 기업이윤 $= Aw_2C$
- 근로자 임금 $= Ow_2CL_2 =$ 국내 근로자 몫$(Ow_2FL_3)+$외국인 근로자 몫(L_3FCL_2)
- 기업총생산 증대
- 기업이윤 크게 증대 $(Aw_1B \rightarrow Aw_2C)$

그림 **외국인 노동자 유입의 경제 분석**

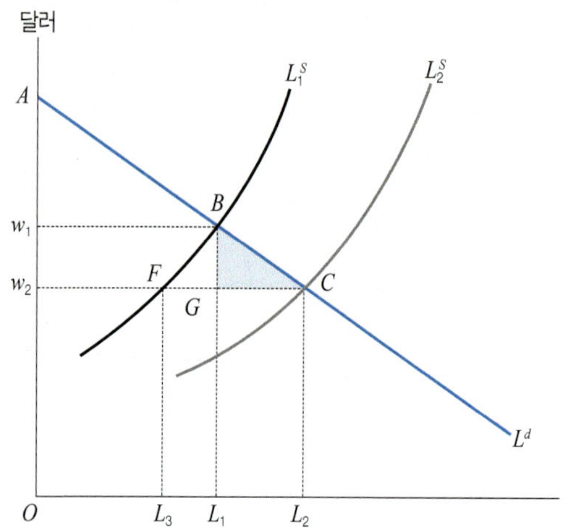

3. 외국노동자의 구축효과 여부(대체 가능성)

① 외국 근로자를 모두 축출하면 국내 근로자들의 고용이 L_2L_3만큼 증가할지의 여부

② 노동공급곡선이 S_1으로 이동

→ 국내고용 OL_1(L_1L_2만큼 증대)

→ 축출한 외국인 근로자 L_2L_3만큼 고용이 증대되는 것은 아님

③ 외국인 근로자 취업을 금지한다고 해서 국내 노동자의 고용이 일대일로 증가하는 것은 아님

→ 내국인과 외국인의 노동력 구성 및 취업직종이 이질적일수록 외국인 고용의 대체효과는 작아짐

4. 로이의 노동이동 모형

4. Roy의 모형에 입각하여 숙련과 전문기술에 대한 상대적 보수의 크기가 숙련 이민 근로자의 국가 선택에 영향을 미친다는 것을 그래프를 이용해서 설명하라.

1. 로이의 모형

(1) 의의

① 한국에서 외국인 근로자를 이민 형태로 받고자 하는 두 분야는 전문 인력분야와 3D직업분야[1)]

② 로이(Roy)의 모형은 외국 근로자의 이민 목적지 국가 선택을 살펴보기 위한 것으로 , 인적자본투자 모형과 관련지어 설명할 수 있음

③ 국제 간 노동이동 시 개인은 두 단계를 거쳐 결정
→ 이주할 것인지의 여부와 어느 나라로 이주할 것인지의 문제

④ 로이 모형의 결론은 숙련과 전문기술에 대한 상대적 보수의 크기가 숙련 이민 근로자의 국가 선택에 영향을 미치고, 동시에 미숙련 인력의 상대적 보수가 미숙련 임금 근로자의 국가 선택에 영향을 미치게 됨

(2) 모형의 기본가정

① 다기간을 고려하지 않고 하나의 기간에 의사결정을 함
② 각국의 숙련분포는 동일함
③ 각국에서 임금은 숙련 수준에 비례

2. 이동할 것인가, 말 것인가의 결정

(1) 모형의 설정

노동이동을 결정하는 요인으로는 이동에 따른 순수익의 현재가치인 $(w_d - w_f)$와 노동이동비용(M)임

- w_d : 한국 임금의 현재가치
- w_f : 외국 임금의 현재가치
- M : 노동이동비용으로 송출국에서 한국으로 이주하는 비용이 포함

1) 3D직업분야는 기업 활동에 대한 서비스부문(경비, 수리, 청소 등), 가계지원의 서비스부문(가사도우미, 간병도우미 등), 생활용품생산 관련 영세기업부문, 건설, 농업과 어업의 계절노동부문 등이 있다.

(2) 이동을 결정하는 경우

노동이동 순수익의 현재가치가 노동이동비용보다 큰 경우 노동이동이 일어남

- $(w_d - w_f) > M$인 경우 노동이동이 일어남
- $(w_d - w_f) < M$인 경우 노동이동이 일어나지 않음

(3) 불확실성과 위험기피도를 고려하는 경우

① 외국인 근로자가 이주 시 고려하는 임금은 국내 취업 시 임금뿐만 아니라 취업할 확률을 고려해야 한 기대임금(expected wage)임

② 따라서 이를 고려한 국내 기대임금을 w_d^e, 송출국의 기대임금을 w_f^e이라고 하면, $w_d^e - w_f^e > M$인 경우에 노동이동이 일어나게 됨

③ 국내 불법취업자를 적발하려는 한국 정부의 단속의지가 약할수록 국내 취업의 기대임금이 높아지고, 이주비용은 낮아짐

④ 추가로 외국인 근로자가 위험회피적이 아닐수록 국내 취업 시 기대임금이 높아지고, 외국인 노동유입은 커지게 됨

(4) 노동이동이 일어나는 요인

① 양국 간 임금격차가 클수록 이주성향이 높아짐

② 근로자가 젊을수록 이주의 이익회수기간이 길어져 이주성향이 높아짐

③ 시차할인율이 낮은 미래지향적인 사람일수록 순이익의 현재가치가 높아져 이주성향이 높아짐

④ 노동이동비용인 불법취업 시 적발되는 경우 벌금이 낮을수록 이주성향이 높아짐

3. 어느 나라로 이동할 것인가의 결정

(1) 모형의 가정

① 한국, 중국, 필리핀 세 나라가 존재한다는 가정

② 가로축은 숙련수준, 세로축은 이동비용을 감안한 순임금

그림 1 **숙련 중국 이민자는 한국으로 오며, 미숙련 한국 이민자는 중국으로 이동**

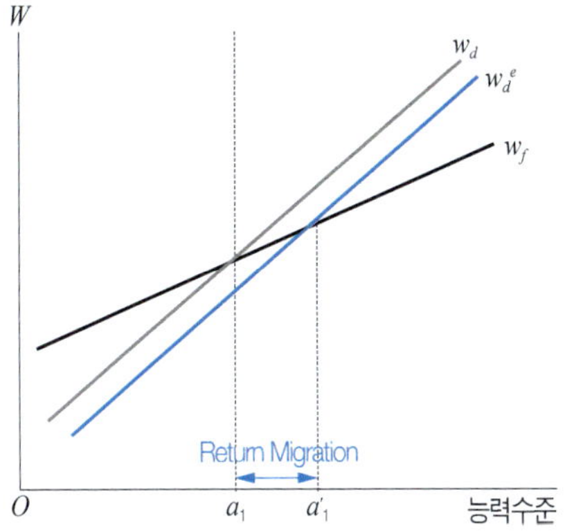

(2) 전문 인력의 유입 : 한국과 중국의 경우

① 중국의 전문숙련직 보수의 기울기는 낮고, 한국은 가파름
(중국의 숙련-임금곡선은 w_f이고, 한국은 w_d)
② 중국의 기울기가 낮은 이유는 사회주의에 따른 평등지향의 임금, 누진과세 때문
③ 중국에서 숙련수준 a_1 이상인 중국 고급 숙련직은 한국으로 이민을 오게 됨

그림 2 **미숙련 필리핀 이민자는 한국으로 오며, 숙련 한국 이민자는 필리핀으로 이동**

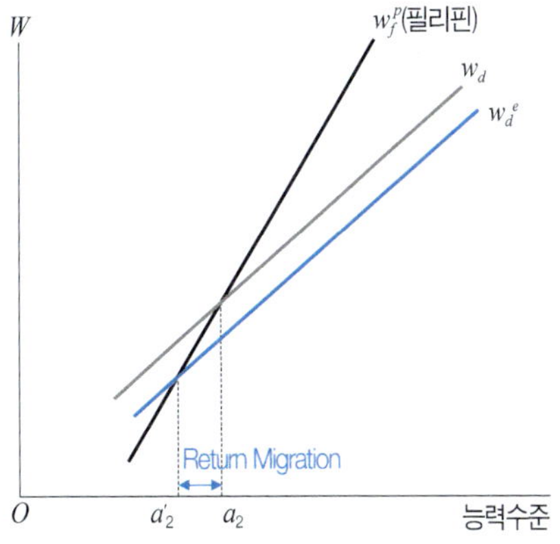

(3) 3D직업분야 유입 : 한국과 필리핀의 경우

① 필리핀의 숙련수준-임금 간의 곡선은 w_P로 가장 가파름
→ 전문 숙련 인력이 희소하기 때문에 높은 보수를 받기도 하고, 누진과세를 쉽게 회피할 수 있는 조세제도가 있기 때문

② 필리핀에서 숙련수준 a_2 이하의 미숙련자가 한국으로 이민을 옴

5. 노동이동의 회귀

5. Roy의 모형에 따르면 보수수준의 기댓값도 중요하다는 것을 보여준다. 보수수준에 대한 기댓값이 어긋나 실현되는 보수수준이 낮아지면 외국인들은 본국으로 되돌아가려고 한다. 어떤 경우에 현실과 기대치가 크게 어긋나는지 설명하고, 이를 토대로 정부의 정책은 어떤 방향으로 나아가야 할지 설명하라.

1. 노동이동 모형에서 보수수준의 불확실성

① 외국인 노동이동 분석 시 유의해야 할 점은 국내 취업 시 임금이 불확실하다는 점

② 외국인 근로자가 이주 시 고려하는 임금은 국내 취업 시 임금뿐만 아니라 취업할 확률을 고려한 기대임금(expected wage)임

③ 외국인 노동자가 생각하는 보수수준이 실현되는 수준과 비교했을 때 낮은 경우, 기대에 어긋나므로 본국으로 되돌아갈 수 있음

2. 외국인 노동자 예측오차 제거 관련 정책 방향

① 외국인 노동력을 유입하여 미숙련 노동력 부족을 보완하되, 동시에 고급 외국 인력의 국내 유치를 성공리에 이루어내야 함

② 이때 보수수준에 대한 기댓값이 낮아지는 경우는 높은 주거비용, 높은 커뮤니케이션 비용과 관련이 있음

③ 국제 노동이동의 부정적인 효과를 최소화하고, 긍정적인 효과를 극대화하기 위해서는 외국인 근로자의 기대를 충족시킬 수 있도록 언어, 주택, 문화 등의 측면에서 획기적인 전환이 필요함

Point 5

보상적 임금격차

1. 안전에 대한 선호도가 다른 두 대표적인 근로자를 상정하여 수평축은 산업안전, 수직축은 임금으로 두고 무차별곡선에 표현하라.
2. 산업안전에 생산비용이 다른 두 대표적 기업의 등이윤곡선을 산업안전과 임금의 평면에 나타내어라.
3. 효용극대화를 추구하는 개인을 상정하여 산업안전에 둔감한 사람과 산업안전에 민감한 사람들이 어떻게 적당한 기업에 짝짓기가 되는지를 그림을 이용해서 설명하라.
4. 산업안전과 임금 간에 역(−)의 관계를 나타내는 보상임금함수(헤도닉 임금함수)를 도출하라.
5. 정부가 산업안전 관련 규제기준을 높은 수준에서 강제하면 기업의 이윤뿐만 아니라 노동자의 효용도 낮아진다는 것을 간단한 그림으로 나타내어라.
6. 헤도닉 임금모형의 시사점을 제시하시오.
7. 헤도닉 임금이 잘 적용되지 않은 시장은 어떤 요인 때문인지 설명하시오.
8. 생명의 가치를 측정하는 방법을 제시하고 방법 간의 차이점을 논하시오.
9. 헤도닉 임금 모형을 이용하여 정부가 안전에 대한 최소한의 기준을 설정하는 입법이 일부 근로자들의 효용을 감소시킬 수 있다는 것을 그래프를 이용해서 설명하시오.

1. 선호도가 다른 개인들의 무차별곡선

1. 안전에 대한 선호도가 다른 두 대표적인 근로자를 상정하여 수평축은 산업안전, 수직축은 임금으로 두고 무차별곡선에 표현하라.

1. 효용함수와 무차별곡선

(1) 효용함수

두 재화인 임금(임금으로 구입 가능한 소비재들)과 산업안전을 상정하여 개인의 효용함수를 다음과 같이 나타낼 수 있음

$$U=U(S,\ w)$$

(단, S는 산업안전, w는 임금)

(2) 무차별곡선과 한계대체율

① 임금과 산업안전은 모두 재화(goods)이므로 한계대체율이 체감한다는 가정하에 산업안전과 임금에 대한 무차별곡선은 원점에 대해서 볼록한 우하향 형태임

② 무차별곡선은 원점에서 멀리 떨어질수록 더 높은 효용을 가져다줌

그림 1 산업안전과 임금의 무차별곡선

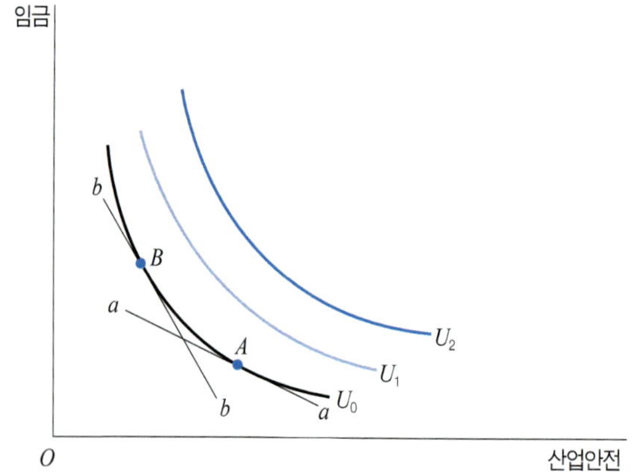

2. 무차별곡선과 안전에 대한 선호도

(1) 안전의 선호도가 다른 두 대표적 근로자: 근로자들은 개인별로 산업안전에 대한 선호도가 다름

- 갑은 산업안전에 둔감한 사람으로 산업안전 한 단위 추가에 별다른 임금을 희생하려는 의사를 갖지 않음(즉, 산업안전에 지불하려는 가격이 낮음)
- 병은 산업안전에 예민한 사람으로, 산업안전 한 단위 추가에 보다 큰 폭의 임금 하락을 감내하려고 함(즉, 산업안전에 지불하려는 가격이 높음)

(2) 한계대체율과 산업안전의 예민도

① 갑인 산업안전에 둔감한 사람은 한계대체율이 낮고, 병과 같이 산업안전에 예민한 사람은 한계대체율이 큼

② [그림 2]를 보면 임의의 산업안전수준 S_1에 대응되는 C점에서 병의 한계대체율(무차별곡선의 접선의 기울기)이 갑의 경우보다 더 가파른 것을 알 수 있음

③ 이 말은 갑이 산업안전에 둔감하고, 병은 산업안전에 예민하다는 것을 의미함

그림 2 **한계대체율과 산업안전의 예민도**

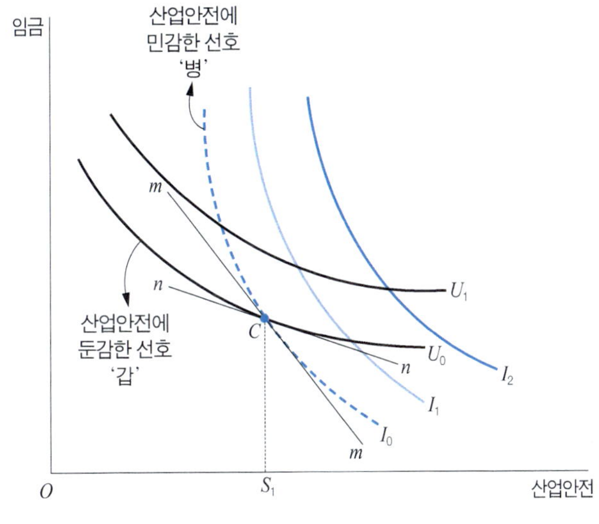

2. 기업의 등이윤곡선

2. 산업안전에 생산비용이 다른 두 대표적 기업의 등이윤곡선을 산업안전과 임금의 평면에 나타내어라.

1. 산업안전에 대한 기업의 선택

① 기업의 선택변수는 산업안전투자와 임금수준만 존재하는 상황

② 경쟁시장에서 이윤극대화를 추구하는 기업은 산업안전을 위해서 투자하는 비용이 포함된 생산비용이 제품의 생산과 판매에서 발생하는 총수입과 같아지는 점 즉, 경제적 이윤이 0이 되는 상태에서 조업을 하게 됨

③ 개인마다 산재위험에 대한 선호도의 차이가 있듯이 기업도 산업안전을 고려(수반되는 비용)함에 있어서 차이가 있음

④ 기업은 높은 산업안전투자를 하면 산재위험을 줄일 수 있으나, 그로 인해 근로자의 임금을 낮춰야 경제적 이윤이 0이 됨

⑤ 결국 경제적 이윤이 0인 기업은 높은 산업안전-낮은 임금, 낮은 산업안전-높은 임금 간의 선택에 직면하게 됨

2. 등이윤곡선

(1) 등이윤곡선 개념

① 등이윤곡선(iso-profit curve)은 기업에게 일정한 수준의 경제적 이윤을 가져다주는 다양한 산업안전과 임금률의 조합을 나타냄

② [그림 1]에서 경제적 이윤이 0인 등이윤곡선은 π_0이고, 아래에 위치한 곡선인 π_1은 경제적 이윤이 0보다 큰 경우를 의미

③ S_0와 동일한 안전수준에서 π_0에서 제시하는 임금인 w_0보다 낮은 임금수준을 지급하게 되면 양(+)의 이윤이 발생하기 때문

(2) 등이윤곡선의 형태

① 등이윤곡선은 원점에 대해서 오목한 형태를 지니게 됨

② 안전에 대한 투자의 한계비용이 체증한다는 것을 의미

그림 1 **산업안전과 임금의 등이윤선**

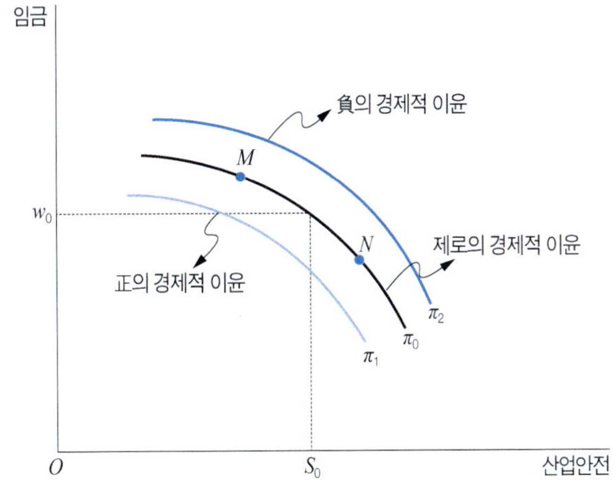

3. 산업안전생산비용과 등이윤곡선

(1) 낮은 산업안전수준에서 조업

① 특정 기업이 낮은 산업안전수준(M)에서 조업하는 경우에, 특정 사업체가 산업안전을 증가시키기 위해서 초기에 지출하는 투자의 경우 상대적으로 높은 효과를 가져다줌

② 그 이유는 산재율을 줄이기 위한 초기투자는 비용이 상대적으로 덜 들지만, 큰 효과를 낳는 투자부터 먼저 할 것이기 때문

③ 예를 들어 산재가 빈발하는 작업장에서 안전모 착용, 소음방지 귀막이, 안전교육 등 약간의 지출과 세심한 주의에 대한 반복훈련은 산재율을 큰 폭으로 낮출 수 있음

(2) 높은 산업안전수준에서 조업

① 산업안전도가 높은 수준(N)에서 동일한 경제적 이윤을 0으로 유지하면서 일정량의 산업안전 효과를 더 만들어내려면 기업은 더 큰 산업안전투자를 하게 되고, 상대적으로 높은 임금 감소를 요구하게 됨

② 따라서 등이윤곡선의 기울기는 훨씬 가파름

(3) 비교 그래프

① 산업안전을 생산하는 비용이 많이 드는 안전도가 이미 높은 기업은 산업안전의 생산을 적게 하고, 반대급부로 근로자에게 지불하려는 임금의 크기를 크게하여 등이윤선은 π_{OX} 형태가 됨
② 이러한 기업은 0인 경제적 이윤을 보장받기 위해서 큰 폭의 임금 하락이 일어나 가파른 기울기에 직면하게 됨

그림 2 **산업안전수준과 등이윤선**

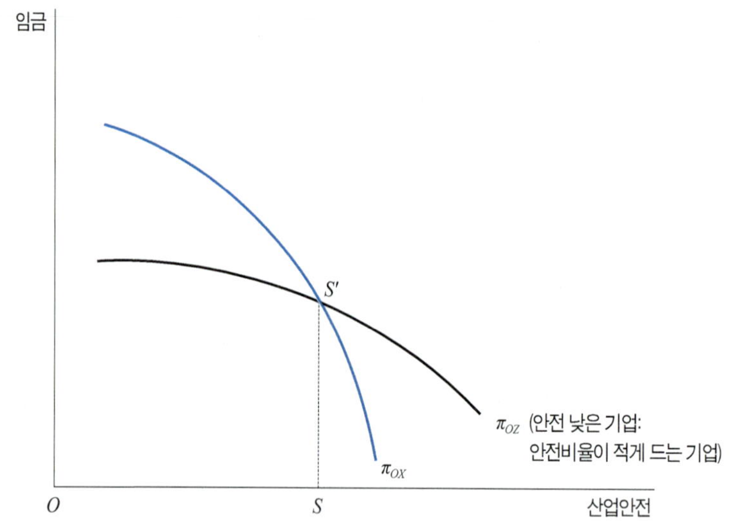

3. 기업과 개인의 짝짓기

3. 효용극대화를 추구하는 개인을 상정하여 산업안전에 둔감한 사람과 산업안전에 민감한 사람들이 어떻게 적당한 기업에 짝짓기가 되는지를 그림을 이용해서 설명하라.

1. 설명을 위한 가정

① 근로자의 목적은 효용을 극대화하는 것이고, 기업은 이윤극대화를 추구
② 두 기업(X, Y)과 두 근로자(갑, 병)가 존재한다고 가정
③ 기업 X는 산업안전을 생산하는 비용이 상대적으로 많이 들고, 기업 Z는 비용이 비교적 적게 듦
④ 근로자 갑은 산업안전에 신경을 덜 쓰고, 병은 산업안전에 대단히 민감한 사람

2. 기업과 개인의 짝짓기

① 개인이 효용을 극대화하는 한, 산업안전에 둔감한 사람(갑)은 산업안전 생산을 적게 하지만, 임금을 많이 주는 기업을 선택
② 산업안전에 민감한 사람(병)은 임금을 다소 적게 받더라도 산업안전 생산에 효율적인 기업을 선택

그림 산업안전의 민감도에 따른 짝짓기

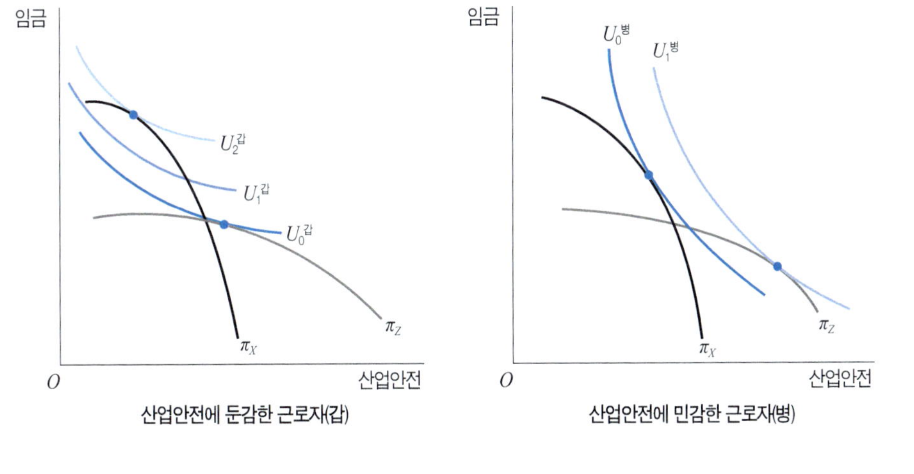

4. 헤도닉 임금함수

4. 산업안전과 임금 간에 역(−)의 관계를 나타내는 보상임금함수(헤도닉 임금함수)를 도출하라.

1. 모형의 가정

① 자유로운 진입과 퇴출이 가능한 경쟁시장에서 개별기업은 경제적 이윤이 0이 될 것이고, 개별기업들은 산업안전생산비용의 차이를 가지고 있음

② 기업은 3개(X, Y, Z) 존재하고, 각 기업의 경제적 이윤이 0인 등이윤곡선이 각각 π_X, π_Y, π_Z

③ 각 기업의 등이윤곡선 중에서 경제적 이윤이 0인 등이윤곡선만 상정할 것

2. 기업의 특성과 근로자의 특성

(1) 등이윤곡선과 기업의 특성

① 등이윤곡선을 고려할 때, 기업 X는 산업안전생산이 매우 어려운 기업이고, Z는 산업안전생산이 매우 용이한 기업

② 예를 들어 X기업은 시험운전용 전투기를 생산하는 업체이고, Z기업은 컴퓨터 소프트웨어를 생산하는 업체로 근로자의 임금을 크게 감소시키지 않고도 높은 수준의 산업안전을 제공할 수 있는 상황임

(2) 근로자의 특성과 선택

① 효용극대화를 추구하는 근로자 3명(A, B, C)는 기업의 등이윤선을 예산선으로 인식하고, 무차별곡선이 원점에서 가장 멀리 떨어진 점을 선택

② 산재위험을 기피하는 근로자는 가장 안전한 작업환경을 제공하되, 낮은 임금을 제시하는 기업과 짝짓기를 함

③ 산재위험에 별로 개의치 않는 사람은 가장 위험한 작업환경을 제공하되 가장 높은 임금을 제시하는 기업과 짝짓기를 함

3. 헤도닉 임금함수

(1) 개념

헤도닉 임금함수(hedonic wage function)는 근로자에게 지급되는 임금과 일자리 특성 간의 관계를 요약한 것

(2) 헤도닉 임금함수의 도출

노동시장에서 관찰되는 헤도닉 임금은 S_A, S_B, S_C를 연결한 것으로 산업안전과 임금은 음(−)의 관계로 표시되고, 산업재해와 임금은 양(+)의 관계로 표시됨

그림 1 **헤도닉 임금함수**

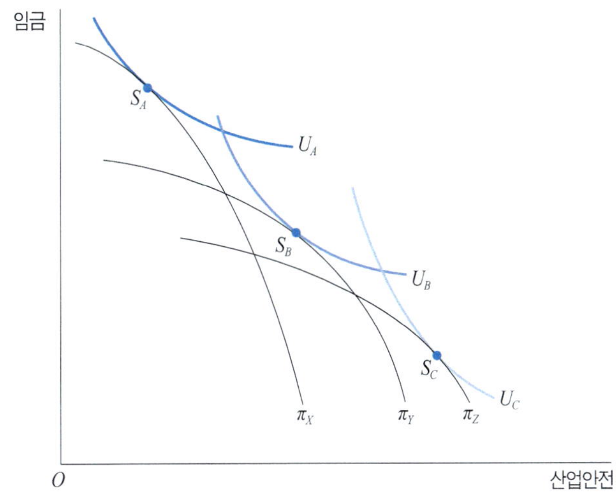

(3) 헤도닉 임금함수의 표현방법

① 산업안전수준이 높아질수록 산업안전에 대해 지불하려는 가격은 낮아지는 경향이 있어 산업안전과 임금평면에 나타난 헤도닉 임금함수는 우하향하는 형태

② 산재위험이 높아질수록 높은 산재위험이라는 고통에 대한 근로자의 보상요구를 충족시키는 헤도닉 임금이 점점 높아져, 산업재해와 임금평면에 나타난 헤도닉 임금함수는 우상향하는 형태

그림 2 산업안전과 산업재해의 헤도닉 임금함수 도출

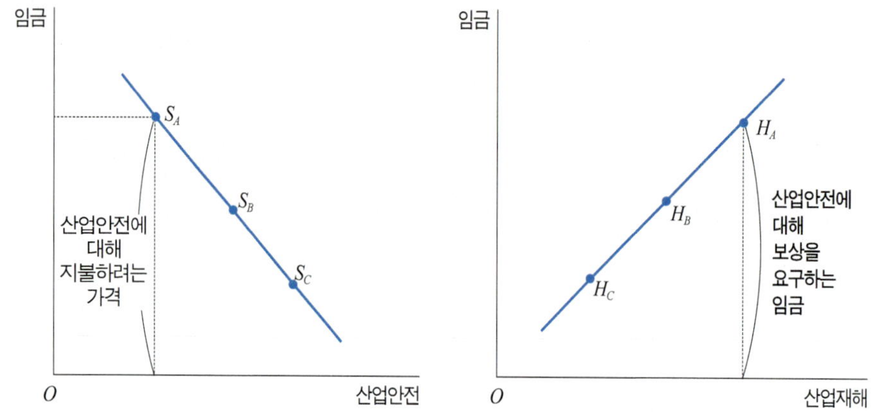

참고

- 산업안전과 산업재해로 나타낸 그림이 서로 반대된다는 것에 주의해야 한다. 시험에서는 어느 것으로 나올지 모르니 주의!
- 근로자와 기업의 짝짓기 과정의 일반특성

① 노동시장은 상이한 근로자를 상이한 기업의 일자리에 배치(sorting)시키는 역할을 담당

② 개별 근로자들은 수많은 기업들 중 자신의 선호에 가장 부합하는 기업을 찾기 위해서 자발적으로 최선을 다하는 자기선택(self-selection)[1] 과정이 발생(☞ 자기선택과 역선택을 구분해서 개념을 잘 정리해 둘 것)

③ 산재위험을 회피하려는 개인은 자기선택의 결과 안전한 작업환경-낮은 임금을 제공하는 기업과 짝짓기를 하고, 산재위험에 개의치 않는 개인은 위험한 작업환경-높은 임금을 제공하는 기업과 짝짓기를 함

1) 개인의 선호와 취향은 기업이 미리 파악하지 못한다는 점에서 감추어진 특성이 된다. 감추어진 특성을 스스로 드러내어 자신의 유형을 밝히는 것을 자기선택이라고 한다. 반면에 감추어진 특성을 드러내지 않고, 기업이 원하지 않는 상대방과 거래를 하게 되는 경우를 역선택(adverse selection)이라고 한다. 노동시장에 경쟁적인 경우에는 각 개인이 자기선택을 하도록 유인하는 메커니즘이 존재한다.

5. 산업안전규제기준 강화와 후생 변화

5. 정부가 산업안전 관련 규제기준을 높은 수준에서 강제하면 기업의 이윤뿐만 아니라 노동자의 효용도 낮아진다는 것을 간단한 그림으로 나타내어라.

1. 의의

① 정부는 작업장에서 근로자의 사망과 부상을 막기 위해서 노동시장 전체에 적용되는 규제를 만들어 시행하게 됨

② 대부분의 규제활동은 작업장에서의 사망률의 상한선을 공시하여 감독하는 형태로 진행

③ 정부의 규제활동이 시장에서 근로자의 효용과 기업의 이윤에 어떤 영향을 미치는지 헤도닉 임금 모형을 이용해서 분석

2. 정부의 안전규제 영향

(1) 설명을 위한 가정

① 정부가 사업장에 사망률($\overline{p}$)의 최대한도를 공시한다는 것은 산업안전의 최소기준인 $(1-\overline{p})$을 설정하는 것과 동일

② 이러한 산업안전의 기준을 $\overline{S}$라고 하여 $\overline{S}=1-\overline{p}$라고 가정

그림 1 **정부 안전규제 영향**

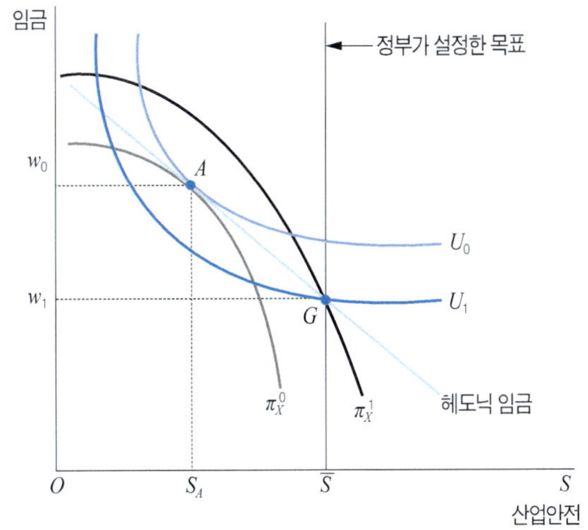

(2) 정부의 규제 실시 전

① 정부의 규제가 있기 전에 근로자의 임금과 산업안전수준이 (w_0, S_A)라고 가정
② 기업은 π_x^0에서 0의 경제적 이윤을 얻음
③ 근로자는 U_0의 효용을 누림

(3) 정부의 규제 실시 후

① 정부규제가 강제되어 안전기준을 $\bar{S}$로 높인 경우에 정부규제 후 이전의 (w_0, S_A)은 불법이 됨
② $\bar{S}$의 규제에서 개인이 받을 수 있는 임금은 헤도닉 임금함수의 G점에 해당

3. 규제의 영향과 평가

① 정부의 규제 후에 G점을 선택하게 되어 임금은 w_1으로 하락하나, 안전은 $\bar{S}$로 증가
② 근로자의 효용은 U_1으로 하락
→ 규제 전에는 근로자는 본인의 선호를 고려해서 효용극대화를 이루게 되지만, 규제 후 그는 다른 특성의 작업장을 선택해야 하므로 효용이 감소하게 됨
③ 기업의 이윤은 π_X^1으로 하락
→ 기업은 규제 이전에 경제적 이윤은 0으로 정상이윤만 벌고 있었는데, 정부의 규제로 인해 경제적 이윤이 음(−)이 되어 정상이윤마저 벌지 못하게 된다면 극단적인 경우 폐업할 수도 있음
④ 정부의 규제가 근로자의 효용을 낮추고, 기업의 손실을 야기한다면 정당성을 상실할 것임
⑤ 그러나 근로자가 산재위험에 대해서 불완전정보를 가지고 있는 경우에는 규제가 정당화될 수 있음

참고 자료

근로자가 자신의 사망확률에 대해서 저평가하는 경우

① 근로자가 w_1이라는 임금을 받고 있는 경우, M을 선택하여 S_1의 안전과 U_1의 효용을 누리는데, 사업장의 안정 상태를 잘 몰라서 S_m의 안전을 제공한다고 잘못 알고 있다면

② 사망할 확률을 저평가하여 U_m의 효용을 누리고 있다고 착각

그림 2 사망확률 저평가와 정부개입 효과

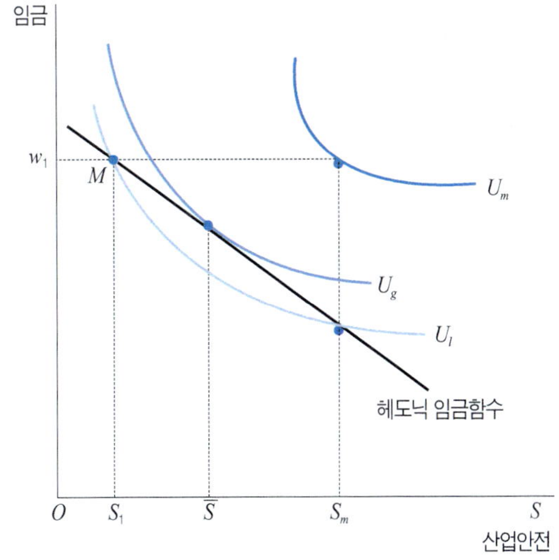

정부의 개입 효과

① 정부가 $\bar{S}$의 규제수준을 제공한다면 효용이 U_g 수준으로 향상

② 근로자 입장에서는 착각하고 있던 수준보다는 낮아진 것이지만, 실제로는 효용수준이 증가한 것임

③ 결국 근로자가 작업장의 위험을 항상 저평가한다면 정부의 안전규제는 개인의 효용을 증대시킬 수 있음

④ 물론 이런 결과가 성립하기 위해서는 정부가 작업장의 위험도를 정확하게 파악하여 안전규제를 설정하고 있다는 것이 전제되어야 함

6. 헤도닉 임금모형의 시사점을 제시하시오.

예시 목차
1. 임금격차 발생과 이유 설명
2. 정부 획일적 규제의 비효율성
3. 다양한 부가급여 제공 : 카페테리아 플랜

1. 임금격차 발생과 이유 설명

① 노동시장은 동일한 양의 인적자본을 소유한 사람들 간에 임금격차를 발생시킴
② 다른 조건이 일정하다면 더 높은 임금은 더 적은 비임금 쾌적함(안전)과 연결되는 경향
③ 단지 두 명의 근로자와 두 기업이 아닌 많은 이질적인 근로자들과 일자리들의 특징을 갖는 노동시장에서 임금과 일자리 안전 사이에는 일반적으로 음(−)의 관계가 성립
④ 이 선이 헤도닉임금선이 되는데 이 선을 따라서 발생하는 임금격차는 지속되는 격차, 즉 균형격차가 발생
⑤ 참고로 여기서 균형격차란 일자리 사이의 근로자들이 이동이 발생하지 않는 균형
⑥ 임금격차의 일부분은 쾌적한 근무환경, 가까운 통근거리, 일자리에서 낮은 부상확률 등의 일자리와 관련한 특성에 대한 상이한 선호를 반영하는 것일 수 있음

2. 정부 획일적 규제의 비효율성

① 헤도닉 모형은 이질적인 일자리와 이질적인 근로자들을 서로 매칭시켜 효용극대화와 이윤극대화를 달성
② 그러나 정부의 안전에 대한 획일적인 개입은 일부근로자들 혹은 일부 기업들의 이윤을 떨어뜨림

3. 다양한 부가급여 제공 : 카페테리아 플랜

① 헤도닉 모형은 최적 부가급여에 관한 근로자들의 무차별지도와 사용자 등이윤곡선을 통해 카페테리아 플랜(cafeteria plans)의 존재를 설명하는 데 도움
② 근로자들의 무차별곡선의 차이는 넓은 범위의 부가급여 중에서 선택지를 확대할 수 있다는 것
  예 어린 자녀를 가진 여성근로자들은 육아혜택을 선택할 수 있고, 나이 든 남성 근로자들은 자신의 연기금이 증가할 수 있도록 선택할 수 있음
③ 부가급여를 통한 보상은 총효용을 증가시킬 수 있게 되어 기업이 카페테리아 식으로 다양한 부가급여를 제공하게 되면 더 적합한 능력 있는 근로자들을 유인할 수 있게 됨

7. 헤도닉 임금이 잘 적용되지 않은 시장은 어떤 요인 때문인지 설명하시오.

예시 목차

1. 의의

① 헤도닉 임금이 잘 적용되는 시장은 경쟁적인 노동시장이고, 잘 적용되지 않는 시장은 불완전 경쟁 노동시장

② 경쟁적인 노동시장이란 수많은 기업과 근로자들의 경쟁, 자유로운 진입과 퇴출, 충분한 정보와 정부개입의 최소화 등의 조건을 갖추어야 하는데 이러한 조건 중의 하나가 위배되면 불완전 경쟁시장이 됨

2. 헤도닉 임금이 적용되기 어려운 시장구조 특성

(1) 가격이 경직적인 경우

① 불완전경쟁 상품시장이 존재하게 되면 노동시장에서 임금과 고용결정은 완전경쟁 노동시장과 달라짐

② 임금이 여러 제약요인으로 하방경직적인 경우가 되면 완전경쟁시장이 되기 어려움

예 한국에서 연령에 기준으로 임금이 결정되는 연공급형 임금체계는 일종의 관습으로 임금의 하방경직성을 발생시킴

(2) 진입장벽과 이동성 제약

① 경쟁노동시장은 근로자와 기업이 아무런 비용 없이 자유로이 시장에 진입하거나, 퇴출할 수 있다고 가정

→ 그러나 현실에서는 상당한 진입장벽과 이동장벽이 존재

→ 기업의 경우 서울과 수도권에서 상당한 이익을 향유하지만 그 이익에 대한 보상은 거의 없음

→ 이러한 경우 이로운 외부성이 존재한다고 함

② 근로자들도 좋은 직업에 진입하는 데 제약이 있을 수 있음

→ 자본시장이 불완전한 경우, 인적자본투자를 하는 개인에게 은행은 자금을 대출해 주어야 하지만 물적담보가 없는 경우 인적자본을 담보로 자금을 지원하지 않을 것

→ 자본시장의 불완전성이 노동시장의 불완전성으로 이어질 수 있음

(3) 불충분한 정보과 높은 거래비용

① 정보가 불충분하거나 불완전한 경우에는 노동시장에 왜곡이 발생하여 자원배분의 비효율성이 생길 수 있음

② 근로자들 측면에서 볼 때 기업에 대한 정확한 정보를 얻지 못하면, 구직과정에서 실업이 발생하고 노동시장도 불완전하게 됨

③ 기업 측면에서 볼 때 시장에서 불충분한 정보는 기업에게 거래비용을 발생시키고, 높은 거래비용은 시장에 의존하지 않고 조직과 제도에 의존하게 되어 노동시장은 위축됨

8. 생명의 가치를 측정하는 방법을 제시하고 방법 간의 차이점을 논하시오.

예시 목차

1. 인간의 생명에 경제적 가치 부여방법
(1) 인적자본 접근법
(2) 헤도닉임금 접근법
2. 두 방법의 비교

1. 인간의 생명에 경제적 가치 부여방법

① 인간의 생명에 경제적 가치를 부여하는 전통적인 방법은 인적자본 접근법이 있음

② 최근에는 직장에서 임금과 상해확률을 관련시키는 헤도닉임금을 통한 방법도 제시되고 있음

(1) 인적자본 접근법

① 인적자본 접근법은 항공기 사고로 인해 부당하게 사망했을 경우 그 개인의 생명의 가치는 동일한 직종에 있는 비슷한 개인들의 근로소득 자료를 활용

→ 만일 사망하지 않고 계속 일을 했다면 벌어들일 수 있는 미래 소득을 현재가치로 할인해서 더한 값이 생명의 가치가 됨

② 인적자본접근법은 연령과 직종에 따라서 달라짐

(2) 헤도닉임금 접근법

① 헤도닉임금 접근법은 위험한 일자리에 사람들이 일하도록 유인하기 위해 기업은 보상적임금격차를 지급해야 한다는 점을 활용
② 이러한 격차의 크기는 기업들이 일자리 관련 사망당 지급해야만 하는 화폐액에 대한 정보를 제시
③ 예를 들어 노동자들의 위험회피적 행태가 기업으로 하여금 일자리에서 사망확률이 0.1%(=0.001) 증가할 때마다 연간 1,000달러의 보상임금을 지급하도록 강제한다고 가정
→ 이 경우 평균적으로 매 일자리 관련 사망은 기업에게 100만 달러(=1,000달러/0.001)의 비용이 들게 되는데 이 액수가 바로 각 생명의 경제적 가치

2. 두 방법의 비교

생명의 경제적 가치를 산출하는 방법 중에서 헤도닉 방법은 일반적으로 인적자본접근법보다 더 높은 추정치를 산출

9. 헤도닉 임금 모형을 이용하여 정부가 안전에 대한 최소한의 기준을 설정하는 입법이 일부 근로자들의 효용을 감소시킬 수 있다는 것을 그래프를 이용해서 설명하시오.

예시 목차

1. 이질적 근로자와 일자리 연결

(1) 모형의 가정

① 근로자는 2명이 존재하고, 근로자 A는 안전에 높은 가치를 부여하고, 근로자 B는 안전에 낮은 가치인 위험에 덜 회피적인 선호를 지님
② 기업은 2개 존재하고, 기업 C는 일자리의 안전을 한 단위 높이는 데 한계비용이 작고, 기업 D는 한계비용이 큼

(2) 근로자의 무차별곡선과 기업의 등이윤곡선

① 안전에 대한 근로자의 선호는 무차별곡선의 형태에 반영됨
② 안전에 대해서 높은 가치를 부여하는 근로자 A의 무차별곡선은 상대적으로 가파른 형태를 지니고, 안전에 낮은 가치를 부여하는 근로자 B는 무차별곡선이 상대적으로 완만한 형태를 보임
③ 안전을 낮추는 데 추가적인 한계비용이 높은 기업 C는 등이윤선이 완만한 형태를 지니고, 한계비용이 낮은 기업 D는 등이윤선이 가파른 형태를 지님

(3) 최적 매칭 균형

① 안전에 대해서 이질적인 근로자와 일자리로 구성된 노동시장에서 임금과 일자리 안전 사이의 일반적인 관계는 다른 조건이 일정하다는 가정하에서 높은 임금은 낮은 수준의 안전과 매칭
② 다시 말하면 특정 안전에 대해 강한 선호를 지닌 근로자들은 안전을 상대적으로 낮은 한계비용으로 제공할 수 있는 기업과 연결되는 경향이 있음
③ 다른 조건이 일정하다면 이 근로자들은 안전에 대해 낮은 선호를 지닌 근로자들보다 더 낮은 보수를 받게 될 것

2. 정부의 최소안전기준 설정입법 효과

(1) 정부의 최소안전기준 설정이 근로자 효용에 미치는 영향

① 정부가 임금이 아닌 쾌적함과 같은 안전에 최소한의 기준을 설정하는 입법을 통과시키게 되면 일부 근로자들에게 효용 감소를 유발할 수 있음
② 정부가 기업 D에게 최소안전수준을 높이게 되면 근로자 B는 효용이 감소
③ 기업 C의 경우에는 정부의 최소안전기준보다 이미 높은 수준에서 최적 균형이 결정되어 있기 때문에 아무런 영향이 없음

(2) 그래프를 이용한 설명

그림 최소안전수준 규제 효과

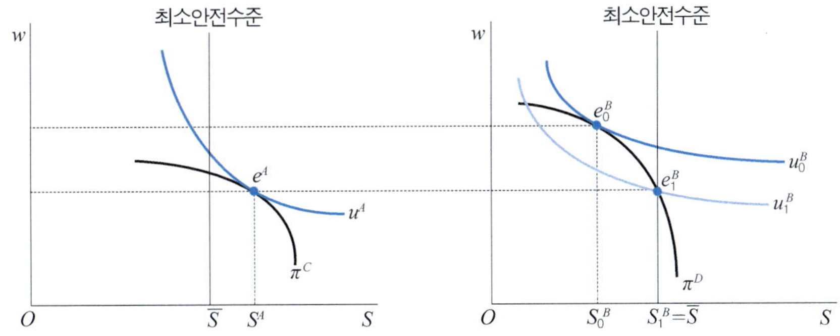

Point 6

인적자본

1. 인적자본론이 물적자본과 어떤 차이가 있는지를 설명하고, 인적자본투자의 종류에 대해서 설명하라. 그리고 이를 교육의 신호 이론과 비교해서 설명하라.
2. 근로자의 능력이 다른 경우에 평균임금을 산정해서 동일한 임금을 주는 경우 어떤 경제적 결과가 발생하는가를 정보경제학의 입장에 입각해서 설명하라.
3. 두 유형의 근로자가 존재한다. 근로자 A는 능력이 높고, 근로자 B는 능력이 낮다. 이때 기업은 능력이 높은 경우 w_A의 임금을 주고, 능력이 낮은 경우 w_B의 임금을 준다고 가정하자. 기업은 근로자가 어떤 유형인지 알지 못하며, 근로자는 대학교육을 받을지를 선택할 수 있다고 한다. 능력이 뛰어난 근로자 A가 교육을 받는 경우 교육비용은 c_A인데, 능력이 뛰어나지 않은 근로자 B가 교육을 받는 경우 교육비용은 c_B이다. 이러한 상황을 불완전정보하의 게임이론 모형을 이용해서 나타내어라.
4. 앞의 상황에서 분리균형과 통합균형이 발생하는 경우를 보여라.
5. 두 유형의 근로자가 존재하는 상황에서 기업은 근로자의 능력에 대해서 정확하게 잘 모르고 있다. 근로자는 대학교육을 받을지의 여부를 선택할 수 있다고 한다. 전체 근로자의 40%는 A형 근로자로 한계생산가치가 월 3백만 원이고, 60%는 B형 근로자로 한계생산가치가 월 2백만 원이다. 한번 채용된 근로자는 10년간 근무한다. 단, 대학교육에 들어가는 비용은 A형 근로자의 경우에는 8천만 원이고 B형 근로자는 1억 4천만 원이라고 한다. 이때 분리균형(separating equilibrium)과 통합균형(pooling equilibrium)을 설명하시오.

1. 인적자본 가설과 교육의 신호 가설

1. 인적자본론이 물적자본과 어떤 차이가 있는지를 설명하고, 인적자본투자의 종류에 대해서 설명하라. 그리고 이를 교육의 신호 이론과 비교해서 설명하라.

1. 교육을 통한 인적자본의 축적

(1) 인적자본의 개념

① 능력은 선천적이기도 하고, 교육과 훈련을 통해 후천적으로 습득된 전문기술(숙련, skill)을 의미하기도 하는데, 인적자본론에서는 후천적으로 획득된 전문기술의 연마 및 이를 위한 노력을 의미

② 교육은 일종의 투자 행위임

→ 현재의 희생, 예를 들어 교육비 지출, 공부하는 노력과 고통, 교육을 받지 않고 시장에서 일을 함으로써 벌 수 있었던 소득(교육으로 인해 포기된 소득) 등을 지불하고 미래의 수익을 추구하는 것임

③ 인적자본(human capital) : 교육을 통해서 획득되는 새로운 지식, 정보, 전문기술이 인간의 몸속에 내재되어 개인의 생산성을 높이게 되는 자본의 특성을 지닌다는 것을 말함

④ 인적자본에 대한 수익은 투자가 끝난 후에 증대된 인적자본량이 생산성을 높이게 되고, 소득능력(earning power)을 향상시켜 그것을 임대해주어 발생하는 투자의 수익으로 노동시장에서 높은 임금으로 나타남

⑤ 인적자본 서비스의 시장교환은 임대시장 거래(rental market transactions)이고, 인적자본 서비스의 가격은 인적자본의 임대료가 됨

⑥ 인적자본에 대한 연구로 슐츠(1979년)와 게리 베커(1992)는 노벨경제학상을 수상

(2) 인적자본과 물적자본의 차이점

① 물적자본은 시장에서 매매될 수 있으나 인적자본은 매매될 수 없음

② 물적자본은 은행담보물이 될 수 있으나, 인적자본은 담보로 돈을 대여해 주는 은행이 없음
(이를 인적자본시장의 불완전성이라고 함)

③ 물적자본은 기업의 소유물로 공장에 남아 있을 수 있으나, 인적자본은 근로자의 소유물로 회사를 떠나 근로자의 의사에 따라서 자유로이 사용될 수 있음

(3) 인적자본에 대한 투자를 개인이 전부 부담하는 이유

인적자본은 근로자의 소유물로 회사를 떠나 근로자의 의사에 따라서 자유로이 사용될 수 있기 때문에 교육투자의 경우 개인이 투자비용을 전담하고, 개인이 투자수익을 전부 갖는 방식으로 투자가 이루어짐

(4) 인적자본과 인적자본투자

① 인적자본은 저량(stock)인데, 인적자본투자는 유량(flow)으로 일정기간 동안 이루어짐
② 인적자본은 학교 다니기, 건강유지를 위한 지출, 정보수집을 위한 활동(직장이동 또는 지역이동), 현장훈련 등이 해당
③ 인적자본 중에서 교육, 건강, 노동시장에 대한 정보는 개인과 가계에 의해 투자되고, 전문기술(숙련)과 지식은 학교교육(schooling)과 훈련(training)을 통해서 획득

표 인적자본 vs. 인적자본투자

인적자본(stock)	인적자본투자(flow)	투자의 주된 경제주체
숙련, 전문기술	훈련 또는 숙련 형성	기업, 개인, 정부
교육(education)	학교 다니기(schooling)	개인, 정부
건강	건강유지 활동	개인
노동시장정보	직장이동, 지역이동과 같은 시장 정보획득 활동	개인, 정부

참고

경쟁노동시장의 기능 : 경쟁적 요인에 의한 학력별(숙련별) 임금격차
① 개인의 인적자본량 차이(생산성의 차이)와 대학교육(높은 숙련) 투자비용에 대한 보상을 동시에 반영
② 경쟁시장에서는 학력별 임금격차가 존재하는데, 그 차이로 인한 긍정적인 효과는 이러한 격차가 유지되어야 인적자본투자가 계속 재생산될 수 있음
③ 만일 이러한 격차가 없다면 대졸자(높은 숙련 인력)의 공급이 감소하게 될 것임

2. 신호 이론

(1) 뛰어난 재능과 교육의 간판

① 신호 이론은 인적자본 이론과 달리 현실의 임금격차가 개인의 재능 차이에 의해서 발생한다고 인식
② 기본가정은 개인의 선천적인 재능은 다 다르고, 숨겨진 우수한 재능이 나중에 기업에 밝혀짐으로써 높은 임금을 받게 된다고 봄
③ 숨겨진 재능이 뛰어난 사람은 재능을 알리기 위해서 고용주에게 교육이라는 간판을 이용해서 신호로 활용하고, 기업도 선발비용을 줄이려는 목적으로 교육이라는 간판을 이용해서 사용하게 됨

④ 결국 교육은 고품질의 재능을 대변하는 간판의 역할을 담당

→ 교육은 개인의 능력을 신호해 주는 역할을 하므로 근로자는 교육이라는 신호를 구입하려고 하고, 고용주는 선별비용을 줄이기 위해서 능력의 대리변수인 우수한 학위의 소지자에게 높은 임금을 지불하게 됨

(2) 개인 관점에서 본 신호 가설

① 교육신호 가설(signaling hypothesis) : 유능한 근로자가 스스로 비용을 들여 신호로서의 교육에 투자하는 것을 강조하는 것

② 교육(인적자본)은 개인의 능력 개발을 통해서 개인의 생산성을 높인다는 것을 부인하고, 단지 개인의 선천적 재능을 신호하는 역할만 담당한다고 주장

→ 교육은 신호에 대한 투자일 뿐이라는 시각

③ 정보의 비대칭성이라는 현실에서 교육이 개인의 유능함을 신호하는 간판 기능을 수행한다는 점을 높이 평가하여 스펜서, 애컬로프, 스트글리츠가 노벨경제학상을 수상

④ 정보의 비대칭성 상황은 기업이 사람을 채용할 경우 각 개인들은 자신의 질적 수준을 알고 있으나, 기업은 개인들의 능력과 생산성을 알 수 없는 상황을 말함

⑤ 개인은 일류대학 졸업장을 이용해 자신의 선천적인 재능과 숨겨진 생산성을 기업에 신호하기 위해서 교육투자를 하게 됨

(3) 기업 관점에서 본 신호 가설

① 선별 가설(screening hypothesis) : 기업이 선별비용을 줄이기 위해서 유능한 사람을 솎아내는 기구(sorting mechanism)로서의 교육을 강조하는 이론

② 기업이 근로자 채용 시에 선별비용과 훈련비용 발생

→ 기업은 능력 있고, 우수하며, 직장에 오래 남아 있으려는 성향을 가진 근로자를 채용하려고 하지만, 이러한 성향은 쉽게 관찰되지 않음

③ 기업이 쉽게 관찰할 수 있는 변수는 성, 나이, 경력, 학력 등 개인적인 지표들인데, 여기서 학력이 기업의 작업장에서 원하는 바람직한 성격과 정(+)의 관계를 보임[1)]

④ 기업은 선별비용을 줄이기 위해서 능력의 대리변수인 학력이라는 간판에 대해 높은 보수를 지급하게 됨[2)]

⑤ 기업의 선별이론에 따르면 학력이 높은 사람이 높은 소득을 받는다면 그것은 교육 때문이 아니라, 그 사람의 우수한 능력에 기인한다는 것임

1) 이러한 결과는 기업이 다년간의 경험을 통해서 축적한 통계적인 정보에 의해서 알게 되는 것으로, 이러한 상관관계가 유의하다고 판단되면 학력을 채용기준으로 삼게 되는 것이다.

2) 고용주들이 근로자의 능력과 재능을 직접 측정하고 시험해본 후에 채용을 결정하려면 선별비용이 매우 높게 발생할 것이다. 근로자의 능력과 재능을 직접 계측하는 선별비용을 줄이기 위해 학력이라는 대리변수를 사용하는 것이다. 유능한 사람일수록 오랜 기간에 걸쳐 각종 시험을 통과하고, 좋은 간판을 딸 것이므로, 교육은 지식이나 생산성을 높이는 것이 아니라 유능한 사람을 솎아 내는 필터(filter)의 역할만 한다고 간주하는 것이다.

2. 정보비대칭성 문제

2. 근로자의 능력이 다른 경우에 평균임금을 산정해서 동일한 임금을 주는 경우 어떤 경제적 결과가 발생하는가를 정보경제학의 입장에 입각해서 설명하라.

1. 모형의 세팅

(1) 근로자의 유형과 분포

① 근로자는 능력이 높은 A형과 능력이 낮은 B형이 있음

② 만일 기업이 각 근로자의 능력을 정확하게 파악한다면 A형 근로자에게는 w_A를 주고, B형 근로자에게는 w_B의 임금을 지급

→ 즉, 각 유형의 근로자와 관련된 한계생산가치는 각각 w_A, w_B와 같다는 의미

③ A형 근로자 비율이 p, B형 근로자 비율이 $(1-p)$라고 가정

(2) 평균임금의 지급 효과

① 능력은 감추어진 특성이므로 누가 어떤 유형의 근로자인지 구별할 수 없음

② 평균적인 능력에 입각해 모든 근로자에게 동일한 임금을 지급하는 경우

③ 평균적인 한계생산가치는 $\overline{w}=pw_A+(1-p)w_B$

④ 평균적 임금을 동일하게 지급할 경우 비효율적 효과

⑤ 기업은 생산성이 높은 A형 근로자를 원하겠지만, 막상 고용하면 대개 B형 근로자가 될 것임

⑥ A형 근로자는 평균적인 한계생산가치에 해당하는 $\overline{w}$가 너무 낮다고 생각되어 그 기업에서 일을 하려고 하지 않게 됨

2. 선별을 활용한 방법

(1) 능력의 대리변수로의 대학교육

① 근로자의 교육수준을 보고 대학교육을 받는 사람은 A형, 그렇지 않은 사람을 B형으로 간주

② 대학교육을 받는 데는 교육비가 들어가므로, 대학교육을 받으면 임금 인상 효과가 있으나 비용 인상도 동시에 발생해 어느 것이 큰지를 고려해서 결정

(2) 대학교육비용 차이 발생

① A형 근로자가 대학교육을 받는 데 들어가는 비용이 c_A, B형 근로자가 대학교육을 받는 데 들어가는 비용이 c_B

② 교육비용의 차이가 있어 $c_A < c_B$로 낮은 능력의 소유자가 대학과정을 성공적으로 이수하려면 상대적으로 더 많은 노력을 기울여야 한다는 사실을 반영

3. 교육의 신호 이론의 게임이론적 접근

3. 두 유형의 근로자가 존재한다. 근로자 A는 능력이 높고, 근로자 B는 능력이 낮다. 이때 기업은 능력이 높은 경우 w_A의 임금을 주고, 능력이 낮은 경우 w_B의 임금을 준다고 가정하자. 기업은 근로자가 어떤 유형인지 알지 못하며, 근로자는 대학교육을 받을지를 선택할 수 있다고 한다. 능력이 뛰어난 근로자 A가 교육을 받는 경우 교육비용은 c_A인데, 능력이 뛰어나지 않은 근로자 B가 교육을 받는 경우 교육비용은 c_B이다. 이러한 상황을 불완전정보하의 게임이론 모형을 이용해서 나타내어라.

1. 신호발송 게임

(1) 불완전정보하의 게임이론적 접근

① 신호발송 게임(signaling game)은 불완전정보하의 게임이론으로 첫 단계인 자연은 p의 확률로 A형 근로자를 선택하고, $(1-p)$의 확률로 B형 근로자를 선택하게 됨

② 기업은 어떤 특정한 근로자의 유형이 이 확률에 의해서 결정된다는 점만 알고 있고, 그 이상의 구체적인 정보는 없음([그림 1]에서 점선으로 그려진, 맨 왼쪽의 타원형 정보집합에 반영)

③ 기업이 지급하는 임금은 오직 대학교육을 받았는지의 여부만 관련이 있고, 그 유형과는 아무런 관련이 없음

④ 대학교육을 받는 근로자는 w_A를 받고, 받지 않은 사람은 w_B를 지급

⑤ 근로자들의 순임금은 다음 게임의 마디 끝에 나온 보수와 같음

그림 **신호발송 모형과 순차게임**

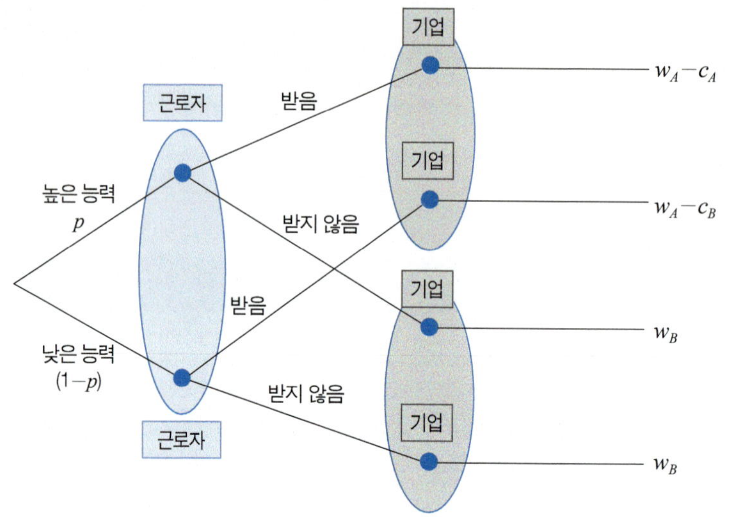

(2) 순차게임이론에서의 균형

① 분리균형(seperating equilibrium)은 각 유형의 근로자가 서로 다른 전략을 선택하는 결과가 빚어지는 것을 말함

② 통합균형(pooling equilibrium)은 각 유형의 근로자가 모두 똑같은 전략을 선택하는 것을 말함

4. 분리균형과 통합균형

> **4.** 앞의 상황에서 분리균형과 통합균형이 발생하는 경우를 보여라.

1. 분리균형

(1) 분리균형의 결과

① A형 근로자는 교육을 받고, B형 근로자는 교육을 받지 않기로 결정
② 기업은 대학교육을 받은 근로자에게는 A형으로 간주하여 w_A 임금을 지급하고, 받지 않은 사람은 B형으로 간주하여 w_B 임금을 지급
③ 균형이란 현재의 상태를 그대로 유지하려는 변화할 만한 유인이 없어야 함

(2) 균형 검증

① A형 근로자의 경우
대학교육을 받게 되었을 경우가 받지 않았을 경우보다 순임금이 크면 됨[3)]

$$w_A - w_B > c_A$$

② B형 근로자의 경우
대학교육을 받지 않았을 경우에 순임금이 더 크면 됨[4)]

$$w_A - w_B < c_B$$

---

3) 이 조건이 성립해야 능력이 있는 근로자 A의 경우는 대학교육을 받게 된다. 만일 받지 않게 되는 전략적 선택을 해 봤자 오히려 손해를 보기 때문에 전략을 바꿀 유인이 없게 된다.
4) 근로자 B의 경우 교육을 받게 되면 오히려 능력이 부족해서 학위를 취득하는 데 비용이 많이 들기 때문에 차라리 받지 않는 편이 낫게 된다.

(3) 분리균형 조건과 자기선택

① 위의 두 경우를 종합하면 $c_A < w_A - w_B < c_B$가 성립

② A형 근로자와 B형 근로자가 대학교육을 받기 위해서 지불해야 하는 비용 사이의 차이가 충분히 커서 대학교육을 받음으로써 얻을 수 있는 임금증가폭($w_A - w_B$)이 비용 차이 사이에 끼어 있어야 함

③ 분리균형의 결과 A형 근로자만 대학교육을 받고, B형 근로자는 스스로 대학에 가기를 포기하는 자기선택(self-selection)이 일어남

④ 결국 기업이 대학교육을 받은 사람을 높은 능력의 소유자로 간주하는 선발방식은 정당화됨

2. 통합균형

(1) 통합균형 의미

① 통합균형이란 두 유형의 근로자들이 모두 똑같은 전략을 선택하는 경우를 말함

② 통합균형에는 두 가지가 있는데 모두 대학교육을 받는 것을 선택하는 경우와 모두 대학교육을 받지 않는 선택을 하는 경우임

(2) 모두 대학교육을 받는 경우 : *B*가 교육받음

근로자 B가 대학교육을 받지 않음으로 인한 차별대우를 싫어해서 비용부담이 커도 대학교육을 받는 쪽을 선택하는 상황

(3) 모두 대학교육을 받지 않는 경우 : *A*가 교육 안 받음

① 근로자 A가 굳이 대학교육을 받을 필요를 느끼지 않는 상황

② 모두 대학교육을 받지 않는 경우 기업은 누가 능력이 있고 없는지를 알 수 없어 평균적인 임금($\overline{w}$)을 지급

③ A형 근로자가 대학교육을 받으려고 하지 않을 것이라는 점을 보여주면 증명됨

④ A가 교육을 받을 경우에 추가적인 이득은 $w_A - \overline{w}$, 추가적인 비용은 c_A

⑤ 즉, $w_A - \overline{w} < c_A$ 조건이 성립하면 A가 교육을 받을 유인이 없게 됨

⑥ A는 혼자 대학교육을 받을 경우에 임금이 상승하지만 그 차이가 너무 작은 경우, 혹은 대학교육을 받는 비용이 클수록 대학교육을 받지 않게 됨

5. 간단한 사례 계산문제

5. 두 유형의 근로자가 존재하는 상황에서 기업은 근로자의 능력에 대해서 정확하게 잘 모르고 있다. 근로자는 대학교육을 받을지의 여부를 선택할 수 있다고 한다. 전체 근로자의 40%는 A형 근로자로 한계생산가치가 월 3백만 원이고, 60%는 *B*형 근로자로 한계생산가치가 월 2백만 원이다. 한번 채용된 근로자는 10년간 근무한다. 단, 대학교육에 들어가는 비용은 *A*형 근로자의 경우에는 8천만 원이고 B형 근로자는 1억 4천만 원이라고 한다. 이때 분리균형(separating equilibrium)과 통합균형(pooling equilibrium)을 설명하시오. (단, 할인율은 0이다.)

예시 목차

1. 문제의 정보 정리
2. 분리균형
   (1) 개념 (2) 분리균형 조건 (3) 사안에 적용
3. 통합균형
   (1) 개념 (2) 통합균형 조건 (3) 사안에 적용

1. 문제의 정보 정리

① 근로자별 근로소득

두 근로자가 10년간 일을 하게 되므로 근로자 *A*가 일을 하는 경우에는 근로소득이 w_A=3억 6천만 원이 되고, 근로자 *B*가 일을 하는 경우에는 근로소득이 w_B=2억 4천만 원이 됨

② 근로자 비율

근로자 *A*의 비율은 $p=0.4$이고, 근로자 *B*의 비율은 $(1-p)=0.6$

③ 근로자의 교육비용

근로자 *A*의 교육비용은 c_A=8천만 원이고, 근로자 *B*의 교육비용은 c_B=1억 4천만 원

	비율	근로소득	비용
근로자 *A*	$p=0.4$	w_A	c_A
근로자 *B*	$1-p=0.6$	w_B	c_B

④ 기업의 평균임금 제시

비대칭정보하에서 기업은 평균임금을 제시하게 됨

$\overline{w}=pw_A+(1-p)w_B$

=[0.4×3억6천]+[0.6×2억4천]=2억8천8백만원

2. 분리균형

(1) 개념

① 분리균형(separating equilibrium)이란 서로 다른 유형의 근로자가 서로 다른 전략을 사용하는 시장의 균형

② 기업이 일정 교육수준에 따라서 서로 다른 임금을 지급하게 되면 각 근로자는 교육을 받을 때와 받지 않을 때의 순수입(=수입−비용)을 고려해서 교육을 받을지를 선택하게 됨

③ 분리균형이 성립하는 경우에는 교육은 다른 유형의 근로자들을 구분할 수 있는 자기선택장치(self-selection device)로 활용할 수 있게 됨

→ 이렇게 정보수준이 낮은 측에서 자기선택장치를 이용해서 정보를 더 많이 가진 근로자들을 구별하는 것을 선별이라고 함

(2) 분리균형 조건

① A형의 근로자의 경우

대학교육을 받았을 경우에 받지 않았을 경우보다 순임금이 커야 함

$w_A - w_B > c_A$

② B형의 근로자의 경우

대학교육을 받지 않았을 경우에 받을 경우보다 순임금이 더 커야 함

$w_A - w_B < c_B$

③ 분리균형의 조건

따라서 위 두 식을 정리하면 분리균형이 성립하기 위한 조건은 $c_A < w_A - w_B < c_B$

정리를 하면 분리균형이 성립하기 위해서는 두 근로자가 대학교육을 받기 위해서 지불해야 하는 비용 사이의 차이가 충분히 커서 대학교육을 받음으로써 얻을 수 있는 임금증가폭인 $(w_A - w_B)$이 비용 차이 사이에 끼어 있어야만 함

(3) 사안에 적용

① 문제의 정보를 보면 $(w_A - w_B)$=1억 2천만 원은 두 유형의 근로자의 교육비 사이에 위치하고 있어 분리균형의 조건을 충족

그림 1 **분리균형 조건**

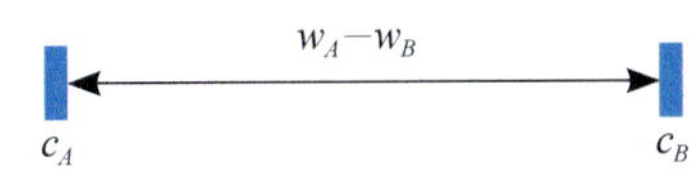

② 고능력자 A가 대학교육을 받음으로써 얻을 수 있는 순이득인 $w_A - w_B - c_A$은 4천만 원이므로 대학교육을 받게 됨

③ 저능력자 B는 대학교육을 받으면 순이득인 $w_A - w_B - c_B$은 −2천만 원이 되어 손해를 보게 되고 그 결과 대학교육을 받지 않게 됨

3. 통합균형

(1) 개념

① 통합균형(pooling equilibrium)이란 두 유형의 근로자들이 모두 동일한 전략을 사용하여 균형에 도달하는 경우로 공동균형 혹은 합동균형이라고도 함

② 교육비용이 매우 낮은 경우에는 생산성이 높은 근로자와 생산성이 낮은 근로자가 모두 교육을 받게 되는 선택을 하게 되고, 교육비용이 매우 높아 두 근로자 모두 교육을 받을 때와 받지 않을 때의 임금차이보다 교육비용이 크게 되면 모두 교육을 받지 않는 선택을 하게 될 것

(2) 통합균형 조건

① 기업이 평균임금을 제시하는 경우 두 근로자 모두 교육을 받지 않거나 교육을 받는 경우를 말함

② 근로자 A의 경우에는 기업이 평균임금을 제시하게 되면 교육을 받았을 때 추가적으로 얻게 되는 임금수준이 교육을 받기 위한 비용보다 크지 않게 되므로 교육을 받지 않게 됨

③ 근로자 B는 당연히 기업이 제시한 평균임금이 자신의 임금(생산성)수준보다 높아 교육을 받지 않게 됨

그림 2 통합균형이 성립하는 경우

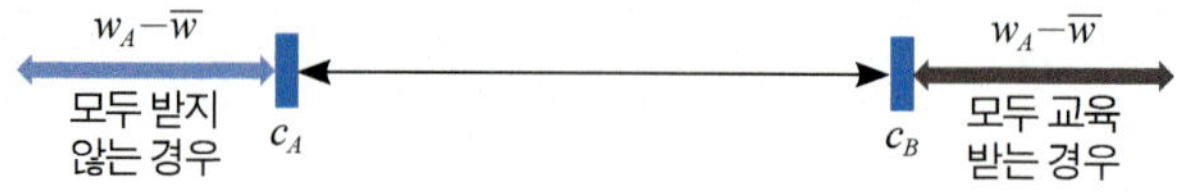

(3) 사안에 적용

문제에서 제시된 정보를 정리하면 $w_A - \overline{w}$는 7천2백만 원이므로 A형 근로자가 대학교육을 받기 위해서 지불해야 하는 비용인 8천만 원보다 적기 때문에 통합균형 조건 $w_A - \overline{w} < c_A$를 충족하고 있어 두 근로자 모두 교육을 받지 않게 된다.

Point 7

효율임금 가설

1. 효율임금은 어떻게 설정되는지 이윤극대화를 추구하는 기업의 총생산곡선을 이용해서 설명하라. 특히 적정수준의 효율임금을 선택하지 않았을 경우에는 이윤극대화 균형이 아니라는 것을 보여라.
2. 효율임금수준을 생산량의 임금탄력성으로 설명하고, 이것이 의미하는 경제적 함의를 설명하라.
3. 효율임금수준에서 임금 인하는 기업의 이윤극대화에 어떤 영향을 주게 되는가? 임금이 너무 낮거나 높은 경우에 기업이 부담해야 하는 비용과 편익에 미치는 영향을 설명하라.
4. 효율임금제도는 기업 외부의 노동시장에 대해서 어떤 반응을 보이게 되는가?
5. 효율임금이 효과적인 이유는 무엇인가? 간단한 사례를 통해서 설명하라.
6. 산업별 임금격차를 효율임금 모형의 관점에서 해석하면 어떻게 되는가?
7. 이중노동시장이란 무엇이며, 이를 효율임금 모형으로 설명할 수 있는가?
8. 효율임금 모형을 이용해서 비태만공급곡선을 도출하라.
9. 효율임금 설정으로 인해 발생하는 실업은 어떤 특성이 있는가? 근로자와 기업의 입장에서 실업과 관련해서 효율임금이 생산적이라고 할 수 있는가?
10. 효율임금 설정으로 인해 임금이 경직적일 수 있음을 설명하라.

1. 효율임금과 이윤극대화

1. 효율임금은 어떻게 설정되는지 이윤극대화를 추구하는 기업의 총생산곡선을 이용해서 설명하라. 특히 적정수준의 효율임금을 선택하지 않았을 경우에는 이윤극대화 균형이 아니라는 것을 보여라.

1. 총생산곡선의 형태

① 효율임금은 개도국보다는 현대 산업화된 노동시장에 설명력이 높은 이론으로 근로자의 생산성과 업무노력이 임금에 따라서 달라질 수 있음을 알 수 있다는 전제가 기본적으로 깔려있음

② 이 문제는 기업의 총생산곡선을 이용해서 효율임금이 이윤극대화에 부합한다는 것을 묻는 질문임

③ 기업의 총생산곡선은 우상향의 형태로 가정하여 주어진 고용수준하에서 임금이 높아질수록 생산량이 증가한다고 간주

→ 근로자의 생산성(업무 노력)이 임금과 양(+)의 관계

④ 추가적으로 총생산곡선이 오목한 형태를 가정하여 임금 증가 초기에는 기업생산량이 매우 빠르게 증가하다, 점차 체감적으로 증가한다고 가정

→ 한계수익체감 현상을 반영한 것임

⑤ 총생산곡선의 접선의 기울기는 임금 인상의 한계생산(MP_w)이고, 총생산곡선이 오목하다는 의미는 한계생산이 궁극적으로 감소한다는 것을 나타냄

그림 임금에 따른 총생산곡선

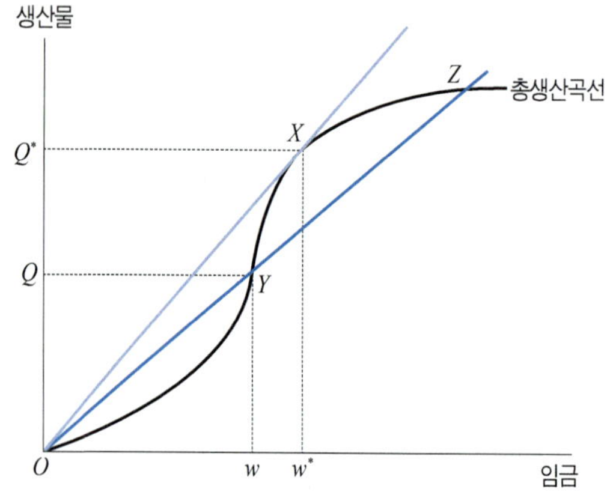

2. 이윤극대화 기업의 임금결정

① 임금의 평균생산은 다음과 같은 식으로 나타낼 수 있음

$$\frac{Q^e - 0}{w^e - 0} = \frac{Q^e}{w^e}$$

→ 이 식은 원점에서 출발하는 직선의 기울기를 의미

② 임금의 한계생산은 다음과 같은 식으로 나타낼 수 있음

$$\frac{\Delta Q}{\Delta w}$$

→ 이 식은 총생산곡선의 접선의 기울기를 의미

3. 효율임금과 기업의 이윤극대화

(1) Y 선택

① 적정임금보다 너무 낮은 임금을 선택한 상태

② 총생산곡선의 접선의 기울기 > 원점에서 출발하는 직선의 기울기

$$\frac{\Delta Q}{\Delta w} > \frac{Q}{w}$$

③ 임금이 1%p 상승하면 기업의 생산량은 더 크게 증가하여 기업은 임금 인상 시 이윤 증가

(2) Z 선택

① 적정수준보다 너무 높은 임금을 선택한 상태

② 임금이 1%p 상승할 때, 생산량은 1% 미만으로 증가

(3) X 선택

① 적정임금인 효율임금을 선택한 상태

② 이윤극대화를 추구하는 기업은 회사 밖에서 결정된 경쟁 임금과는 무관하게 이 수준의 임금을 결정

2. 효율임금과 생산량의 임금탄력성

2. 효율임금수준을 생산량의 임금탄력성으로 설명하고, 이것이 의미하는 경제적 함의를 설명하라.

① 효율임금수준에서는 다음 관계가 성립

총생산곡선의 접선의 기울기 = 원점에서 출발하는 직선의 기울기

② 이를 이용하여 다음과 같이 생산량의 임금탄력성을 구할 수 있음

$$\varepsilon_w = \frac{\frac{\Delta Q}{Q}}{\frac{\Delta w}{w}} = \frac{\Delta Q}{\Delta w}\frac{w}{Q} = 1$$

③ 즉, 효율임금수준에서는 생산량의 임금탄력성이 1이 되고, 효율임금은 임금이 1%p 상승할 때, 생산량도 정확하게 1%p 상승하는 지점을 나타냄

3. 효율임금 책정 시 기업의 편익과 비용

3. 효율임금수준에서 임금 인하는 기업의 이윤극대화에 어떤 영향을 주게 되는가? 임금이 너무 낮거나 높은 경우에 기업이 부담해야 하는 비용과 편익에 미치는 영향을 설명하라.

① 효율임금은 경쟁임금보다 높은 수준에서 결정
→ 경쟁수준의 임금을 지급하면 근로자를 끌어들일 수 없기 때문
→ 기업은 노동의 초과공급에 직면하게 됨

② 효율임금수준은 기업이 이윤극대화를 달성하고 있는 상황
→ 만일 기업이 임금을 인하하게 되면 인건비를 줄여 이득을 볼 수 있으나, 비용절감 이상으로 업무에 대한 열의는 하락하게 된다.
→ 임금 인하로 인해 얻게 되는 이득보다 생산성 감소로 인한 피해가 더 크기 때문에 기업의 이윤은 하락

③ 완전경쟁시장에서 이윤극대화를 추구하는 기업도 생산요소시장에서는 단순히 근로자의 최적 고용량만 고민하지 않고, 얼마의 임금을 지급할지를 고민해야 함
→ 임금이 너무 낮게 되면 노동비용을 절약하는 긍정적인 효과를 얻을 수 있으나, 생산성이 낮은 인적자본의 구성으로 인해 발생하는 생산성 하락이라는 부정적인 효과에 직면하게 됨
→ 반대로 임금이 너무 높게 설정되면 생산성이 높은 근로자들이 모여들어 기업의 생산성은 증가하지만, 이런 좋은 인적자원을 구성하는 데 발생하는 비용이 너무 크기 때문에 기업의 이윤은 감소하게 됨

4. 효율임금제도와 기업 외부 노동시장

4. 효율임금제도는 기업 외부의 노동시장에 대해서 어떤 반응을 보이게 되는가?

① 이윤극대화를 추구하는 기업은 노동시장의 수요와 공급에 의해서 임금수준을 결정하는데, 효율임금제도하에서는 기업 외부에 있는 노동시장의 조건을 고려하지 않게 됨

→ 이윤극대화수준의 임금을 기준으로 임금을 약간 변화시켰을 경우에 근로자의 노력수준에 어떤 영향을 미치는지 고려하기 때문이다.

② 기업마다 생산함수와 근로자들의 노력함수는 다르기 때문에 당연히 효율임금의 수준은 기업마다 달라짐

③ 결론적으로 효율임금제도하에서 이윤극대화를 추구하는 기업은 외부 노동시장의 변화에 민감하게 반응하지 않게 됨

5. 효율임금이 효과적인 이유

5. 효율임금이 효과적인 이유는 무엇인가? 간단한 사례를 통해서 설명하라.

1. 효과적인 효율임금의 조건

효율임금이 효과적이기 위해서는 임금과 생산성 간에 양(+)의 상관관계가 있어야 함

2. 임금이 상승할수록 생산성이 높아지는 이유

① 높은 임금은 근로자들의 근무태만비용을 증가시킴

→ 업무태만으로 적발되어 해고를 당하게 되면, 높은 급여를 주던 일자리를 잃고, 실업 상태에 직면할 수 있게 되고, 이러한 상황을 두려워하는 근로자들은 업무시간에 도덕적 해이에 빠지지 않게 됨

② 높은 임금은 근로의욕을 불러일으킴

→ 높은 임금을 받게 되면 해고 가능성과 관계 없이 고용주에게 받은 선물로 여겨 좀 더 열심히 일을 해서 보답하려는 마음을 가지게 됨

③ 높은 임금을 받은 근로자들은 이직확률이 더 낮음

→ 효율임금인 높은 임금을 지급하면 이직률이 낮아져 이직으로 인한 비용이 감소하게 되고, 신규 근로자를 채용하여 새롭게 훈련시키는 과정에서 발생하는 혼란을 줄일 수 있게 됨

④ 높은 임금은 근로자들을 선별하여 역선택의 문제를 피할 수 있게 됨

→ 근로자들의 유보임금수준보다 낮은 임금을 제시하면 능력이 높은 근로자들은 높은 유보임금을 지니고 있어 낮은 임금 제의를 거절할 것이므로, 낮은 능력을 지닌 근로자들만 몰려드는 역선택의 문제에 빠질 수 있음

→ 효율임금 지급은 능력이 있는 근로자들을 끌어들이고 그 결과 기업의 생산성과 이윤은 증가하게 됨

6. 산업별 임금격차와 효율임금 모형

6. 산업별 임금격차를 효율임금 모형의 관점에서 해석하면 어떻게 되는가?

① 산업별 임금격차란 산업별로 시간이 지남에 따라서 임금격차가 지속적으로 존재한다는 것

예 금속광업이나 철도산업에 고용된 근로자들의 임금은 전체 평균보다 30% 정도 높은 수준인 반면, 하드웨어나 유아보육서비스 산업의 근로자들은 전체 평균보다 25% 정도 낮음

② 산업별 임금격차가 발생하는 원인을 효율임금가설에 입각해서 설명하면, 일부 산업에서는 경쟁임금보다 더 높은 임금을 지급하게 되면 기업의 입장에서는 이익이 되기 때문

③ 일부 산업에서는 이윤극대화를 추구하는 기업의 입장에서 볼 때, 경쟁임금보다 높은 수준으로 임금을 책정하는 것이 유리하기 때문에 평균보다 임금수준이 높아짐

→ 생산량을 감시하기 어렵거나, 이직으로 인한 비용이 높은 경우에 많이 볼 수 있음

④ 실증적으로 효율임금가설이 산업별 임금격차를 설명할 수 있다면 저임금 산업에서 고임금 산업으로 이동하는 근로자는 높은 임금 상승을 경험할 수 있게 됨

7. 이중노동시장과 효율임금 모형

7. 이중노동시장이란 무엇이며, 이를 효율임금 모형으로 설명할 수 있는가?

① 이중노동시장(dual labor market)이란 노동시장이 1차 부문(primary sector)과 2차 부문(secondary sector)으로 나뉘어 있다는 것임

표 이중노동시장

	1차 부문	2차 부문
특성	근로자의 생산량을 관측하기 어렵고 감시비용도 높음	감독하기 쉽고, 생산성을 감시 가능
업무	전문가, 소프트웨어 개발팀	반복적이고 단조로운 업무
권한 책임	독립적으로 활동하며 많은 책임 부여	권한과 책임이 없음
보상	적절한 노력을 끌어내려는 보상체계 설정 시도	높은 임금 지불할 필요 없음
통제 방식	효율임금 지불	부정행위는 즉시 발각되고, 바로 해고

② 이중노동시장은 경쟁시장 모형으로는 설명할 수 없음
→ 경쟁시장의 원리에 의하면 근로자들이 저임금부문에서 고임금부문으로 이동하게 되면서 두 부문 간의 차이가 궁극적으로 사라지기 때문

③ 효율임금 모형에 의하면 이중노동시장은 존재
→ 효율임금 가설에 의하면 저임금부문에서 고임금부문으로의 이동은 어려움

④ 고임금부문에 있는 기업들이 임금을 낮추는 경우 이윤이 감소하게 될 것
→ 산출량을 감시하기 어렵고, 근로자들은 그들의 책임을 소홀히 할 가능성이 높기 때문

8. 효율임금 모형과 비태만공급곡선

8. 효율임금 모형을 이용해서 비태만공급곡선을 도출하라.

1. 개념 설명

① 기업 입장에서 근로자들의 생산량을 감시하는 데 비용이 많이 들기 때문에 기업은 근로자들에게 "협력을 이끌어 내기 위해" 효율임금을 사용
→ 효율임금에서는 기업이 이윤극대화를 달성하므로 임금을 낮출 유인이 없어짐

② 비태만공급곡선(no-shirking supply curve)이란 주어진 임금수준에서 기업들이 시장에서 끌어들여 고용할 수 있는 태만하지 않는 근로자들의 숫자를 나타낸 곡선을 뜻함

2. 그림을 통한 설명

① 현재 노동시장에 E명의 근로자들이 존재하고, 이 수준에서 노동공급곡선은 비탄력적이므로 수직임

② 노동시장에서 균형점은 경쟁시장균형인 수직인 P점으로, 공급곡선이 우하향하는 수요곡선과 교차하는 점(균형임금 w^*)이 됨

③ 그러나 기업은 근로자의 태만을 쉽게 감시하기 어렵거나 감시비용이 높은 경우 업무 태만을 방지하는 임금-고용 패키지를 제안

그림 **비태만공급곡선**

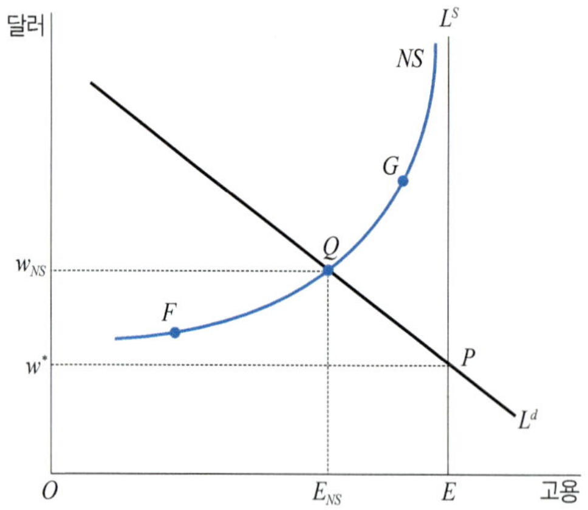

3. 실업률의 상황에 따른 기업의 임금설정전략

(1) 실업률이 높은 상황

F점에 해당하며, 근무태만은 높은 희생(비용)을 수반
→ 게으름 피우다 적발되어 해고되면 장기실업 상태에 빠질 수 있기 때문
→ 기업은 상대적으로 낮은 임금으로 태만하지 않는 근로자 채용 가능

(2) 실업률이 낮은 상황

G점에 해당하며, 근무태만의 비용이 낮아 (짧은 기간 실업 경험) 태만 유인이 높아지게 됨
→ 이때 기업은 높은 임금을 제시하여 업무태만의 대가를 크게 높이고, 짧은 실업 상태마저 불리하게 만들어야 함

(3) 결론

결국 기업은 실업률이 높은 F점에서는 적은 수의 근로자 고용 시 낮은 임금으로도 비태만 근로자들을 끌어들일 수 있게 되지만, 실업률이 낮은 G점에서는 많은 수의 근로자를 고용 시 태만 방지를 위해 더 높은 임금을 지불해야 함

9. 효율임금 설정과 실업의 특성

9. 효율임금 설정으로 인해 발생하는 실업은 어떤 특성이 있는가? 근로자와 기업의 입장에서 실업과 관련해서 효율임금이 생산적이라고 할 수 있는가?

① 효율임금은 시장청산임금수준보다 높지만, 임금 하락의 압력이 존재하지 않음
→ 낮은 임금을 제시하게 되면 성실하고 능력 있는 근로자들이 떠나 게으르고 나태해지기 때문에 효율임금수준에서 근로자들은 태만 없이 성실하게 행동하게 됨
② 효율임금(w_{NS}) 수준에서 L_{NS} 고용이 이루어지고 있으며, $(L-L_{NS})$의 실업자가 발생
③ 효율임금 실업은 비자발적이고 비생산적(사회전체적)
→ 주어진 임금하에서 일하려는 사람보다 일자리가 적어 일하고자 하는 사람이 모두 고용되지 못하기 때문에 근로자의 입장에서는 비생산적
④ 기업 입장에서 비자발적 실업은 생산적(기업입장)
→ 고용된 근로자들이 정직하게 행동하도록 유도하여 결과적으로 생산량이 증가하기 때문

그림 **효율임금과 실업**

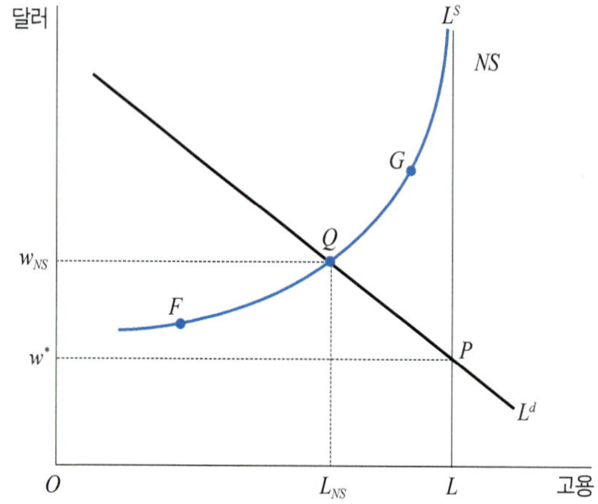

10. 효율임금과 임금경직성

10. 효율임금 설정으로 인해 임금이 경직적일 수 있음을 설명하라.

① 효율임금하에서는 임금이 경기순환에 따라서 상대적으로 경직적일 수 있음

② 경기침체로 인한 생산물 수요 감소로 노동수요곡선이 좌측으로 이동하는 경우 시장임금 하락 ($w_0^* \rightarrow w_1^*$)은 기업들이 효율임금 지불 시 $w_0^{NS} \rightarrow w_1^{NS}$로 하락

③ 이때 효율임금은 경쟁임금보다 수요의 변화에 덜 민감하게 반응
→ 그 결과 경기침체기에 고용은 크게 하락하여 실업률은 상승하게 됨

그림 **효율임금과 임금경직성**

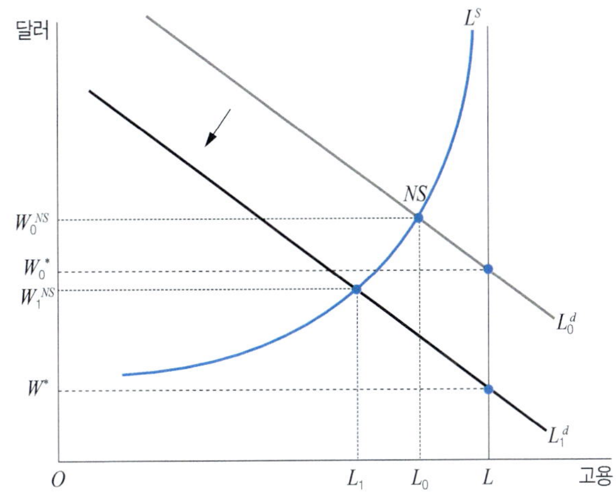

Point 8

노동차별과 노동조합

1. 다음은 노동시장에서 고용주가 차별을 지닌 경우에 대한 내용이다.

(1) 고용주가 편견을 지녀 동일한 능력의 백인과 흑인을 차별하는 경우 고용량과 임금에 미치는 영향을 그래프로 나타내어라.

(2) 차별계수란 무엇이며, 차별계수가 큰 기업과 작은 기업을 가정하여 기업의 이윤에 어떤 영향을 미치는지 설명하라.

2. 다음은 통계적 차별에 대한 설명이다. 물음에 답하라.

(1) 통계적 차별이 발생하는 이유는 무엇인가? 대표적인 사례를 하나 들어서 설명하라.

(2) 통계적 차별이 임금에 어떤 영향을 미치는지 설명하라.

(3) 차별을 측정하는 방법인 오하카 분해법을 설명하라.

3. 다음은 노동조합에 대한 문제이다. 물음에 답하라.

(1) 기업의 등이윤곡선을 이용하여 효율적인 계약곡선을 도출하라. 특히 강하게 효율적인 수직의 계약곡선은 무엇을 의미하는가?

(2) 노조의 존재가 임금 이외의 생산성과 이직률, 직무만족도에 어떤 영향을 미치는지 이탈-목소리 가설에 입각해서 설명하라.

1. 노동시장의 고용주 차별

1. 다음은 노동시장에서 고용주가 차별을 지닌 경우에 대한 내용이다.
(1) 고용주가 편견을 지녀 동일한 능력의 백인과 흑인을 차별하는 경우 고용량과 임금에 미치는 영향을 그래프로 나타내어라.

1. 모형의 설정

- 백인 근로자, 흑인 근로자만 존재하며 완전대체재관계로 생산성이 동일하다고 가정
- 완전경쟁기업이라고 상정

2. 차별이 없는 기업

① 인종차별이 없는 기업은 $VMP_E = w_W = w_B$에서 고용 결정
② $w_W > w_B$인 경우, 흑인의 임금이 $w_B = VMP_E$까지 고용해 L_B^*가 됨

그림 1 차별 없는 기업과 고용량

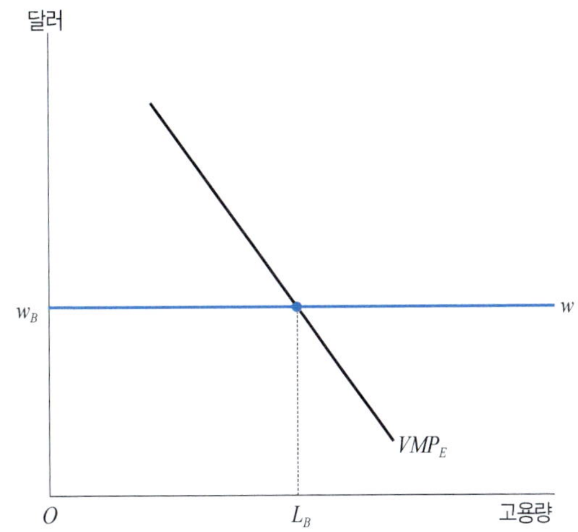

3. 차별이 있는 기업

① 고용주가 편견을 지니고 있어 흑인 임금이 w_B가 아닌 $w_B(1+d)$라고 인식하는 경우, 흑인과 백인은 완전대체관계에 있으므로 흑인 또는 백인만 고용하게 됨

② $w_B(1+d)<w_W$인 경우는 흑인만 고용하게 되고, $w_B(1+d)>w_W$인 경우에는 백인만 고용

③ 결국 흑인과 백인 근로자가 완전대체재인 경우 기업의 노동력 구성은 서로 분리되는 특성을 지니게 되어 흑인만 고용하는 기업과 백인만 고용하는 기업으로 분리

④ 이렇게 차별이 존재하는 기업은 차별 없는 기업보다 적은 수의 근로자를 고용

4. 그림을 통한 분석 : 차별이 있는 기업의 고용량 결정

그림 2 **차별 있는 기업과 고용량**

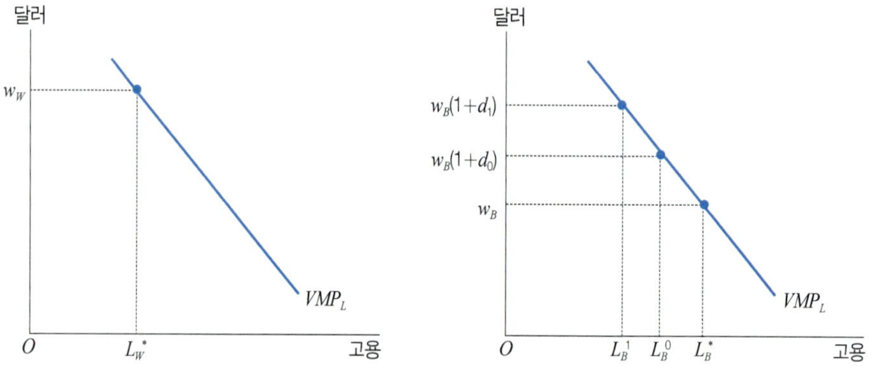

(a) 백인 기업 (b) 흑인 기업

(1) 백인 기업의 경우

① $w_W=VMP_L$인 L_W^*만큼 고용하고, 흑인에 편견을 지닌 고용주는 전체 직원을 백인으로 고용

② 결국 백인 고용비용이 높아 고용된 백인 수는 상대적으로 적게 됨 (가정에 $w_B<w_W$ 전제)

(2) 흑인 기업의 경우

① 인종차별이 없는 기업은 $w_B=VMP_L$인 L_B^*만큼 고용하지만, 차별계수 d가 존재해 $w_B(1+d)=VMP_L$에서 L_B^0만큼 고용

② 특히 차별계수 d가 클수록 더 적은 수의 흑인 근로자를 고용($L_B^*<L_B^0$)

(3) 경제적 의미

고용주들은 흑인 고용을 선호하지 않기에, 흑인 근로자 수를 줄여 비용을 최소화하려고 함

2. 차별계수

(2) 차별계수란 무엇이며, 차별계수가 큰 기업과 작은 기업을 가정하여 기업의 이윤에 어떤 영향을 미치는지 설명하라.

1. 차별계수 의미

① 차별계수(coefficient of discrimination)란 고용주의 편견으로 인해서 고용하는 데 비용이 추가적으로 들어가는 정도를 나타낸 것

→ 임금이 $w=10$인데, 차별계수가 $d=0.5$라면 고용주는 흑인 근로자를 고용하는 데 비용을 시간당 15로 인식해서 50% 더 높은 가격인 것처럼 반응하게 됨

② 편견을 지닌 고용주는 차별에서 얻을 수 있는 경제적 실익이 없음

→ 편견이 없는 고용주는 더 낮은 임금에 더 많은 노동을 고용하여 동일한 산출량을 생산할 수 있기 때문

2. 차별계수와 기업이윤

① 차별계수가 0($d=0$)인 기업의 이윤이 가장 높은 수준이 됨

→ 차별 없는 기업은 흑인 근로자만 L_B^*만큼 고용해 π_{MAX}이윤이 되고, 차별이 있을수록 기업의 이윤은 낮아진다.

② 차별계수가 큰(d_{high}) 기업의 경우 차별정도가 일정한 경계점인 d_w를 넘으면 흑인 고용의 효용손실이 너무 커 백인들만 고용하게 되고 이윤은 π_w 수준까지 크게 하락

→ 기업은 필요한 수준보다 훨씬 높은 임금 지불

③ 백인 기업들은 차별계수와 상관없이 동일한 수의 백인을 L_W^*만큼 고용해 백인들로만 구성된 모든 기업의 이윤은 동일해짐

→ 이를 그림으로 나타내면 [그림 1]과 같은데, 이때 수평축은 차별의 정도가 커지는 것을 나타내고 수직축은 기업의 이윤을 화폐가치로 나타낸 것임

그림 1 차별계수 존재와 기업이윤

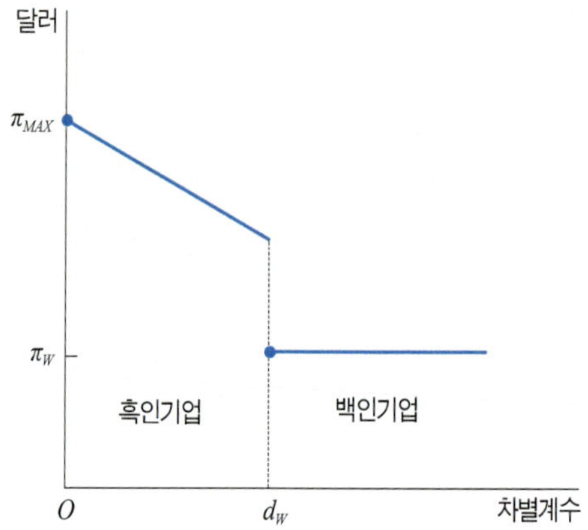

3. 시사점

① 완전경쟁시장에서 인종편견이 고용주에 의한 것이면 기업 간 경쟁은 소수자 집단에 큰 도움이 될 수 있음

② 완전경쟁시장에서 기업들은 진입과 퇴출이 자유로워 초과이윤을 얻을 수 없고, 고용주가 차별을 하기 위한 비용을 직접 부담해야 함

③ 완전경쟁시장에서 차별 없는 기업은 경쟁력을 지녀, 다른 차별이 있는 기업들을 모두 흡수할 수 있으므로 고용주의 차별은 무력화될 것임

참고 자료

차별이 있는 경우 임금 결정

고용주가 여성은 업무에 대한 책임감이 약해 남성보다 생산성이 낮다는 개인적인 편견을 가지고 있는 경우, 남성의 임금은 $w^M = MRP_L$이고, 여성은 생산성이 남성보다 D만큼 낮다고 생각하여 $w^F = MRP_L - D$가 됨
따라서 동일한 생산성을 지닌 여성의 임금은 남성의 임금에 비해서 부정적인 편견의 정도만큼 낮게 책정

$$w^F = w^M - D$$

차별이 있는 경우 기업의 고용량

기업 A는 여성 근로자들에게 대해서 어떤 편견도 없고, 기업 B는 여성에 대한 편견 때문에 D만큼의 보상을 지불해야 한다고 생각해 $MRP_L = w^F + D$에서 고용량이 결정
따라서 고용주의 차별이 있는 경우에 여성 근로자의 고용량은 감소하고, 기업의 이윤도 줄어들어 손해가 발생

그림 2 차별과 기업 고용량

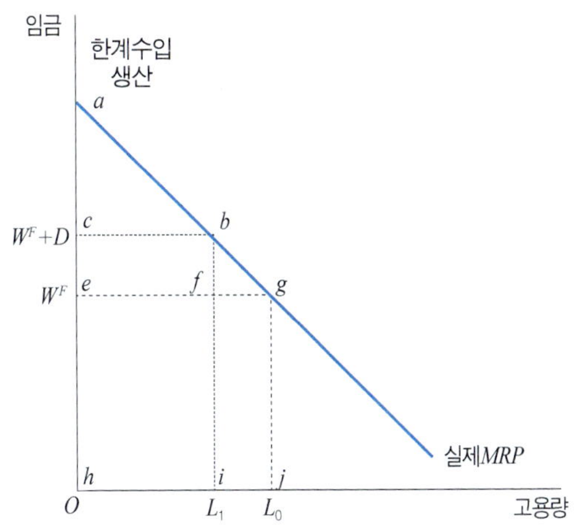

■ 차별이 있는 경우
기업은 L_1을 고용하여, 여성이 실제로 생산에 기여하는 바인 bi에서 여성 근로자에게는 W^F인 fi만큼 지급하고, 면적에 대한 보상으로 D만큼인 bf만큼 고용주가 가져가면, 노동 수요자인 기업의 이윤은 면적 $abc + cbfe$의 합이 되고, 여성 근로자의 임금총액은 면적 $efih$가 됨

■ 차별이 없는 경우
기업은 고용주 편견이 없어 추가적인 보상 D를 요구하지 않으면, 고용은 L_0가 되고, 기업이윤은 age가 됨

■ 결론 : 차별로 인해서 고용이 감소해서 기업이윤은 bfg만큼 손실이 발생

3. 통계적 차별

2. 다음은 통계적 차별에 대한 설명이다. 물음에 답하라.
(1) 통계적 차별이 발생하는 이유는 무엇인가? 대표적인 사례를 하나 들어서 설명하라.

1. 통계적 차별의 발생 이유

① 원래부터 존재하는 불확실성 때문에 집단의 평균적 성과에 관한 통계치를 이용하여 특정 지원자의 생산성을 예측하는 과정에서 차별 발생
→ 이때 고생산성 집단에 속하는 지원자들은 그 집단에 속해 있다는 것만으로 이익을 얻고, 저생산집단에 속한 지원자들은 손해를 보게 됨
② 통계적 차별이 발생하는 이유는 자료가 불충분한 경우와 정보의 비대칭성이 존재하는 경우임
→ 자료가 부족한 경우는 이력서와 면접을 통해서 수집한 정보가 지원자의 진정한 생산성을 예측할 수 없기 때문에 발생
→ 정보의 비대칭성이 존재하는 경우는 보험회사의 사례를 통해서 설명 가능

2. 통계적 차별의 사례

보험회사는 통계적 차별을 통해서 프리미엄을 결정
→ 과거 경험상 여성이 남성보다 수명기간이 더 길다고 알려진 경우에 생명보험가격은 여성이 남성보다 더 저렴해짐
→ 통계상 10대 운전자들은 성인보다 사고를 많이 내는 경향이 있다고 알려진 경우에는 10대 운전자들에게 더 높은 프리미엄을 요구함

참고 자료

베커의 선호차별 이론

(1) 이론의 현실 설명력

고용주가 근로자를 차별해서 이윤에서 손해를 감수해야 하는 상황을 묘사하고 있으며, 이러한 경우 장기적으로 차별기업은 시장에서 도태되어야만 한다. 그러나 현실의 노동시장에서는 특정 그룹에 대한 차별이 소멸하지 않고 지속성을 보이고 있다.

(2) 이론의 가정의 한계

① 기업이 완전정보하에서 의사결정을 한다고 가정하지만, 실제로는 기업이 근로자를 채용하는 경우에 정보제약이 존재할 수밖에 없다.

② 기업이 근로자를 채용할 경우에 특정 그룹 근로자를 우대하거나 차별하는 것이 단지 선호의 편견 때문이 아니라, 생산성과 연관되어 있을 것이라는 점이다. 이런 그룹 특성에 따른 고용주의 결정은 이윤극대화와 부합하는 합리적 행위가 된다.

통계적 차별은 차별인가?

통계적 차별은 제한된 정보 상황에서 기업의 합리적인 의사결정방식으로서 외견상 차별이 아닌 것처럼 보이지만, 소수자에 속하는 개별 근로자의 입장에서 보면 아무리 능력이 뛰어나도 특정 그룹(여성, 흑인 등)에 속했다는 이유만으로 정당한 대우를 받지 못하고 불이익을 당하게 되므로 명백히 차별에 해당한다고 볼 수 있다.

4. 통계적 차별이 임금에 미치는 영향

(2) 통계적 차별이 임금에 어떤 영향을 미치는지 설명하라.

1. 임금책정방법

① 완전경쟁시장에 존재하는 기업은 경제적인 거래가 위험과 보상을 완벽하게 예측할 수 없는 경우 통계적인 차별을 이용해 정보격차를 메우기도 함

→ 선발시험의 정보가 생산성과 완전한 상관관계를 보인다면 선발시험성적만큼 임금 제공

→ 선발시험의 예측력이 높지 않을 수도 있기 때문에 선발시험점수뿐만 아니라, 지원자가 속한 집단의 평균점수도 연동하여 가중평균하게 됨

② 고용주가 지원자 자신의 점수(T)뿐만 아니라 지원자가 속한 집단의 평균점수($\overline{T}$)도 연동시킨 가중평균을 사용하면 다음과 같이 나타낼 수 있음

$$w=\alpha T+(1-\alpha)\overline{T}$$

- $(\alpha=1)w=T$: 임금은 선발시험 성적에 의해서만 결정
- $(\alpha=0)w=\overline{T}$: 임금은 집단의 평균만 반영해 선발시험 점수는 아무런 의미가 없음

→ 따라서 α는 선발시험성적과 실제 생산성 간의 상관관계를 측정하여 α값이 크다는 말은 선발시험의 예측력이 높다는 것을 의미

2. 통계적 차별이 임금에 미치는 영향

① 통계적 차별은 임금과 선발시험성적을 연결시키는 곡선의 절편과 기울기에 모두 영향을 줌

② 두 집단 간의 모수인 α가 동일하지만, 평균시험성적이 차이가 나는 경우임

$$\overline{T}_B<\overline{T}_W,\ \alpha_B=\alpha_W$$

③ 평균시험성적이 $\overline{T}$로 동일하지만, 선발시험이 흑인보다는 백인에게 더 정확한 정보를 제공하는 상황에서는 모수 α값이 집단 간(남성과 여성, 흑인과 백인 간)에 상이할 수 있음

$$\overline{T}_B=\overline{T}_W,\ \alpha_B<\alpha_W$$

그림 **통계적 차별이 임금에 미치는 영향**

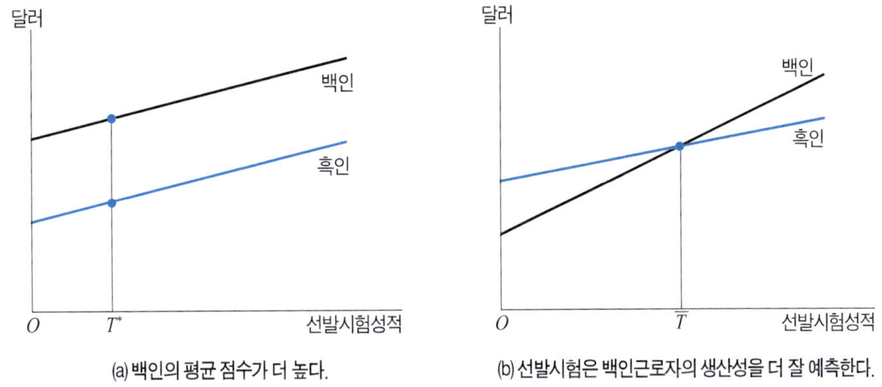

④ 선발시험이 흑인 근로자의 생산성을 잘 예측하지 못한다면 문화적 편향으로 흑인 근로자 임금과 시험성적을 연관시키는 곡선은 상대적으로 평평하게 됨

⑤ 흑인이 생산성을 부정확하게 예측하기 때문에 흑인 근로자들이 상대적으로 유리한 생산성을 가지고 있는 것으로 취급한다면, 상대적으로 유리한 임금을 지급받게 됨
→ 성적이 낮은 흑인이 성적이 높은 흑인에 비해서 이득을 봄

⑥ 결국 통계적 차별이 존재 시 낮은 점수를 받은 흑인 근로자는 낮은 점수를 받은 백인 근로자보다 더 높은 임금을 받게 됨

5. 차별측정법 : 오하카 분해법

(3) 차별을 측정하는 방법인 오하카 분해법을 설명하라.

1. 평균임금 차이와 임금함수 추정식

① 남성과 여성의 평균임금을 비교하는 것은 설득력이 없음

→ 차별 이외에 많은 다른 요인들이 남성과 여성의 임금격차를 유발하기 때문

• $\overline{w}_M$은 남성의 평균임금, $\overline{w}_F$는 여성의 평균임금이라는 가정하에 평균임금의 차이는 다음과 같음

$$\text{평균임금의 차이 } \Delta w=\overline{w}_M-\overline{w}_F$$

② 여러 종류의 사회경제적 특성과 숙련특성을 반영한 회귀식을 추정하는 데 교육만이 임금에 영향을 미치는 다른 요소라고 가정하게 되면 다음과 같이 남성과 여성의 임금함수를 측정할 수 있음

• 남성임금함수 : $w_F=\alpha_M+\beta_M s_M$

• 여성임금함수 : $w_F=\alpha_F+\beta_F s_F$

• s : 남성과 여성의 평균교육연수

• β : 학교 교육을 1년 더 받을 때 임금이 상승하는 정도

• α : 두 집단 간 임금 프로파일 절편

2. 오하카 분해법

① 만일 고용주가 교육을 전혀 받지 않은 남성과 여성의 숙련을 동등하게 평가한다면 $\alpha_M=\alpha_F$가 될 것이나, 일반적으로 임금 격차는 다음과 같이 쓸 수 있음

$$\Delta w=\overline{w}_M-\overline{w}_F=(\alpha_M-\alpha_F)+\beta_M\overline{s}_M-\beta_F\overline{s}_F$$

② 남녀 임금 차이 식에 수학적 기교를 적용해서 $\beta_M\overline{s}_F$을 더하고 빼면 다음과 같음

$$\Delta w = \overline{w}_M - \overline{w}_F = (\alpha_M - \alpha_F) + \beta_M \overline{s}_M - \beta_F \overline{s}_F + \beta_M \overline{s}_F - \beta_M \overline{s}_F$$

$$\Delta \overline{w} = \underbrace{(\alpha_M - \alpha_F) + (\beta_M - \beta_F)\overline{s}_F}_{\text{차별 때문에 발생한 격차}} + \underbrace{\beta_M(\overline{s}_M - \overline{s}_F)}_{\text{숙련의 차이 때문에 발생한 격차}}$$

(1) 차별 때문에 발생한 격차

- $\beta_M - \beta_F > 0$인 경우 : 남성의 교육연수 가치가 여성의 교육연수 가치보다 더 높게 평가됨
- $\alpha_M - \alpha_F > 0$인 경우 : 동일한 교육 수준의 남성에게 여성보다 더 높은 임금을 주는 경우는 임금함수 절편에 차이로 반영됨

(2) 숙련 차이 때문에 발생한 격차

$\overline{s}_M - \overline{s}_F = 0$이라면 남성과 여성의 교육수준이 평균적으로 동일한 경우를 의미

(3) 그림을 통한 설명

① 남성은 여성에 비해 임금과 교육연수 간 관계를 나타내는 직선의 절편이 높고, 기울기는 가파르게 됨
② 남성이 여성보다 평균교육연수 기간이 더 길면 임금격차는 $\overline{w}_M - \overline{w}_F$이 됨
③ 임금격차는 "두 집단의 특성의 차이에 기인하는 부분"과 "설명되지 않은 기타(차별) 부분"으로 분리 가능

그림 차별이 임금에 미치는 영향 측정하기

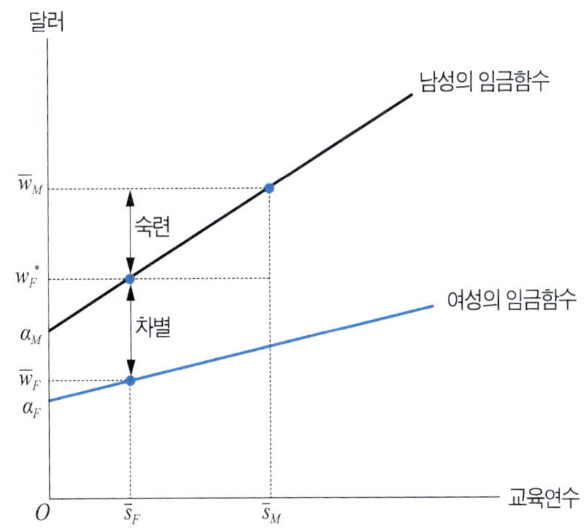

• $(w_F^* - \overline{w}_F)$: 차별정도

→ 교육연수가 $\bar{s}_F$인 평균적인 여성이 남성처럼 대우받았을 경우 임금 w_F^*만큼 받았을 것이므로 실제 받은 임금과의 격차가 차별이라고 할 수 있음

• $(\overline{w}_M - w_F^*)$: 남성과 여성 간의 숙련격차로부터 발생하는 임금격차 부분

$$\Delta w = \overline{w}_M - \overline{w}_F = (w_F^* - \overline{w}_F) - (\overline{w}_M - \overline{w}_F^*) = \text{차별격차} + \text{숙련격차}$$

6. 노동조합

3. 다음은 노동조합에 대한 문제이다. 물음에 답하라.

(1) 기업의 등이윤곡선을 이용하여 효율적인 계약곡선을 도출하라. 특히 강하게 효율적인 수직의 계약곡선은 무엇을 의미하는가?

1. 기업의 등이윤곡선 의미

① 기업의 등이윤곡선은 동일한 수준의 이윤을 산출하는 여러 개의 임금-고용조합을 뜻함

② 이때 등이윤곡선은 역U자 형태로 아래로 이동할 때 이윤이 증가함

그림 1 기업의 등이윤곡선과 수요곡선

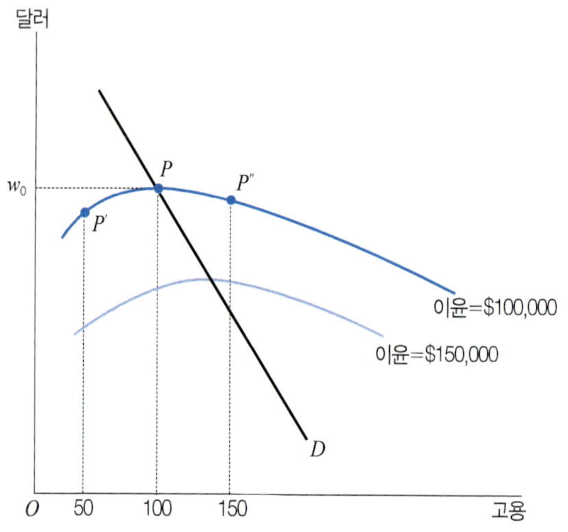

→주어진 임금하에서 U자형의 등이윤곡선이 접하는 점들은 이윤극대화 수준의 기업의 노동수요곡선이라고도 할 수 있음

2. 효율적인 계약곡선 도출

① 독점적 노조가 w_M임금을 요구하면 기업은 M을 선택해 대응

→만일 노동 수요곡선을 이탈하는 R점을 선택하면 노조의 효용은 증가하고, 기업의 이윤은 불변

→Q점을 선택하면 노조의 효용은 불변이고, 기업의 이윤은 증가

② 노조와 고용주는 적절한 협상을 통해서 PZ선상의 어느 한 점인 임금-고용조합을 선택하면 파레토 개선인 모두 상호이득이 가능

그림 2 효율적인 계약곡선

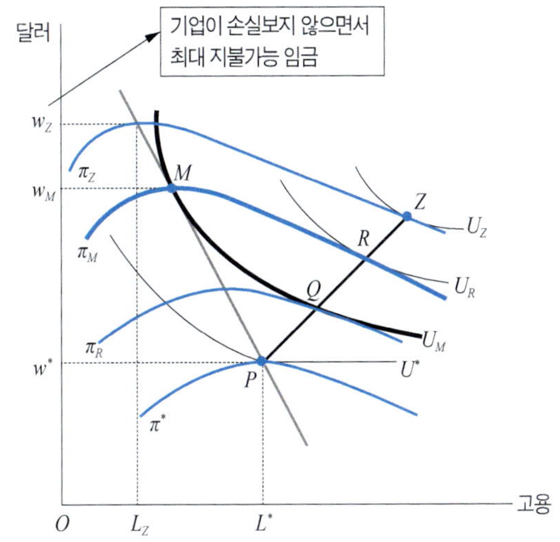

③ 결국 파레토 개선이 불가능한 효율적인 계약곡선은 수요곡선의 우측에 위치하게 됨

→임의의 주어진 임금수준에서 효율적인 계약은 독점적 노조 균형보다 고용이 더 증가

④ 따라서 효율적인 계약은 노사관계에서 노조가 더 높은 임금을 요구하고 기업은 고용 감소로 대응하지 않는 상황(기업이 해고를 크게 하지 않음)으로 노조와 기업이 임금과 고용 모두에 협상한다는 것을 의미

3. 강하게 효율적인 계약의 도출과 의미

① 강하게 효율적인 계약(strongly efficient contracts)에서는 기업이 노조가 있든 없든 무관하게 고용수준이 L^*로 일정하게 주어진다면 계약곡선은 수직의 형태인 PZ가 됨

② 이때는 노조가 존재하는 기업의 고용수준이 경쟁시장과 동일해져 효율적 노동 배분이 됨
→ 이 상황에서는 체결된 계약내용과 무관하게 고용수준이 동일해지므로 기업의 생산량도 동일해짐

③ 참고로 P점은 기업이 초과이윤(지대)을 모두 획득하는 상황이고, Z점은 노조가 지대를 모두 획득하는 상황

④ 수직인 계약곡선상의 임금-고용조합들은 노사 간 모든 가능한 협상기회들을 포괄하고 있으며 기업은 최적수준의 고용을 유지하여 노조의 존재가 노동시장의 노동배분을 왜곡시키지 않아 사중손실은 없는 상황

그림 3 강하게 효율적인 계약 : 수직의 계약곡선

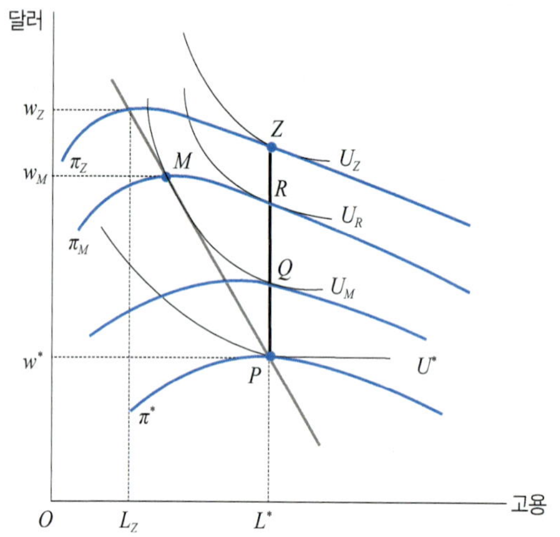

참고 자료

효율적 계약곡선과 등이윤곡선

① 기업이 손실을 보지 않으면서($\pi=0$), 최대 지불 가능한 임금수준이 w_Z라고 가정하면 기업은 E_Z 고용, 등이윤곡선은 $\pi_Z=0$

② 계약곡선 PZ선상의 계약을 벗어나는 것은 노조와 기업 중의 어느 한쪽에게 피해를 주기 때문에 (파레토 개선이 불가능하고) PZ의 어느 한 점에서 노조와 기업이 임금－고용에 동의하면 파레토 효율적인 계약(efficient contract)이 됨

③ 계약곡선 PZ의 양 끝점은 단체교섭과정에서 달성 가능한 결과들의 범위를 의미

④ P점에서는 지대를 회사가 모두 가져가고, Z점에서는 지대를 노조가 모두 획득

협상력에 영향을 주는 요인들

- 기업과 근로자가 직면하는 경제적 조건
- 파업이 장기화될 경우 노조가 조합원에게 지원 가능한 재정여건능력
- 노조가 회사에 취할 수 있는 법적 조치수단
- 노조가 독점적 노조처럼 행동하면 노조원의 요구임금수준에 따라 고용수준이 변화(시장경쟁임금은 고용에 영향을 미치지 못함)

7. 노조와 이탈-목소리 가설

(2) 노조의 존재가 임금 이외의 생산성과 이직률, 직무만족도에 어떤 영향을 미치는지 이탈-목소리 가설에 입각해서 설명하라.

1. 이탈-목소리 가설(exit-voice hypothesis) 의의

① 이탈-목소리 가설은 발에 의한 투표와 동일한 맥락으로 무노조 근로자들이 회사에 대한 불만족을 표출할 수 있는 방법은 발에 의한 투표인 이탈(exit)뿐임

② 노조의 존재는 근로자들에게 불만을 제기할 수 있는 공식적인 채널을 제공할 수 있으므로, 노조가 근로자들의 대리인 역할을 하고 근로자들은 목소리(voice)를 낼 수 있게 됨

2. 이직률에 미치는 효과

① 노조가 존재하여 발에 의한 투표를 할 필요가 없어져 이직률 하락에 영향을 줌

② 노조의 존재는 더 높은 임금을 받을 수 있게 만들어 불만이 작아지고 이직률도 낮아지게 됨

3. 직무만족도에 미치는 효과

① 노조의 존재는 이탈-목소리 메커니즘을 통해 노조원들의 직무만족도에 영향을 미침

② 그런데 실증연구 결과에 따르면 오히려 노조의 존재로 인해서 직무만족도가 하락하는 것으로 나타남

→ 근로자들이 정치화되는 노조의 부작용 때문

→ 그러나 이러한 불만족은 이직을 높이지는 않고, 노조가 이를 이용해 회사에 협상수단으로 사용하기 때문에 진짜가 아닐 수 있음

4. 생산성에 미치는 효과

① 노조의 존재는 고용의 높은 안정성, 이직률 하락으로 기업의 생산성에 긍정적인 영향을 줌

② 노조의 임금 인상 결과 기업들 수요곡선을 따라서 고용 감소, 한계생산물 가치는 상승

③ 노조는 조합원들의 해고를 어렵게 하는 규칙을 부과해 유노조 기업들은 채용 시 엄격한 선별과정으로 대응

→ 이때 선별된 근로자들은 생산성이 높음

5. 노조가 이윤에 미치는 영향

① 노조의 존재는 기업의 이윤에 부정적 영향을 미침
→ 노조의 생산성 증가 효과는 기업이 부담해야 하는 인건비 증가 효과보다 작기 때문
② 노조의 존재로 기업의 시장가치(주주의 부)는 하락
→ 지대가 노조 근로자들에게 재분배되는 크기만큼 기업의 시장가치는 떨어지기 때문

6. 소결

① 이탈-목소리 가설에 입각해 볼 때 노조의 존재는 이직률을 낮추고, 생산성을 높이게 되지만 기업의 이윤과 노조원들의 직무만족도에는 부정적인 영향을 미친다고 할 수 있음
② 그러나 총제적인 평가는 일반화할 수 없음

노동경제
실전모의고사

1회 모의고사

노동공급과 노동수요

1. **정부는 자녀의 육아와 관련한 지원을 하려고 한다. 먼저 육아보조금을 통해서 육아와 관련된 고정비용을 감소시키거나 육아의 시간당 비용을 감소시키는 경우로 나누어서 설명하시오.**

2. **정부는 자녀양육보증 프로그램을 제공하려고 한다. 첫 번째 프로그램은 가정에 자녀를 방치하는 부모에게 필요한 양육비의 일부만 지급하는 것이다. 두 번째 프로그램은 소득수준에 상관없이 일정액만큼의 양육보조금을 추가하는 것이다. 단 노동을 하지 않는 경우에는 첫 번째 프로그램보다 보조금액은 작다고 가정한다. 첫 번째 프로그램과 두 번째 프로그램을 선택할 수 있는 경우 첫 번째 프로그램의 혜택을 받고 있던 부모는 어떤 노동시장에 대해서 어떤 선택을 하게 되는지를 그래프를 이용해서 설명하시오.**

3. **최근 우리나라는 소득의 불평등이 매우 심각한 수준에 있으며, 이것이 경제에 미치는 파급효과도 매우 클 것으로 보인다. 이에 대해서 다음 물음에 답하라.**

(1) 불평등이 발생하는 원인은 무엇이며, 이를 측정하는 방법에는 어떤 것들이 있는지 설명하라.

(2) 정부가 마련한 최저임금제가 노동시장에 미치는 효과를 경쟁노동시장과 수요독점시장에서 고용에 어떤 영향을 미치는지 설명하라.

4. **정부는 노동시장에 개입하여 불평등을 해결하려는 시도를 하고 있다. 다음 물음에 답하라.**

(1) 고용보조금에는 어떤 유형이 있으며, 고용보조금을 실시했을 경우에 발생하는 경제적인 효과를 대체효과(substitution effect)와 전치효과(displacement effect)로 나누어 설명하라.

(2) 부(負)의 소득세의 경제적 효과를 근로장려세제와 비교해서 설명하라. 가난한 가구의 노동시장에 미치는 효과는 두 가지 정책에 입각해볼 때 어떤 차이점을 보이게 되는가?

5. 하루 24시간 중에서 잠자는 8시간을 제외한 16시간을 여가(ℓ)와 노동(L)에 사용하는 노동자가 있다. 이 노동자의 효용함수는 $u(\ell, c)=\ell c$이다.

(1) 이 노동자의 시간당 임금은 10이고, 주어진 자본소득은 10이라고 가정한다. 노동소득과 자본소득이 모두 소비(c)에 사용될 때, 노동자의 효용을 극대화하는 소비량 c를 구하라(단, 소비재의 가격은 1이라고 가정한다).

(2) 이 노동자가 자본소득은 없고, 단지 노동소득만 있다고 가정하자. 8시간 이하의 노동에 대해서는 시간당 임금 10을 받고, 8시간을 초과하는 노동에 대해서는 추가로 시간당 α의 임금을 더 받는다. 이 노동자가 노동시간을 10시간으로 할 때($L=10$), 효용을 극대화한다면 이때 α는 얼마인가?

6. 어느 특정 산업의 노동공급곡선은 $E_S=10+w$이고, 노동수요곡선은 $E_D=40-4w$라고 한다. 여기서 E는 고용수준이고, w는 시간당 임금을 나타낸다. 노동시장은 경쟁시장이라고 가정한다.

(1) 노동시장이 경쟁시장이라면 균형임금과 균형고용량은 어떻게 될 것인지 구하고 그래프를 이용해서 나타내시오.

(2) 정부가 최저임금은 시간당 8로 정했다고 한다. 얼마나 많은 근로자들이 일자리를 상실하게 될 것인가? 얼마나 많은 추가 근로자가 최저임금 수준에서 일자리를 얻기를 원할지 구하시오. 이때 실업률은 얼마가 될 것인가?

(3) 이 산업에 종사하는 어느 한 기업은 근로자를 고용하고, 생산한 제품을 경쟁시장에서 판매한다고 가정하자. 이 기업의 노동수요탄력성은 −0.4라고 한다. 임금이 5% 상승했다면 이 기업이 고용하는 근로자의 수에는 어떤 변화가 발생할 것인지 계산하시오. 이 기업이 마지막으로 고용한 근로자의 한계생산성에는 어떤 변화가 발생할 것인지 설명하시오. (계산 도출과정도 반드시 쓸 것)

7. 어느 기업은 제품을 생산하는 데 두 가지 정상투입요소인 노동과 자본을 사용한다. 노동과 자본의 가격은 각각 w와 r로 주어져 있다. 처음에 이 기업이 직면하는 임금과 자본의 가격은 $w=6$, $r=4$라고 한다. 그런데 요소의 가격이 $w=4$, $r=2$로 바뀌었다고 하자. 이에 대해 다음 물음에 답하시오.

(1) 생산요소의 가격 변화로 인한 대체효과와 규모효과란 무엇인지 설명하고, 기업의 노동과 자본에 어떤 영향을 미치게 될 것인지 그래프를 그려보시오. 기업이 이전보다 노동과 자본에 대해서 더 많이 혹은 더 적게 사용할 것이라고 확정적으로 말할 수 있는지를 설명하시오.

(2) 생산함수가 $Q=min[L, K]$의 레온티에프 형태로 주어진 경우에 노동과 자본은 어떻게 될 것인지 그래프를 그려서 설명하시오.

8. 정부는 전형적인 현금보조 방식의 복지 프로그램을 근로장려세제로 보완하려고 한다. 이때 다음 물음에 답하시오. 다음은 물음에 답하시오.

(1) 근로장려세제는 현금보조 방식과 비교해 볼 때 어떤 차이점이 있는지 설명하시오. 현금보조 방식은 스파이크 모형과 최저소득 보장제도, 부의소득세제도로 나누어서 그래프를 이용해서 설명하시오.

(2) 근로장려세제를 설계하는 경우에 고려해야 할 사항을 설명하고, 실제로 현실에서 근로를 장려하는 효과가 있었는지를 검증하기 위해서는 어떤 측면을 고려해야 하는가?

(3) 정부가 임금의 일정비율을 근로소득세로 부과하는 경우 노동공급에 미치는 영향을 대체효과와 소득효과로 나누어 설명하시오. (단, 여가는 열등재라고 가정한다.)

(4) 기업이 노동자의 처우를 고려해서 이연보수와 임금피크제를 결합한 경우 근로시간에 따른 임금은 어떤 형태를 보일지 그래프를 이용해서 설명하시오.

9. 다음의 물음에 답하시오.

(1) 아래의 주어진 표를 보고 연령대별로 고용률을 계산하고 비교하시오.

구분	15~19세	20~24세	25~29세	30~50세
생산가능인구	3,285	2,651	3,846	22,983
경제활동인구	203	1,305	2,797	17,356
취업자	178	1,181	2,598	16,859
실업자	25	124	199	497
비경제활동인구	3,082	1,346	1,049	5,627

(2) 프라임국의 만 15세 이상 인구(생산가능인구)가 100만명이고, 경제활동참가율이 70%, 실업률이 10%라고 할 때, 실업자수를 구하시오. (단, 계산과정도 함께 제시할 것)

(3) A기업은 시간당 임금이 4,000원일 때 20,000시간의 노동을 사용하고, 시간당 임금이 5,000원으로 상승할 때 10,000시간의 노동을 사용했다. 반면 B기업은 시간당 임금이 6,000원일 때 30,000시간의 노동을 사용했고, 시간당 임금이 5,000원으로 하락할 때 33,000시간의 노동을 사용했다. 두 기업의 노동수요의 임금탄력성을 구하고 두 기업이 노동조합이 있다면 임금 교섭력이 높은 노동조합은 어느 기업일지 설명하시오.

1. 정부는 자녀의 육아와 관련한 지원을 하려고 한다. 먼저 육아보조금을 통해서 육아와 관련된 고정비용을 감소시키거나 육아의 시간당 비용을 감소시키는 경우로 나누어서 설명하시오.

예시 목차

1. 의의

① 대부분의 부모들은 소위 가계생산이라는 자녀들을 감독하고 키우는 데 많은 신경을 쓰고 있음
② 정부도 육아서비스에 대한 조세감면으로부터 유아보육, 학교급식, 건강관리 등을 위한 보조금 등 많은 다양한 프로그램을 제공
③ 이하에서는 정부가 제공하는 육아관련 보조금의 지급과 자녀양육보증 제도가 여성의 경제활동참가율에 어떤 영향을 미치는지 살펴볼 것

2. 육아보조금 효과

(1) 육아고정비용의 감소 효과

■ 예산선 형태의 변화
① 육아와 관련된 비용은 고정비용의 성격을 지니는 경우가 많아 보조금이 없는 경우 일하는 부모들은 자녀가 몇 시간의 육아를 위한 보호를 받는가와 관계없이 매일 일정금액을 지불해야 함
② 이때 정부가 일정액의 육아보조금을 지급하게 되면 육아의 고정비용을 감소시키거나 제거하게 됨

③ 이를 그래프로 나타내면 다음과 같음

그림 1 **정부의 보조금 지급 효과 : 육아의 고정비용 감소**

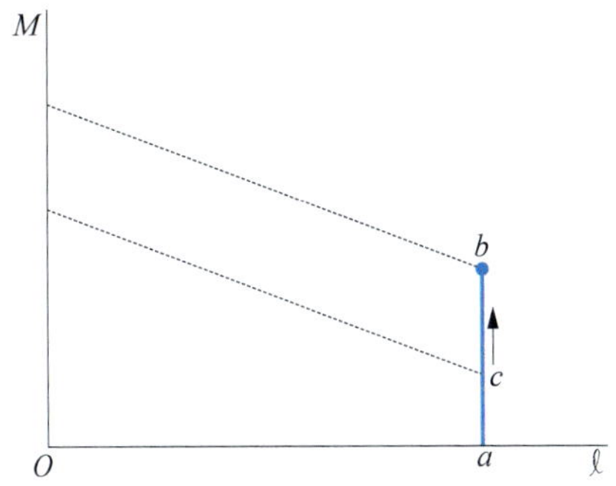

■ 여성의 경제활동참가율에 미치는 효과

① 육아보조금이 제공되는 경우 여성의 경제활동에 미치는 효과는 보조금이 제공되기 이전에 경제활동에 참가하고 있었는지의 여부에 따라서 육아보조금의 효과는 달라짐

② 먼저 무차별곡선이 가파른 기울기를 가진 여가에 대한 한계대체율이 매우 큰 경우에는 일을 하지 않을 때 더 높은 효용수준을 누리게 됨

→ 그런데 육아보조금으로 인해 육아의 고정비용이 제거된다면 예산선은 밖으로 평행이동

→ 이 경우에는 근로를 장려하는 효과를 가질 수 있음

③ 한편 무차별곡선이 완만한 기울기를 가진 여가에 대한 한계대체율이 매우 작은 경우에는 이미 일을 선택하고 있는 상황이라고 할 수 있음

→ 이때 육아보조금의 지급은 이미 일하고 있는 사람들에게 육아의 고정비용을 제거하는 소득의 증가효과를 가져오게 됨

→ 따라서 여가가 정상재인 경우에 더 적은 시간을 일하도록 만듦

그림 2 **부모가 최초에 경제활동에 참가하지 않는 경우**

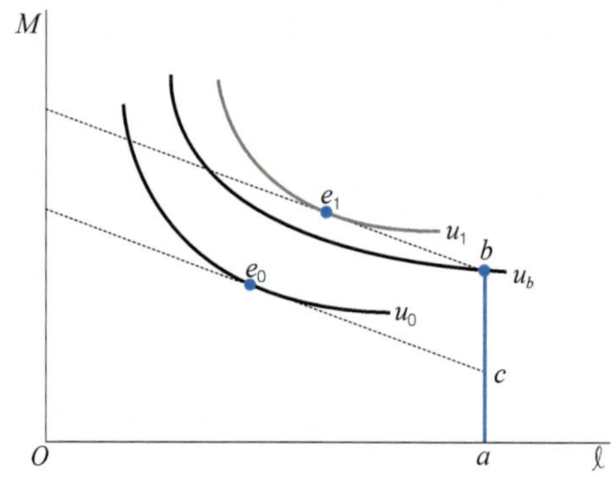

그림 3 **최초에 노동시장에 참여한 경우**

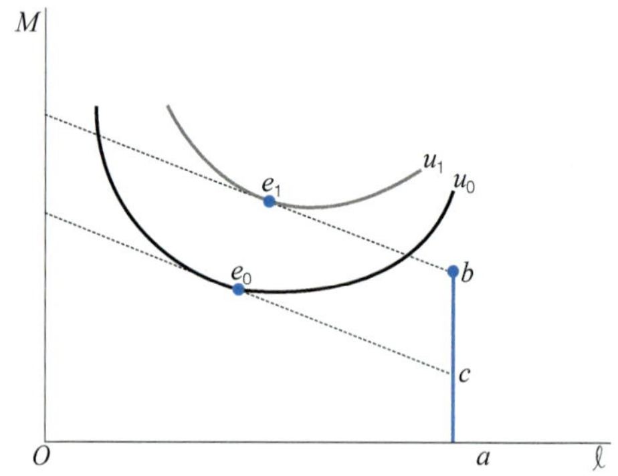

(2) 육아의 시간당 비용 감소 효과

■ 예산선 형태의 변화

① 육아비용이 순전히 시간당 비용의 형태를 띠어 고정비용이 없는 경우를 고려하면 다음과 같음

→ 예를 들어 육아비용이 시간당 3이라고 한다면 비용은 일하는 부모가 집으로 가져가게 되는 시간당 임금을 단순히 3만큼 감소시키게 됨

→ 만일 정부의 보조금으로 육아비용을 0으로 감소시키게 된다면 부모는 집으로 가져가는 임금의 증가를 경험하게 되고, 노동공급효과는 임금인상의 노동공급 효과가 됨

그림 4 **정부의 보조금 지급 효과 : 육아의 고정비용 감소**

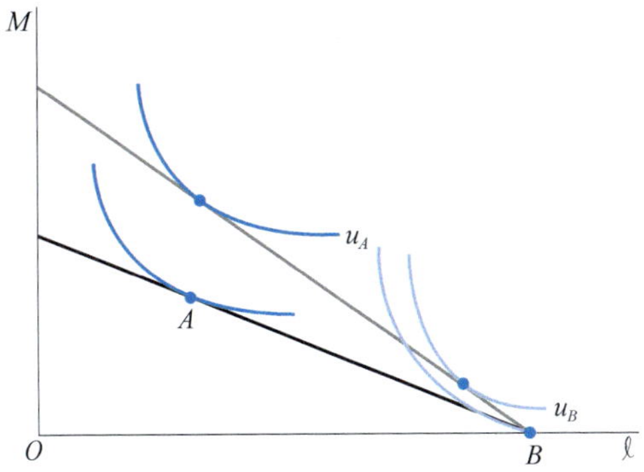

■ 경제활동에 미치는 효과

① 이미 일하고 있는 사람들의 경우(A)에는 보조금은 바람직한 근로시간에 서로 반대방향으로 작용하는 소득효과와 대체효과를 야기

② 그러나 이미 경제활동에 참가하고 있지 않는 사람들의 경우(B)에는 집으로 가져오는 임금 인상이 경제활동에 참가하도록 할 가능성이 있음

③ 대체효과가 경제활동참가에 대한 선택을 지배하는 상황이 됨

3. 결론

① 정부의 육아보조금이 육아의 고정비용과 시간비용을 모두 감소시키는 경우에 이미 경제활동에 참가하고 있는 사람들에게는 근로시간에 모호한 효과를 줌

② 그러나 경제활동참가에 대한 효과는 이론적으로 분명

→ 즉 육아보조금은 부모들, 특히 어머니들의 경제활동참가율을 증가시킴

→ 특히 가장 소득이 낮은 사람들 사이에 이러한 증가효과는 가장 큰 것으로 나타남

2. 정부는 자녀양육보증 프로그램을 제공하려고 한다. 첫 번째 프로그램은 가정에 자녀를 방치하는 부모에게 필요한 양육비의 일부만 지급하는 것이다. 두 번째 프로그램은 소득수준에 상관없이 일정액만큼의 양육보조금을 추가하는 것이다. 단 노동을 하지 않는 경우에는 첫 번째 프로그램보다 보조금액은 작다고 가정한다. 첫 번째 프로그램과 두 번째 프로그램을 선택할 수 있는 경우 첫 번째 프로그램의 혜택을 받고 있던 부모는 어떤 노동시장에 대해서 어떤 선택을 하게 되는지를 그래프를 이용해서 설명하시오.

예시 목차

1. 의의
2. 자녀양육보증 프로그램의 예산선 형태
(1) 첫 번째 프로그램 예산선
(2) 두 번째 프로그램 예산선
3. 여성의 경제활동참가율에 미치는 영향
(1) 경제활동에 계속 남아있는 경우
(2) 이전에 근로소득이 있는 경우
(3) 비경제활동인구에서 경제활동인구로 이전하는 경우
4. 결론

1. 의의

2. 자녀양육보증 프로그램의 예산선 형태

(1) 첫 번째 프로그램 예산선

① 정부는 가족의 필요 수준의 소득으로부터 근로소득을 비롯한 실제 소득을 공제한 형태로 자녀양육보증프로그램을 제공하는 경우 예산선은 굴절된 형태를 보이게 됨
② 일정소득 수준까지는 최소한의 소득을 보장해 주는 효과
③ 이때 예산선의 형태는 $ACDB$로 나타나고, 선분 CD는 임금이 0이라는 것을 의미
④ 이를 그래프로 나타내면 다음과 같음

그림 1 **첫 번째 프로그램의 예산선**

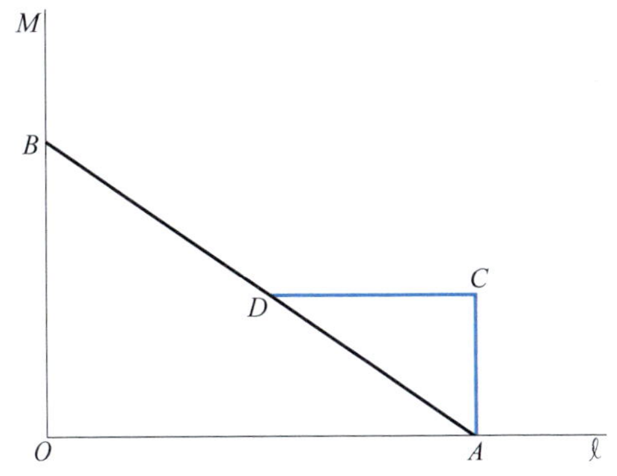

그림 2 **두 번째 프로그램의 예산선**

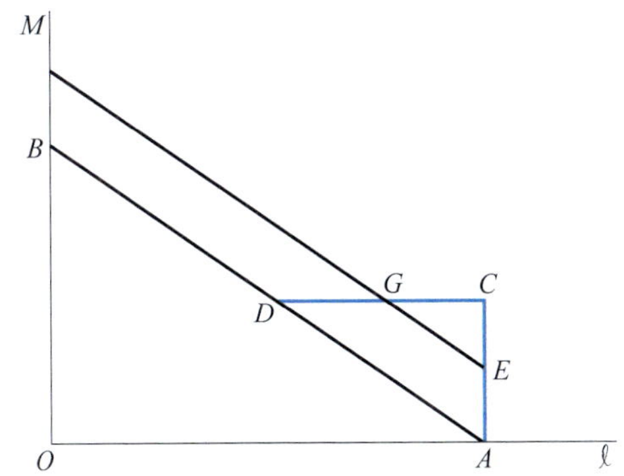

(2) 두 번째 프로그램 예산선

① 정부가 소득수준과 상관없이 남편이 없는 여성에게 일정액인 AE만큼의 양육보조금을 보장하는 경우에는 예산선이 평행하게 밖으로 이동

② 단 노동을 하지 않는 경우에 보조금액은 첫 번째 프로그램보다 작기 때문에 예산선의 높이인 AE는 AC보다는 작음

③ 만일 이 여성이 일을 하게 된다면 새로운 프로그램의 효과는 근로소득에 $AE(=BF)$만큼을 추가한 형태가 됨

④ 만일 이 여성이 일하지 않고 복지급여를 받는 채로 있다면, 그녀의 복지급여는 AE만큼 감소(C를 기준으로 할 경우)

3. 두 번째 프로그램의 실행 시 여성의 경제활동참가율에 미치는 영향

① 정부가 자녀양육보증 프로그램을 두 가지 유형으로 제시하고 하나를 선택할 수 있도록 하는 경우 선택가능한 최대한의 예산선 형태는 *ACGF*

② 이때 여성이 어떤 점을 선택할 것인가는 무차별곡선의 형태에 따라서 달라짐

③ 따라서 다음의 3가지 경우로 나누어서 설명

(1) 비경제활동에 계속 남아있는 경우

일부 여성의 경우 무차별곡선이 매우 가파른 기울기를 지니는 경우에 경제활동에 참가하지 않은 채로 남아있는 경우가 있음

→ 자신의 모든 시간을 가계에서 보내므로 점 *C*를 선택

→ 이 여성들은 *AE*만큼의 자녀양육비와 *EC*와 동일한 복지급여를 받는 셈

그림 3 프로그램 실시 후 경제활동에 남은 경우($U_c > U_a > U_b$)

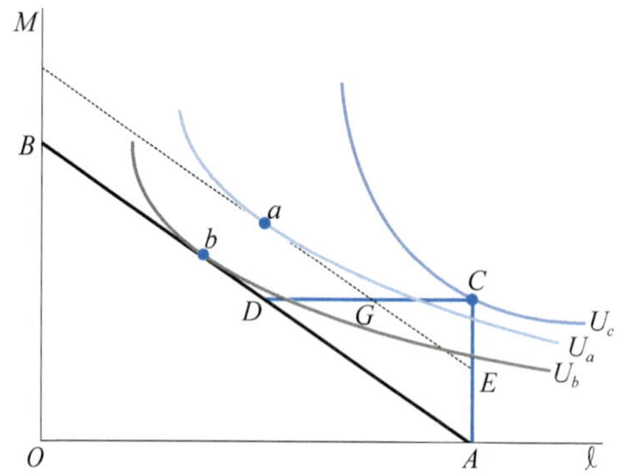

(2) 이전에 근로소득이 있는 경우

이전에 보수를 받고 일했던, 따라서 선분 *DB* 위의 어딘가에 위치했던 여성들의 경우, 새로운 프로그램은 순수한 소득효과를 발생

→ 이 여성들은 보수를 위해서 계속 일하게 되지만, 그들의 효용은 *GF*를 따라서 극대화

→ 그 결과 자신들이 원하는 가정 밖의 근로시간은 감소할 것

그림 4 **프로그램 실시로 노동이 감소하는 경우($U_a > U_b > U_c$)**

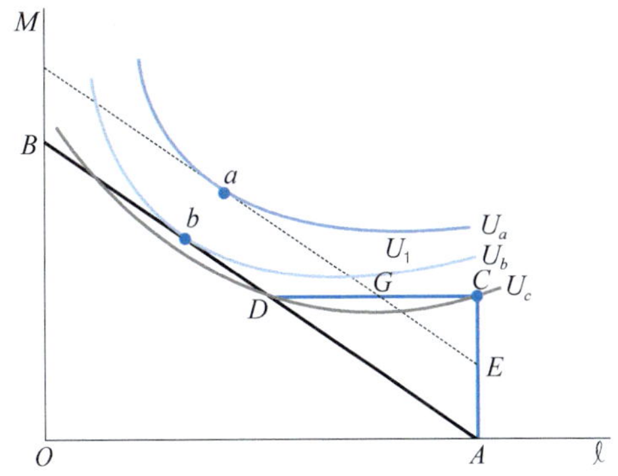

(3) 비경제활동인구에서 경제활동인구로 이전하는 경우

일부 여성들은 복지급여를 받는 상태로부터 보수를 위한 근로를 찾는 형태로 이동

→ 이 여성들의 경우 시장근로에 대한 노동공급은 증가

→ 이 여성들은 이전에는 점 C에서 효용을 극대화했으나 일을 하며, 또한 계속 소득보조금을 받을 수 있는 새로운 가능성이 생기게 되었고, 그 결과 근로시간을 GF에 따라서 놓이도록 선택

그림 5 **프로그램 실시로 비경제활동인구에서 탈피하는 경우($U_a > U_c > U_b$)**

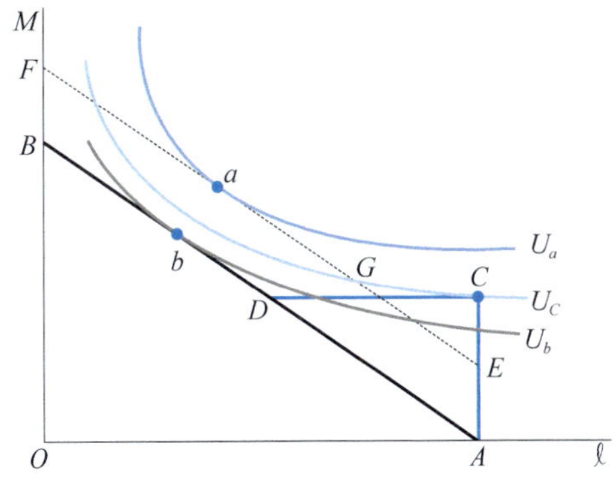

4. 결론

① 종합적으로 정부의 가상적인 자녀양육보증 프로그램은 남편 없이 자녀를 키우는 여성들의 경제활동참가율을 평균적으로 증가시키는 반면에 일자리를 갖고 있는 여성들이 원하는 보수를 위한 근로시간은 감소시킬 것이라고 기대할 수 있음

② 실증연구에 따르면 가정에 자녀를 방치하는 아버지로부터의 자녀 양육비가 노동시장에 미치는 효과를 볼 때, 남편 없이 자녀를 키우는 여성들의 노동공급 반응이 이론과 비슷하다는 결론을 보여주고 있음

3. **최근 우리나라는 소득의 불평등이 매우 심각한 수준에 있으며, 이것이 경제에 미치는 파급 효과도 매우 클 것으로 보인다. 이에 대해서 다음 물음에 답하라.**

(1) 불평등이 발생하는 원인은 무엇이며, 이를 측정하는 방법에는 어떤 것들이 있는지 설명하라.

1. 소득 불평등 논의 의의

① 경쟁노동시장에서 개인능력이나 노력의 차이는 소득의 차이를 가져오며, 여기에 여성 일자리 시장에서의 잘못된 편견이나 통계적 차별, 비정규 일자리시장에서의 구조적 차별과 같은 노동시장의 차별이 더해져 임금 불평등, 근로소득 및 가구소득의 불평등으로 나타남

② 이 과정에서 일부는 인간다운 삶을 영위하기 위한 최소한의 소득수준도 보장되지 않는 빈곤 상태에 빠지기도 함

③ 소득 불평등과 빈곤의 실태를 파악하기 위해서는 적절한 측정지표가 필요

→ 소득 불평등과 빈곤은 절대적 수준으로 측정되기도 하지만, 상대적 지표가 더 일반적으로 사용됨

④ 시장이 효율적이라고 해도 필연적으로 불평등(inequality)을 야기

→ 이러한 불평등은 어느 정도까지는 경쟁을 촉진하는 역할을 하지만, 지나치게 되면 경쟁의 동력을 원천적으로 말살

⑤ 노동시장에서 효율화와 경쟁으로 인한 노동의 도태는 일반상품이나 기술의 도태와는 달리 매우 심각한 사회문제로까지 연결될 수 있음

2. 불평등 발생원인

(1) 일반적 원인

OECD 통계에 나타난 소득 불평등 심화의 원인으로는 기본적으로 저소득층을 규정하는 미숙련 근로자, 저학력 근로자의 고용 감소와 관련이 있음

① 고도성장기가 종료되고, 1970년대 중반 이후 저성장기에 진입함에 따라서 미숙련직에 대한 수요 감소
② 세계무역의 자유화, WTO 체제의 확립으로 수입관세와 장벽이 낮아지고, 값싼 조립가공형 완제품의 수입으로 국내 동종 상품생산 산업에서 미숙련직, 조립공, 생산직에 대한 수요 감소와 이들의 임금 하락
③ 조립가공형 완제품 생산의 대기업 공장 해외이전과 아웃소싱
④ 숙련편향적 기술 진보로 인한 미숙련직과 생산지에 대한 수요 감소
⑤ 고령화에 따른 노동의 질 하락과 경제활력 저하
⑥ 노조조직률 저하와 단체교섭분권화로 임금 상승 추세

(2) 한국 특수적 원인

① 한국은 고도성장과정에서 부문별, 지역 간 극도의 불균형, 즉 고생산성－고임금부문과 저생산성－저임금부문 간의 불평등이 발생했는데, 1997년 외환위기 이후 고생산성－고임금부문의 저성장과 구조조정으로 인한 고용 감소가 소득 불평등 야기
② 한국 산업의 2중 구조에서 저생산성－저임금부문인 중소기업의 비정규직 확산에 따른 불평등 심화로 고임금 정규직과 저임금 비정규직, 고임금 대기업 근로자와 저임금 중소기업 근로자 간의 근로소득이 양극화됨
③ 1997년 외환위기 이후 고소득층의 부동산 소유 증대, 부와 재산의 불평등 심화로 인한 재산소득 불평등 심화
④ 부와 재산의 세습, 권력층과 재벌이 결합하는 계급결혼에 의한 사회이동 약화와 계층 상승이 제약
⑤ 청년인구의 급격한 감소로 사회역동성 저하, 장래 불확실성 증대로 인한 노동수요 감소, 고용 감소

3. 불평등 측정방법

(1) 로렌츠곡선

① 로렌츠곡선(Lorenz curve)은 한 사회의 구성원을 소득이 가장 낮은 사람부터 높은 사람 순으로 차례로 배열했을 때, 각 소득수준 이하의 사람들이 취득한 누적소득이 전체 소득에서 차지하는 비중을 나타내는 점들을 연결한 곡선

표 분위별 소득점유율

(단위 : %)

구분	1분위	2분위	3분위	4분위	5분위	6분위	7분위	8분위	9분위	10분위
소득점유율	1.0	3.9	5.8	7.2	8.6	9.8	11.3	13.2	15.8	23.4
누적비율	1.0	4.9	10.7	17.9	26.5	36.3	47.6	60.8	76.6	100.0

② 로렌츠곡선은 소득이 평등하게 분배되어 있을수록 대각선 OE에 더 가까이 위치

③ 만일 사회 내 모든 구성원들이 똑같은 소득을 얻고 있다면, 로렌츠곡선은 대각선 OE와 정확히 일치할 것임

→ 최하위 10%의 사람들이 전체 소득의 10%를 차지하고, 하위 20%의 사람들이 전체 소득의 20%를 차지하는 등 구성원 비율과 소득점유율이 모두 같은 것임

그림 1 로렌츠곡선과 소득불평등 정도

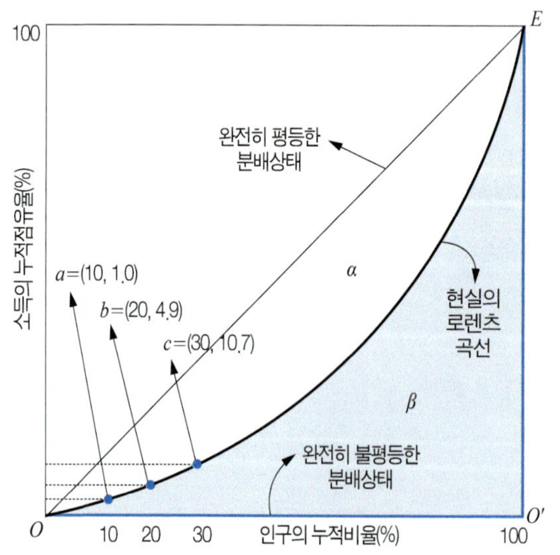

④ 반면에 오직 한 사람만이 모든 소득을 독점하고 나머지 사람들은 한 푼의 소득도 얻지 못하는 아주 극단적인 불평등한 상황을 가정하면, 로렌츠곡선은 꺾인 선분 $OO'E$가 됨

(2) 지니계수

① 지니계수(Gini coefficient)는 로렌츠곡선에서 가상적인 완전평등 상태를 나타내는 대각선으로부터 현실과의 괴리정도를 측정하는 지표
② 지니계수는 로렌츠곡선을 그리는 대신에 로렌츠곡선을 이용한 축약판 통계량을 계산할 수 있도록 수치화한 것임
③ 로렌츠곡선에서 대각선 OE 아래의 삼각형이 로렌츠곡선에 의해서 α, β로 나뉘는데, 이때 대각선과 로렌츠곡선 사이에 만들어진 초승달 모양의 면적(α)이 대각선 아래 전체 삼각형 면적($\alpha+\beta$)에서 차지하는 비중으로 지니계수를 구할 수 있음

$$\text{지니계수} = \frac{\alpha}{\alpha + \beta}$$

④ 완전평등 상태에서는 로렌츠곡선이 대각선과 일치해 $\alpha=0$이 되어 지니계수는 0이 되고, 완전불평등 상태에서는 $\beta=0$이 되어 지니계수값은 1이 됨
→ 지니계수는 0과 1 사이의 값을 가지고 그 값이 클수록 더 불평등한 배분 상태를 의미
⑤ OECD 국가들을 포함한 우리나라의 지니계수는 0.35 정도로 점차 상승하는 추세

참고

- 우리나라는 1990년대 중반부터 무려 20년간 소득 불평등이 심화되어 오다가, 2009년을 기점으로 해서 소득 불평등도가 미미하게 완화되고 있는 것으로 파악된다. 그러나 최근 소득 불평등도의 미미한 개선은 우리나라의 재분배제도 때문이라기보다 저소득계층에서의 노동시장 참여가 늘어나면서 비롯된 것이라는 견해가 일반적이다.
- 특히 여성 경제활동인구의 증가가 소득 불평등을 완화하는 효과가 있었다고 분석하고 있으며, 가구단위의 시장소득을 기준으로 측정했을 경우에 다른 나라에 비해서 상대적으로 평등하게 나타나고 있는데, 이는 저소득계층에서 가구구성원의 노동공급을 최대한 늘리는 방식으로 대응했기 때문이라는 연구 분석이 있다.
- 소득분배의 최근 추이는 극도의 소득분배 불평등 상황에서 최근의 미미한 개선을 들 수 있다. 최근의 변화에 대해서 추가적인 관찰이 요구되지만, 현재로서는 이것이 한국의 재분배제도에 의한 것이기보다는 저소득계층에서 여타 가구원의 경제활동 참가 증가와 소득보충에 기인한다는 해설이 가장 유력하다.

(2) 정부가 마련한 최저임금제가 노동시장에 미치는 효과를 경쟁노동시장과 수요독점시장에서 고용에 어떤 영향을 미치는지 설명하라.

1. 최저임금제

① 최저임금제(minimum wage)란 노동시장에서 결정되는 시장임금이 근로자의 생활안정을 보장하기에는 지나치게 낮다고 판단하여 정부가 임금의 최저한도(가격하한, price floor)를 정해서 기업주에게 그 이상을 지급하도록 강제하는 제도를 뜻함

② 저임금 근로자의 보호가 최저임금제의 목적

→ 저임금 근로자의 임금률을 높이고, 임금근로자의 소득을 증가시켜, 수준 이하의 근로조건이나 빈곤의 제거를 도모하여 궁극적으로 소득재분배 효과를 얻기 위함

2. 최저임금제의 노동시장에 미치는 효과

최저임금이 실제 근로빈곤을 줄이는 기능을 하는지는 평가가 엇갈리는데, 최저임금제가 고용에 미치는 효과는 노동시장의 구조와 밀접하게 관련이 있음

(1) 경쟁노동시장

① 노동시장이 경쟁적인 경우에 최저임금수준이 너무 높으면 최저임금 적용부문에서 실업 발생

→ 이들이 최저임금 적용 회피 사업체부문으로 이동함에 따라 종전의 시장임금보다 더 낮은 임금을 받게 됨

② 최저임금제의 원래 목적이 임금의 최저수준을 보장해 근로생활의 안정을 기하는 것임에도 불구하고, 본래 목적과 달리 보호받아야 할 미숙련 근로자의 실업과 임금 저하를 가져올 수 있다는 우려가 제기될 수 있음

③ [그림 1]에서 보여주듯이, 정부는 시장임금 W_0가 너무 낮다고 생각해서 최저임금을 W_M으로 설정해 적용하게 되면, 고용이 유지된 미숙련 근로자들은 임금 상승으로 혜택을 보지만, 고용이 종전보다 L_0L_1만큼 감소하게 되어 일부 미숙련 근로자들은 일자리를 상실

④ 최저임금제로 인한 실업의 규모는 시장균형임금과 최저임금 간의 격차가 클수록, 노동수요곡선인 L^d이 탄력적일수록 더 커짐

그림 1 **최저임금제가 노동시장에 미치는 영향**

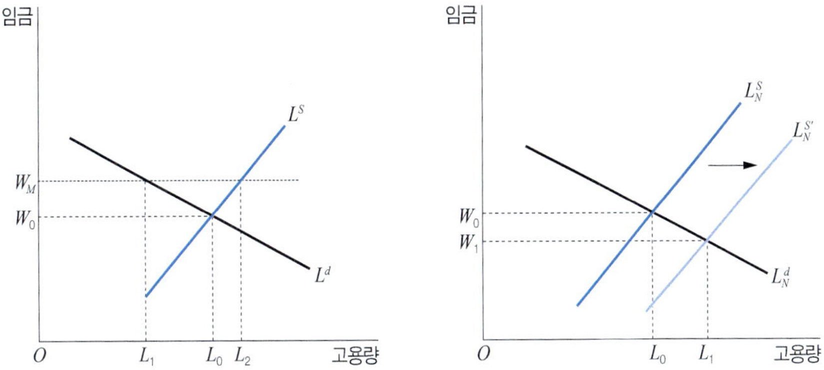

(a) 최저임금적용 노동시장

(b) 최저임금적용 제외 노동시장

(2) 수요독점시장

① 노동시장이 수요독점적 상태인 불완전노동시장인 경우에는 최저임금의 도입으로 고용량이 증가할 수도 있음

② 노동시장의 수요독점으로 인해 한계비용곡선(MFC_L)이 우상향하고 $MFC_L = MRP_L$에서 이윤극대화 노동 L_A을 결정하고, 임금은 W_B의 낮은 수준을 지급

③ 이때 정부가 노동시장에 W_M의 최저임금을 도입하게 되면 기업의 한계요소비용(MFC_L)이 노동공급곡선과 만나는 점 F까지 최저임금수준에서 수평선을 유지하게 되고, 이윤극대화 고용량은 L_M이 됨

→ 고용량 증가

그림 2 **수요독점하의 최저임금 효과**

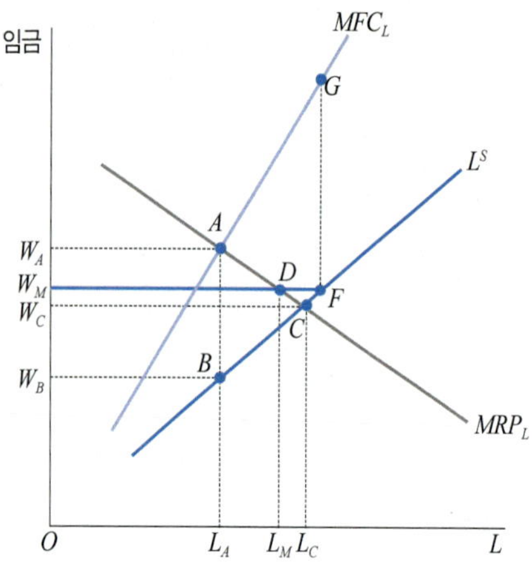

④ 최저임금이 수요독점임금보다 크고, 수요독점 고용량에 상응하는 한계수입생산과 일치하는 임금 수준인 W_A보다 낮은 수준이라면 최저임금제 도입은 오히려 고용을 증가시킴

→ 너무 높지 않은 최저임금 시행은 수요독점시장의 사중손실(deadweight loss)을 줄여 시장왜곡을 시정하는 효과

4. **정부는 노동시장에 개입하여 불평등을 해결하려는 시도를 하고 있다. 다음 물음에 답하라.**

(1) 고용보조금에는 어떤 유형이 있으며, 고용보조금을 실시했을 경우에 발생하는 경제적인 효과를 대체효과(substitution effect)와 전치효과(displacement effect)로 나누어 설명하라.

1. 고용보조금 유형 : 임금보조금, 세액공제

① 고용보조금(employment subsidies)이란 정부가 기업의 고용을 촉진하기 위해서 근로자 고용에 대해 임금지원의 형태로 보조금을 지급하는 것을 뜻함

→ 주로 취약계층이나 한계근로자의 고용을 촉진하는 데 사용되는 정책수단

② 고용보조금의 전형적인 형태는 직접 현금으로 지급하는 임금보조금과 광의의 개념인 세금이나 공과금을 감면해주는 방식인 세액공제가 있음

③ 임금보조금(wage subsidy)은 장애인, 고령자, 여성가장 등과 같이 취약계층 혹은 애로계층을 고용하는 기업에 대해서 정부가 직접 인건비를 지원하는 것임

④ 세액공제(tax credit)는 기업이 내는 세금이나 공과금을 감면해주는 방식

→ 고용이 늘어난 기업에 대해서 투자세액을 공제해주는 고용창출투자세액공제가 세액공제방식의 고용보조금에 해당

⑤ 우리나라는 임금보조금 형태의 지원이 상대적으로 많고, 미국은 세액공제방식의 보조금이 많은 편

⑥ 세액공제방식은 정부조직, 인력의 증대 없이 국세청에서 세금납부액이 조정되어 상대적으로 간편한 방식으로 행해진다는 장점이 있음

2. 고용보조금의 효과

(1) 수요공급곡선을 이용한 분석 : 이로운 외부성

① 노동의 한계생산물 가치는 사적인 가치이나, 청년고용에 양(+)의 외부효과가 존재하게 되면 사회적 가치는 사적가치를 초과

② 고용보조금이 지급되기 전의 노동수요곡선이 L_0^d인 경우에 노동공급곡선이 L^S로 주어져 있으면, 경쟁균형 A에서 시간당 임금은 w_0로 고용은 L_0만큼 이루어짐

그림 1 **고용보조금 지급 효과**

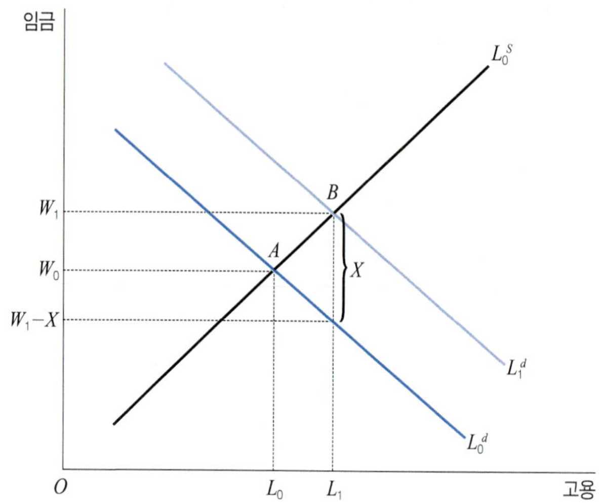

③ 고용보조금 지급으로 정부가 기업의 청년고용에 대해 시간당 노동에 X만큼의 보조금을 지급하게 되면, 노동수요곡선은 위로 이동($L_0^d \rightarrow L_1^d$)

④ 정부의 보조금 지급 크기는 청년고용의 사회적 가치와 사적가치차액만큼 보조금을 지급하는 것으로 고용보조금은 근로자가 실제 수령하는 금액을 W_0에서 W_1으로 증가시키고, 근로자를 채용하는 비용을 (W_1-X)만큼 감소시킴

⑤ 고용보조금의 지급으로 노동시장 균형은 A에서 B로 변화하고, 더 많은 청년고용이 이루어짐
→ 고용증가폭은 노동공급과 노동수요의 임금탄력성에 좌우되며, 임금탄력성이 클수록 고용보조금에 따른 고용증가폭이 커짐

(2) 자중손실, 대체효과, 전치효과

■ 자중손실(−)

① 세액공제든, 임금보조금이든 정부의 개입에 따른 고용보조금제도의 도입은 필연적으로 자중손실(deadweight loss)을 발생시킴

② 사중손실은 효율성의 상실로 고용보조금을 지급하는 경우에 원래 근로자를 새로 채용할 계획을 가지고 있던 기업도 보조금을 받을 수 있게 되어 실질적인 고용 증대 없이 기업에게 무상으로 보조금 혜택을 누리게 하는 결과를 야기해 발생

③ 정부의 보조금 정책이 없었어도 기업은 고용을 늘렸을 텐데, 증가된 고용이 고용보조금의 효과로 보기 어렵고, 오히려 쓰지 않아도 될 돈을 보조금으로 낭비한 셈

■ 대체효과

① 대체효과(substitution effect)는 보조금을 받는 근로자가 보조금을 받지 않는 근로자를 대신해서 취업한 경우를 뜻함
→ 고용의 순효과는 발생하지 않음

② 고령자 채용장려금 지급 시 사업주는 원래 젊은 근로자를 채용할 예정이었으나, 채용장려금을 받기 위해 고령자를 채용하는 경우 실제로는 고용이 창출된 것이 아니라 단지 고용기회가 청년에서 고령자에게로 이전한 것에 불과

■ 전치효과(−)

전치효과(displacement effect)는 보조금의 혜택을 받은 기업의 경쟁력이 상승하면서 그렇지 못한 다른 기업의 고용을 감소시켜 총고용 변화에 부정적인 영향을 미치는 효과

■ 총효과

고용보조금의 순효과를 분석하기 위해서는 사중손실효과와 전치효과만을 통해 살펴보는 것이 일반적임

고용보조금 지급의 순효과=총효과−사중손실효과−전치효과

(2) 부(負)의 소득세의 경제적 효과를 근로장려세제와 비교해서 설명하라. 가난한 가구의 노동시장에 미치는 효과는 두 가지 정책에 입각해볼 때 어떤 차이점을 보이게 되는가?

1. 부의 소득세 제도

(1) 부의 소득세 제도

일반적인 근로소득세는 일하는 것에 대해서 정부가 세금을 거두어 가는 것이라면, 부의 소득세는 일하는 것에 대해서 정부가 오히려 보조금을 지급하는 것을 말함

(2) 부의 소득세 제도와 현금지원 프로그램 비교

① 부의 소득세(현금지원 프로그램)가 존재하지 않는 경우에는 예산선이 *TF*가 되나 현금지원 프로그램이 존재하는 경우 예산선은 *TGgF*가 되고 부의 소득세제하에서는 예산선이 *TGBF*가 됨

그림 1 **부의 소득세 제도 vs. 현금지원프로그램**

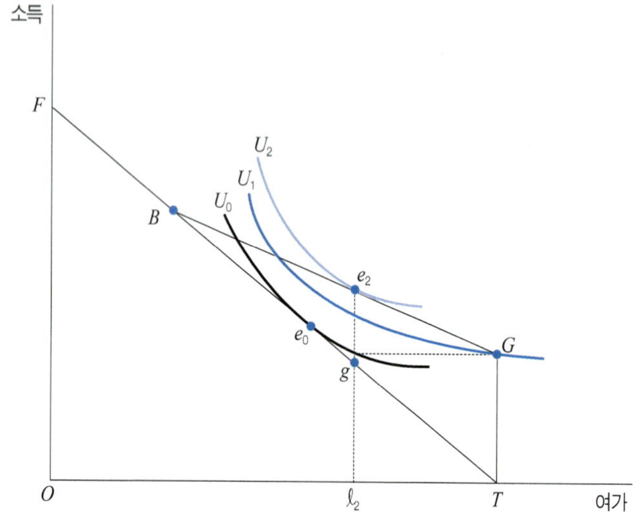

② 예산선이 *TF*에서는 e_0에서 효용극대화가 이루어지고, 예산선이 *TGgF*일 때는 *G*에서, 예산선이 *TGBF*에서는 e_2에서 이루어짐(e_2에서는 $\ell_2 T$만큼 노동을 하고, $e_2\ell_2$만큼 소득을 벌게 됨)

2. 근로장려세제

(1) 개념과 구조

① 근로장려세제(Earned Income Tax Credit : EITC)는 일을 하지 않으면 현금지급은 전혀 없으나 일을 할 경우에는 그가 얻는 소득에 따라서 일정액 또는 일정비율의 보조금을 지급하는 제도

② 연간총소득에 따라서 점증구간(phase-in 구간), 평탄구간(flat 구간), 점감구간(phase-out 구간)으로 나뉘어 소득수준에 따라서 지급액이 달라짐

(2) 근로장려세제의 경제적 효과

EITC의 효과는 수혜자가 점증, 평탄, 점감 구간 중에서 어디에 속해 있는가에 따라서 달라짐

그림 2 노동수요 증가 효과

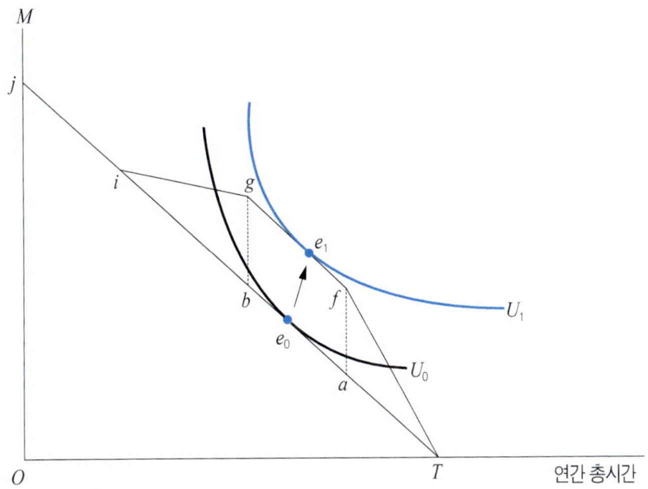

3. 소결

① 부의 소득세와 근로장려세제 중 전자는 예외적으로 이용되고, 후자는 미국과 유럽의 대부분의 나라에서 이용

② 부의 소득세는 가난한 가구의 노동시간을 줄이는 효과는 있으나, 경제활동 참가를 늘린다고 단언할 수 없는 반면에, 근로장려세제는 가난한 사람의 고용률을 명백하게 높이는 효과가 있음

5. 하루 24시간 중에서 잠자는 8시간을 제외한 16시간을 여가(ℓ)와 노동(L)에 사용하는 노동자가 있다. 이 노동자의 효용함수는 $u(\ell, c)=\ell c$이다.

(1) 이 노동자의 시간당 임금은 10이고, 주어진 비근로소득 10이라고 가정한다. 노동소득과 자본소득이 모두 소비(c)에 사용될 때, 노동자의 효용을 극대화하는 소비량 c를 구하라(단, 소비재의 가격은 1이라고 가정한다).

참고

이러한 문제는 정확하게 답을 구하는 데 초점을 두어야 한다. 모든 답안을 목차를 세워 기술할 필요는 없지만 목차를 체계적으로 서술하는 것이 중요하다.

① 노동자의 효용극대화 목적식과 제약식

(목적식) $Max\ u=\ell c$ .... (1)

(제약식) $c=10L+10$[1] .... (2)

$=10(16-\ell)+10$

$=-10\ell+170$

② 노동자의 효용극대화 조건은 무차별곡선의 접선의 기울기와 예산선의 기울기가 일치해야 함

③ 무차별곡선의 접선의 기울기인 한계대체율은 $MRS_{\ell c}=\dfrac{MU_\ell}{MU_c}=\dfrac{c}{\ell}$

④ 예산선의 기울기는 10

⑤ 따라서 $MRS_{\ell c}=\dfrac{c}{\ell}=10$이므로 이를 예산제약식에 대입하게 되면, $\ell=8.5$가 되고, $c=85$

1) $V+16w=P_\ell \cdot \ell+P_c \cdot c=w\ell+c$로 여가의 가격인 P_ℓ은 임금(w)이고 P_c는 1로 주어져 있다. 이를 정리한 것이다.

그림 **여가와 노동 계산 사례**

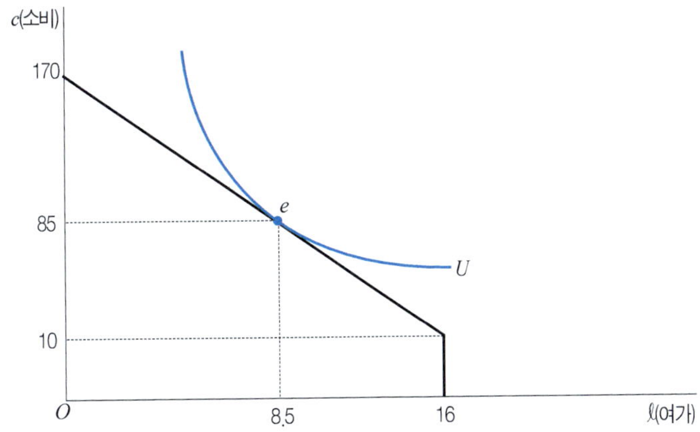

(2) 이 노동자가 비근로소득은 없고, 단지 노동소득만 있다고 가정하자. 8시간 이하의 노동에 대해서는 시간당 임금 10을 받고, 8시간을 초과하는 노동에 대해서는 추가로 시간당 α의 임금을 더 받는다. 이 노동자가 노동시간을 10시간으로 할 때($L=10$), 효용을 극대화한다면 이때 α는 얼마인가?

① 노동자의 목적식과 예산제약식을 다시 쓰면 다음과 같음

(목적식) $Max\ u=\ell c$ ……………… 식 (1)

(제약식) $c=wL=w(16-\ell)$ ……………… 식 (2)

$=10(16-\ell)$

$=-10\ell+160$

② 그런데 예산제약식을 8시간을 초과하는 노동에 대해서는 추가적으로 임금을 더 준다고 했으므로 굴절된 형태를 지니게 됨

③ 즉, 예산식은 8시간 이상 노동을 하는 경우와 8시간 미만 노동을 하는 경우 달라지게 됨

- $(if, \ell<8)\ c=-(10+\alpha)\ell+80\alpha+160$
- $(if, \ell\geq 8)\ c=10(16-\ell)$

④ 그런데 이 노동자가 노동시간을 10으로 하는 경우를 묻고 있으므로, 예산선은 $(if, \ell<8)\ c=(10+\alpha)(16-\ell)$로 보아야 함

⑤ 결론적으로 목적식과 제약식을 다시 쓰면 다음과 같이 나타낼 수 있음

(목적식) $Max\ u=\ell c$ ………… 식 (1)

(제약식) $c=-(10+\alpha)\ell+80\alpha+160$ ………… 식 (2)

⑥ 무차별곡선의 접선의 기울기는 $MRS_{\ell c}=\frac{MU_\ell}{MU_c}=\frac{c}{\ell}$

⑦ 예산선의 기울기는 $(10+\alpha)$

⑧ 간략한 그림을 통해 살펴보면, 여가시간이 $\ell=8$일 때 $c=80$인 점에서 예산선은 꺾이게 되고 $\ell=6$일 때, $c=100+2\alpha$가 됨

그림 초과임금 지급 시 노동과 여가 선택

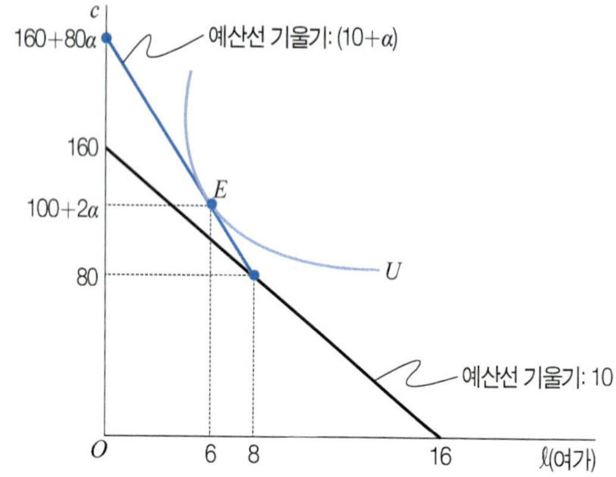

⑨ 따라서 앞서 주어진 정보를 정리하면 $MRS_{\ell c}=\frac{MU_\ell}{MU_c}=\frac{c}{\ell}=10+\alpha$이면서 $\ell=6$일 때, $c=100+2\alpha$의 정보를 활용하면 $\alpha=10$

6. 어느 특정 산업의 노동공급곡선은 $E_S=10+w$이고, 노동수요곡선은 $E_D=40-4w$라고 한다. 여기서 E는 고용수준이고, w는 시간당 임금을 나타낸다. 노동시장은 경쟁시장이라고 가정한다.

(1) 노동시장이 경쟁시장이라면 균형임금과 균형고용량은 어떻게 될 것인지 구하고 그래프를 이용해서 나타내시오.

예시 목차
1. 균형임금과 균형고용량
2. 그래프를 이용한 설명

1. 균형임금과 균형고용량

① 균형에서는 노동의 공급량과 노동의 수요량이 일치
→ 따라서 $E_S=E_D$가 성립

② 문제에서 제시된 값을 대입하면 $10+w=40-4w$

③ $w=6$일 때 균형임금이 결정되고, 이때 고용량은 $E=16$. 균형에서는 일하려는 사람 수와 일자리의 수가 같아 실업은 존재하지 않게 됨

2. 그래프를 이용한 설명

그림

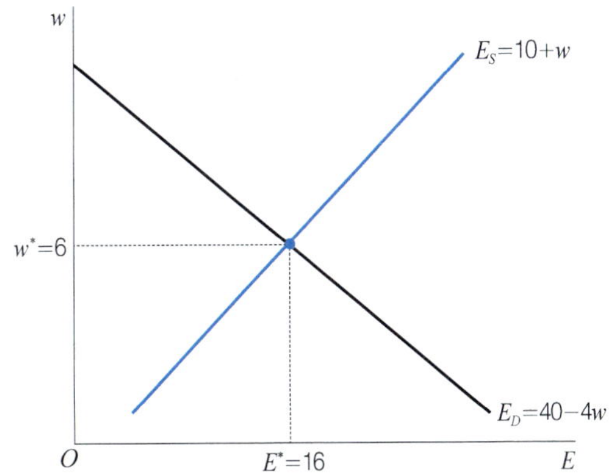

(2) 정부가 최저임금은 시간당 8로 정했다고 한다. 얼마나 많은 근로자들이 일자리를 상실하게 될 것인가? 얼마나 많은 추가 근로자가 최저임금 수준에서 일자리를 얻기를 원할지 구하시오. 이때 실업률은 얼마가 될 것인가?

예시 목차

1. 최저임금 설정
2. 실업률 측정

1. 최저임금 설정

① 정부가 임금수준 $\overline{w}=8$에서 최저임금을 설정하면 초과공급인 실업이 발생

② 최저임금수준에서 일하려고 하는 사람 수는 b점인 18이 되고, 채용하려는 사람 수는 a점인 8이 됨

③ 따라서 그 차이인 10이 초과공급이고 실업자 수가 됨

→ 이때는 비자발적 실업

그림

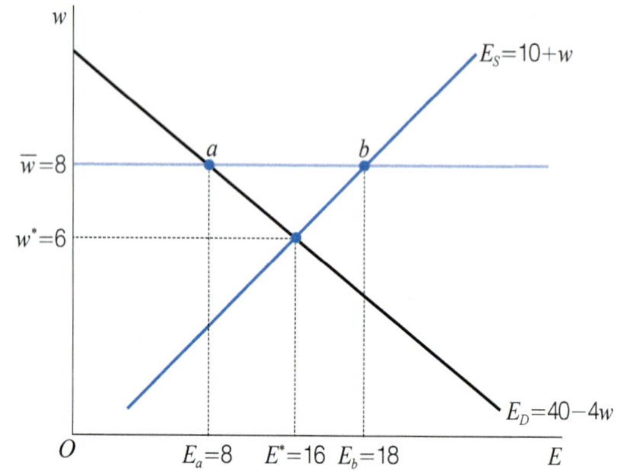

2. 실업률 측정

① 실업률은 일할 능력과 일할 의사를 지니고 있으나 일자리를 구하지 못한 사람의 비율로 나타냄

② 따라서 최저임금 수준에서 일하려고 하는 사람들의 수는 18인데 일자리를 구하지 못한 사람들의 수는 10이 되므로 실업률은 다음과 같이 구할 수 있음

$$\text{실업률}=\frac{E_b-E_a}{E_b}\times100\%=\frac{18-8}{18}\times100\%=55.6\%$$

(3) 이 산업에 종사하는 어느 한 기업은 근로자를 고용하고, 생산한 제품을 경쟁시장에서 판매한다고 가정하자. 이 기업의 노동수요탄력성은 −0.4라고 한다. 임금이 5% 상승했다면 이 기업이 고용하는 근로자의 수에는 어떤 변화가 발생할 것인지 계산하시오. 이 기업이 마지막으로 고용한 근로자의 한계생산성에는 어떤 변화가 발생할 것인지 설명하시오. (계산 도출 과정도 반드시 쓸 것)

예시 목차

1. 노동수요의 임금탄력성과 고용의 변화
(1) 노동수요의 임금탄력성
(2) 사안의 적용 : 고용의 변화
2. 근로자의 한계생산성에 미치는 영향
(1) 노동의 한계생산가치와 임금
(2) 그림을 통한 설명
(3) 임금의 변화율
(4) 사안의 적용 : 한계생산의 변화율

1. 노동수요의 임금탄력성과 고용의 변화

(1) 노동수요의 임금탄력성

① 노동수요의 임금탄력성은 임금의 변화에 노동수요가 얼마나 민감하게 변하는가의 정도를 측정한 값

② 구체적인 측정방법은 다음과 같음

$$\varepsilon_w=\frac{\frac{\Delta E}{E}\times100\%}{\frac{\Delta w}{w}\times100\%}=\frac{\Delta E}{\Delta w}\frac{w}{E} \quad \cdots\cdots \text{식 (1)}$$

(2) 사안의 적용 : 고용의 변화

① 문제에서 노동수요의 탄력성은 −0.4이고, 임금이 5% 상승했다고 하므로 식 (1)에 대입하면 다음과 같음

$$\varepsilon_w = -0.4 = \frac{\frac{\Delta E}{E} \times 100\%}{5\%} \text{에서 } \frac{\Delta E}{E} = -2\% \quad \cdots\cdots \text{식 (1)}$$

② 임금률이 5% 상승하면 고용의 감소가 2%가 된다는 것을 의미

2. 근로자의 한계생산성에 미치는 영향

(1) 노동의 한계생산가치와 임금 : 한계생산력설

① 노동의 한계생산가치(VMP_E: value of marginal product)는 노동을 한 명 더 추가로 늘릴 경우에 추가된 근로자가 창출하는 산출물의 시장가치를 말함

$VMP_E = P \times MP_E$ ……………… 식 (2)

② 노동의 한계생산인 MP_E은 일반적으로 체감한다고 가정하고, 산출물 시장이 완전경쟁적이므로 시장의 가격 P는 일정하게 됨

③ 한계생산력설에 의하면 기업이 제시하는 최적임금수준은 노동의 한계생산가치과 같게 됨. 따라서 $VMP_E = w$가 성립. 이때 w는 명목임금을 의미

$VMP_E = P \times MP_E = w$ ……………… 식 (3)

(2) 그림을 통한 설명

[그림]에서 볼 수 있듯이 고용이 감소하게 되면 노동의 한계생산은 증가
→ 노동의 한계생산은 체감하기 때문

그림 **노동의 한계생산가치 곡선**

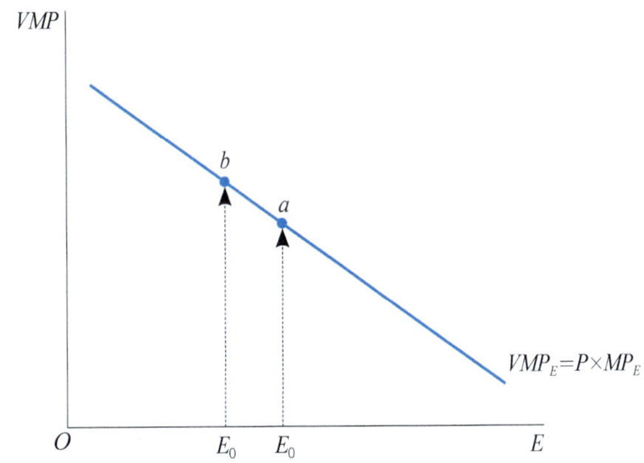

(3) 임금의 변화율과 한계생산가치의 변화율

① 식 (3)을 변화율로 나타내면 다음과 같이 표현할 수 있음

$$\frac{\Delta VMP_E}{VMP_E}=\frac{\Delta P}{P}+\frac{\Delta MP_E}{MP_E}=\frac{\Delta w}{w} \quad \text{식 (4)}$$

② 따라서 완전경쟁시장에서 가격은 고정되어 있기 때문에 $\frac{\Delta P}{P}=0$가 되어 한계생산의 변화율과 임금의 변화율은 같게 됨

(4) 사안의 적용 : 한계생산의 변화율

임금이 5% 상승하게 되면 노동의 한계생산도 5% 상승

7. 어느 기업은 제품을 생산하는 데 두 가지 정상투입요소인 노동과 자본을 사용한다. 노동과 자본의 가격은 각각 w와 r로 주어져 있다. 처음에 이 기업이 직면하는 임금과 자본의 가격은 $w=6$, $r=4$라고 한다. 그런데 요소의 가격이 $w=4$, $r=2$로 바뀌었다고 하자. 이에 대해 다음 물음에 답하시오.

(1) 생산요소의 가격 변화로 인한 대체효과와 규모효과란 무엇인지 설명하고, 기업의 노동과 자본에 어떤 영향을 미치게 될 것인지 그래프를 그려보시오. 기업이 이전보다 노동과 자본에 대해서 더 많이 혹은 더 적게 사용할 것이라고 확정적으로 말할 수 있는지를 설명하시오.

예시 목차

1. 모형의 설정
2. 가격효과=대체효과+규모효과
(1) 대체효과
(2) 규모효과
3. 그래프를 통한 설명

1. 모형의 설정

(1) 기업의 최적선택 조건

① 이윤극대화를 추구하는 기업은 주어진 생산량을 최소의 비용으로 생산하는 노동과 자본을 선택하게 됨

② 이를 목적식과 제약식으로 나타내면 다음과 같음

(목적식) $MinC=wL+rK$

(제약식) $Q=f(L,K)$

③ 이때 최적선택은 등량곡선의 접선의 기울기인 한계기술대체율($MRTS$)와 노동과 자본의 상대가격의 비율인 $\frac{w}{r}$가 일치하는 점에서 결정

④ 단, 등량곡선은 한계기술대체율이 체감한다는 가정을 전제로 함

(2) 생산요소 가격의 변화

① 기업이 직면하는 임금과 자본의 가격이 $w_0=6, r_0=4$에서 $w_1=4, r_1=2$가 된다고 할 때 노동과 자본의 상대가격이 변화할 뿐만 아니라 비용 자체도 감소하게 됨
② 이러한 가격변화는 대체효과와 규모효과로 나누어 분석할 수 있음

2. 가격효과=대체효과+규모효과

(1) 대체효과

① 대체효과(substitution effect)란 생산요소의 상대가격이 변화할 때, 상대적으로 싸진 생산요소의 투입량을 증가시키고, 비싸진 생산요소의 투입을 감소시키는 것을 말함
② 문제에서는 임금과 자본의 가격이 모두 하락하게 되었지만, 노동의 가격인 임금이 상대적으로 더 작게 하락하게 됨
→ 노동은 상대적으로 비싸진 것이므로 상대적으로 더 크게 하락한 자본의 투입을 증가시키고, 노동의 투입은 감소시키게 됨

(2) 규모효과

① 규모효과(scale effect)란 생산요소의 가격 하락으로 인해 한계비용이 하락하게 되고, 그 결과 기업의 최적생산량이 증가함에 따라 최적 노동과 자본의 투입량이 변화하게 되는 것
② 노동과 자본이 정상투입요소인 경우에는 생산량을 증가시키기 위해서 노동과 자본의 투입도 증가시키게 됨

(3) 가격효과

① 가격효과는 대체효과와 규모효과의 합으로 나타낼 수 있음
→ 대체효과에 의해서 노동은 감소하고, 자본은 증가
→ 규모효과에 의해서 노동과 자본은 모두 증가
② 따라서 자본은 대체효과와 규모효과에 의해 모두 증가하게 되지만, 노동은 대체효과와 규모효과의 크기에 의해서 그 결과가 달라짐
- 대체효과>규모효과인 경우 : 노동 감소, 자본 증가
- 대체효과<규모효과인 경우 : 노동 증가, 자본 증가

3. 그래프를 통한 설명 : 대체효과<규모효과인 경우

그림 가격효과의 분해

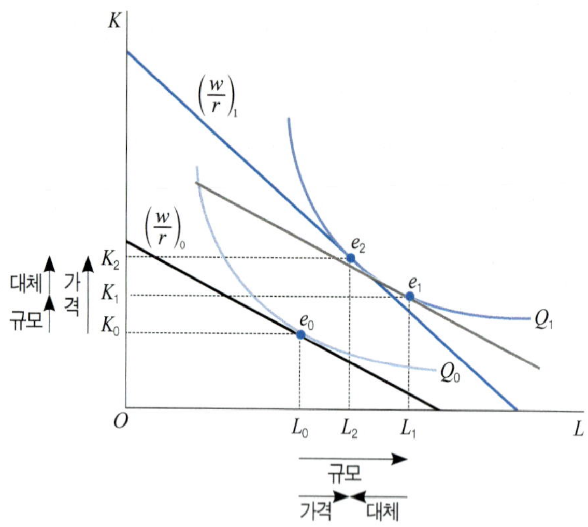

(2) 생산함수가 $Q=min[L, K]$의 레온티에프 형태로 주어진 경우에 노동과 자본은 어떻게 될 것인지 그래프를 그려서 설명하시오.

예시 목차

1. 레온티에프 생산함수와 최적선택
(1) 등량곡선의 형태와 특징
(2) 가격효과 = 규모효과
2. 그래프를 통한 설명

1. 레온티에프 생산함수와 최적선택

(1) 등량곡선의 형태와 특징

생산함수가 문제에서 제시된 바와 같이 레온티에프 형태를 지니는 경우에는 등량곡선이 L자 형태가 되고, 노동과 자본은 대체가 불가능하게 됨

→ 이 경우에는 생산요소 가격 변화에 따른 대체효과는 존재하지 않고 규모효과만 존재

→ 따라서 가격효과는 규모효과와 같게 됨

(2) 가격효과 = 규모효과

① 기업이 직면하는 임금과 자본의 가격이 $w_0=6$, $r_0=4$에서 $w_1=4$, $r_1=2$가 되는 경우에 대체효과에 의해서는 노동과 자본의 투입량에는 변화가 없음

② 규모효과만 존재하여 생산량의 증가로 인한 노동과 자본의 투입량은 증가하게 되어 최종적인 가격효과는 노동과 자본이 모두 증가하는 결과

2. 그래프를 통한 설명

그림 **레온티에프 생산함수 경우**

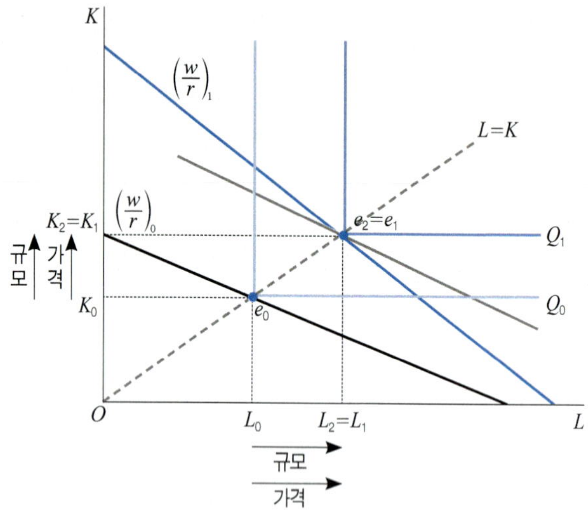

8. 정부는 전형적인 현금보조 방식의 복지 프로그램을 근로장려세제로 보완하려고 한다. 이때 다음 물음에 답하시오. 다음은 물음에 답하시오.

(1) 근로장려세제는 현금보조 방식과 비교해 볼 때 어떤 차이점이 있는지 설명하시오. 현금보조 방식은 스파이크 모형과 최저소득 보장제도, 부의소득세제도로 나누어서 그래프를 이용해서 설명하시오.

예시 목차

1. 현금보조 방식의 비교

전형적인 현금보조의 방식은 스파이크 모형, 최저소득보장제도, 부의 소득세 등을 예로 들 수 있음
→ 이러한 보조방식은 근로의욕에 부정적인 영향을 미친다는 공통점이 있음

(1) 스파이크 모형

소득이 전혀 없는 사람에게 일정한 소득을 지급하는 것으로 이때 노동공급이 감소하여 비경제활동인구가 될 가능성이 높음
→ 근로의욕 저해

1회 모의고사 노동공급과 노동수요

그림 **스파이크 모형**

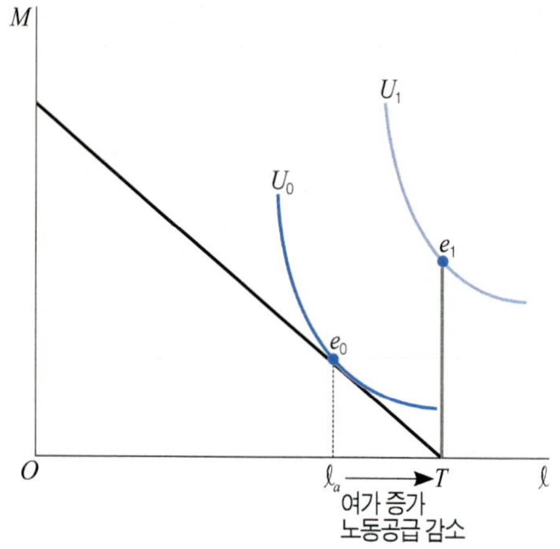

(2) 최저소득보장 제도

일정소득 수준에 미치지 못한 경우 최저소득 수준에 맞추어 부족한 만큼 소득을 보조해주는 것
→근로의욕 저해

그림 **최저소득보장제도**

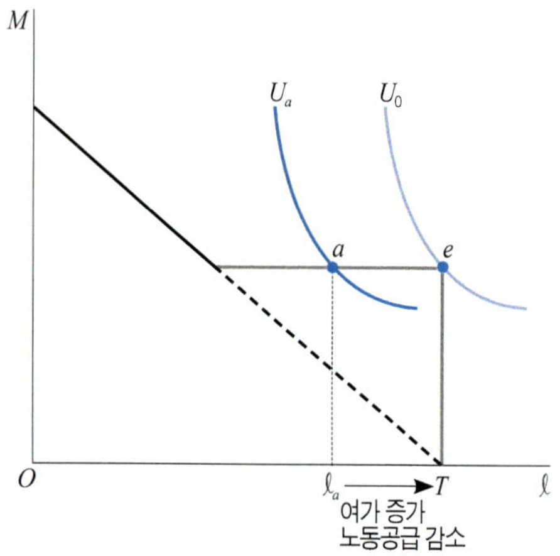

(3) **부의 소득세 제도**(negative income tax)

일정소득 수준에 도달하기 전까지 근로소득의 일정부분을 보조금을 제공해서 보조해주는 방식으로, 일정소득 수준에 달하게 되면 보조금액은 없어지게 됨

→ 이 경우 대체효과와 소득효과가 존재하는데 두 효과 모두 근로의욕을 저해

그림 **부의 소득세 제도**

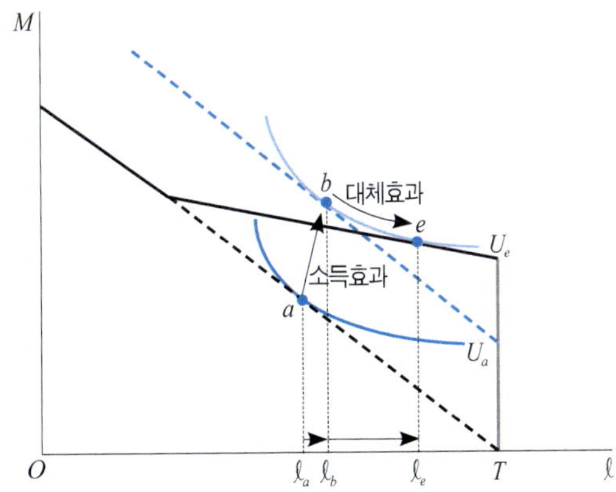

2. 근로장려세제

(1) 근로장려세제의 도입

① 근로장려세제는 앞서 언급한 일반적인 보조방식이 근로의욕을 저해한다는 문제점을 보완하고자 도입된 것

② 근로소득이 전혀 없으면 보조의 혜택을 받지 못하고 근로소득의 크기에 따라서 보조액을 달리 설정

③ [그림]에서 볼 수 있듯이 크게 3개의 구간으로 나누게 됨

그림 **근로장려세 제도**

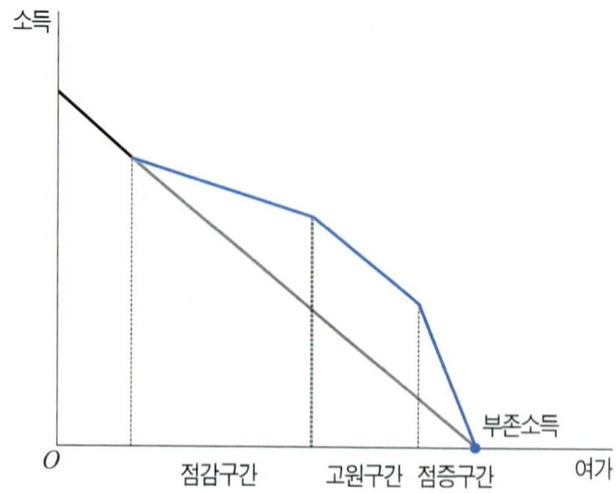

(2) 구간별 근로장려세제 형태와 특성 (시간이 허용되는 상황 고려)

① 점증구간

② 고원구간

③ 점감구간

(2) 근로장려세제를 설계하는 경우에 고려해야 할 사항을 설명하고, 실제로 근로를 장려하는 효과가 있었는지를 검증하기 위해서는 어떤 측면을 고려해야 하는가?

예시 목차

1. 근로장려세제 설계시 고려할 사항
(1) 저소득층에 혜택 여부
(2) 소득구간의 설계
(3) 정책목표 달성 예산 검토
2. 근로장려세제 효과 검증
(1) 통제집단과 처치집단의 구분
(2) 이중차분추정방식

1. 근로장려세제 설계시 고려할 사항

(1) 저소득층에 혜택 여부

① 근로장려세제는 원래 저소득층에 보조금 지급으로 인해 경제적 지위를 향상시키는 것을 목적으로 함

② 이때 노동을 해야 한다는 조건이 있기 때문에 아예 노동공급 능력이 없는 사람들은 혜택의 사각지대의 늪에 빠질 가능성이 있음

(2) 소득구간의 설계

① 근로장려제세는 점증구간, 고원구간, 점감구간으로 크게 나눌 수 있는데, 이 구간을 어느 소득수준에서 나눌지 잘 설계해야 함

② 점증구간은 근로의욕을 끌어 올리는 효과가 있어야 하고, 고원구간은 소득재분배의 공평성 측면의 효과를 강조하며, 점감구간은 어느 정도 생산성이 있는 사람들 구간으로 점차 보조의 크기를 줄임

③ 또한 구간마다 노동공급에 미치는 대체효과와 소득효과를 잘 고려

(3) 정책목표 달성 예산 검토

근로장려세제도 보조금의 일종으로 정부는 필요한 재원을 어디서 마련할 것인지도 예산 측면에서 다각도로 검토해야 함

2. 근로장려세제 효과 검증

(1) 통제집단과 처치집단의 구분

근로장려세제의 도입으로 많은 사람들이 새로이 노동시장에 참여하도록 유도했다는 증거를 검증하기 위해서는 통제집단과 처치집단으로 구분할 필요가 있음

→ 통제집단은 *EITC*의 혜택을 받지 않은 집단, 처치집단은 혜택을 받은 집단

(2) 이중차분추정방식

<table>
<tr><th>구분</th><th>EITC발효 이전
경제활동참가율(%)</th><th>EITC발효 이후
경제활동참가율(%)</th><th>차분
(%)</th><th>이중차분
(%)</th></tr>
<tr><td>처치집단
: EITC 수급자격이 있는 집단
(한 명 이상의 자녀가 있으며,
배우자가 없는 여성)</td><td>72.9</td><td>75.3</td><td>2.4</td><td rowspan="2">2.4</td></tr>
<tr><td>통제집단
: EITC 수급자격이 없는 집단
(자녀가 없으며 배우자가 없는 여성)</td><td>95.2</td><td>95.2</td><td>0</td></tr>
</table>

(3) 정부가 임금의 일정비율을 근로소득세로 부과하는 경우 노동공급에 미치는 영향을 대체효과와 소득효과로 나누어 설명하시오. (단, 여가는 열등재라고 가정한다.)

예시 목차

1. 개요
2. 조세부과 전 여가-소득 모형
(1) 효용극대화 목적식과 제약식
(2) 효용극대화 조건
3. 조세부과 후 균형 변화
(1) 예산선의 변화
(2) 가격효과=대체효과+소득효과
4. 그래프를 이용한 설명

1. 개요

근로소득세가 임금에 일정비율로 부과되는 경우 노동공급에 미치는 효과는 대체효과와 소득효과로 나눌 수 있음

2. 조세부과 전 여가-소득모형

(1) 효용극대화 목적식과 제약식

효용을 극대화하는 근로자의 여가와 소득에 대한 목적식과 제약식은 다음과 같이 나타낼 수 있음

(목적식) $U=U(\ell, M)$
(제약식) $M=w(T-\ell)$
(단, ℓ은 여가, M은 소득, w는 임금률, T는 전체 가용 노동시간)

(2) 효용극대화 조건

일반적인 원점에 대해서 볼록한 우하향하는 무차별곡선의 경우 한계대체율과 예산선의 기울기가 일치하는 경우 효용극대화가 이루어짐

$$MRTS_{\ell M}=w$$

3. 조세 부과 후 균형 변화

(1) 예산선의 변화

정부가 세율을 t로 임금의 일정비율로 부과하는 경우 세후 임금은 $(1-t)w$로 하락하게 됨
→ 예산선의 기울기는 완만해짐
→ 예산선의 영역이 축소되어 실질소득이 감소

(2) 가격효과 = 대체효과 + 소득효과

■ 대체효과(substitute effect)
① 상대가격하락으로 인해 싸진 상품을 더 많이 소비하는 것
② 세율부과로 완만해진 예산선의 기울기는 여가의 상대가격을 하락시키고, 그 결과 여가의 소비는 증가하고 노동은 감소

■ 소득효과(income effect)
① 실질소득 변화로 인해 정상재인 경우 소비량이 증가하고 열등재인 경우 소비량이 감소하는 효과
② 세금부과로 인해 실질소득은 감소
③ 이때 여가는 열등재라고 했으므로 여가는 증가하고 그에 따라 노동공급은 감소

■ 가격효과(price effect)
① 대체효과와 소득효과의 합
② 여가가 열등재인 경우에는 대체효과와 소득효과 모두 여가를 증가시키고 노동을 감소시킴

4. 그래프를 이용한 설명

그림 **세율증가로 인한 효과**

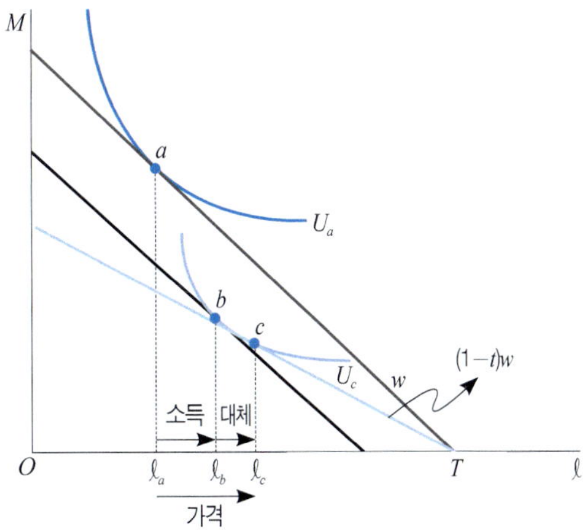

(4) 기업이 노동자의 처우를 고려해서 이연보수와 임금피크제를 결합한 경우 근로시간에 따른 임금은 어떤 형태를 보일지 그래프를 이용해서 설명하시오.

예시 목차

1. 개요
2. **이연보수임금 지급 효과**
(1) 이연보수임금을 지급하는 이유
(2) 이연보수와 기회주의적 행동
3. **이연보수와 임금피크제의 결합**

1. 개요

① 이연보수모형은 근무경력이 길어질수록 임금은 높아지는 형태

② 근속연수를 t_0를 기준으로 이보다 짧은 경우에는 생산성보다 낮은 임금을 지급하고, t_0 이상으로 길어질수록 생산성보다 높은 임금이 지급

→ 결국 n기까지 되면 평생임금의 현재가치 합(⌂$Obcdn$)과 평생 노동생산성의 현재가치의 합(⌂$Oacen$)은 일치하게 됨

그림 이연보수임금 체계

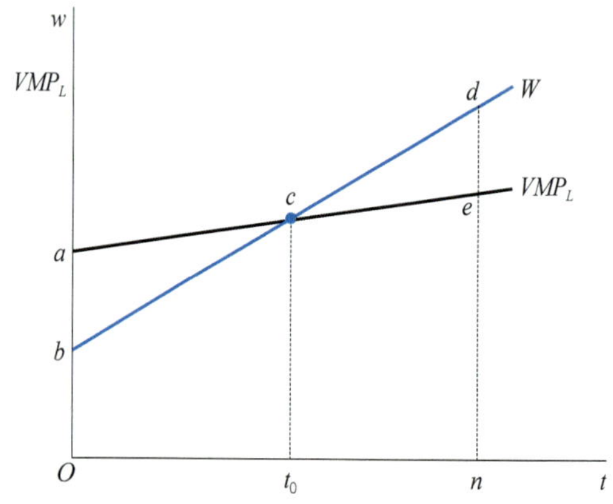

2. 이연보수임금 지급 효과

(1) 이연보수임금을 지급하는 이유

① 기업은 근로자의 태만을 방지하고 근속기간을 일정수준 이상으로 유지하기 위해서 이연보수를 지급

② 임금경로와 한계생산가치 경로가 교차하는 t_0 이전에 직장에서 해고되거나 그만두면 근로자는 손실을 보게 됨

③ 따라서 t_0를 넘어서는 n기까지 최소한 일을 하려고 노력

(2) 이연보수와 기회주의적 행동

① 생산성과 임금수준이 일치하지 않기 때문에 n기까지는 생산성의 현재가치 합이 임금의 현재가치보다 크기 때문에 기업은 강제퇴직을 할 유인이 생김

② 반면에 n기 이후부터는 근로자가 자발적으로 퇴직하지 않으려는 유인이 발생

3. 이연보수와 임금피크제의 결합

① 임금피크제는 정년을 연장하는 대신에 정년 이후의 임금은 정년 시점의 임금수준보다 낮은 수준으로 책정하는 것

② 정년이 n_0기라고 할 때, 정년을 n_1로 연장하고 기업은 한계생산가치보다 낮은 수준의 임금을 지급하게 됨

→ 정년을 연장하는 경우에도 기업은 손실이 발생하지 않을 수 있으므로 노동자에게 정연을 연장할 유인이 존재

→ 근로자의 입장에서도 더 오랜 기간 동안 일할 능력과 의사가 있는 경우 고용이 계속 유지되므로 이를 받아들이게 됨

그림 **이연보수와 임금피크제의 결합**

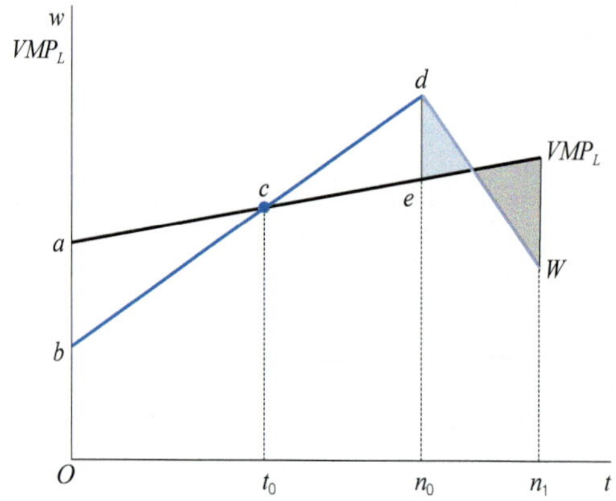

9. 다음의 물음에 답하시오.

(1) 아래의 주어진 표를 보고 연령대별로 고용률을 계산하고 비교하시오.

구분	15~19세	20~24세	25~29세	30~50세
생산가능인구	3,285	2,651	3,846	22,983
경제활동인구	203	1,305	2,797	17,356
취업자	178	1,181	2,598	16,859
실업자	25	124	199	497
비경제활동인구	3,082	1,346	1,049	5,627

예시 목차
1. 고용률
2. 고용률 계산과 비교

1. 고용률

① 고용률은 근로기준법상 최저근로연령에 속하는 만 15세 이상 생산가능인구 중에서 취업자가 차지하는 비율

② 고용률은 어느 한 나라의 노동력 활용정도를 나타내는 대표적인 고용지표로 실업률이나 경제활동참가율에 비해서 경기변동에 영향을 적게 받아 사회지표로 널리 사용

2. 고용률 계산과 비교

① 고용률은 15세 이상 인구 중에서 취업자 수를 나타내는 것으로 다음과 같이 계산할 수 있음

$$\text{고용률}(\%) = \frac{\text{취업자수}}{\text{15세 이상 인구수(생산가능인구수)}} \times 100\%$$

② 연령대별 고용률을 구하면 다음과 같음(단위는 천명)

$$\text{15~19세 고용률} = \frac{178}{3,285} \times 100\% = 5.4\%$$

$$\text{20~24세 고용률} = \frac{1,181}{2,651} \times 100\% = 44.5\%$$

$$\text{25~29세 고용률} = \frac{2,598}{3,846} \times 100\% = 67.6\%$$

$$\text{30~50세 고용률} = \frac{16,859}{22,983} \times 100\% = 73.4\%$$

③ 따라서 30~50세가 다른 연령대에 비해서 상대적으로 고용창출 능력이 높고 경제활동을 가장 활발하게 하고 있다고 판단할 수 있음

(2) 프라임국의 만 15세 이상 인구(생산가능인구)가 100만명이고, 경제활동참가율이 70%, 실업률이 10%라고 할 때, 실업자수를 구하시오. (단, 계산과정도 함께 제시할 것)

예시 목차

1. 경제활동참가율과 실업률
2. 실업자수 계산

(1) 경제활동인구수 계산

(2) 실업자수 계산

1. 경제활동참가율과 실업률

경제활동참가율과 실업률은 다음과 같이 나타낼 수 있음

$$\text{경제활동참가율} = \frac{\text{경제활동인구수}}{\text{15세 이상 인구수}} \times 100\%$$

$$\text{실업률} = \frac{\text{실업자수}}{\text{경제활동인구수}} \times 100\%$$

2. 실업자수 계산

(1) 경제활동인구수 계산

① 실업자수를 계산하기 위해서 먼저 경제활동인구수를 구해야 함

② 경제활동참가율이 70%로 주어져 있으므로 다음과 같이 식을 나타낼 수 있음

$$70\% = \frac{\text{경제활동인구수}}{1{,}000{,}000} \times 100\%$$

→ 경제활동인구수는 700,000명

(2) 실업자수 계산

실업률의 공식을 이용하면 실업자수를 구할 수 있음

$$\text{실업률}(\%) = 10\% = \frac{\text{실업자수}}{700{,}000} \times 100\%$$

→ 실업자수는 70,000명

(3) A기업은 시간당 임금이 4,000원일 때 20,000시간의 노동을 사용하고, 시간당 임금이 5,000원으로 상승할 때 10,000시간의 노동을 사용했다. 반면 B기업은 시간당 임금이 6,000원일 때 30,000시간의 노동을 사용했고, 시간당 임금이 5,000원으로 하락할 때 33,000시간의 노동을 사용했다. 두 기업의 노동수요의 임금탄력성을 구하고 두 기업이 노동조합이 있다면 임금 교섭력이 높은 노동조합은 어느 기업일지 설명하시오.

예시 목차

1. 노동수요의 임금탄력성
(1) 노동수요의 임금탄력성 측정공식
(2) 두 기업의 임금탄력성 계산
2. 노조의 임금탄력성과 협상력
(1) 임금탄력성과 협상력
(2) B노조의 임금인상 성공가능성 높음

1. 노동수요의 임금탄력성

(1) 노동수요의 임금탄력성 측정공식

노동수요의 임금탄력성(ε)은 임금의 변화율에 대한 노동수요량의 변화율로 나타낼 수 있음

$$\varepsilon = \frac{\frac{\Delta L^d}{L^d}}{\frac{\Delta w}{w}} = \frac{\Delta L^d}{\Delta w} \times \frac{w}{L^d}$$

(2) 두 기업의 임금탄력성 계산

① 기업 A의 임금탄력성

$$\varepsilon_A = \frac{\frac{(10,000-20,000)}{20,000} \times 100\%}{\frac{(5,000-4,000)}{4,000} 100\%} = \frac{\frac{-10}{20}}{\frac{1}{4}} = -2$$

(단, 절댓값을 이용하면 2가 됨)

② 기업 B의 임금탄력성

$$\varepsilon_B = \frac{\frac{(33,000-30,000)}{30,000} \times 100\%}{\frac{(5,000-6,000)}{6,000} 100\%} = \frac{\frac{3}{30}}{\frac{-1}{6}} = -0.6$$

(단, 절댓값을 이용하면 0.6이 됨)

2. 노조의 임금탄력성과 협상력

(1) 임금탄력성과 협상력

노동수요곡선이 탄력적일수록 임금상승률에 대해 상대적으로 크게 고용감소률에 직면해야 함 (A기업의 경우)
→ 따라서 임금인상을 요구하는 노동조합의 입장에서는 협상력이 낮아진다는 것을 의미

(2) B기업의 노조의 임금인상 성공가능성이 높음

문제에서 볼 때 상대적으로 덜 탄력적인 노동수요곡선을 지닌 B기업의 경우와 같이 임금탄력성이 낮을수록 노동조합의 협상력은 커진다고 할 수 있음
→ 그 결과 B기업이 임금인상을 협상하는 데 더 유리

2회 모의고사

노동의 수요공급곡선의 응용

1. 다음은 노동공급곡선과 수요곡선에 대한 설명이다.

(1) 노동공급에 영향을 주는 요인들에는 어떤 것이 있는지를 설명하고, 보상요구임금과 노동공급곡선의 우상향에 어떤 영향을 미치는지 설명하라.

(2) 노동수요에 영향을 주는 요인들에는 어떤 것이 있는지 설명하고, 한계생산체감 법칙이 노동수요곡선의 우하향에 어떤 영향을 미치는지 설명하라.

(3) 노동수요곡선을 이용해서, 총생산액, 임금 및 이윤의 크기를 표시하라.

(4) 다음 표는 노동공급탄력성에 관한 횡단면자료를 이용한 추정치이다. 이 결과치를 보고 어떤 시사점을 얻어낼 수 있는지 설명하라.

	전체효과	대체효과	소득효과
남성	0	0.10	−0.10
여성	0.8	1.00	−0.20

2. 다음 물음에 답하라.

(1) 가계생산이론에 입각하여 기혼여성은 가사노동시간을 투입해 가정재(Z)만을 생산하는 상황을 상정한다. 가사노동만 하는 경우, 시장노동만 하는 경우, 가사노동을 먼저 결정하고, 남는 가용시간에 시장노동을 선택하는 경우 예산선은 어떻게 될 것인지를 그래프를 이용해서 설명하라. (단, 이 여성은 주당 100시간의 가용시간을 가지고 있다.)

(2) 다음의 가정을 기반으로 기혼여성의 효용극대화와 최적 배분시간을 이용하여 출산률의 저하가 어떤 영향을 미칠 것인가를 그래프를 이용해서 설명하라.

〈가정〉
- 가로축은 여가시간, 세로축은 가정재 가치와 근로소득
- 기혼여성의 총시간(T)은 가사노동(H), 시장노동(L), 여가(ℓ)로 이루어짐

3. 다음은 기혼여성의 가계생산이론에 입각한 내용이다. 물음에 답하시오.

(1) 기혼여성은 직장에서 일을 통해 근로소득을 벌 수 있지만, 가사노동을 할 수도 있다. 이렇게 선택대상이 시장노동, 가사노동, 여가인 경우 기혼여성이 주당 T시간을 사용할 수 있을 때 여가-소득 모형을 통한 예산선을 그려보시오.

(2) 기혼여성이 가사노동을 먼저 결정하고, 남는 가용시간을 시장노동과 여가에 사용하는 경우 정부의 기혼여성 친화적인 법제정과 육아시설의 제공은 기혼여성의 노동공급에 어떤 영향을 미치는지 그래프를 이용해서 설명하시오.

(3) 기혼여성의 가계 생산성 향상과 임금 인상은 시장노동, 가사노동, 여가의 선택을 어떻게 변화시키는지 그래프를 이용해서 설명하시오. 단, 그래프에는 생산성 향상 이후의 임금 인상효과를 대체효과와 소득효과로 나누어서 설명하시오. (단, 여가는 정상재라고 가정한다.)

4. 다음의 가계의 선택 모형에 대한 물음이다.

(1) 전통적인 여가-소득모형에서는 여가와 노동의 선택을 통해 효용을 극대화하는데, 가계도 효용을 제공하는 가계생산에 시간을 사용할 수 있다고 한다. 이를 베커모형이라고 하는데, 만일 가계구성원이 남성, 여성, 자녀의 3명으로 구성되어 있고 구성원 각자는 자신의 이용 가능한 제한된 시간을 노동, 가계생산, 여가 중에서 선택한다면 시간을 어떻게 배분을 해야 하는가? 경제적 원리에 입각해서 시간을 배분할 것인가?

(2) 베커모형에 기반을 두고 임금이 인상된 경우에 소득효과와 대체효과를 통해 근로시간에 어떤 영향을 미치는지 설명하여라.

5. 다음은 노동시장과 관련한 최근 이슈에 대한 문제이다. 물음에 답하라.

(1) 최근 인구감소시대가 도래하면서 발생하는 실업의 문제는 매우 심각한 상황에 이르고 있다. 실업이 지닌 개인적 또는 사회적 문제를 설명하고, 실업대책의 구성요소와 추진방법에 대해서 의견을 제시하라.

(2) 동일노동에 대한 동일임금은 노동의 각 부문에 대한 배분의 효율성을 증진시킨다. 한국의 지난 경제발전방식인 수도권에의 고용집중 현상을 기반으로 해서 동일노동에 동일임금으로 이행되는 과정을 그래프를 이용해서 설명하라.

6. 한국의 남성과 취업 여성들은 과다고용상태인 경우가 많고, 반면에 기혼여성이나 청년·고령자들은 과소고용상태에 빠져 있는 경우가 많이 있다. 이러한 노동시장의 상황을 최소근로시간 제약과 관련해서 그래프를 이용해서 설명하여라.

7. 대부분의 일자리는 하루에 8시간을 의무적으로 근무하는 체제를 요구하고 있다. 하루에 총 활용가능한 시간은 24시간이다. 정부는 일자리가 없는 사람에게 20의 소득을 비근로소득(V)으로 지급해준다. 기업은 근로시간당 w의 임금을 제시한다. A와 B의 두 근로자가 존재한다. 이때 근로자 A의 효용함수는 $U(\ell, C)=\ell C$이고, B의 효용함수는 $U(\ell, C)=\ell C^3$이다. (단 ℓ은 여

가시간이고 C는 소비를 의미한다.) 이때 다음 물음에 답하여라.

(1) 기업은 근로시간의 선택에 제약을 두는 이유는 무엇인가?

(2) 문제에서 주어진 정보하에 예산제약식을 구하고 그림으로 나타내어라.

(3) 시간당 임금률이 1($w_1=1$)인 경우에 A 근로자의 효용극대화 노동시간을 구하여라.

(4) 시간당 임금률이 1($w_1=1$)인 경우에 B 근로자의 효용극대화 노동시간을 구하여라.

(5) 두 근로자의 선택에서 차이가 발생하는 이유는 무엇인가?

8. 정부는 근로장려세제를 통해서 노동공급을 증가시키려는 인센티브와 보조의 효과를 동시에 얻고자 한다. 따라서 다음과 같은 제안을 한다고 하자. 먼저 근로소득을 그 크기에 따라서 4구간으로 구분한다. 제1구간에서는 근로소득이 증가함에 따라서 근로소득의 일정한 비율로 보조금을 지급한다. 제2구간에서는 보조금을 일정한 수준으로 유지한다. 제3구간에서는 소득이 증가함에 따라서 일정한 비율로 보조금을 줄여 나간다고 한다. 마지막 제4구간에서는 보조금을 지급하지 않는다. 한편 이와는 별도로 정부는 제3구간 중간점 이후에서부터는 일정한 한계세율로 소득세를 부과한다고 가정하자. 이때 다음 물음에 답하여라.

(1) 정부가 제시한 근로장려세제를 고려할 경우에 개인이 직면하는 예산선의 형태를 그림으로 나타내어라.

(2) 각 구간에서 개인의 노동공급에 어떤 유인이 작동하는지를 설명하여라. 이때 같은 구간일지라도 세부 구간으로 구분할 필요가 있다면 구간을 좀 더 세분화해서 나누어 설명하여라.

(3) 근로장려세제가 전형적인 복지 프로그램(현금보조방식)과 어떤 점에서 차이가 있는지 설명하여라.

(4) 정부의 이러한 제안을 실제로 정책에 반영할 경우에 도입 취지와 한계와 고려해야 할 사항은 무엇이 있겠는가? 근로장려세제가 도입되었을 때 효과를 실증분석하기 위해서 필요한 자료 수집에서 유의해야 할 점은 무엇인가?

9. 작은 주택에 살고 있는 A와 B는 결혼을 하여 모두 여가와 노동에 하루 16시간을 사용할 수 있다고 한다. 이들의 목표는 부부효용의 극대화이다. 이때 다음 물음에 답하여라. (단 가로축은 가계 생산에 사용한 시간, 세로축은 화폐로 나타낸 소비액으로 나타낸다.)

(1) A의 시간당 임금이 B의 시간당 임금보다 높다고 가정한다. 이때 예산선과 결합 효용함수를 나타내어 보시오.

(2) 인플레이션이 발생해서 소비재의 평균가격이 상승했다고 하자. 만일 임금이 변하지 않았다면 인플레이션은 노동공급에 어떤 영향을 미쳤겠는가? 이때 인플레이션은 A와 B의 상대적 노공공급에 어떤 영향을 미치게 되는가? S_1^A은 A의 과거 노동공급, S_2^A는 A의 현재 노동공급, $\theta^A = \frac{S_2^A - S_1^A}{S_1^A}$은 A의 노동공급의 상대적인 변화를 각각 나타낸다고 한다. θ^A과 θ^B은 어떻게 될 것으로 예상할 수 있나?

10. 다음은 베커의 가계생산이론에 의한 저출산의 경제적 영향에 대한 문제이다. 다음의 가정을 기반으로 물음에 답하라.

> 시장구입재화를 x로 표시하고, 가사노동시간을 H로 표현하면, 가계생산함수는 다음과 같이 나타낼 수 있다.
>
> $$Z=f(H, x)$$
>
> 단순화를 위해서 두 가정재(Z_1, Z_2)만을 생산하고, 소비한다고 가정한다.
> 이때, Z_1은 시간집약적인 가정재이고, Z_2는 재화집약적인 가정재라고 하자.
> 어머니는 두 가정재인 Z_1, Z_2를 소비하고, 노동공급 L을 하여 소득 M과 x_1, x_2라는 시장재를 각각 P_1, P_2의 가격으로 구입한다고 하자. 또한 H_1은 Z_1생산에 투입된 시간이고, H_2는 Z_2생산에 투입된 시간이라고 한다.

(1) 시간집약적인 가정재와 재화집약적인 가정재란 무엇인지 예를 들어 설명하라.

(2) (Z_1, Z_2)의 평면에 어머니의 효용함수와 예산제약식을 세우고, 효용극대화를 그림을 통해 설명하라.

(3) 어머니의 생산가능곡선을 그림으로 나타내어라. 단, 그림에는 4사분면을 활용해서 (Z_1, Z_2, H_1, H_2)의 평면에 표시해야만 한다.

(4) 우리나라의 경우 1970년대와 달리 2023년의 출산률 저하가 미치는 효과를 위의 그래프를 이용해서 설명하라. 이러한 인구 감소 문제를 해결하기 위한 방안을 모형을 통해서 제시하라.

11. 다음은 가구 생산 모형에 대한 내용이다. 물음에 답하시오.

(1) 두 명의 가구원으로 구성된 결혼한 부부는 각각 하루 24시간 중에서 여가에 14시간을 할애하고 남은 10시간을 직장노동과 가구노동에 투입한다. A의 직장노동 시간당 임금은 20, 가구생산 시간당 임금은 10이고, B는 각각 15와 25로 주어져 있다. 이때 두 사람이 미혼일 때와 결혼해서 공동 생산할 경우의 생산가능곡선인 기회 집합을 그래프로 나타내시오. 단, 공동 생산인 경우에는 비교우위를 반영한다.

(2) 두 가구원의 공동 효용함수를 고려하여 직장노동, 가구노동에 대해서 어떻게 역할을 분담하게 되는지 그래프를 이용해서 설명하시오.

(3) A의 임금률이 상승하는 경우와 B의 가구생산성이 향상하는 경우 어떤 변화가 생기는지 그래프를 이용해서 설명하시오.

12. 소득-여가 선택모형을 이용하여 근로자의 노동공급 결정에 관한 다음 물음에 답하시오.

(1) 근로자의 효용은 소비(C)와 여가(L)를 통해서 얻고 효용함수는 $U(C, L)=2CL$이라고 가정하자. 이 근로자에게 주어진 기간 동안 최대 여가시간은 100시간이고, 근로시간과 관계없이 정부로부터 현금보조금(V)을 받을 경우, 유보임금(reservation wage)을 구하고 시장에서 제시되는 임금수준이 1이라고 할 때 정부 보조금의 크기가 얼마가 될 경우에 일을 하지 않게 되는지

그래프를 이용해서 설명하시오.

(2) 근로자의 효용함수는 $U(C, L)=2CL$이고, 임금률은 W라고 한다. 비근로소득인 V가 존재하는 경우와 존재하지 않는 경우로 나누어 임금률 증가시 노동공급에 미치는 효과를 그래프로 활용하여 설명하시오.

(3) 생애주기모형(Life-cycle model)을 이용한 노동공급에 대한 내용을 연령-소득곡선을 이용해서 설명하시오. 생애주기 동안 임금변화에 따른 근로시간곡선이 어떤 형태를 지닐지 그래프로 설명하시오.

(4) 생애주기 접근법을 이용하여 경제활동참가여부는 연령에 따라 어떻게 달라지는지 그래프를 활용하여 설명하시오.

13. 노동의 이동과 관련해서 로이의 모형(Roy's model)을 이용해서 설명하시오.

(1) 이민자의 흐름이 출신국 사람들 중에서 어떻게 선택되는지 그래프를 이용해서 설명하시오. 왜 어떤 이민자의 흐름은 양의 선택을 따르고 다른 흐름은 음의 선택을 따르는가?

(2) A국에서 미숙련근로자와 고숙련근로자가 동시에 B국으로 빠져나가는 현상이 발생할 수 있는지 로이의 모형을 이용해서 설명하시오.

1. 다음은 노동공급곡선과 수요곡선에 대한 설명이다.

(1) 노동공급에 영향을 주는 요인들에는 어떤 것이 있는지를 설명하고, 보상요구임금과 노동공급곡선의 우상향에 어떤 영향을 미치는지 설명하라.

① 노동공급(labor supply)은 일정기간 동안 근로자가 노동시장에서 팔기를 원하는 노동의 양으로, 사람의 수 또는 근로시간으로 측정됨

② 노동공급에서 중요하게 고려할 수 있는 요소들은 단기와 장기로 나눌 수 있는데, 단기적인 요소로는 경제활동참가율, 노동시간, 일에 대한 노력 등이 있고, 장기적인 요인으로는 인구의 규모와 구성, 노동인구의 교육 및 숙련정도가 있음

③ 특정 직업에서 노동공급을 L^S라고 한다면, 다음과 같은 함수 형태로 나타낼 수 있음

$$L^S=f(W,\ W_A,\ N,\ \mu)$$

(단, W는 특정 직업 근로자의 임금, W_A는 대안적인 임금, N은 생산가능인구, μ는 노동공급자의 취향을 의미)

④ 노동공급곡선은 각 노동 서비스 제공에 대해 요구하는 최소한의 보상수준인 보상요구임금(reservation wage)을 나타내는 것임
→ 노동의 한계 비효용에 대한 보상요구임금을 의미

⑤ 노동공급자가 증가할수록 보상요구임금이 점차 높아질 것으로 예상되기 때문에 노동공급곡선은 우상향하는 기울기를 지님

참고

(Tip 1) 노동공급 행위는 다음과 같은 다양한 의사결정을 포함한다.

① 근로자가 경제활동 참가를 할 것인가, 말 것인가에 대한 결정
② 경제활동 참가를 결정한 후에 몇 시간 일을 할 것인가의 결정
③ 어느 산업 또는 어느 직종에서 일을 할 것인가의 결정
④ 어느 기업에서 일을 할 것인가에 관한 결정

- 추가적으로 장기적인 관점에서 보면 출산이나 자녀교육에 대한 결정도 노동공급 결정과 관련이 있다.
- 노동공급곡선의 그림을 그려서 설명하면 항상 추가점수를 얻을 수 있다. 너무 길지는 않게 간략히 나타내면 좋을 것이다.

(Tip 2) 비교우위와 일자리 선택의 경제적 이익

- 자동차정비센터에서 자동차 정비공의 주된 재능은 기계를 다루는 재능이다. 사람에 따라 재능이 있는 분야가 다르다. 기계를 다루는 재능이 뛰어난 사람은 자신의 재능과 맞는 일을 하고 있기 때문에 보상요구임금이 낮게 된다. 그러나 기계를 다루는 재능이 별로 없는 사람은 자동차 정비공이 되고자 하면 자신과 맞지 않는 일을 하게 되어 만족도가 낮으므로 보상요구임금수준은 높아진다.
- 기계를 다루는 재능이 가장 뛰어난 자동차 정비공에 비교우위가 있는 사람이 일자리에 제일 먼저 들어오는 이유는 가장 큰 경제적 이익을 누리기 때문이다.

(Tip 3) 경제적 지대 = 시장임금 − 보상요구임금

- 경제적 지대 혹은 근로자 잉여는 보상요구임금보다 높은 시장임금에서 나오는 것이다. 자동차 정비공에 비교우위가 있는 사람은 가장 큰 근로자 잉여를 누린다고 할 수 있다. 다음으로 재능이 없는 사람이 일자리에 뛰어 들게 되어 가장 비교열위에 있는 사람은 맨 나중에 일자리에 뛰어 들게 된다. 이때 맨 나중 사람의 경제적 지대인 잉여는 거의 0에 가까울 것이다.

(2) 노동수요에 영향을 주는 요인들에는 어떤 것이 있는지 설명하고, 한계생산체감 법칙이 노동수요곡선의 우하향에 어떤 영향을 미치는지 설명하라.

① 노동수요(labor demand)는 일정기간 동안 기업들이 구입할 의사가 있는 노동의 양을 말함
→ 최종생산물에 대한 소비자의 수요에서 파생(유발)된다는 의미에서 파생수요(derived demand, 유발수요)라는 특성을 지니고, 기업에게 노동을 필요로 하는 것은 상품을 생산해서 이를 시장에 판매해 이윤을 추구하기 위한 것임

② 노동수요함수는 다음과 같이 나타낼 수 있음

$$L^D = f(W,\ r,\ X^D,\ T,\ C)$$ [1)]

(L^D는 노동의 수요, W는 임금, r은 자본 서비스 가격, X^D는 생산된 상품에 대한 수요, T는 생산기술, C는 기업의 수를 말함)

③ 기업의 이윤극대화 식은 다음과 같음

$$\pi = PQ - (WL + rK) = Pf(L, K) - (WL + rK)$$

④ 경쟁기업은 시장에서 가격수용자(price taker)이므로 P, w, r은 고정되어 있어 선택할 수 있는 것은 고용량임

$$\frac{\Delta\pi}{\Delta L} = P \cdot MP_L - W = 0$$
$$P \cdot MP_L = VMP_L = W$$

1) 노동의 수요를 결정하는 요인들을 간략하게 설명하면 다음과 같다.
① 노동의 가격인 임금에 영향을 받는다. 임금이 상승하면 생산비가 증가하여 기업의 이윤이 감소하고, 이윤 감소는 다시 고용을 감소시켜 임금과 고용량은 음(−)의 관계가 있다.
② 최종생산물(상품)에 대한 소비자의 수요가 영향을 준다. 상품 X에 대한 수요가 증대하면 기업의 총수입이 증대되어 이윤이 증가해 노동에 대한 수요는 증가한다.
③ 다른 생산요소(자본)의 가격인 이자율에 영향을 받는다. 이자율이 하락하면 기업은 노동 대신 자본을 더 많이 사용하게 된다. 즉, 대체재의 가격이 낮아지는 것이다.
④ 생산기술의 향상은 주어진 생산량을 더 적은 생산요소의 투입으로 생산할 수 있게 한다. 그 결과 노동수요는 감소한다. 그러나 기술 향상으로 생산비용이 감소하여 상품가격이 하락하면 생산물에 대한 수요 증가로 노동수요가 증가할 수도 있다. 어느 것이 큰지는 실증적인 문제이다.
⑤ 시장에 참여하는 개별기업의 노동수요에서 시장노동수요가 도출되므로, 노동시장이 경쟁적인 경우와 단 하나의 기업만 존재하는 경우는 노동수요에 큰 차이가 있게 된다.

⑤ MP_L은 노동의 한계생산인데, 고용량이 증가함에 따라서 한계생산이 체감하게 된다면 가격 P를 곱한 VMP_L도 체감[2)]

⑥ 결국 우하향하는 기울기의 VMP_L 곡선이 이윤극대화를 추구하는 경쟁기업의 노동수요곡선

→ 노동수요곡선이 우하향의 기울기를 갖는 이론적인 근거는 한계생산체감의 법칙에 있다고 할 수 있음

(3) 노동수요곡선을 이용해서, 총생산액, 임금 및 이윤의 크기를 표시하라.

① 노동수요곡선은 기업의 입장에서 볼 때, 첫 번째 근로자의 한계생산물가치, 두 번째 근로자의 한계생산물가치, 세 번째 근로자의 한계생산물가치 등 고용된 순서대로 한계생산물의 가치를 나타냈을 경우에 그 크기가 감소한다는 것을 의미

그림 노동수요곡선상의 이동 vs. 노동수요곡선 자체 이동

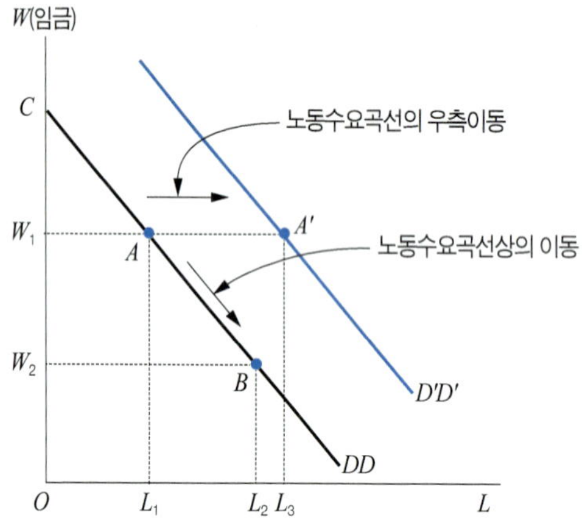

② 즉, L_1을 고용했을 경우에, L_1번째 근로자의 한계생산물가치는 AL_1이고, L_2번째를 고용했을 경우에는 BL_2

→ 고용이 증가함에 따라서 한계생산이 체감하므로 $AL_1 > BL_2$

2) 현실에서 기업들이 근로자를 더 고용할지의 여부를 고민하는 시점은 한계생산물가치가 체감하는 구간이다. 한계생산물가치가 체증하는 구간에서는 근로자를 더 고용할수록 이득이 되니 고민할 필요가 없다. 그런데 한계생산물가치가 체감하게 되면 기업이 근로자 고용비용을 임금과 냉정하게 비교해서 노동을 더 고용할지, 적게 고용할지를 결정해야 한다. 따라서 기업의 노동수요를 논의할 때는 한계생산물가치가 체감하는 구간에 국한된다고 할 수 있다.

③ 노동수요곡선은 추가되는 근로자의 한계생산물가치를 나타내므로 노동수요곡선 아래의 면적은 근로자 고용 시 생산될 수 있는 총생산물의 가치를 의미

④ L_1까지 고용했을 경우에 총생산액은 CAL_10

이때 임금이 W_1이면 총임금지불액은 W_1AL_10

총생산액과 총임금지불액의 차이인 이윤은 CW_1A

(4) 다음 표는 노동공급탄력성에 관한 횡단면자료를 이용한 추정치이다. 이 결과치를 보고 어떤 시사점을 얻어낼 수 있는지 설명하라.

	전체효과	대체효과	소득효과
남성	0	0.10	−0.10
여성	0.8	1.00	−0.20

① 노동공급탄력성은 임금 변화에 대해서 노동공급이 얼마나 민감하게 반응하는가를 보여주는 것
→ 임금 1%의 변화에 의해서 유발되는 노동공급량의 %변화율로 정의

② 주어진 자료를 보면 다음과 같은 결과를 얻을 수 있음

첫째, 남성의 경우 대체효과의 크기가 작은 반면, 여성의 경우 대체효과가 남성의 10배 정도 됨
즉, 임금이 1% 상승하면 남성은 대체효과로 여가시간이 10% 정도 감축(노동시간 증가)되지만, 여성의 여가시간 감축은 100%에 이름

둘째, 소득효과를 보면, 임금 상승 시 근로소득 증가로 여가소비가 증가되어 노동공급은 감소하는 것으로 나타나므로 여가는 정상재

셋째, 대체효과와 소득효과를 합한 전체효과를 보면 남성의 노동공급탄력성은 0에 가까워 남성의 노동공급곡선은 거의 수직이고, 여성의 노동공급탄력성은 0.8로 우상향의 기울기를 가짐

참고

남성의 대체효과보다 여성의 대체효과가 10배 이상 큰 것은 남성들은 거의 전일제 근무를 하고 있어 임금 상승이 있더라도 노동을 더 할 유인이 없는 반면에 여성은 많은 시간을 여가 및 가사노동에 보내고 있어 임금 상승이 있으면 여가 및 가사에 쓰던 시간을 줄여 노동공급시간을 더 쉽게 늘릴 수 있기 때문이다.

2. 다음 물음에 답하라.

(1) 가계생산이론에 입각하여 기혼여성은 가사노동시간을 투입해 가정재(Z)만을 생산하는 상황을 상정한다. 가사노동만 하는 경우, 시장노동만 하는 경우, 가사노동을 먼저 결정하고, 남는 가용시간에 시장노동을 선택하는 경우 예산선은 어떻게 될 것인지를 그래프를 이용해서 설명하라. (단, 이 여성은 주당 100시간의 가용시간을 가지고 있다.)

① 가계생산함수는 다음과 같이 나타낼 수 있음

$$Z=f(H)$$

(단, H는 노동시간, Z는 가정재를 나타냄)

100시간이 되는 점을 T라고 하고, T에서 원점 0으로 가는 방향이 가사노동 투입시간

→ 이때 가정재 생산액은 TP

② 이것은 한 시간의 가사노동, 두 시간의 가사노동을 했을 경우에 생산되는 가정재의 양을 나타낸 것으로 모양은 가사노동 투입 증가 시 가정재 생산의 증가가 체감하는 것을 반영해 작성된 것임

③ 원점 0에서 T로의 방향은 가사노동시간을 뺀 가용시간, 즉 여가시간과 시장노동시간의 합을 의미

④ 가정주부가 가사노동뿐만 아니라 시장노동도 병행한다고 가정하여, 먼저 가사노동을 한 후에 남는 시간을 노동과 여가에 할당하는 경우를 살펴보면 다음과 같음

그림 **가계생산함수**

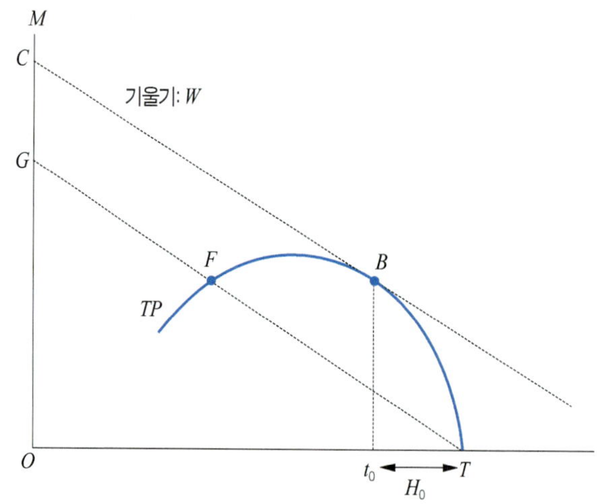

⑤ 처음에는 TP를 따라서 가정재를 생산하다가 일정시간의 투입인 B점을 지난 후에야 시장소득 창출

→ 시장임금률이 W라고 한다면 B점 이후의 소득창출선은 W의 기울기를 지니므로 100시간으로 창출 가능한 가정재 가치와 근로소득의 집합인 예산선은 TBC가 됨

→ 만일 가사노동을 전혀 하지 않고 시장노동만 한다면 소득창출선은 TG가 되고 이때 기울기는 시장임금인 W로, 기혼여성의 입장에서 볼 때 가정재 가치와 근로소득의 합계를 최대로 만드는 예산선을 의미함

(2) 다음의 가정을 기반으로 기혼여성의 효용극대화와 최적 배분시간을 이용하여 출산률의 저하가 어떤 영향을 미칠 것인가를 그래프를 이용해서 설명하라.

〈가정〉
- 가로축은 여가시간, 세로축은 가정재 가치와 근로소득
- 기혼여성의 총시간(T)은 가사노동(H), 시장노동(L), 여가(ℓ)로 이루어짐

① 기혼여성의 예산선은 총시간(T)이 가사노동(H), 시장노동(L), 여가(ℓ)로 구성되어 다음과 같이 나타낼 수 있음

$$T=H+L+\ell$$

② 일단 가사노동을 통해서 TP곡선을 따라 가정재를 생산하여 가족들에게 제공하고, 가정재 생산 후 추가적으로 시장노동을 통해 WL만큼 M의 소득을 얻게 되어 시장상품을 얻을 수 있음

③ 가로축은 여가시간, 세로축은 가정재 가치와 근로소득으로 측정된 M이고 시장의 임금이 W로 주어진 경우에 예산선의 기울기와 TP곡선의 접점을 B라고 하면 예산선은 TBC

④ 기혼여성의 예산선은 여성이 취득할 수 있는 최대한의 생산가능기회를 의미

그림 1 생산함수와 생산가능기회

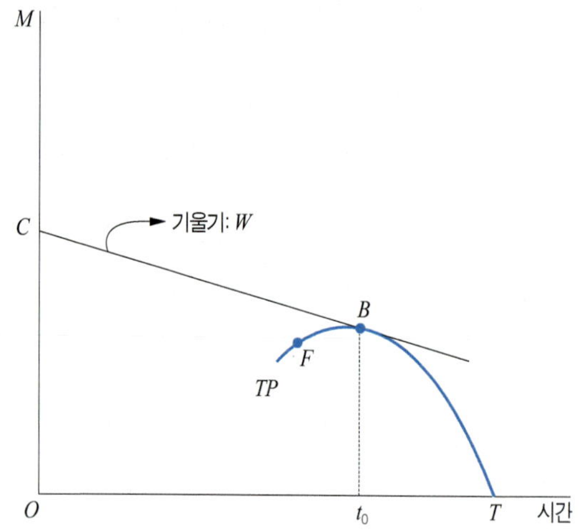

⑤ 출산율의 저하는 가계생산의 효율을 증대시킴

→ 한 가구의 자녀 수가 줄어들면 임신, 육아와 같이 자녀당 필요불가결한 시간이 줄어들어, 가사노동에 동일한 시간을 쓰더라도 더 많은 시간을 일반 가정재 생산에 투입할 수 있으므로 가계 생산함수가 TP_0에서 TP_1으로 상향 이동

그림 2 출산율 저하와 생산가능기회

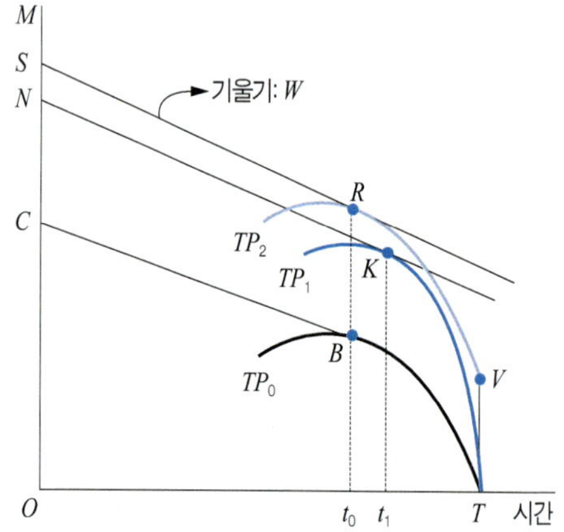

⑥ 이때 효용극대화는 무차별곡선을 그려서 예산선과 접하는 점을 찾으면 됨

→ 예산선인 *TBC*에 무차별곡선이 접하게 되면 e_0에서 효용극대화가 달성되고, *HT*만큼 가사노동에 배분하고 *LH*만큼 시장노동에 배분하여 *OL*만큼의 여가시간을 즐겨 자신의 효용을 극대화하는 선택을 함

그림 3 **임금률 변화에 따른 최적가사노동 선택**

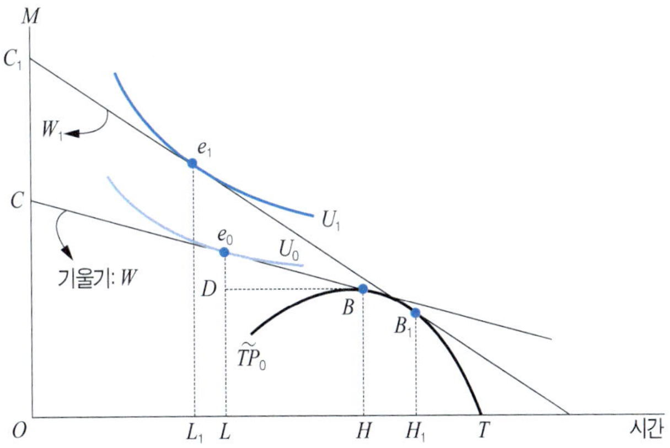

⑦ 재화 측면에서 보면 *HT*만큼의 가사노동으로 가정재를 *BH*만큼 생산해 가계에 제공하고, 그 다음 *LH*만큼의 시장노동을 통해 추가적으로 De_0만큼의 시장재화를 가계에 제공

3. 다음은 기혼여성의 가계생산이론에 입각한 내용이다. 물음에 답하시오.

(1) 기혼여성은 직장에서 일을 통해 근로소득을 벌 수 있지만, 가사노동을 할 수도 있다. 이렇게 선택대상이 시장노동, 가사노동, 여가인 경우 기혼여성이 주당 T시간을 사용할 수 있을 때 여가-소득 모형을 통한 예산선을 그려보시오.

예시 목차
1. 가계생산함수와 예산제약식의 선택
2. 그래프를 통한 설명

1. 가계생산함수와 예산제약식의 선택

① 가계생산함수는 가사노동시간을 투입하여 생산되는 가정재의 양을 나타낸 것으로 한계생산이 체감하는 것을 가정

$$\text{가계생산함수} : Z=f(H)$$

$$T=L+H+\ell \ (\text{단}, L : \text{시장노동시간}, H : \text{가사노동시간}, \ell : \text{여가시간})$$

② 가정주부는 가사노동생산성과 시장노동생산성을 고려하여 선택가능한 예산선이 결정

③ 만일 시장노동생산성이 가사노동생산성보다 큰 경우에는 가사노동에 참여하지 않게 되고, 시장노동생산성보다 가사노동생산성이 큰 경우에는 먼저 가사노동에 참여하고 남은 시간을 시장노동에 참가

④ 이러한 예산선의 형태를 그래프로 나타내면 다음과 같음

2. 그래프를 통한 설명

① [그림 1]은 시장노동만 하는 경우 예산선은 TA

→ 가사노동의 한계생산보다 시장노동을 하는 것이 더 낫기 때문에 가사노동을 선택하지 않고 시장노동을 선택

② [그림 2]는 가사노동의 총생산곡선을 따라서 가정재를 생산하다가 일정시간을 투입하다 B점을 지나는 후에는 시장노동을 선택

→ 시장임금률이 w라고 한다면 B점 이후에는 소득창출선은 임금률 w의 기울기를 지니게 됨

→ 이때 예산선은 총시간 T를 선택 가능한 가정재의 가치와 근로소득의 집합인 $TBCA$선이 됨

그림 1 시장노동만 하는 경우

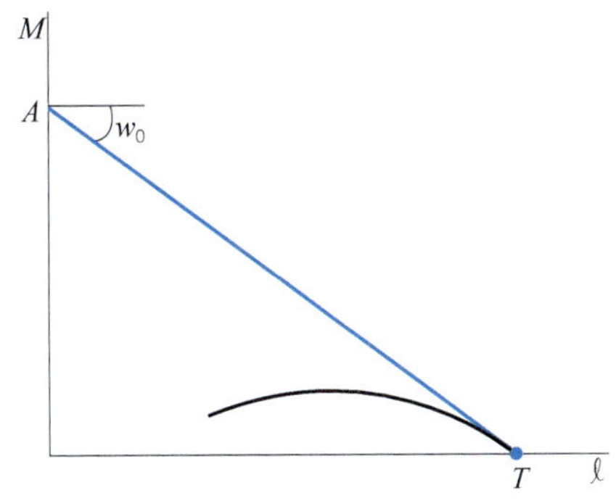

그림 2 시장노동과 가사노동을 병행하는 경우

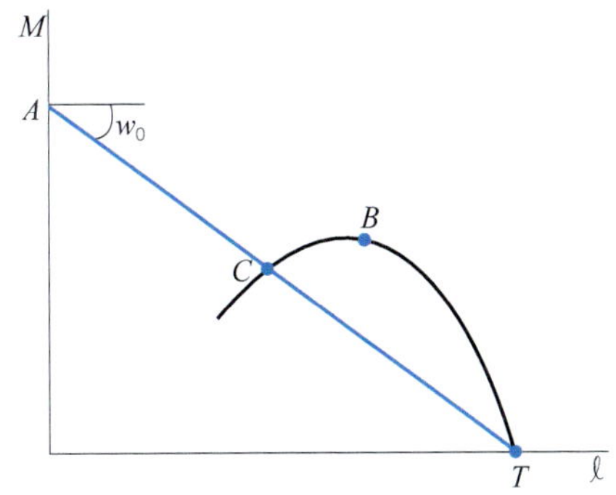

(2) 기혼여성이 가사노동을 먼저 결정하고, 남는 가용시간을 시장노동과 여가에 사용하는 경우 정부의 기혼여성 친화적인 법제정과 육아시설의 제공은 기혼여성의 노동공급에 어떤 영향을 미치는지 그래프를 이용해서 설명하시오.

예시 목차

1. 예산선의 형태

① 기혼여성이 가사노동을 먼저 결정하고, 남은 가용시간을 시장노동과 여가에 사용하는 경우에는 예산선은 TFD

② 이때 F는 가계총생산함수의 접선의 기울기와 같음

2. 선호의 변화를 통한 효용극대화

① 정부가 기혼여성 친화적인 법을 제정하고, 육아시설을 제공하게 되면 기혼여성의 여가에 대한 선호가 변화할 수 있음

② 이전보다 여가에 대한 선호도가 낮아지게 되어 여가-소득의 한계대체율이 작아지게 된다면 무차별곡선은 완만한 기울기를 가지게 됨

③ 따라서 효용극대화 점은 e_0에서 e_1이 되고 그 결과 시장노동시간은 증가

그림 1 가사노동 후 시장노동 선택 시 예산선의 변화

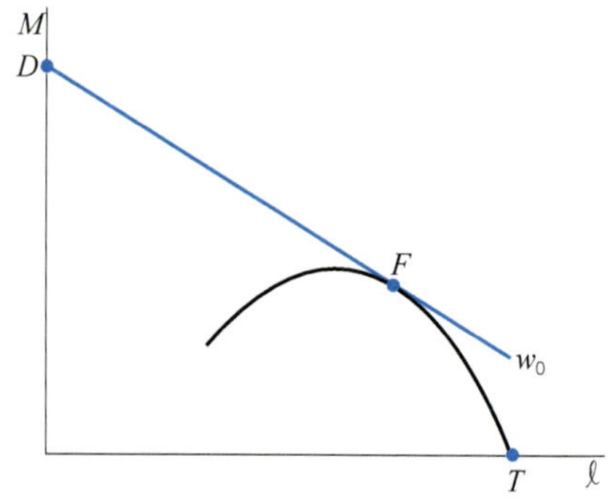

그림 2 **효용극대화 선택 변화**

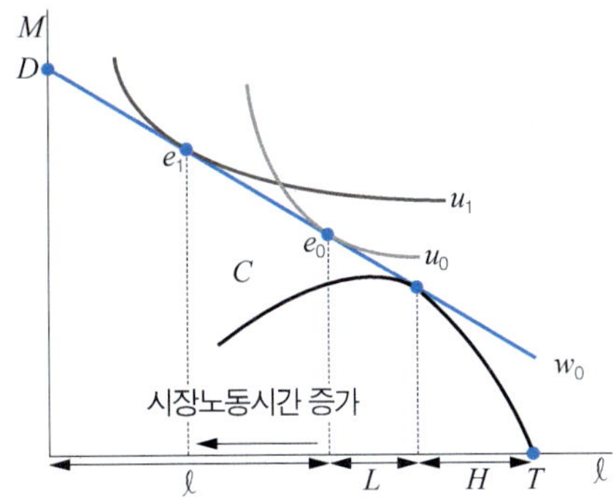

(3) 기혼여성의 가계 생산성 향상과 임금 인상은 시장노동, 가사노동, 여가의 선택을 어떻게 변화시키는지 그래프를 이용해서 설명하시오. 단, 그래프에는 생산성 향상 이후의 임금 인상효과를 대체효과와 소득효과로 나누어서 설명하시오. (단, 여가는 정상재라고 가정한다.)

예시 목차

1. 외부충격과 최적시간배분
2. 임금률 상승 효과 분해

1. 외부충격과 최적시간배분

① 기혼여성의 가계 생산성이 향상된다면 생산함수가 상방으로 이동

② 추가적으로 임금이 인상하게 된다면 예산선의 기울기인 임금률이 가파른 형태를 보이게 됨

③ [그림 1]에서 알 수 있듯이 여가시간과 가사노동시간은 감소하고, 시장노동시간은 증가

그림 1 생산성 향상과 임금률 상승에 따른 최적 시간 배분

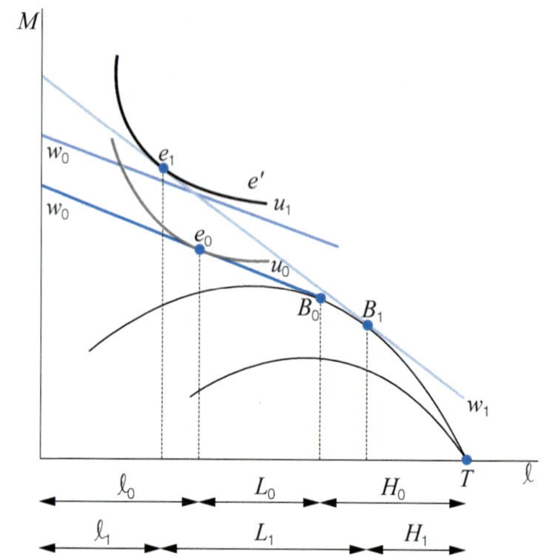

2. 임금률 상승 효과 분해

① 생산함수가 상방이동하게 되고 이후에 임금인상으로 임금률이 상승하는 경우 예산선은 가파르게 됨
② 예산선 기울기의 변화는 대체효과와 소득효과를 야기

(1) 대체효과

① 대체효과는 여가의 상대적인 가격 변화로 인해서 예산선의 기울기가 가파르게 되어 발생하는 노동의 선택 변화를 나타냄
② 임금인상은 상대적으로 여가를 비싸게 만들어 여가의 소비를 줄이고 시장노동을 증가시키게 됨

(2) 소득효과

임금률 상승으로 인해 실질소득은 증가하게 되고 그 결과 정상재인 여가의 소비는 증가

(3) 총효과

① 임금률 상승으로 인한 대체효과와 소득효과는 여가 소비에 대해 반대로 작용
② [그림 2]에서와 같이 여가에 대한 대체효과가 소득효과보다 큰 경우에는 여가의 소비량은 감소

그림 2 소득효과와 대체효과 분해

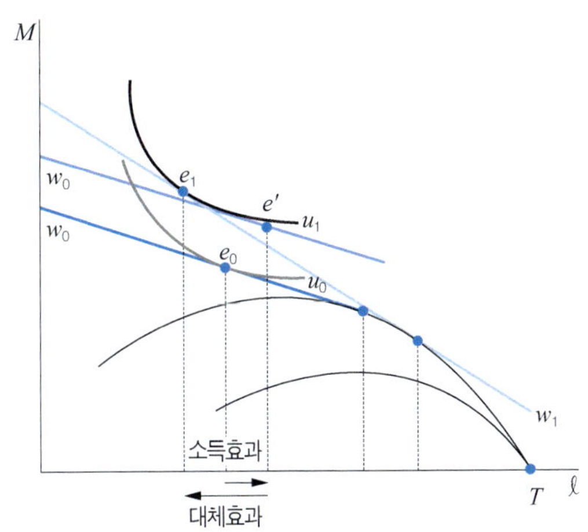

4. 다음은 가계의 선택 모형에 대한 물음이다.

(1) 전통적인 여가-소득모형에서는 여가와 노동의 선택을 통해 효용을 극대화하는데, 가계도 효용을 제공하는 가계생산에 시간을 사용할 수 있다고 한다. 이를 베커모형이라고 하는데, 만일 가계구성원이 남성, 여성, 자녀의 3명으로 구성되어 있고 구성원 각자는 자신의 이용 가능한 제한된 시간을 노동, 가계생산, 여가 중에서 선택한다면 시간을 어떻게 배분을 해야 하는가? 경제적 원리에 입각해서 시간을 배분할 것인가?

① 시간 배분에 대한 베커모형에서는 개인이 아닌 가계가 효용을 얻기 위해서 시간을 근로, 가계생산, 가계소비에 어떻게 최적으로 배분하는가를 결정하는 경제단위로 간주

② 가계가 이용 가능한 시간을 사용하는 선택의 방법에는 다음 세 가지가 있음

- 노동
- 가계생산
- 여가

③ 노동시간은 재화와 서비스를 구입하기 위해서 필요한 화폐소득을 얻기 위해 노동시장에 노동력을 제공하는 것이고, 가계생산은 가정 내에서 가사노동과 같은 비시장 근로에 종사하는 것

④ 가계구성원들이 자신의 시간을 어떻게 배분할 것인가의 선택에 대한 경제학적인 원리는 바로 비교우위 원리

→ 비교우위 원리에 의하면 개인은 가장 큰 상대적인 효율성(가장 작은 기회비용)에 특화해야 함

→ 가족구성원들이 남성, 여성, 자녀의 3명으로 구성되어 있는 경우에 선택의 기본원리는 어떤 사람이 다른 가족구성원들과 비교할 때 어떤 활동에서 더 생산적이거나 능숙할수록 그 활동에 더 많은 시간을 할애해야 한다는 것

⑤ 일반적으로 가족구성원들은 연령, 성, 교육수준, 그리고 노동시장에서의 경험 등에서 상이한 특성을 가지고 있어 어떤 주어진 시점에서 시장과 비시장활동으로부터 선택에 따른 상대적인 효율성이 크게 달라짐

→ 아내의 경우는 육아에 생물학적으로 결정된 비교우위를 가지고 사회화(사회에 의한 역할 정의) 혹은 선호 때문에 가계생산에 해당하는 청소, 음식준비, 자녀 보살핌 등과 같은 가사활동에서 비교우위를 발전시킴

→ 남성의 경우는 다른 조건이 동일하다고 가정할 때 노동시장에서 여성에 대한 차이가 존재한다고 하면 노동시장에서 동일한 시간을 투입했을 때 더 많은 재화를 얻을 수 있음

⑥ 역사적으로 볼 때 많은 가계의 경우, 비교우위의 원리는 남편은 더 많은 시간을 노동시장 근로에 충당하도록 하는 반면에 아내는 가정 내에서 비시장근로에 종사하도록 유도

⑦ 어린 자녀들은 교육을 얻는 데 비교우위를 지님

→ 교육은 인적자본에 대한 투자이며, 다른 조건이 일정한 경우에 그러한 투자에 대한 수익률은 교육이 종료된 후 노동시장에 머무르는 시간의 길이에 직접적으로 비례

(2) 베커모형에 기반을 두고 임금이 인상된 경우에 소득효과와 대체효과를 통해 근로시간에 어떤 영향을 미치는지 설명하여라.

베커 모형에 기반을 두고 소득효과와 대체효과를 설명하면 다음과 같음

1. 베커 모형의 소득효과

① 임금이 인상된 경우에 소득효과에 의하면 가계는 동일한 시장 근로시간으로 인해 더 많은 임금을 받게 되어 더 많은 소득을 실현하고 구입가능한 재화의 소비량이 증가
② 재화를 소비하는 데도 시간이 필요하기 때문에 전체 주어진 시간에서 노동에 투입하는 시간은 감소하게 되는 경향을 보임
③ 따라서 소득효과는 근로시간을 감소시킴

2. 베커 모형의 대체효과

① 베커 대체효과는 임금상승은 가계가 상품 생산에서 시간을 재화로 대체하고, 소비에서 시간집약적인 상품을 재화집약적인 상품으로 대체하게 되어 결국 근로시간을 증가시킴
② 임금이 인상된 경우 여가의 가격이 상승하게 되어 노동시장에서의 노동과 가계에서의 노동에 대한 기회비용을 낮추게 됨
③ 가계는 임금이 상승함에 따라서 상품생산에 시간을 투입하는 대신에 소비를 선택
예 가족들은 패스트푸드 식당을 더 자주 애용하고 가정 내에서 음식 준비에 시간을 덜 할애할 것
④ 여가의 가격이 상승하게 되었다는 것은 시간절약적인 즉, 덜 시간집약적인 방법으로 상품을 생산하게 됨
⑤ 소비의 경우에는 임금인상으로 가계는 시간집약적인 상품으로부터 재화집약적인 상품으로 선택을 바꾸게 됨
예 휴가와 골프 같은 시간집약적인 활동은 라켓볼 또는 미술품 구입으로 전환하고, 자동차로 먼 길을 운전하는 것이 아닌 비행기를 이용해서 여행목적지에 도착하는 선택을 함

5. 다음은 노동시장과 관련한 최근 이슈에 대한 문제이다. 물음에 답하라.

(1) 최근 인구감소시대가 도래하면서 발생하는 실업의 문제는 매우 심각한 상황에 이르고 있다. 실업이 지닌 개인적 또는 사회적 문제를 설명하고, 실업대책의 구성요소와 추진방법에 대해서 의견을 제시하라.

1. 개인적 또는 사회적 측면에서의 실업 문제

① 실업은 노동판매 이외에 별다른 생활수단을 갖지 못한 사람들에게 소득의 기회를 박탈하여 그 생존기반을 위태롭게 함

② 개인은 경력을 쌓으며 경험, 기술, 지식 등 인적자본을 축적하는데, 잦은 실업은 개인의 경험, 기술, 지식 등의 인적자본을 손상시키고 동시에 그것을 축적할 기회를 박탈함

③ 실업은 사회적 관점에서 볼 때 유용한 자원의 비효율적 이용으로써 자원의 낭비를 초래

④ 실업은 개인적으로 수치심과 자존감의 상실을 수반하여 실업기간이 길어질수록 당당한 개인은 비굴한 개인으로 전락하고 각종 심리적 스트레스로 인한 알코올 중독, 정신질환, 자살, 범죄, 살인, 이혼 등 문제를 야기

→ 실업은 개인을 무기력하고 무능하게 만들고 사회침전계층(social underclass)으로 전락시킬 수 있음

2. 실업문제에 대한 대책

① 쉬운 해고 제도를 비롯한 노동시장의 유연성 확립

→ 쉬운 해고가 가능해야 기업들은 쉽게 구조조정할 수 있고, 기업의 경쟁력을 높여 다시 고용 창출이 일어나며, 고실업의 근원인 인구감소에 대응하기 위해서 개방적 이민정책을 수용하거나, 외국인 기업 유치를 위해서도 쉬운 해고가 선별조건이 됨

② 사회안전망 확대

→ 실업이 개인과 가족의 생존에 대한 위협을 낳고, 개인의 자존감을 손상시키며, 사회의 침전계층으로 전락할 가능성을 낳기 때문에 실업부조제 도입, 넉넉한 실업급여 제공 등 정부의 과감한 투입이 요구됨

③ 실업자의 기술업그레이딩 훈련, 취업알선이라는 고용 서비스를 제공하여 실업자의 재취업 지원

④ 위의 3가지 원칙을 잘 실현한 것이 덴마크의 유연안정망(flexibility network)으로, 보수주의자들은 유연성만 강조하고, 노동조합 간부와 진보주의자들은 사회안전망와 재취업지원만 강조하는 경향이 있음

⑤ 한국 노동시장정책의 출발점은 사회에서 가장 불우한 위치에 있는 사람들에 대한 기초생활보장제도의 내실화, 기술 업그레이딩을 위한 직업훈련, 실업부조와 넉넉한 실업급부를 제공하는 사회

안전망과 쉬운 해고라는 노동시장 유연성의 결합에 있음

참고

이행노동시장(Transitional Labor Marker : TLM)

잠재실업자에 대한 대안으로, 실업에서 취업으로의 이행을 촉진하는 정책의 범위를 확장하여, 경제활동상태 간 이행에서 상향 이동(좋은 이동)을 촉진하는 노동과 복지의 결합정책이다.

- 현재의 비경제활동인구인 전업주부를 경제활동인구로 이행
- 현재의 실망실업자를 취업자로 이행
- 현재의 비정규직 근로자를 정규직 근로자로 이행
- 현재의 정년 퇴직자를 파트타임 근로자로 이행

→ 이를 돕고, 촉진하는 노동과 복지의 다양한 정책조합을 사용하는 것이다.

(2) 동일노동에 대한 동일임금은 노동의 각 부문에 대한 배분의 효율성을 증진시킨다. 한국의 지난 경제발전방식인 수도권에의 고용집중 현상을 기반으로 해서 동일노동에 동일임금으로 이행되는 과정을 그래프를 이용해서 설명하라.

① 동질적 숙련을 가지고 있는 근로자에 대한 임금은 균등화

→ 일반적으로 시장에서는 경쟁의 힘에 의해서 동일노동에 대한 동일임금(equal pay for equal work)이 확립되는 경향이 있음

② 수도권 노동시장과 지방노동시장으로 지역을 이원화하여 하나의 그림에 나타내면 [그림]과 같음 (가로축은 수도권의 고용, 세로축은 수도권의 임금을 나타내고 수도권과 지방의 고용합계를 나타내는 고용총량을 $\overline{L}$이라고 함)

그림 **동일노동 동일임금 응용**

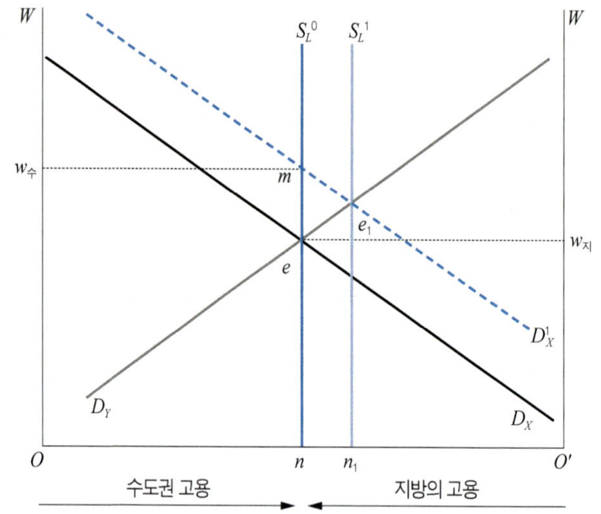

③ 수도권 그래프의 원점을 O, $\overline{L}$만큼 떨어진 곳의 점을 O'라고 하면 O'에서 O의 방향으로의 고용량은 지방의 고용을 의미하며 O'의 세로축은 지방의 임금을 나타냄

④ 노동공급곡선이 수직으로 그려져 있는데, 이는 대단히 짧은 기간 동안 각 산업에 대한 노동공급량이 고정되어 있음을 보여주는 것으로 '순간적' 또는 '아주 단기적인' 노동공급곡선을 나타내어 이를 순간적 노동공급곡선이라고 함

⑤ 수도권에서 최초의 균형은 노동에 대한 수요곡선인 D_X와 노동공급곡선인 S_L^0가 만나는 m점에서 달성되고, 지방의 최초 균형은 노동에 대한 수요곡선인 D_Y와 노동공급곡선인 S_L^0인 e에서 만남

⑥ 수도권에서의 고용집중 현상을 나타낸 그림으로 노동이동이 자유롭고, 이동비용이 거의 수반되지 않는다면 수도권의 높은 임금 수준인 mn에 유인되어 지방의 낮은 임금인 en을 받던 근로자들은 수도권으로 이동하게 되고, 그 이동은 양 부문 노동시장의 균형점인 e_1에서 멈추게 됨

⑦ 결국 동일노동에 동일임금이 확립되면 부문 간 이동은 중단되는데, 이러한 과정에서 수도권에는 고용량이 증가하게 되고 지방은 고용량이 감소하게 됨

6. **한국의 남성과 취업 여성들은 과다고용상태인 경우가 많고, 반면에 기혼여성이나 청년·고령자들은 과소고용상태에 빠져 있는 경우가 많이 있다. 이러한 노동시장의 상황을 최소근로시간 제약과 관련해서 그래프를 이용해서 설명하여라.**

1. 최소근로시간 제약과 예산선 형태

① 최소근로시간의 제약이 존재하는 경우에는 예산선이 일정구간에서 꺾이게 됨
② 특히 최소근로시간이 길수록 예산선의 더 많은 부분이 선택불가능한 영역이 되어 버림
③ 근로시간 선택에 제약이 존재하는 경우는 근로자 채용이 고정비용을 유발하고, 팀제로 운영되어 성과를 내야 하는 경우 기업은 근로시간에 제약을 부과
④ 그 결과 개인의 효용극대화 관점에서 볼 때 근로자들의 일부는 과다고용 혹은 과소고용되는 경우가 발생

그림 1 **최소근로시간 제약하의 예산선**

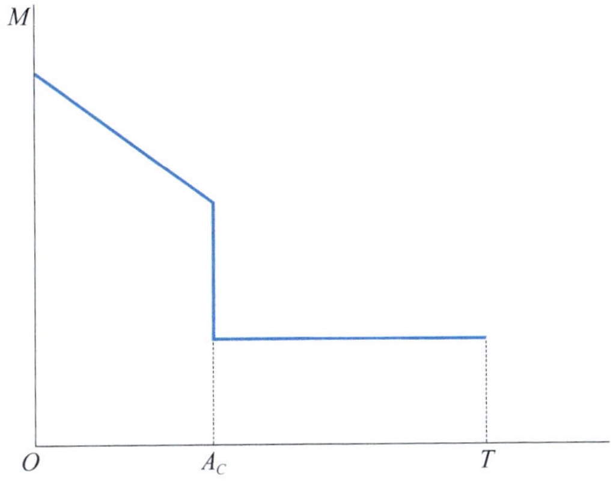

2. 최소근로시간과 과다·과소고용

(1) 과다고용의 경우

① 최소근로시간의 존재로 기업이 허용하는 여가시간이 짧은 경우 상대적으로 더 많은 사람들이 비자발적인 노동공급을 해야 함

② 장시간 근로가 만연되어 있는 한국의 노동시장에서 일단 취업한 자들인 남성과 여성들은 과다고용상태에 빠지는 경우가 일반적

그림 2 **최소고용시간과 과다고용**

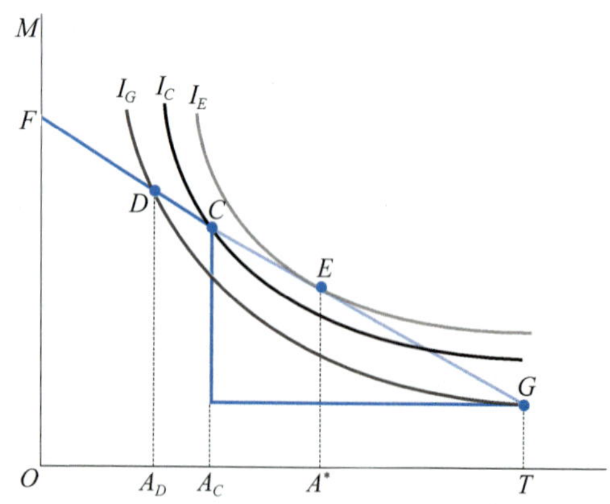

(2) 과소고용의 경우

① 최적근로시간의 존재로 일하기를 희망하지만 노동시장에 참여하지 못하는 사람들은 과소고용상태에 있게 됨

② 기혼여성이나 청년, 고령자들은 과소고용상태에 빠져 있을 가능성이 높음

그림 3 **최소고용시간과 과소고용**

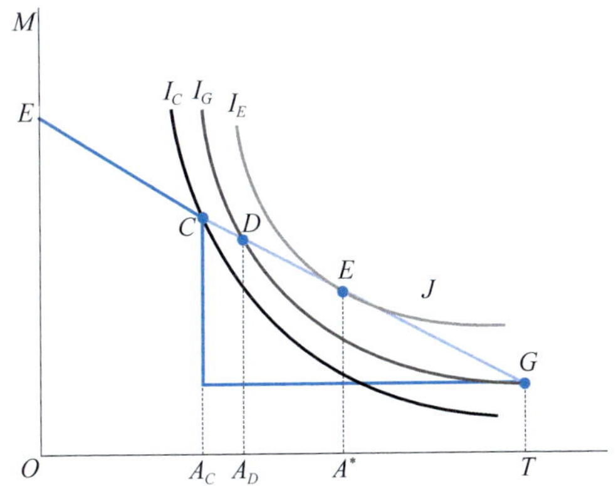

7. **대부분의 일자리는 하루에 8시간을 의무적으로 근무하는 체제를 요구하고 있다. 하루에 총 활용가능한 시간은 24시간이다. 정부는 일자리가 없는 사람에게 20의 소득을 비근로소득(V)으로 지급해준다. 기업은 근로시간당 w의 임금을 제시한다. A와 B의 두 근로자가 존재한다. 이때 근로자 A의 효용함수는 $U(\ell, C)=\ell C$이고, B의 효용함수는 $U(\ell, C)=\ell C^3$이다. (단 ℓ은 여가시간이고 C는 소비를 의미한다.) 이때 다음 물음에 답하여라.**

(1) 기업은 근로시간의 선택에 제약을 두는 이유는 무엇인가?

(2) 문제에서 주어진 정보하에 예산제약식을 구하고 그림으로 나타내어라.

(3) 시간당 임금률이 1($w_1=1$)인 경우에 A 근로자의 효용극대화 노동시간을 구하여라.

(4) 시간당 임금률이 1($w_1=1$)인 경우에 B 근로자의 효용극대화 노동시간을 구하여라.

(5) 두 근로자의 선택에서 차이가 발생하는 이유는 무엇인가?

1. 최소근로시간 제약

① 최소근로시간 제약(minimum hour constraint), 고정근로시간 제약(fixed hour constraint)이란 노동시장에서 개인의 근로시간 선택에 제약이 있는 상황

② 발생 이유

- 근로자 채용 시 고정비용이 들어가 일정 근로시간 이하로 일하는 근로자 채용을 꺼림
- 기업은 팀제 운영과 같이 함께 성과를 내야 하는 경우가 많기 때문에 모든 근로자들을 동일한 시간을 두고 일을 해야 함

2. 예산제약식

$$C=w(24-\ell)+20$$

그림 1 근로시간 제약 예산선

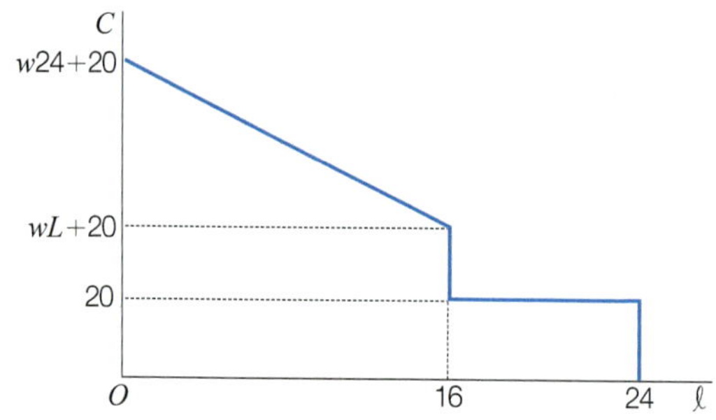

3. A근로자의 효용극대화

> (목적식) $U(\ell, C)=\ell C$
> (제약식) $C=w_1(24-\ell)+20=1(24-\ell)+20$

① 효용극대화를 위해서 한계대체율과 임금률이 같아지는 점을 구하면 다음과 같음

$$MRS_{\ell c}=\frac{C}{\ell}=w_1=1$$

② $C=\ell$이 되어 이를 예산식에 대입하면 a점인 $\ell=22$가 되지만 선택할 수 없어 b점인 $\ell=16$을 선택(노동시간은 8시간)

그림 2 A근로자의 효용극대화

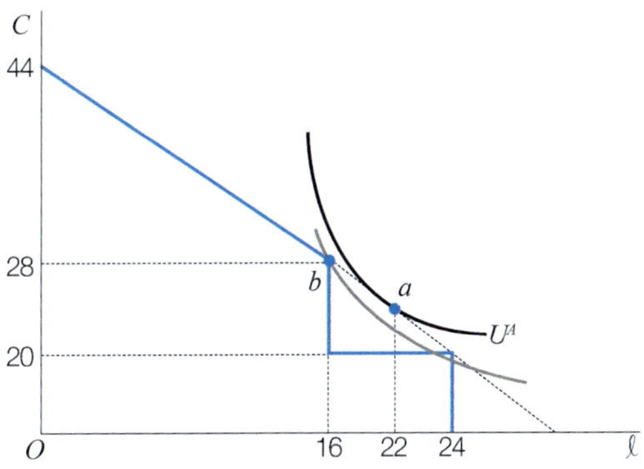

4. B근로자의 효용극대화

> (목적식) $U(\ell, C)=\ell C^3$
> (제약식) $C=w_1(24-\ell)+20=1(24-\ell)+20$

① 효용극대화를 위해서 $MRS_{\ell c}=\frac{MU_\ell}{MU_C}=\frac{C^3}{3\ell C^2}=\frac{C}{3\ell}=w_1=1$

② $C=3\ell$이 되고, 이를 예산식에 대입하면 $C=1(24-\ell)+20$이므로 $4\ell=44$, $\ell=11$

③ 따라서 여가 시간은 11시간이고, 노동시간은 13시간이 됨

그림 3 *B*근로자의 효용극대화

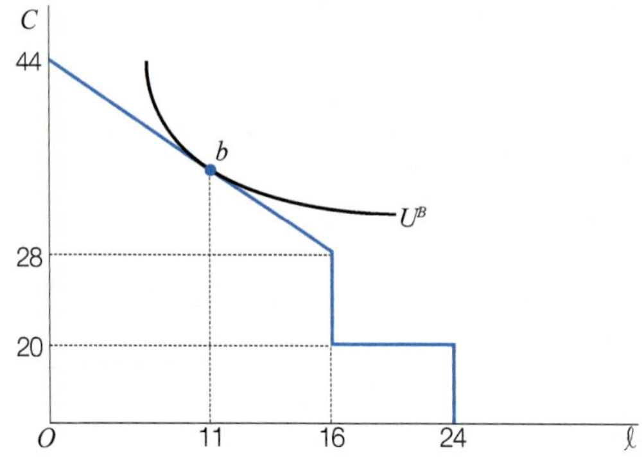

5. 두 근로자의 효용함수 차이

① 근로자 *A*의 경우는 $U(\ell, C)=\ell C$이므로, 근로자 *B*의 효용함수 $U(\ell, C)=\ell C^3$와 비교할 때 직관적으로 여가에 더 큰 가중치를 두고 있음

② 한계대체율을 구하면 $MRS^A_{\ell c}=\frac{MU_\ell}{MU_C}=\frac{C}{\ell}$이고, $MRS^B_{\ell c}=\frac{MU_\ell}{MU_C}=\frac{C^3}{3\ell C^2}=\frac{C}{3\ell}$

③ 한계대체율은 주어진 값에 대해서 $MRS^A_{\ell C}>MRS^B_{\ell C}$이므로 *A*가 여가를 더 선호하고 *B*는 소비(노동)를 더 선호

8. **정부는 근로장려세제를 통해서 노동공급을 증가시키려는 인센티브와 보조의 효과를 동시에 얻고자 한다. 따라서 다음과 같은 제안을 한다고 하자. 먼저 근로소득을 그 크기에 따라서 4구간으로 구분한다. 제1구간에서는 근로소득이 증가함에 따라서 근로소득의 일정한 비율로 보조금을 지급한다. 제2구간에서는 보조금을 일정한 수준으로 유지한다. 제3구간에서는 소득이 증가함에 따라서 일정한 비율로 보조금을 줄여 나간다고 한다. 마지막 제4구간에서는 보조금을 지급하지 않는다. 한편 이와는 별도로 정부는 제3구간 중간점 이후에서부터는 일정한 한계세율로 소득세를 부과한다고 가정하자. 이때 다음 물음에 답하여라.**

(1) 정부가 제시한 근로장려세제를 고려할 경우에 개인이 직면하는 예산선의 형태를 그림으로 나타내어라.

1. 근로장려세제 부과 시 예산선

출제 포인트 근로장려세제 도입 시 예산선의 굴절된 형태

(1) 소득세가 없는 경우 일반적인 근로장려세제

그림 1

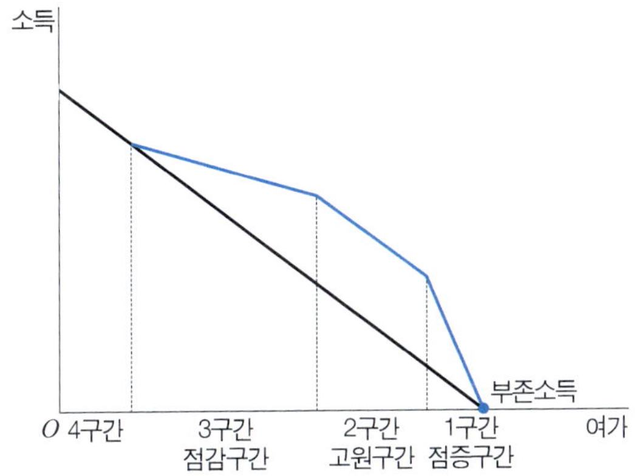

(2) 소득세가 존재하는 경우 근로장려세제

① 소득세가 부과되는 경우에 3구간과 4구간에는 다음과 같은 변화가 일어남
② 3구간인 점감구간을 쪼개면 다시 3개의 구간으로 나눌 수 있고, 4구간은 소득세가 부과됨

그림 2

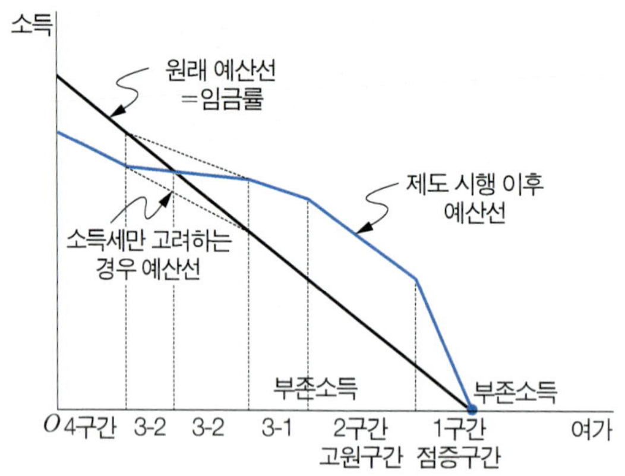

(3) 3구간

① 3-1구간은 소득세가 부과되지 않은 구간
② 3-2구간은 소득세가 부과되고 있으나, 보조금이 소득세보다 많은 구간
③ 3-3구간은 소득세보다 보조금이 적은 구간
④ 3-2와 3-3구간의 한계세율은 보조금이 줄어드는 비율과 소득세율의 세율을 합한 값

(2) 각 구간에서 개인의 노동공급에 어떤 유인이 작동하는지를 설명하여라. 이때 같은 구간일지라도 세부 구간으로 구분할 필요가 있다면 구간을 좀 더 세분화해서 나누어 설명하여라.

출제 포인트 근로장려세의 구간별 노동공급에 미치는 효과

1. 구간 1 : 점증구간

① 1구간에서는 임금률이 상승
② 대체효과는 노동공급을 증가
③ 소득효과는 보조금 지급으로 인해 실질소득의 증가로 노동공급 감소
④ 결론적으로 대체효과와 소득효과는 반대로 작용
⑤ 저소득자가 이곳을 선택하게 되면 '대체효과>소득효과'로 노동공급이 증가할 가능성이 높음

2. 구간 2 : 고원구간

① 임금률이 제도 도입 이전과 동일
② 대체효과는 영향이 없음
③ 소득효과는 실질소득 증가로 노동공급 감소

3. 구간 3 : 점감구간

■ 3-1구간
① 소득이 증가함에 따라서 보조금이 감소
② 개인의 임금률을 낮추는 것과 동일한 효과
③ 대체효과는 노동공급 감소
④ 소득효과는 보조금으로 제도 시행 이전보다 소득 증가해 노동공급 감소
⑤ 대체효과와 소득효과 모두 노동공급 감소
■ 3-2구간
① 소득세의 영향으로 임금률이 더욱 낮아짐
② 대체효과가 더욱 크게 작용해 노동공급 감소
③ 소득효과는 보조금이 소득세를 초과해 순효과는 소득 증가해 노동공급 감소
④ 대체효과와 소득효과 모두 노동공급 감소

■ 3-3구간

① 대체효과는 임금률 하락으로 노동공급 감소

② 소득효과는 보조금보다 소득세가 커서 순효과는 소득 감소해 노동공급 증가

③ 대체효과와 소득효과의 크기에 따라서 결과는 달라짐

4. 구간 4

① 소득세만 부과한 것과 같은 효과

② 대체효과 : 임금률이 낮아져 노동공급 감소

③ 소득효과 : 실질소득 감소로 노동공급 증가

(3) 근로장려세제가 전형적인 복지 프로그램(현금보조방식)과 어떤 점에서 차이가 있는지 설명하여라.

1. 전형적인 복지급여 프로그램 : 현금보조금

① 예산선의 형태

② 현금보조 프로그램은 일을 하지 않거나 혹은 일을 할 수 없는 사람들에게 보조금을 제공

③ 보조금의 제공은 근로유인을 크게 감소시켜 프로그램 참가자가 노동시장에서 이탈할 가능성이 높아짐

2. 근로장려세제 프로그램

① 근로자에게 보조금을 주는 정책

② 노동시장에 진입한 근로자의 순임금을 증가시키는 것으로 단순히 현금보조금 제공이 아님

③ 결과적으로 근로유인을 크게 증가시켜 수급자격을 갖춘 사람이 노동시장에 참가할 가능성이 높아짐

> **(4)** 정부의 이러한 제안을 실제로 정책에 반영할 경우에 도입 취지와 한계와 고려해야 할 사항은 무엇이 있겠는가? 근로장려세제가 도입되었을 때 효과를 실증분석하기 위해서 필요한 자료 수집에서 유의해야 할 점은 무엇인가?

1. 근로장려세제의 도입 취지와 이론적 분석

① 보조금 지급으로 인한 노동공급 감소(근로의욕 감소)를 억제하는 방안
② 근로의욕과 더불어 저소득층의 경제적 지위를 향상시키는 접근 방식
③ 근로장려세제는 경제활동에 참가하는 근로자의 수를 증가시킴[3)]
④ 근로장려세제 도입 이전부터 노동시장에서 일을 하고 있는 근로자들의 노동시간을 변화시킬 수 있음[4)]

2. 근로장려세제 설계 시 고려해야 할 사항

① 노동공급 능력이 없는 사람에게는 별 도움이 되지 않음
② 이 제도만으로는 최저생계비를 유지하지 못하는 사람들이 나타날 가능성이 있음
③ 점감구간에 있는 사람들이 점증구간에 있는 사람들보다 생산성이 높은 사람들이므로 점증구간, 고원구간, 점감구간을 어느 곳에 설정하는지 중요
④ 정책목표를 달성하는 데 필요한 예산을 검토

3. 근로장려세제 도입 실증분석 시 주의사항

① 실증연구에 의하면 근로장려세의 도입으로 많은 사람들은 새롭게 노동시장에 참여하도록 유도했다는 증거가 제시
② 통제집단의 필요
③ 통제집단은 처지집단(*EITC* 혜택을 받은 그룹)과 같은 종류의 인구통계학적 변화와 거시경제효과를 겪었지만 *EITC*의 제공 혜택을 받지 못한 일련의 근로자 집단으로 배우자가 없는 여성 중에서 자녀가 없는 여성들이 여기에 해당함

---

3) 노동시장에 참가하여 근로를 제공한 근로자에게만 세금환급 혜택이 주어지기 때문에 이 프로그램의 혜택을 받기 위해서 좀 더 많은 사람이 노동시장에 진입한다.

4) 근로장려세제가 근로시간을 줄이도록 근로자들에게 동기를 부여하게 된다. 그러나 순임금률의 변화는 소득효과와 대체효과를 모두 발생시키므로 근로시간에 미치는 영향은 두 효과의 상대적 크기에 따라서 달라진다.

④ 이중차분추정(difference-in-differences estimator) 방식 활용[5)]

	*EITC*발효 이전 경제활동참가율(%)	*EITC*발효 이후 경제활동참가율(%)	차분 (%)	이중차분 (%)
처치집단 : *EITC* 수급자격이 있는 집단(한 명 이상의 자녀가 있으며, 배우자가 없는 여성)	72.9	75.3	2.4	2.4
통제집단 : *EITC* 수급자격이 없는 집단 (자녀가 없으며 배우자가 없는 여성)	95.2	95.2	0	

5) 이중차분추정은 어떤 정책 변화 혹은 경제적 충격이 노동시장에 미치는 영향을 추정하는 방법론으로 최근 들어 매우 많이 사용되고 있다. 이중차분추정방법은 어떤 특정한 사건이 노동시장을 어떻게 변화시켰는지 측정하는 데 있어서 용이한 방법을 제공한다. 그러나 동시에 추정결과의 신뢰성은 처치집단과 통제집단의 추세에 영향을 미칠 수 있는 '다른 모든 요인의 영향을 제거할 수 있도록 얼마나 정확하게 통제집단을 선정하였는지의 여부에 달려있다는 점'을 주의 깊게 인식해야 한다.

9. **작은 주택에 살고 있는 A와 B는 결혼을 하여 모두 여가와 노동에 하루 16시간을 사용할 수 있다고 한다. 이들의 목표는 부부효용의 극대화이다. 이때 다음 물음에 답하여라. (단 가로축은 가계 생산에 사용한 시간, 세로축은 화폐로 나타낸 소비액으로 나타낸다.)**

(1) A의 시간당 임금이 B의 시간당 임금보다 높다고 가정한다. 이때 예산선과 결합 효용함수를 나타내어 보시오.

(2) 인플레이션이 발생해서 소비재의 평균가격이 상승했다고 하자. 만일 임금이 변하지 않았다면 인플레이션은 노동공급에 어떤 영향을 미쳤겠는가? 이때 인플레이션은 A와 B의 상대적 노공공급에 어떤 영향을 미치게 되는가? S_1^A은 A의 과거 노동공급, S_2^A는 A의 현재 노동공급, $\theta^A = \frac{S_2^A - S_1^A}{S_1^A}$은 A의 노동공급의 상대적인 변화를 각각 나타낸다고 한다. θ^A과 θ^B은 어떻게 될 것으로 예상할 수 있나?

1. 가계 예산선

그림

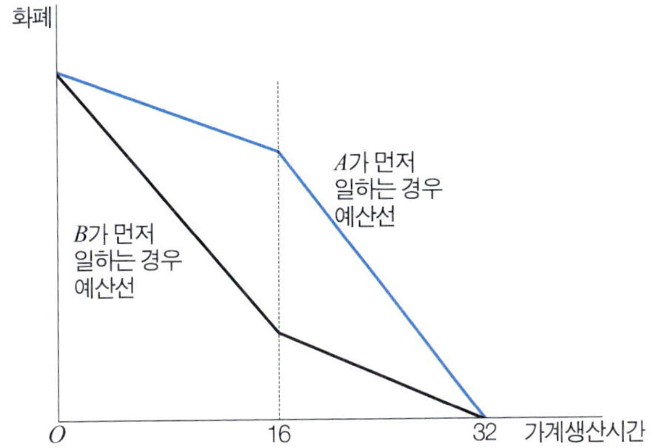

2. 결합 효용함수

두 사람의 효용함수를 결합하는 방법으로 가중치를 고려해 합하는 방식이 가장 기본적인 형태가 됨

$SW=f(\alpha U_A, \beta U_B)$

3. 인플레이션으로 소비재 평균가격 상승 효과

(1) 공동 예산선에 미치는 영향

두 사람의 임금률이 변하지 않았으므로 수직축의 절편은 동일

(2) 공동 무차별곡선에 미치는 영향

인플레이션으로 수직축의 화폐에 대한 소중함이 감소하게 되어 무차별곡선은 좀 더 가파른 기울기로 변화

(3) 결합 노동공급에 미치는 영향

예산선은 불변인데, 무차별곡선이 가파르게 되어 여가 소비 증가하고, 노동은 감소

4. 인플레이션이 노동공급에 미치는 상대적 효과

: A는 시장에 참여하고, B는 시장에 참여하지 않는 경우를 상정

(1) *A*만 시장에 참여하고, *B*는 시장에 참여하지 않는 경우

① 인플레이션이 노동공급을 감소시키게 되므로 $S_1^A > S_2^A > 0,\ S_1^B = S_2^B = 0$

② 노동공급의 상대적인 변화는 $\theta^A = \dfrac{S_2^A - S_1^A}{S_1^A} < 0,\ \theta^B = \dfrac{S_2^B - S_1^B}{S_1^B} = 0$이므로 $\theta^A < 0 = \theta^B$

(2) *A*가 시장에 참여하고, *B*도 시장에 참여하는 경우

① 인플레이션이 노동공급을 감소시키므로 $S_1^A > S_2^A > 0,\ S_1^B > S_2^B > 0$

② 노동공급의 상대적인 변화는 $\theta^A = \dfrac{S_2^A - S_1^A}{S_1^A} < 0,\ \theta^B = \dfrac{S_2^B - S_1^B}{S_1^B} < 0$이므로, $\theta^A < \theta^B$일 수도 있고 $\theta^A > \theta^B$일 수도 있음

10. 다음은 베커의 가계생산이론에 의한 저출산의 경제적 영향에 대한 문제이다. 다음의 가정을 기반으로 물음에 답하라.

> 시장구입재화를 x로 표시하고, 가사노동시간을 H로 표현하면, 가계생산함수는 다음과 같이 나타낼 수 있다.
>
> $$Z=f(H, x)$$
>
> 단순화를 위해서 두 가정재(Z_1, Z_2)만을 생산하고, 소비한다고 가정한다. 이때, Z_1은 시간집약적인 가정재이고, Z_2는 재화집약적인 가정재라고 하자.
> 어머니는 두 가정재인 Z_1, Z_2를 소비하고, 노동공급 L을 하여 소득 M과 x_1, x_2라는 시장재를 각각 P_1, P_2의 가격으로 구입한다고 하자. 또한 H_1은 Z_1생산에 투입된 시간이고, H_2는 Z_2생산에 투입된 시간이라고 한다.

(1) 시간집약적인 가정재와 재화집약적인 가정재란 무엇인지 예를 들어 설명하라.

① 시간집약적(time-intensive) 가정재는 주부의 가사노동이 많이 필요한 것

예 자녀 수는 주부의 임신기간과 양육기간 등 주부의 시간을 상당히 필요로 함

② 재화집약재(goods-intensive) 가정재는 시장에서 구입하는 재화를 주로 사용하는 것으로 여행을 들 수 있음

예 가족의 비행기 여행은 비행기 표 구입과 가족의 여행시간 투입으로 생산되는 여가소비 관련 가정재인데 이 경우 비행기 표라는 시장재화의 구입은 시간 투입보다 상대적으로 더 중요하기 때문에 재화집약적 가정재라고 할 수 있음

$$Z_1(\text{자녀 수 ; 시간집약적 가정재})=f_1(H_1,\ x_1)$$
$$Z_2(\text{여가 관련 가정재 ; 재화집약적 가정재})=f_2(H_2,\ x_2)$$

③ x_1, x_2는 시장에서 구입되는 재화로, x_1은 자녀 수와 관련되어 구입된 분유, 이유식, 유모차, 장난감, 책, 옷 등이며, x_2는 비행기 표가 됨

④ H_1은 Z_1에 투입된 시간, H_2는 Z_2 생산에 투입된 시간을 의미

⑤ H_1은 자녀를 감독하고 자녀와 같이 놀아주며 동화책을 읽어주는 시간, H_2는 여행시간에 해당

참고

가정재 생산의 총생산물곡선

x_1의 양이 고정되어 있을 경우, H의 투입이 증가할수록 노동의 한계생산물체감의 법칙이 작용하는 Z_1의 총생산물곡선(TP_{Z_1})과 마찬가지를 상정한 Z_2의 총생산물곡선은 [그림]과 같다.

그림 생산함수 : 시간집약적 가정재 vs. 재화집약적 가정재

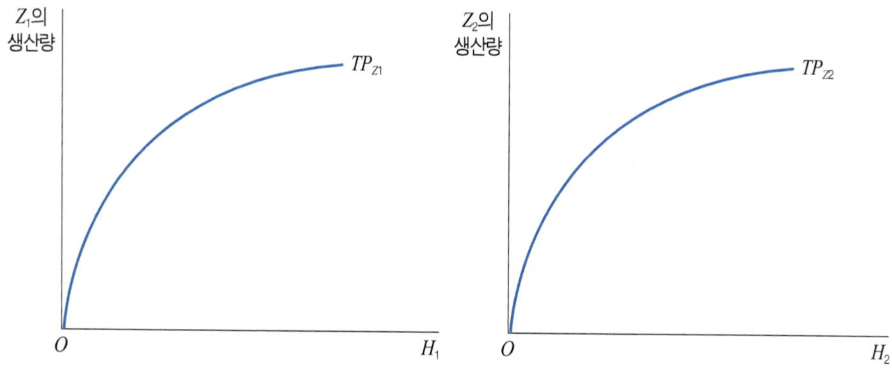

(2) (Z_1, Z_2)의 평면에 어머니의 효용함수와 예산제약식을 세우고, 효용극대화를 그림을 통해 설명하라.

1. 효용함수

① 가계에서 두 가정재인 Z_1, Z_2만 생산하고 소비한다고 가정할 때, 기혼여성의 효용함수는 다음과 같이 나타낼 수 있음

$$U=U(Z_1,\ Z_2)$$

(Z_1은 자녀 수를 의미하고, Z_2는 여가소비 관련 가정재를 의미)

② 효용함수는 무차별곡선으로 나타낼 수 있고, 가로축을 Z_1, 세로축을 Z_2로 표시해 나타냄

2. 예산제약조건

① 노동공급을 L이라고 할 때, 소득 M으로 x_1, x_2라는 시장재를 P_1, P_2의 가격으로 구입
② H_1은 Z_1 생산에 투입된 시간, H_2는 Z_2생산에 투입된 시간이라고 할 수 있음

총시간 제약조건 : $T=L+H_1+H_2$

③ 어머니의 노동시간은 $L=T-H_1-H_2$가 되고, 두 가정재의 생산에 투입하는 시간을 선택한 후 남는 시간이 노동시간이 됨
④ 효용극대화하는 H_1, H_2는 결국에는 Z_1, Z_2를 선택하는 문제와 같음
⑤ 이때 생산가능곡선이 예산선의 선택 가능한 영역이 되고, 무차별곡선은 우하향하여 원점에 대해서 볼록한 형태가 됨

(3) 어머니의 생산가능곡선을 그림으로 나타내어라. 단, 그림에는 4사분면을 활용해서 (Z_1, Z_2, H_1, H_2)의 평면에 표시해야만 한다.

그림 **어머니의 생산가능곡선**

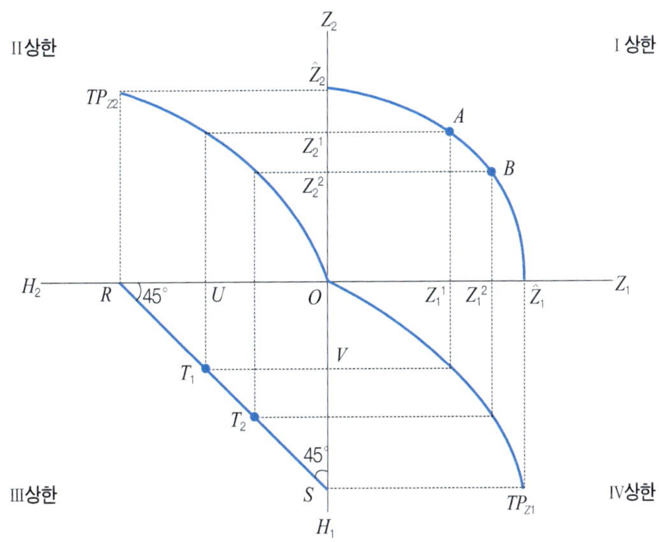

(4) 우리나라의 경우 1970년대와 달리 2023년의 출산률 저하가 미치는 효과를 위의 그래프를 이용해서 설명하라. 이러한 인구 감소 문제를 해결하기 위한 방안을 모형을 통해서 제시하라.

1. 출산율 저하 분석

(1) 출산율 저하와 생산가능곡선 변화

지난 45년간 가계생산방식에 큰 변화가 진행되어 생산의 기술적 효율성에 영향을 미치는 요인들이 크게 변화

- 여성의 결혼 나이 및 첫 아이를 출산하는 나이
- 아이를 부양할 남편의 소득창출능력과 일자리
- 자녀를 키우는 보육비용
- 결혼 후 살 주거공간, 그리고 아이들의 성장에 따른 장래 집의 확장 가능성
- 장래 자녀의 교육
- 개인주의 시대, 자식이 부모를 돌보지 않으므로 본인이 노후생활에 도움 주는 연금
- 아이 출산을 억제하는 저렴한, 양질의 피임기구의 이용 가능성

  → 이러한 요인들은 생산가능곡선을 TP_{Z_1}에서 TP_{Z_2}'으로 하방 이동시킴

그림 1 출산율 저하와 생산가능곡선 변화

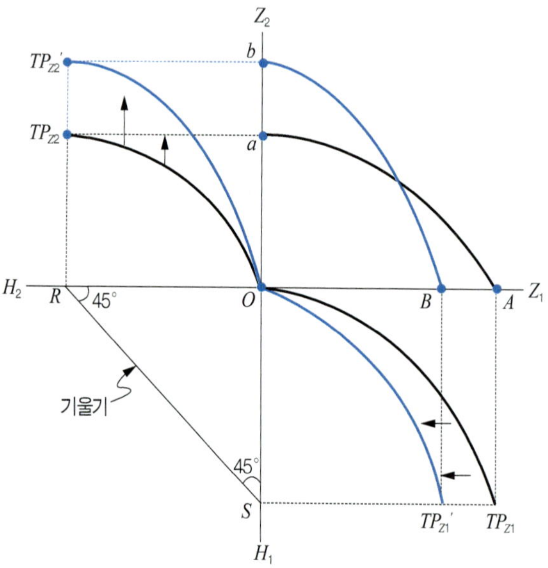

(2) 출산율 감소하의 효용극대화

① 1970년대 효용극대화는 무차별곡선 U_0와 생산가능곡선 Aa가 접하는 점 G에서 이루어짐

② 오늘날의 생산가능곡선은 Bb와 U_1이 접하는 E에서 이루어짐

③ 오늘날이 과거보다 재화집약적인 가정재가 훨씬 더 많이 생산·소비되며, 시간집약적 가정재(자녀 수)는 훨씬 더 적게 생산·소비되고 있음

④ 오늘날 Z_1, Z_2의 생산에 투입되는 시장재인 x_1, x_2는 상대적으로 풍부해지고, 투입되는 시간인 H_1H_2는 상대적으로 귀중하게 됨

⑤ 임금 상승으로 시간의 가격이 상승하고, 시장구입재가 대량으로 싸게 공급되어 값비싼 시간을 많이 사용해야 하는 시간집약적 가정재인 Z_1은 상대적으로 적게 생산됨

⑥ 시간의 가격인 임금이 상승하고 자녀 수 관련 기회비용이 증가함과 동시에 생산가능곡선이 Aa에서 Bb로 변함에 따라서 상대적으로 비싸진 Z_1의 생산과 소비를 줄이고, 상대적으로 싸진 Z_2의 생산 및 소비를 늘리게 되어 높은 효용수준을 달성하게 됨

그림 2 출산율 감소가 효용에 미치는 영향

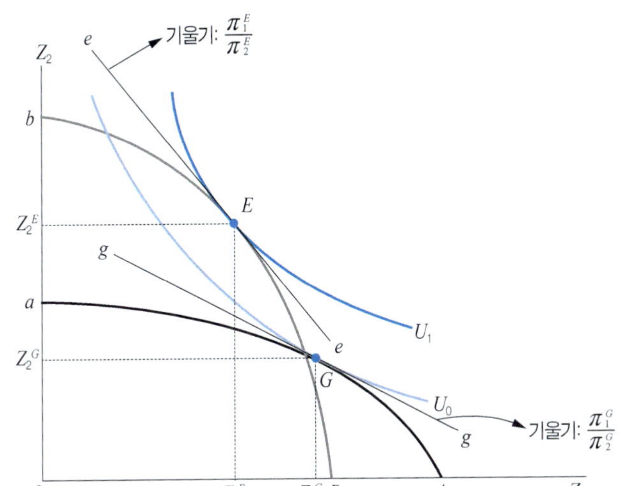

2. 자녀선택 모형에 입각한 인구 감소 대책 방안

① 현재 어머니 생산가능곡선은 Bb이고, 효용극대화점은 E로 생산가능곡선의 TP_{Z_1}'로 하방 이동된 곡선을 상방 이동하도록 제도를 개선해야 함

② 생산가능곡선이 Cc로 이동하게 되면 효용극대화점도 E에서 N으로 바뀌게 되는데, 자녀 수의 기회비용을 낮추는 것임

그림 3 자녀선택 모형과 인구 감소 대책

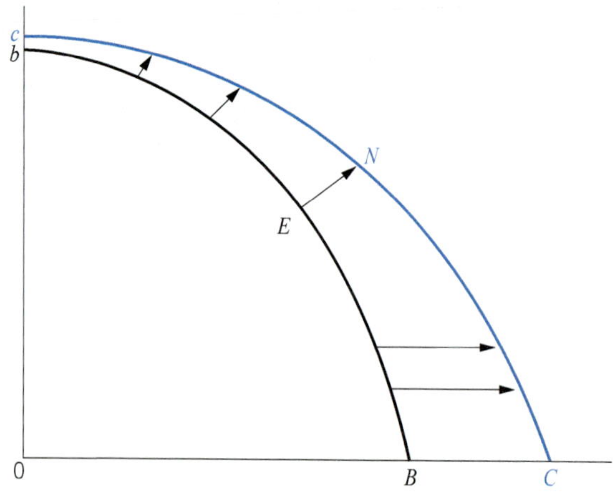

③ 그 결과 인구 감소는 서서히 완화될 수 있음

참고

인간존중 결혼제도를 위한 제도개혁

제도개혁을 추진해 나갈 때 공유해야 하는 비전은 인간존중의 결혼제도 만들기이다.

오늘날의 만혼, 즉 33세가 넘어 결혼하는 것은 반인간존중 결혼이다. 인간존중의 결혼을 위해서는 몇 가지 제도개혁이 필요하다.

결혼지연, 만혼, 노산, 초저출산, 청년인구 감소의 가장 큰 원인으로는 반인간존중의 교육제도, 반인간존중의 주택제도를 들 수 있다. 이러한 근원적인 구조적 문제들을 해결하지 않고는 양육 지원, 보육시설 확충, 육아휴직제 도입, 경력단절 회피 노역기업에 대한 지원, 사교육비 경감대책으로 사이버 교육 등 고교수능교육 지원, 사교육비 경감의 다양한 입시제도를 가진 대학 지원, 신혼부부를 위한 임대주택 제공에 아무리 돈을 쏟아부어도 백약이 무효일 것이다. (조우현, 새로운 노동경제학 인용)

11. 다음은 가구 생산 모형에 대한 내용이다. 물음에 답하시오.

(1) 두 명의 가구원으로 구성된 결혼한 부부는 각각 하루 24시간 중에서 여가에 14시간을 할애하고 남은 10시간을 직장노동과 가구노동에 투입한다. *A*의 직장노동 시간당 임금은 20, 가구생산 시간당 임금은 10이고, *B*는 각각 15와 25로 주어져 있다. 이때 두 사람이 미혼일 때와 결혼해서 공동 생산할 경우의 생산가능곡선인 기회 집합을 그래프로 나타내시오. 단, 공동 생산인 경우에는 비교우위를 반영한다.

예시 목차

1. 모형의 가정

가구생산모형을 위한 생산가능곡선을 나타내기 위해서 다음과 같은 상황을 가정

① 두 명의 가구구성원 *A*와 *B*가 존재

② 두 사람은 각각 24시간 중에서 14시간은 여가로 사용하여 직장노동과 가사노동에 투입할 수 있는 시간은 10시간으로 제한

③ *A*의 직장노동 임금은 20, *B*는 15

④ 두 사람의 공동효용함수는 원점에 볼록한 우하향하는 형태

2. 생산가능곡선과 기회집합

(1) 개별생산가능곡선

① *A*가 미혼인 경우에 생산가능곡선의 형태는 10시간을 전부 가구생산에 투입하면 가구생산(*h*)은 100을 생산할 수 있고, 노동시장에 배분하면 소비(*c*)는 200을 생산할 수 있음

② *B*가 미혼인 경우 생산가능곡선은 수평축인 가구생산이 250이고 수직축인 소비가 150이 됨

그림 *A*의 생산가능곡선

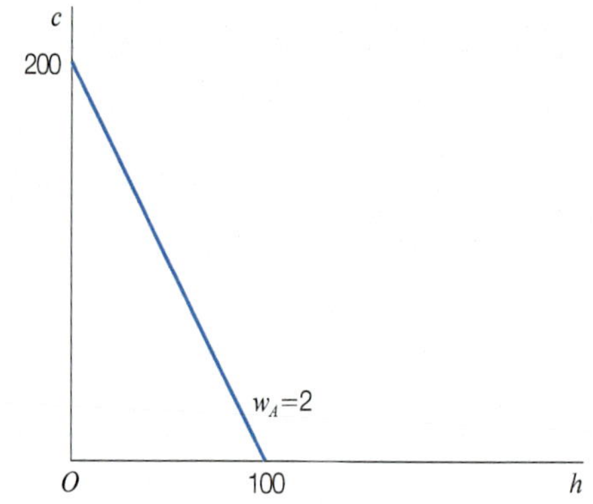

그림 *B*의 생산가능곡선

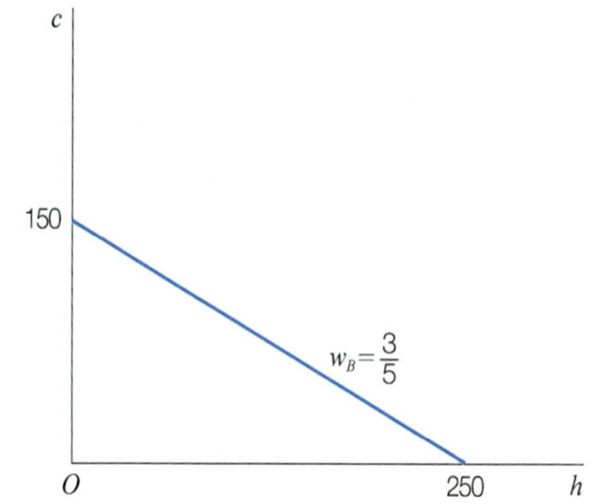

(2) 공동생산가능곡선

① A와 B가 결혼해서 부부가 되어 하나의 가구를 이루면, 미혼일 때의 생산가능곡선에 제약을 받지 않게 됨
② 둘 중 비교우위가 있는 부문에서 전문화하여 생산성이 향상되므로 가구의 기회집합이 더욱 확대됨
③ 둘이 모두 가구생산에 시간을 배분하면 A는 100을, B는 250을 생산해 총합은 350의 가구생산(h)를 선택할 수 있게 됨(e점에 해당)
④ 둘이 모두 노동시장에 시간을 배분하면 A는 200, B는 150을 생산해 총합은 350의 소비(c)를 선택할 수 있게 됨(g점에 해당)
⑤ 이를 [그림]으로 나타내면 부부 가구의 기회 집합인 생산가능곡선은 efg가 되고, 두 영역으로 구분
⑥ 기회비용 측면에서 A가 B보다 직장생산에 의한 소비에 우위가 있기 때문에, 먼저 가구생산에 투입시간을 포기하고 직장생산에 시간을 투입. 따라서 생산가능곡선은 가파른 ef영역이 형성. 이후에 f점을 넘어서게 되면 B도 직장생산에 시간을 투입
⑦ W_A는 상대임금으로 생산가능곡선의 기울기를 의미

그림 A와 B로 구성된 공동 기회집합(생산가능곡선)

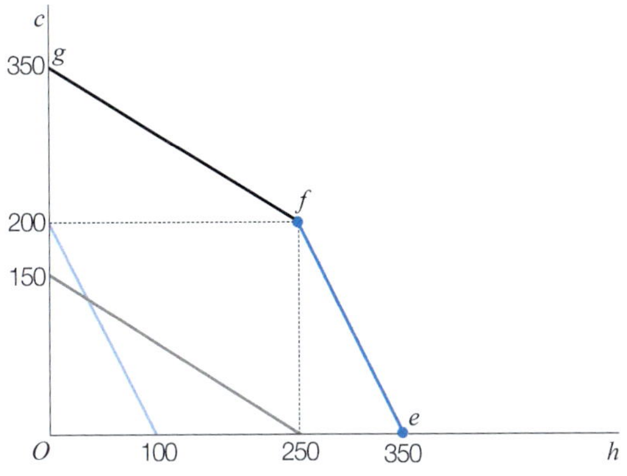

⑧ 생산가능곡선 efg에서 상대적으로 기울기가 가파른 영역 ef에서는 B의 경우 모든 시간을 h생산에 투입하고, A는 h, c 모두에 시간을 배분하고 있으며, 상대적으로 기울기가 완만한 영역 fg에서는 A는 모든 시간을 c 생산에 투입하고, B는 두 부문에 시간을 배분하는 상황

(2) 두 가구원의 공동 효용함수를 고려하여 직장노동, 가구노동에 대해서 어떻게 역할을 분담하게 되는지 그래프를 이용해서 설명하시오.

예시 목차

1. 무차별곡선의 형태가 가파른 경우
2. 무차별곡선의 형태가 완만한 경우
3. 무차별곡선의 형태가 적절한 경우

1. 무차별곡선 형태가 가파른 경우 : $MRS_{hc}=w_A>w_B$

A는 노동시장 부문과 가구생산 부문에 모두 배분하고, B는 가구생산 부문에 전문화하는 경우 효용극대화는 생산가능곡선의 가파른 영역에서 달성

그림 공동 효용극대화 조건 : 무차별곡선이 가파른 경우

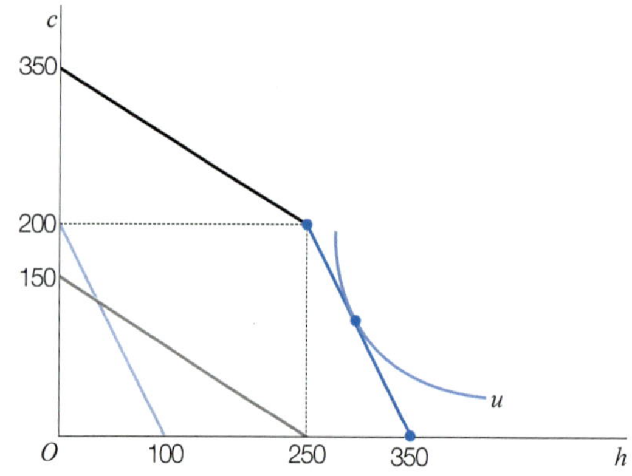

2. 무차별곡선 형태가 완만한 경우 : $w_A > MRS_{hc} = w_B$

A가 가구생산 부문에 전문화하고 B는 노동시장 부문과 가구생산 부문에 모두 배분하는 경우 효용극대화는 생산가능곡선의 완만한 영역에서 달성

그림 **공동 효용극대화 조건 : 무차별곡선이 완만한 경우**

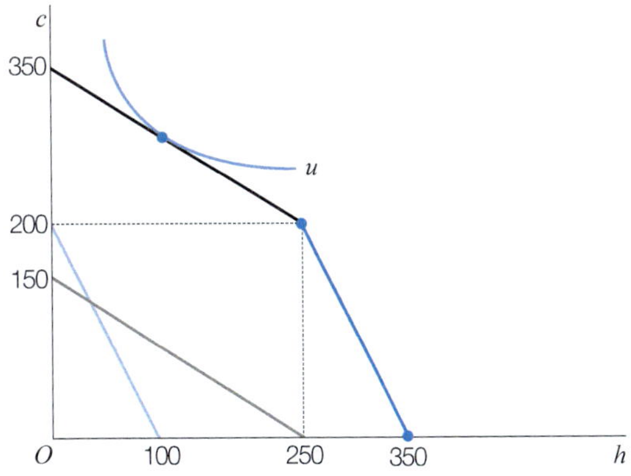

3. 무차별곡선 형태가 적절한 기울기인 경우 : $w_A > MRS_{hc} > w_B$

*A*가 노동시장 부문에 전문화하고 *B*는 가구생산 부문에 전문화하는 경우 효용극대화는 생산가능곡선의 굴절된 부분에서 효용극대화 달성

그림 **무차별곡선이 적절한 기울기인 경우**

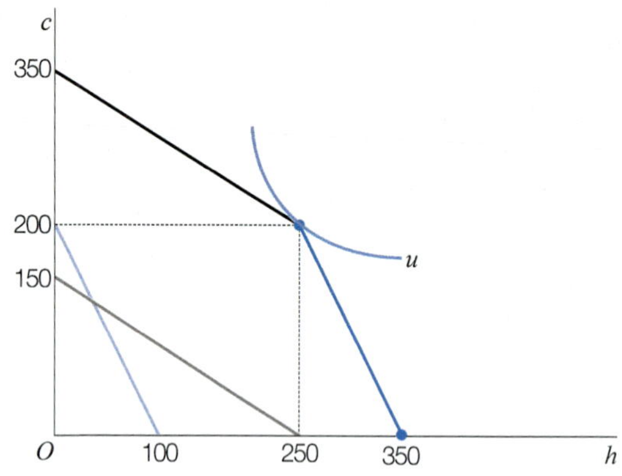

(3) A의 임금률이 상승하는 경우와 B의 가구생산성이 향상하는 경우 어떤 변화가 생기는지 그래프를 이용해서 설명하시오.

예시 목차
1. A의 임금률 상승이 미치는 효과
2. B의 가구생산성 향상이 미치는 효과

1. A의 임금률 상승 효과

① 만일 A의 임금률이 상당히 높은 수준으로 증가하는 경우 기회집합의 기울기는 가파른 영역이 더욱 가파르게 됨. 임금의 상승은 A가 가구생산 부문에서 빠져나와 노동시장으로 전문화하도록 함

② A가 가구생산 부문에 전문화해서 가구의 기회집합을 확장 가능하게 됨

③ 이를 [그림]으로 나타내면 두 사람의 결합된 효용수준은 증가하며(u_0에서 u_1으로), A는 직장생산에 전문화하고, B는 가구생산에 전문화

그림 A의 임금률이 상승하는 경우

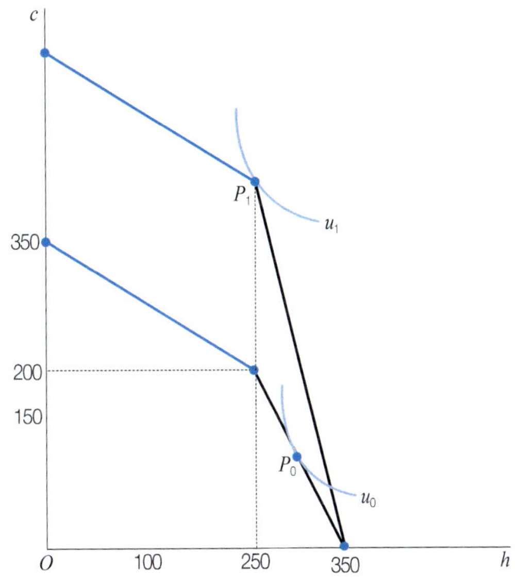

2회 모의고사 노동의 수요공급곡선의 응용

2. *B*의 가구생산성의 향상 효과

① 변화 전에 *A*는 노동시장에 전문화하고 *B*는 양쪽 부문에 시간을 배분하고 있는 경우를 상정

② 이때 *B*의 가구생산 부문에서 생산성이 놀라울 정도로 향상되는 경우 *B*의 생산가능곡선은 수직축은 그대로 있으면서 완만하게 밖으로 이동

③ 따라서 부부의 기회집합은 우측으로 확장하는 형태

④ 이를 [그림]으로 나타내면 새로운 균형점에서는 *B*가 가구생산에만 전문화하게 됨

그림 *B*의 가구생산성 향상 효과

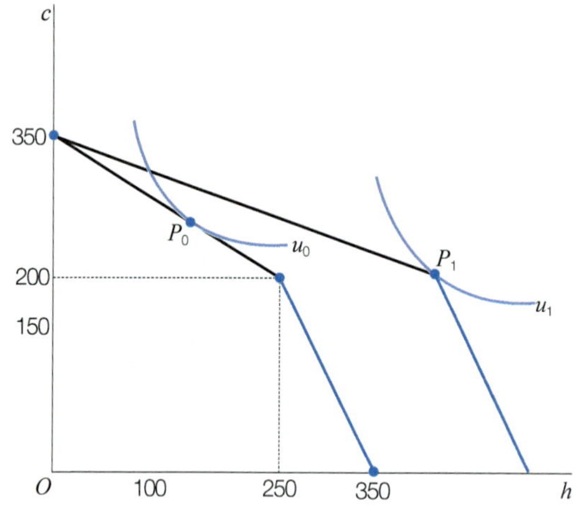

12. 소득-여가 선택모형을 이용하여 근로자의 노동공급 결정에 관한 다음 물음에 답하시오.

(1) 근로자의 효용은 소비(C)와 여가(L)를 통해서 얻고 효용함수는 $U(C, L)=2CL$이라고 가정하자. 이 근로자에게 주어진 기간 동안 최대 여가시간은 100시간이고, 근로시간과 관계없이 정부로부터 현금보조금(V)을 받을 경우, 유보임금(reservation wage)을 구하고 시장에서 제시되는 임금수준이 1이라고 할 때 정부 보조금의 크기가 얼마가 될 경우에 일을 하지 않게 되는지 그래프를 이용해서 설명하시오.

예시 목차

1. 모형의 설정
2. 유보임금
(1) 유보임금 개념
(2) 유보임금의 측정 (문제의 해결)
3. 유보임금 변화와 노동공급
(1) 유보임금과 근로결정
(2) 보조금지급과 노동공급의 변화
(3) 문제의 적용

1. 모형의 설정

문제에서 제시된 정보를 이용하여 효용극대화를 추구하는 근로자의 목적식과 제약식을 나타내면 다음과 같음(단, W는 시간당 임금률을 의미)

$$(\text{목적식})\ Max\ U(C, L)=2CL$$
$$(\text{제약식})\ C=W(100-L)+V$$

2. 유보임금

(1) 유보임금의 개념

유보임금(reservation wage)이란 근로자가 최소한 받고자 하는 임금으로 가용한 시간을 전부 여가에 사용할 때의 한계대체율을 의미

(2) 유보임금의 측정(문제의 해결)

① 효용함수를 이용한 무차별곡선의 접선의 기울기인 한계대체율을 구하면 다음과 같음

$$MRS_{LC} = \frac{MU_L}{MU_C} = \frac{2C}{2L} = \frac{C}{L}$$

② 따라서 가용한 최대의 여가시간은 $L=100$이고, 이때 정부에게 비근로소득인 현금보조금을 V만큼 받게 되므로 $C=V$

③ 유보임금(W_R)은 $(L, C)=(100, V)$에서의 한계대체율의 크기이므로 $W_R = \frac{V}{100}$

④ 이를 그래프로 나타내면 다음과 같음

그림 **유보임금과 무차별곡선**

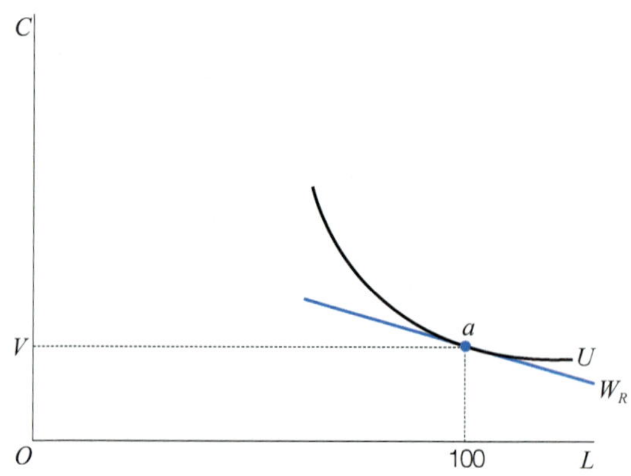

3. 유보임금과 근로의 시작

(1) 유보임금과 근로결정

① 근로자는 시장에서 제시되는 임금이 유보임금보다 크게 되면 노동에 참여
② 반면에 시장에서 제시되는 임금이 유보임금보다 작게 되면 계속 여가만 선택하고 비경제활동인구로 남게 됨

(2) 보조금지급과 노동공급의 변화

유보임금이 $W_R = \frac{V}{100}$이므로 정부의 현금보조금 V가 증가하면 유보임금은 높아지게 됨

(3) 문제의 해결

① 문제에서 제시된 정보에 의하면 근로자는 시장에서 제시되는 임금 수준이 유보임금보다 커야 노동시장에 참여
② 따라서 $W = 1 > W_R = \frac{V}{100}$이 성립하므로 보조금의 크기가 $V>100$인 경우 노동을 하지 않게 됨

(2) 근로자의 효용함수는 $U(C, L)=2CL$이고, 임금률은 W라고 한다. 비근로소득인 V가 존재하는 경우와 존재하지 않는 경우로 나누어 임금률 증가시 노동공급에 미치는 효과를 그래프로 활용하여 설명하시오.

예시 목차

1. 최적고용량의 결정
2. 임금률 증가와 노동공급
(1) 비근로소득이 존재하지 않는 경우
(2) 비근로소득이 존재하는 경우
3. 그래프를 이용한 설명
(1) 비근로소득이 존재하지 않는 경우
(2) 비근로소득이 존재하는 경우

1. 최적고용량의 결정

① 효용극대화를 추구하는 근로자의 목적식과 제약식은 다음과 같음

$$(\text{목적식})\ Max\ U(C, L)=2CL$$
$$(\text{제약식})\ C=W(100-L)+V$$

② 이때 최적고용량과 여가수준은 무차별곡선의 접선의 기울기인 한계대체율과 임금률이 같아지는 수준

③ $MRS_{LC} = \dfrac{MU_L}{MU_C} = \dfrac{2C}{2L} = \dfrac{C}{L}$이므로 최적수준은 $\dfrac{C}{L} = W$가 성립

→ 이를 예산식에 대입하면 $WL=W(100-L)+V$

→ 식을 정리하면 $2WL=100W+V$가 되어 $L = 50 + \dfrac{V}{2W}$가 성립

→ 노동공급곡선은 $H^S = 100 - \left(50 + \dfrac{V}{2W}\right)$

2. 임금률 증가와 노동공급

(1) 비근로소득이 존재하지 않는 경우

① 만일 정부가 제공하는 비근로소득이 존재하지 않는 경우에는 $V=0$이 되어 여가시간은 임금에 영향을 받지 않고 항상 $L=50$

② 따라서 노동시간은 가용할 수 있는 총시간 100시간에서 여가시간을 뺀 50으로 일정

(2) 비근로소득이 존재하는 경우

① 정부가 제공하는 비근로소득이 존재하게 되면 $V>0$이 되어, 여가시간은 임금에 반비례

② 즉, 임금이 상승하게 되면 여가시간은 감소

→ 이를 다시 표현하면 임금이 상승하게 되면 노동시간은 증가

3. 그래프를 이용한 설명

(1) 비근로소득이 존재하지 않는 경우

그림 **가격소비곡선과 노동공급곡선**

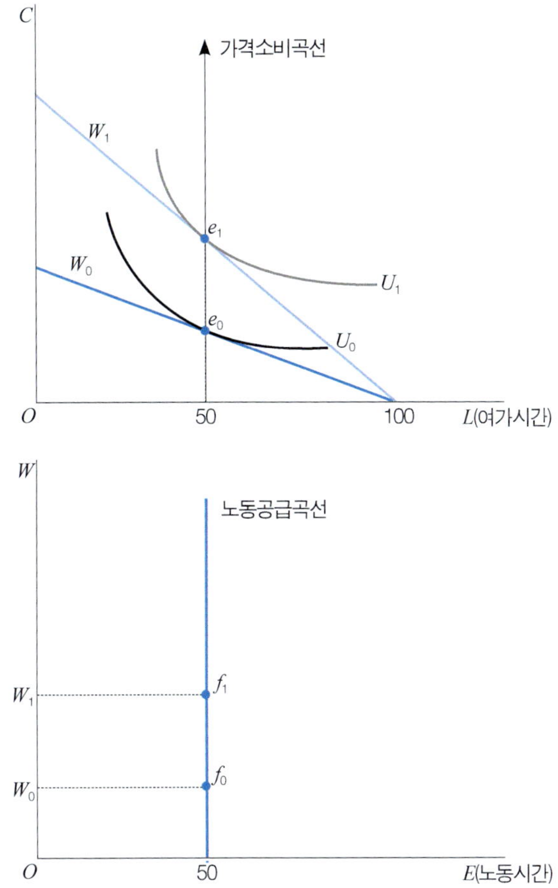

(2) 비근로소득이 존재하는 경우

그림 **가격소비곡선과 노동공급곡선**

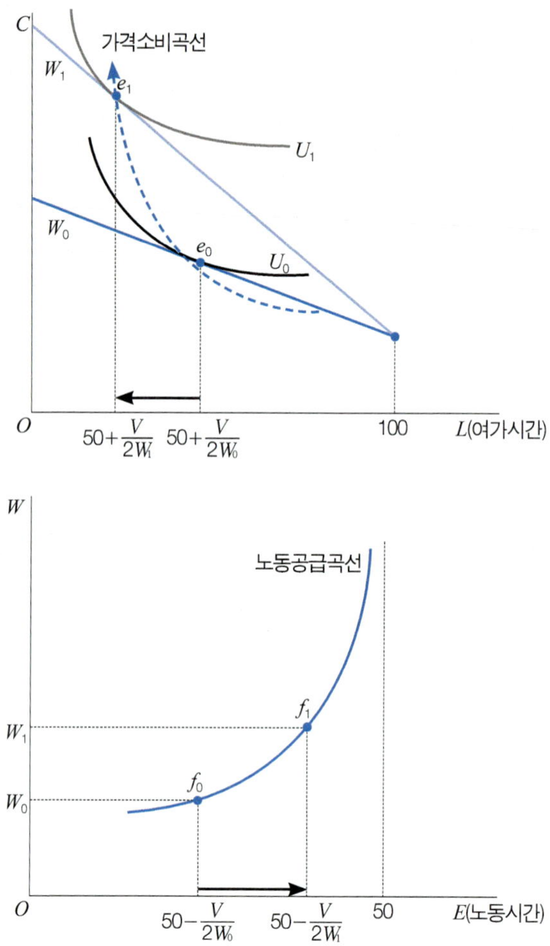

(3) 생애주기모형(Life-cycle model)을 이용한 노동공급에 대한 내용을 연령-소득곡선을 이용해서 설명하시오. 생애주기 동안 임금변화에 따른 근로시간곡선이 어떤 형태를 지닐지 그래프로 설명하시오.

예시 목차

1. 연령-소득곡선
(1) 개념
(2) 형태
2. 생애주기 근로시간곡선
(1) 연령-소득곡선과 연령-근로시간곡선
(2) 그래프 형태

1. 연령-소득곡선

(1) 개념

① 연령-소득곡선이란 나이가 증가함에 따라서 근로소득이 어떻게 변하는가를 보여주는 곡선
② 청년시절에는 임금이 비교적 낮은 수준이고, 나이가 들어감에 따라서 다양한 형태의 인적자본을 쌓으면서 임금은 증가하다가, 퇴직연령에 가까워지면서 임금은 조금씩 감소하는 양상
③ 생애주기에 따라서 여가가격이 변화하는 것을 활용하여 시간을 배분한다는 점에서 이를 기간 간 대체가설(inter-temporal substitution hypothesis)이라고 함

(2) 형태

연령에 따른 근로소득변화는 근로소득을 임금과 근로시간의 곱으로 나타낼 수 있으므로, 연령에 따른 임금과 근로시간의 곡선으로 분해할 수 있음

2회 모의고사 노동의 수요공급곡선의 응용

그림 **연령-근로소득곡선**

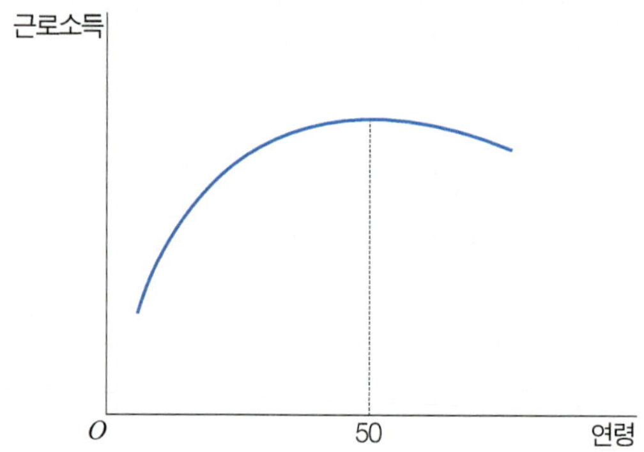

2. 생애주기 근로시간곡선

(1) 연령-임금곡선과 연령-근로시간곡선

생애주기 동안 근로시간곡선은 연령-소득곡선과 정확하게 '역-*U*자'로 동일한 형태를 보임
→근로시간은 임금이 상승할 때 증가하고, 임금이 하락할 때 감소

(2) 그래프 형태

연령이 증가함에 따른 연령-임금곡선과 연령-근로시간곡선을 이용하면 임금과 근로시간은 서로 양(+)의 관계에 있다는 것을 알 수 있음

그림 **연령-임금률곡선과 연령-근로시간곡선**

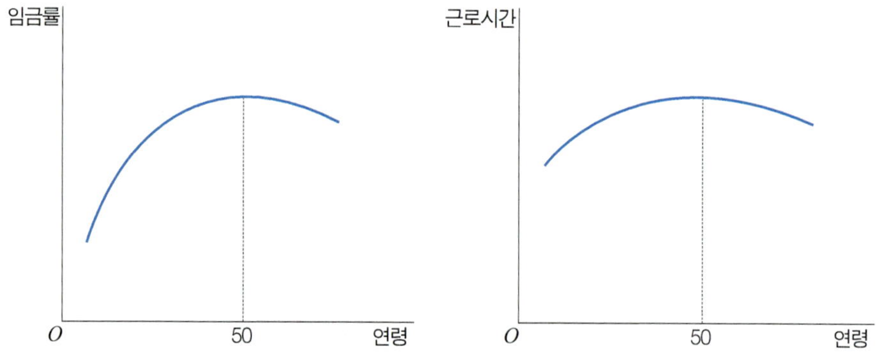

(4) 생애주기 접근법을 이용하여 경제활동참가여부는 연령에 따라 어떻게 달라지는지 그래프를 활용하여 설명하시오.

예시 목차

1. 생애주기 접근법과 경제활동참가여부
(1) 경제활동참가여부 기준
(2) 유보임금이 변화하는 경우
2. 그래프를 이용한 설명

1. 생애주기 접근법과 경제활동참가여부

(1) 생애주기 경제활동참가여부 기준

① 생애주기 접근법은 임금과 경제활동참가율과의 연계를 제시하며, 경제활동참가여부에 대한 결정은 유보임금과 시장임금의 비교로 결정
→ 유보임금은 잠재적 근로자를 노동시간에 진입하도록 만들기 위해서 지급해야 하는 임금의 크기
② 어떤 사람의 유보임금이 생애주기에 걸쳐 일정하게 유지된다고 하면 임금이 높은 시기에는 노동시장에 진입할 확률이 높아지게 됨
③ 결론적으로 경제활동참가율이 젊은 청년시기에는 낮고, 한창 활발하게 일할 장년시기에는 높았다가 노년시기에 다시 낮아지게 됨

(2) 유보임금이 변화하는 경우

① 잠재적 근로자의 노동시장 참여 여부는 유보임금이 생애주기에 따라서 어떻게 달라지는가에 따라서도 영향을 받음
② 어린 자녀의 존재는 자녀 양육을 책임지는 가구원이 가구생산 부문에서 보내는 시간의 가치를 증가시키므로 가구원의 유보임금도 증가
→ 일부 기혼여성이 노동시장에 간헐적으로 참가하는 경우가 이에 해당. 그들은 첫째 자녀를 출생하기 이전에 노동시장에 참여했다가 아이들이 어려서 부모의 보살핌이 전적으로 필요한 시기에는 노동시장을 잠시 떠나고, 그 이후 자녀들이 학교에 다니기 시작하면 다시 노동시장에 복귀하려는 결정을 함

2. 그래프를 이용한 설명

① 유보임금이 연령에 따라서 일정하게 주어진 경우라고 가정하게 되면 연령-임금곡선의 역-U자 형태에 따라서 노동시장에의 참가는 달라지게 됨

② 이를 그래프로 나타내면 다음과 같음

→ 참고로 유보임금도 연령에 따라서 변하게 된다면 수평선 형태에서 벗어나게 됨(이 그래프는 참고로 스스로 그려볼 것!)

그림 연령-경제활동 참가곡선

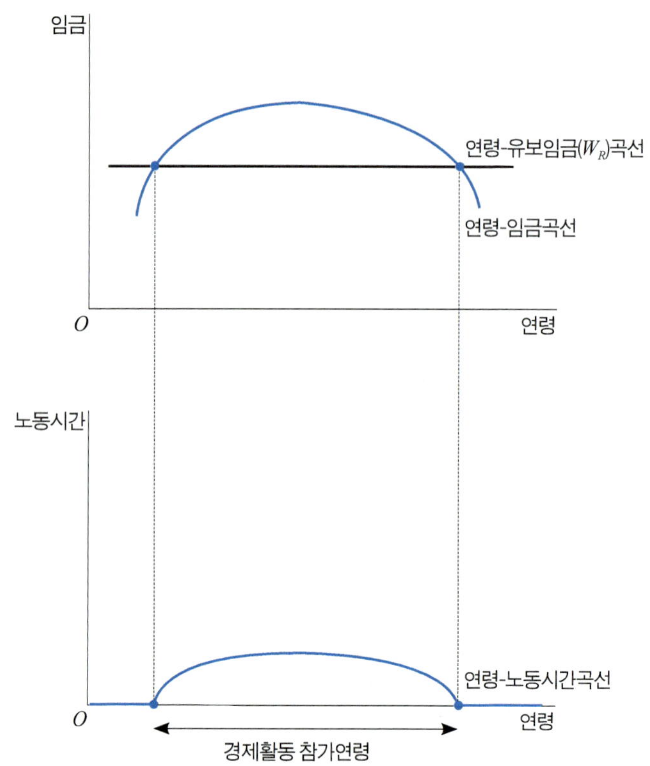

13. 노동의 이동과 관련해서 로이의 모형(Roy's model)을 이용해서 설명하시오.

(1) 이민자의 흐름이 출신국 사람들 중에서 어떻게 선택되는지 그래프를 이용해서 설명하시오. 왜 어떤 이민자의 흐름은 양의 선택을 따르고 다른 흐름은 음의 선택을 따르는가?

예시 목차

1. 로이의 모형
(1) 개요
(2) 가정
(3) 임금-숙련선과 이주민의 선택
2. 그래프를 이용한 설명

1. 로이의 모형

(1) 개요

① 로이의 모형(Roy's model)은 근로자들이 고용기회에 따라서 자신들이 이주 여부를 선택한다는 것

② 근로자들은 모국과 이주하려는 국가의 소득인 보상을 비교하여 이주를 결정

(2) 가정

① 현재 모국에 거주하는 사람은 이주 여부를 고민

② 이주에는 어떤 비용도 발생하지 않음

③ 소득은 근로자가 보유한 기술수준에 의해 결정

④ 기술은 국가 간 완벽하게 이전 가능

(3) 임금-숙련선과 이주민의 선택

① 임금-숙련선은 임금과 숙련 간의 관계를 보여주며, 임금-숙련선의 기울기는 추가되는 능률단위에 대한 금전적인 보상

② 이민자의 선택은 두 가지가 있다. 양의 방향으로 선택(positive selection)이란 기술수준이 높은 근로자들이 이주하는 것. 음의 방향으로 선택(negative selection)이란 기술수준이 낮은 근로자들이 이주하는 것을 말함

2회 모의고사 노동의 수요공급곡선의 응용

2. 그래프를 이용한 설명

① [그림 a]에서 볼 수 있듯이 모국보다 이주하려는 국가에서의 임금-숙련선 기울기가 더 가파른 경우는 모국보다 이주하려는 국가에서 기술 단위에 대한 보상이 더 큰 경우임

→ 이렇게 기술수준이 높을수록 이주를 선택한다는 점에서 양의 방향으로 이주라고 함

② [그림 b]에서 볼 수 있듯이 기울기가 반대인 경우는 기술수준이 낮을수록 이주를 선택하게 됨

→ 이를 음의 방향으로 이주라고 함

그림

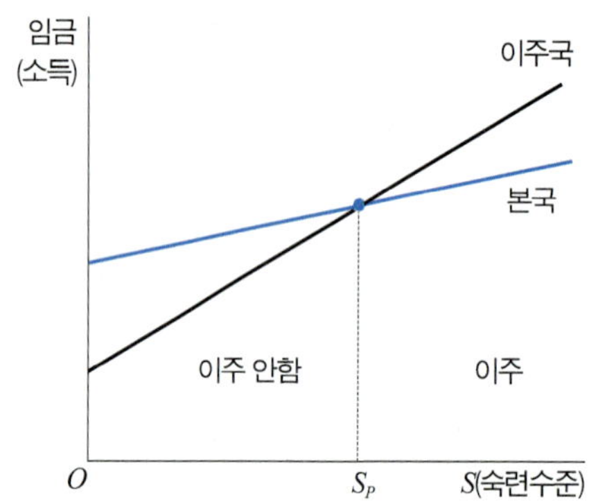

[그림 a] 양의 선택

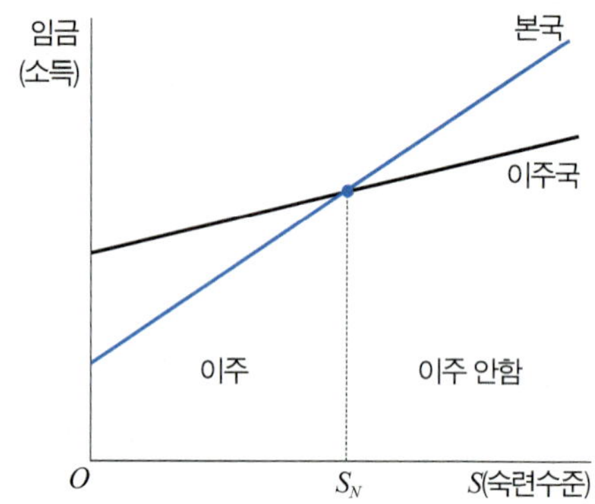

[그림 b] 음의 선택

(2) A국에서 미숙련근로자와 고숙련근로자가 동시에 B국으로 빠져나가는 현상이 발생할 수 있는지 로이의 모형을 이용해서 설명하시오.

예시 목차
1. 비선형 로이의 모형
2. 그래프를 이용한 설명

1. 비선형 로이의 모형

① 로이 모형에서 임금-숙련선이 선형이 아닌 비선형(곡선)인 경우에는 미숙련근로자와 고숙련근로자가 동시에 A국에서 B국으로 이주할 수 있음

② 저숙련과 고숙련 구간에서 A국에서보다 B국이 더 높은 금전적 보상이 이루어지는 경우를 생각해 볼 수 있음

2. 그래프를 이용한 설명

로이 모형의 임금-숙련선에서 기술숙련수준이 S_A보다 작거나, S_B보다 큰 경우에는 A국에서 보상보다 B국에서의 보상이 크기 때문에 이주가 일어남

그림 비선형 로이의 모형

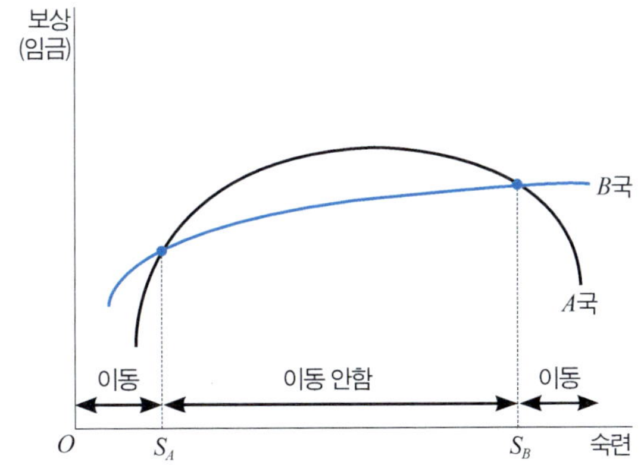

3회 모의고사

보상임금격차

1. 다음의 상황을 가정할 때 물음에 답하라.

> 두 산업인 전자 산업(X)의 일자리와 조선 산업(Y)의 일자리가 있다고 하자. 두 산업에서 요구하는 노동의 질적인 수준은 동일하지만, 작업환경은 매우 달라서 조선업에서 산업재해가 많이 발생한다고 가정한다.

(1) 수요공급곡선을 이용하여 두 산업에서 임금과 고용량이 어떻게 결정되는지 설명하라.

(2) 보상적 임금격차란 무엇이며, 경쟁시장의 기능과 역할을 설명하라.

(3) 아담 스미스는 『국부론』에서 순임금의 균등화가 아닌 순이익의 균등화를 주장하였다. 주어진 가정을 이용하여 근로자와 기업 간의 짝짓기(job matching)에 대해서 설명하라.

2. 다음은 헤도닉 임금과 산업재해에 대한 설명이다. 물음에 답하라.

(1) 헤도닉 임금이란 무엇이며, 헤도닉 임금이 잘 적용되는 상황과 잘 적용되지 않는 산업의 예를 들어 설명하라.

(2) 헤도닉 임금이 잘 적용되지 않는 시장의 특징은 어떤 경우인지를 핵심적인 가정을 4가지 관련지어 설명하라.

(3) 산업안전의 경제 분석을 통해서 한국에서는 산업재해가 왜 많이 발생하는가를 설명하고, 산업안전을 높이기 위한 산업재해보상제도를 통한 정부의 개입은 과연 실효성이 있는지를 평가하라.

3. 다음은 안전한 일과 위험한 일 사이에서 발생하는 시장의 보상적 임금격차에 대한 내용이다. E^*만큼의 근로자를 고용한다고 할 때, 안전한 환경에 종사하는 기업의 생산함수는 $q_0=\alpha_0E^*$이고, 이윤함수는 $\pi_0=p\alpha_0E^*-w_0E^*$이다. 위험한 환경에 종사하는 기업의 생산함수는 $q_1=\alpha_1E^*$이고, 이윤함수는 $\pi_1=p\alpha_1E^*-w_1E^*$이다. 제품가격은 p, α는 노동의 한계생산물, π는 이윤을 나타낸다. 기업은 이윤극대화를 추구하고 $\theta=p\alpha_1-p\alpha_0$라고 할 때 다음 물음에 답하시오.

(1) 이윤극대화를 추구하는 기업은 언제 위험한 환경을 제공하게 되는지 설명하시오.

(2) 위험한 일을 하는 근로자의 수와 임금격차에 대한 그림에서 공급곡선이 우상향하게 되는 이유를 설명하시오. θ를 설명에 어떻게 포함하고 해석할 수 있는지 설명하시오.

(3) 기술 발전으로 인해 모든 기업이 더 낮은 비용으로 작업장을 깨끗하게 할 수 있다면 더러운 작업장에서 해야 하는 일의 숫자는 어떻게 변하게 될지 그림을 이용해서 설명하시오.

(4) 통계적 생명의 가치는 어떻게 결정되는지를 설명하시오.

(5) 모든 근로자들은 안정한 일자리와 위험한 일자리 중에서 하나를 선택해야 한다고 가정하자. 근로자들은 100명 존재하고 있으며, 기술적인 이유로 인해 위험한 일자리는 10개뿐이라고 한다. 근로자 1은 위험한 일을 받아들일 유보임금은 1이고, 근로자 2는 유보임금이 2라고 한다. 근로자 3은 유보임금이 3이고, 근로자 4는 유보임금이 4라고 한다. 이런 식으로 근로자들의 유보임금이 주어져 있다. 이때 안전하고 위험한 일자리 간의 균형임금 격차를 구하시오. 어떤 근로자들이 위험한 작업환경의 기업에 채용될지 설명하시오.

1. 다음의 상황을 가정할 때 물음에 답하라.

> 두 산업인 전자 산업(X)의 일자리와 조선 산업(Y)의 일자리가 있다고 하자. 두 산업에서 요구하는 노동의 질적인 수준은 동일하지만, 작업환경은 매우 달라서 조선업에서 산업재해가 많이 발생한다고 가정한다.

(1) 수요공급곡선을 이용하여 두 산업에서 임금과 고용량이 어떻게 결정되는지 설명하라.

① 노동공급곡선은 각 고용수준에 대응하는 주관적 공급가격(보상요구임금)을 나타냄

② 위험한 작업환경에 처해 있고, 산업재해가 빈번하게 발생하는 조선업에서 각 고용수준에 대응하는 근로자의 보상요구임금은 훨씬 위에 위치함

③ 전자 산업과 조선 산업의 노동에 대한 수요가 동일하다고 해도, 조선 산업에서의 공급곡선이 전자 산업의 공급곡선보다 훨씬 높이 위치해 임금은 더 높고, 고용은 더 적은 수준이 됨

그림 전자산업과 조선산업의 노동수요 · 공급곡선

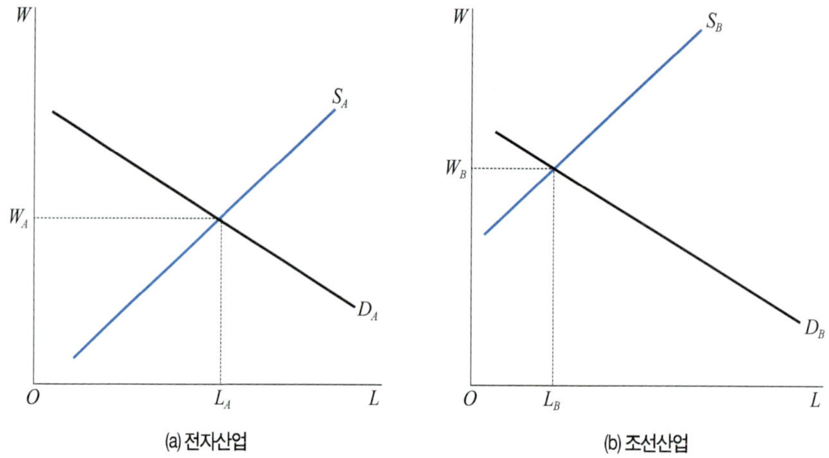

(a) 전자산업 (b) 조선산업

(2) 보상적 임금격차란 무엇이며, 경쟁시장의 기능과 역할을 설명하라.

① 보상적 임금격차란 위험성과 근로조건의 열악성에 대한 임금차이를 의미하고, 동질의 노동에 대한 비동질적 일자리 근무여건 차이에서 야기되는 것을 말함

② 조선업에서의 높은 임금은 근로자가 위험하고 열악한 근로환경에서 일하는 것에 대해 요구하는 보상요구임금을 반영하는 것으로, 기업의 입장에서는 근로자가 자발적으로 그러한 곳에서 일하도록 유인하는 방법이 장기에도 임금격차가 유지되도록 하는 것임

③ 이때 경쟁시장은 수요와 공급의 작용으로 인해 각 시장에서 균형임금을 성립시키고 일국의 노동자원을 전자 산업에서는 L_A만큼, 조선업에서는 L_B만큼을 배분시킴

④ 경쟁시장은 상이한 일자리에 대한 보상적 격차를 결정해 한 나라의 노동자원을 각 분야에 배분시키는 역할을 담당

(3) 애덤 스미스는 『국부론』에서 순임금의 균등화가 아닌 순이익의 균등화를 주장하였다. 주어진 가정을 이용하여 근로자와 기업 간의 짝짓기(job matching)에 대해서 설명하라.

① 애덤 스미스는 나쁜 노동조건, 긴 훈련과정과 높은 훈련비용, 불규칙성 등을 갖는 일자리에서는 근로자들이 그런 불이익을 감내하기 충분할 정도의 높은 임금을 지불해야 할 것이라고 주장함

② 노동조건의 차이, 근로소득 안정성의 차이, 직업훈련의 차이 등에 있어서 불이익을 견딜 수 있기에 필요한 정도의 임금프리미엄이 있어야 한다고 함

③ 애덤 스미스는 경쟁시장에서는 순임금이 아닌 순이익이 균등해진다고 하였음

④ 순이익은 일자리의 임금에서 불유쾌한 근무여건 관련 임금프리미엄을 뺀 것으로, 일자리 순이익은 기업이 아닌 근로자가 일자리에서 얻게 되는 순이익을 의미

⑤ 만일 노동시장이 경쟁적이며, 일자리 특성의 차이만 있고 개인 능력면에서 차이가 없다는 가정하에서는 근로자 간의 자유로운 이동에 의해서 실현되는 것은 일자리의 금전적·비금전적인 이익과 불이익의 합계인 순이익의 균등화가 이루어진다고 봄

⑥ 위의 사례에 적용하면 $W_B - W_A$는 산업재해가 많은 조선업 근로자의 불이익을 보상하는 임금프리미엄으로 조선업 일자리의 순이익은 조선업의 임금W_B에서 불이익 보상 임금프리미엄인 $W_B - W_A$를 공제한 금액인 W_A와 같게 됨

⑦ 조선업 일자리에서 근로자가 얻는 순이익은 산업재해가 경미한 전자 산업 일자리에서 근로자가 얻는 순이익과 같아짐

⑧ 결국 경쟁 노동시장에서 균등화되는 것은 일자리의 순이익
→ 순이익이 높은 일자리로 사람들은 모여들고, 순이익이 없고 손해가 나는 일자리의 경우에는 많은 사람들이 일자리를 떠나게 되어 모든 사람들은 자기 이익이 유리한 일자리를 찾으려고 하고, 불리한 일자리를 피하려고 하게 되어 각 일자리의 순이익은 균등하게 됨
⑨ 이러한 과정을 근로자와 기업 간의 짝짓기라고 하며, 경쟁노동시장의 기능에 의해서 노동은 각 상이한 분야로 배분됨

2. 다음은 헤도닉 임금과 산업재해에 대한 설명이다. 물음에 답하라.

(1) 헤도닉 임금이란 무엇이며, 헤도닉 임금이 잘 적용되는 상황과 잘 적용되지 않는 산업의 예를 들어 설명하라.

1. 헤도닉 임금(hedonic wage) 개념

① 고통스럽고 불유쾌한 일자리에 있어서 근로자의 고통과 불유쾌함에 대한 보상요구를 반영한 임금수준을 의미
② 편하고 쾌적한 일자리에 대해 근로자가 누리는 편함과 쾌적함에 대한 대가를 지불하려는 의중을 반영한 임금수준
③ 노동시장에서 거래되는 것은 근로자가 판매하는 노동 서비스와 기업이 제공하는 일자리 특성의 두 가지임
→ 근로자는 자신이 제공한 노동 서비스에 대해 임금을 받고, 자신이 일하는 일자리의 좋은 특성에 대해서 가격을 지불함
④ 불리한 일자리에 대해서는 별도의 보상을 받고, 자신의 노동 서비스에 대한 임금을 받음

2. 헤도닉 임금이 적용되는 경우

① 중동 국가에서 대규모 건설 사업에 참여하는 경우 불리한 일자리의 특성으로 그 일을 하기 위해서는 국내에서보다 더 높은 보상임금을 제공해야 함
② 불리한 일자리의 특성, 즉 외국에서의 일, 사막에서의 일에 대한 임금프리미엄을 추가로 받는것이 헤도닉 임금을 의미함

3. 헤도닉 임금이 적용되지 않는 경우

① 3D(dirty, dangerous, difficult) 산업에 속하는 불리한 일자리 특성(쾌적하지 않은 근로환경, 위험한 작업장, 육체노동의 강도가 높은 힘든 일자리)에서 중소기업은 필요로 하는 인력을 끌어들이기 위해서 불리한 조건에 대해 충분한 보상을 해주는 임금을 주어야 함

② 그러나 많은 중소기업들이 지불능력이 낮기 때문에 충분한 보상임금을 지급하지 못함

③ 한편으로는 취업난이 심각하고, 다른 한편으로는 중소기업의 만성적인 인력난이 존재한다는 것은 헤도닉 임금이 현실적으로 적용되지 않는다는 것을 의미

④ 조선 유교문화의 영향인 사농공상(士農工商)의 직업서열이 최근에는 사공상농으로 바뀌었을 뿐, 화이트칼라를 블루칼라보다 더 선호하고, 같은 화이트칼라에서도 관리직, 공무원, 교수 등을 과학기술직, 엔지니어보다 선호

⑤ 나쁜 작업환경에서 일하는 블루칼라의 임금은 매우 낮아 평생 열심히 일해도 중산층으로 진입하지 못하는 경우도 많음

⑥ 공기업의 경우 직장 안정성이 보장되어 있기 때문에 근로자가 유리한 일자리 특성에 대해서는 가격을 지불한 후 자신의 순임금은 낮아져야 하는데, 오히려 높은 임금을 받고 있음

→ 신이 내린 직장인 공기업과 공무원의 경우에는 헤도닉 임금이 적용되지 않음

참고

헤도닉은 헤도니즘(hedonism)에서 유래한 것으로 쾌락주의를 의미하기 때문에 쾌락임금이라고 번역하기도 한다. 고통스럽고 불유쾌한 일자리에 대해서 근로자가 느끼는 고통과 불유쾌함을 보상하고, 편하고 쾌적한 일자리에 대해서는 근로자가 누리는 편함과 쾌적함에 대해 가격을 지불하여 적은 임금을 받아도 만족스러운 임금이 헤도닉 임금이다.

> **(2)** 헤도닉 임금이 잘 적용되지 않는 시장의 특징은 어떤 경우인지를 핵심적인 가정을 4가지 관련지어 설명하라.

1. 헤도닉 임금 적용이 어려운 시장구조 특징(독점구조가 되는 이유)

① 헤도닉 임금이 잘 적용되는 노동시장은 경쟁적 노동시장이고, 잘 작동되지 않는 시장은 불완전 노동시장임

② 경쟁적인 노동시장은 수많은 기업과 근로자의 경쟁, 자유로운 진입과 퇴출, 충분한 정보, 정부개입의 부재 조건을 갖추어야 하는데, 이러한 조건이 위배되는 경우가 불완전경쟁시장임

(1) 가격을 책정하는 기업(가격 경직성)

① 불완전경쟁의 상품시장이 존재하는 경우, 노동시장에서 임금과 고용결정은 경쟁노동시장과 달라짐

② 임금이 관습의 힘에 의해서 하방경직적인 경우의 노동시장

예 한국에서 연령에 기준하여 임금이 결정되는 연공급형 임금체계는 일종의 관습으로 임금하방경직성을 지님

(2) 이동성의 제약(진입장벽)

① 경쟁노동시장은 근로자와 기업이 아무런 비용 없이 자유로이 시장에 진입하거나, 떠날 수 있다고 가정하나 현실에서는 상당한 이동성 제약과 진입장벽이 존재

② 기업의 경우는 서울과 수도권에서 상당한 이익을 향유하나, 기업은 그 이익에 대해서 보상을 하지 않는 긍정적인 외부효과를 지님

③ 근로자의 경우도 좋은 직업에 진입하는 데 제약이 있음

→ 자본시장이 불완전한 경우, 인적자본투자 시 은행이 개인에게 자금을 대부해 주어야 하나, 은행은 물적자본이 아닌 인적자본을 기반을 담보삼아 대출하지 않아 자본시장의 불완전성이 노동시장의 불완전성으로 이어짐

참고

외부효과

① 외부효과란 한 사람의 행위가 제3자의 경제적 후생에 영향을 미치는데 그에 대한 보상이 이루어지지 않는 경우를 뜻한다.

② 외부효과가 존재하면 자원배분은 왜곡이 발생한다.

③ 서울과 수도권은 기업에게 상당한 이익을 제공하고, 기업은 그 이익에 대해서 보상하지 않는 긍정적인 외부효과를 지닌다. 정부, 정치권 인사와의 교류로 최신정보를 수입하고, 다른 기업의 기술개발을 쉽게 이

용할 수 있으며 고급 인력을 기업의 훈련비 투자 없이 쉽게 고용할 수 있는 긍정적인 외부효과로 지방기업은 서울과 수도권으로 공장을 이전하려고 하고, 서울과 수도권 기업은 공장을 지방으로 이전하려고 하지 않게 된다.

④ 외부효과로 인한 기업의 자유로운 이동에 제약이 존재하게 된다.

(3) 불충분한 정보(거래 비용증가)

① 정보의 불충분성 또는 불완전성으로 사용자와 근로자 간 정보가 충분하지 않은 경우에 노동시장의 왜곡으로 자원배분의 왜곡이 발생할 수 있음

② 근로자가 기업에 대한 정확한 정보를 갖지 못하면, 구직과정에서 실업이 발생하고 노동시장은 불완전하게 됨

③ 시장에서 불충분한 정보는 기업에게 거래비용을 발생시키고, 거래비용이 크면 시장에 의존하지 않고 조직과 제도에 의존하여 노동시장은 불완전하게 됨

참고

거래비용

거래비용이란 불충분한 정보의 상황에서 거래 상대방을 찾아내는 데 드는 비용, 교섭하며 계약을 체결하는 데 드는 비용, 체결된 계약의 이행 여부를 감시·감독하는 데 드는 비용을 지칭한다.

(4) 정부 및 제도의 역할

① 경쟁시장에서는 정부 및 제도에 의한 시장개입이 없다고 가정

② 현실에서는 노동시장에서 거래되는 상품이 인간과 분리될 수 없는 노동시장이므로, 일반적인 상품시장의 경우보다 더 많은 사회적·제도적인 영향을 받게 됨

③ 정부는 노동시장에서 단지 조연에 그치지 않고 근로자와 기업과 함께 제3의 주연배우로 간주됨

참고

정부의 역할

① 정부는 노사갈등을 조정하는 중재자의 위상을 갖지만, 공공부문에서는 직접 고용주로 나서기도 하며, 노동시장의 주요 의제(agenda)에 대해서 노사정이 함께 결정하는 경우도 빈번하다.

② 정부의 가장 중요한 역할은 규칙제정자(rule setter)로서의 역할이다. 정부는 노동에 대해서 사회적으로 최소한 보장해 주어야 할 가격을 제시하거나(최저임금제), 조세 및 재정 정책을 통해 사회적으로 바람직하다고 여겨지는 노동시장의 모습을 구현하려고 노력한다.

불완전노동시장

① 불완전노동시장(imperfect labor market)이란 경쟁노동시장과 대치되는 개념으로 정부정책과 사회제도가 있는 경우를 말한다.

② 각종 노동시장 제도와 정책이 작용하는 노동시장으로 상품시장의 불완전성, 정보의 비대칭성, 외부경제,

거래비용 등을 완화시켜 경제효율을 높이고자 하는 목적으로 고안된 정책과 제도가 작용하는 노동시장이다.

③ 빈곤대책인 공적부조금과 실업부조 등 형평성 증진을 목적으로 고안된 정책과 제도가 작용하는 노동시장이다.

(3) 산업안전의 경제 분석을 통해서 한국에서는 산업재해가 왜 많이 발생하는가를 설명하고, 산업안전을 높이기 위한 산업재해보상제도를 통한 정부의 개입은 과연 실효성이 있는지를 평가하라.

1. 한국에서의 산업재해

① 한국 현실의 노동시장인 불완전시장에서 가장 중요한 이슈 중의 하나는 산업재해임

② 산업재해(occupational accidents)란 사망, 부상, 질병을 야기하는 업무 수행 중의 재해(work accident)를 의미

③ 노동부에서 작성한 한국의 산업재해 통계의 경우는 실제 발생한 재해자가 아닌 산재보험으로 보상을 받은 재해자만 대상이 되며, 미국과 일본의 경우는 신고제로 되어 있으나 우리나라의 경우에는 산재보험에서 실제 보상받은 근로자만을 통계에 포함시켜, 산재가 과소평가된다고 예상

④ 한국에서는 산업재해 다발업체에는 금융, 정부조달청에 납품 신청, 정부발주사업 참여 신청, 정부포상 등의 불이익이 있고, 무재해업체에게는 인센티브가 있음

→ 기업들은 산재 발생 시 근로자에게 보상금, 위로금 지급을 전제로 산재신청을 하지 못하게 하는 관행이 뿌리박혀 있어 노동부에서 작성한 산재통계인 산업재해보상보험에 신청한 사람을 기준으로 파악한 통계는 잘못된 것이라고 할 수 있음

참고

최적산업안전수준 : 경제학적 사고방식은 한계적 사고방식

- 산업안전에 대한 기업의 한계비용(Marginal Cost of industrial Safety : MCS)
  가변생산요소가 산업안전시설 투입량일 때, 산업안전 한 단위 증가 시 추가되는 기업의 산업안전 시설투자비용인 한계비용은 산업안전이 증가할수록 점차 증가
  → 산업안전시설 투자의 한계생산력이 체감하기 때문
- 산업안전에 대한 한계이익(Marginal Benefit of industrial Safety : MBS)
  산업안전에 대해 개인이 안전에 대한 가격을 지불할 의사를 반영한 비용으로 산업안전이 증가할수록 노동자가 지불하려는 산업안전의 가격은 하락
  → 산업안전이 증가할수록 개인의 한계편익은 체감해 우하향하는 MBS곡선

그림 1 **산업안전의 최적수준**

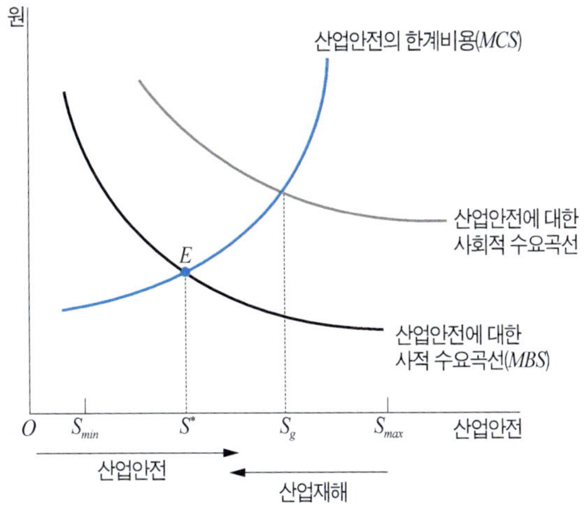

2. 한국에서 산업재해가 많이 발생하는 이유와 대책

(1) 경제발전 초기 단계의 높은 산업재해수준

① 개발도상국의 경우, 선진국의 산업재해 유발산업이 공장입지를 개발도상국으로 이전함에 따라서 자국 내의 산업재해가 심각해질 수 있음

② 산업재해 유발산업이란 산업안전기업 측의 산업안전 한계비용이 매우 높은 산업으로 한계비용곡선이 사회적 한계비용(*MCS*)보다 높은 경우, 산업안전기업 측 한계비용과 기업 측 한계이익이 만나는 점에서 결정되는 산업안전수준은 낮고, 산업재해수준은 매우 높음

③ 한국의 경우 중소기업은 대부분 하청업체가 많고 대기업은 유해한 작업공정을 중소기업에 하청을 주는 경우가 많은데, 중소기업의 기술수준이 낮고 기계화가 이루어지지 않아 유해하고 힘든 작업을 대부분 노동자의 손에 의존하므로 중소기업의 산업재해 발생률은 높아짐

그림 2 **산업재해유발산업과 산업안전(재해)수련**

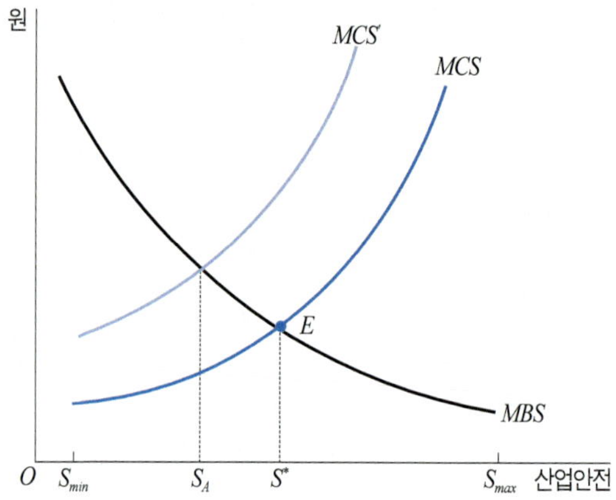

(2) 한계 노동자의 선호

① 산업재해의 위험에 대해서 염려하는 근로자가 많을수록 산업안전에 대해 개인이 지불할 의사가 높아지면 사적 산업안전 한계이익은 커짐

② 특히 한계 노동자(marginal worker)의 선호가 중요한데, 산업재해 위험에 별로 개의치 않는 노동자가 많아질수록 산업안전의 사적 한계이익이 낮아지므로(*MBS* 좌측 이동), 그 결과 산업안전수준은 낮아지고, 산업재해수준은 높아짐

그림 3 **한계노동자의 선호에 따른 산업안전(재해) 수준**

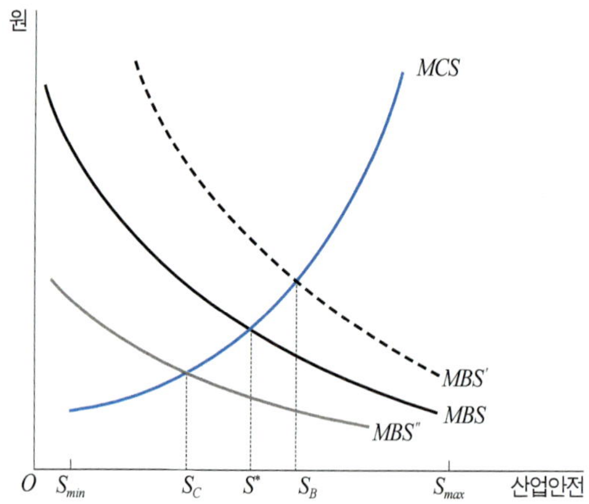

(3) 산업재해에 대한 정보

① 노동자들이 산업재해에 대한 정보를 충분히 갖지 못한 경우에는 산업재해를 실제보다 낮게 평가해 산업안전의 사적 한계이익은 낮아짐
② *MBS*가 좌측 이동하여 산업안전수준은 낮아지고, 산업재해율은 높아짐
③ 산업재해에 대한 정보를 정확히 평가하고, 산업안전의 한계이익을 제대로 책정하는 노동조합이 적절한 정보제공자의 기능을 한다면 산업재해율을 낮출 수 있는데, 한국에서는 노동조합이 취약해서 산업안전의 사적 한계이익을 낮게 평가하게 됨

(4) 과도한 산업안전시설 설치를 강제하는 정부개입

① 정부의 산업안전 정책이 산업재해를 줄이려는 선의의 의도에서 출발했을지라도 이상적인 산업안전수준 강제가 중소영세기업에게는 비용부담으로 작용하여 결과적으로 한계 근로자의 고용 감소를 야기할 수 있음
② 산업안전기준을 너무 이상적인 수준에 맞추기보다는 필요한 최소한의 수준으로 단순화, 명료화, 현실화하고, 설정된 기준은 반드시 준수하도록 불이행 시 처벌기준을 강화하는 것이 중요함

(5) 산업안전 관련 연구개발비용 지원 부족

① 산업안전의 한계비용을 낮추는 것이 중요한데, 산업안전 관련 연구개발비용을 지원하여 산업안전 관련 공정의 도입에 세제 또는 행정지원의 편익을 제공하는 것이 필요함
② 그러나 이러한 클린사업장 조성 사업자금이 턱없이 부족한 실정

(6) 산재에 대한 정확한 통계수집 기피

① 우리나라 정부의 산업재해 예방에 대한 책임행정은 매우 약함
② 산업재해에 관한 통계는 미국, 일본과 달리 전 사업장 대상이 아닌 데다 산업재해에 대한 통계를 제대로 작성하지 않은 채, 산업재해 보상보험을 받기 위해서 신고한 통계에만 의존
→ 정부의 책임성을 방기하는 것으로 정부실패에 해당
③ 정부는 산업재해에 대한 심각한 실상이 통계로 인해 드러나면 사회적으로 불리한 여론, 정책 실패에 대한 책임 등의 불이익이 발생할 것을 우려해 정확한 통계작성을 기피함

(7) 보험료 책정 및 기금관리 전문가가 부족

① 산재보험요율 산정이 전문가에 의해 이루어지지 않고, 비전문가에 의해서 결정되고 있으며, 11조 원에 달하는 산재기금을 비전문가들이 위탁관리하고 있음
② 미국과 같이 산재보험업무를 민간보험회사에 위탁하고, 일부 업무는 근로복지공단에서 수행해 민간보험회사와 근로복지공단 간에 경쟁할 수 있는 체제를 도입해야 함

(8) 중앙집권적 산재보험관리

① 우리나라는 중앙집권적 산재보험관리를 하고 있어, 지역별로 분권화가 필요함
② 지역별로 산업과 직업의 분포가 달라서 산재위험이 다르고, 지역별로 보상기준이 되는 생계비도 다르기 때문

참고

① 컴퓨터의 보급과 확산으로 인해 개별기업에 대한 정보입력이 간편해지고, 개별기업의 과거실적조회도 쉬워져 개별기업 산재정보도 투명하게 공개되고 검증되기 때문에 개별기업단위 산재보험을 부과할 때가 되었다.
② 정보기술발달로 보험료 지급방식이 근로복지공단 각 지사의 보험급여 지급결정과 동시에 은행계좌에서 신청인 개인계좌로 지급하는 펌뱅킹(Firm Banking System)방식으로 바뀐 것처럼 보험료 부과방식도 지역별 펌보험(Firm Insurance System)으로 전환되어야 한다.

3. 한국의 산업재해보상제도의 영향

(1) 우리나라의 산업재해 보상제도는 산업안전에 미치는 영향이 불명확함

① 보상임금격차가 노동시장을 통한 사전적 보상인데 산업재해보상보험법에 의한 보상은 산업재해 발생 후 재해자에게 지불되는 사후적인 보상임
② 산재보험보상법에 의한 사후적 보상은 사전적 보상인 보상적 임금격차가 충분하지 못해서 발생하는 것으로, 사전적 보상과 상호 연관관계를 가지며 산업재해의 전반적인 보상체계를 구성함

(2) 도덕적 해이 발생 우려

① 사후적 보상도 사전적 보상과 같이 산업재해 감소의 경제적 유인을 가지고 있음
② 사후적 보상의 경제적 유인은 산업재해율에 영향을 받는데, 사후적 보상이 증가함에 따라서 노동자들의 보장소득은 증가하지만 더 높은 위험을 감수하려고 하거나 위험에 대한 주의를 덜 기울이게 됨

③ 정보를 많이 가지고 있을수록 적정보상은 근로자의 도덕적 해이를 감소시키게 되고 중앙집권하에서는 정보부족으로 인해서 도덕적 해이를 방조하게 됨

(3) 정보부족으로 인한 형식적 개별요율

① 기업주의 경우 산재보험료의 부담이 산업재해율에 따라 증가하는 개별실적요율(accident experience rating)이 있다면 비용 감소를 위해 적극적으로 산재예방을 위한 노력을 함
② 개별실적요율이 형식적으로 존재하거나 아예 없으면 사후적 보상이 증가하는 경우 종업원에게 산업재해를 더 장려하는 결과를 초래하게 됨

(4) 소결

① 지역별로 이루어지는 적절한 사후보상과 개별실적요율 제도가 동시에 작용하면 노동자들의 부주의 감소와 기업주의 산재방지 투자 증가로 인해 산재 감소에는 명백한 효과를 지니게 될 것임
② 반대로 사후적 보상의 증가에 기인하는 노동자의 부주의, 도덕적 해이 증가, 형식적인 개별실적요율로 기업들이 산재방지에 대한 투자를 게을리하거나 기피한다면 산재는 오히려 증가하게 됨

3. 다음은 안전한 일과 위험한 일 사이에서 발생하는 시장의 보상적 임금격차에 대한 내용이다. E^*만큼의 근로자를 고용한다고 할 때, 안전한 환경에 종사하는 기업의 생산함수는 $q_0=\alpha_0 E^*$이고, 이윤함수는 $\pi_0=p\alpha_0 E^*-w_0 E^*$이다. 위험한 환경에 종사하는 기업의 생산함수는 $q_1=\alpha_1 E^*$이고, 이윤함수는 $\pi_1=p\alpha_1 E^*-w_1 E^*$이다. 제품가격은 p, α는 노동의 한계생산물, π는 이윤을 나타낸다. 기업은 이윤극대화를 추구하고 $\theta=p\alpha_1-p\alpha_0$라고 할 때 다음 물음에 답하시오.

(1) 이윤극대화를 추구하는 기업은 언제 위험한 환경을 제공하게 되는지 설명하시오.

예시 목차
1. 기업 이윤 차이
2. 기업의 위험한 환경 제공 선택 조건

1. 기업 이윤 차이

① 위험한 환경과 안전한 환경에서 기업의 이윤은 다음과 같음
- 위험한 환경의 기업이윤 : $\pi_1=p\alpha_1 E^*-w_1 E^*$
- 안전한 환경의 기업이윤 : $\pi_0=p\alpha_0 E^*-w_0 E^*$

② 두 환경에서 기업의 이윤차이는 다음과 같이 나타냄

$$\begin{aligned}\pi_1-\pi_0&=(p\alpha_1 E^*-w_1 E^*)-(p\alpha_0 E^*-w_0 E^*)\\&=(p\alpha_1-p\alpha_0)E^*-(w_1-w_0)E^*\\&=[\theta-(w_1-w_2)]E^*\end{aligned}$$

2. 위험한 환경 제공 선택 조건

① 기업이 위험한 환경을 제공하는 선택의 조건은 위험한 환경과 안전한 환경에서의 이윤 차이가 0보다 커야 함

$$\pi_1-\pi_0>0$$

→ 즉, $\theta>w_1-w_0$가 성립해야 함

② 추가되는 노동비용이 근로자당 수입증가분보다 작게 되면 기업은 위험한 환경을 제공하여 이윤을 극대화

(2) 위험한 일을 하는 근로자의 수와 임금격차에 대한 그림에서 공급곡선이 우상향하게 되는 이유를 설명하시오. θ를 설명에 어떻게 포함하고 해석할 수 있는지 설명하시오.

예시 목차
1. 위험한 환경에서 공급곡선
2. 그래프를 통한 설명
3. θ의 의미

1. 위험한 환경에서 공급곡선

① 위험한 직업을 갖는 근로자의 수(E)와 임금격차($w_1 - w_0$)의 평면에 노동공급곡선은 우상향

② 수직축인 임금격차가 커질수록 더 많은 근로자들이 위험한 직업을 갖는 일을 원함

→ 예를 들어 임금격차가 5인 경우 30명이 위험한 직업을 선택하려고 한다면, 임금격차가 6으로 더 커지면 30명에 추가적으로 일을 하려는 사람들이 증가

2. 그래프를 통한 설명

그림 위험한 직업의 공급곡선

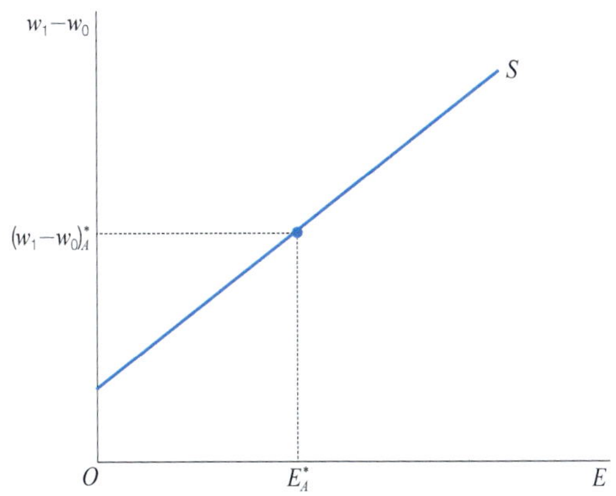

3. θ의 의미

① $\theta = p\alpha_1 - p\alpha_0$이고, θ는 위험한 환경에서 일하는 근로자와 안전한 환경에서 일하는 근로자의 노동의 생산성의 차이를 의미

② 기업의 이윤극대화 측면에서는 매우 중요한 의미

(3) 기술 발전으로 인해 모든 기업이 더 낮은 비용으로 작업장을 깨끗하게 할 수 있다면 더러운 작업장에서 해야 하는 일의 숫자는 어떻게 변하게 될지 그림을 이용해서 설명하시오.

① 기술발전 이전의 균형점은 A점 $((w_1 - w_0)_A^*, E_A^*)$에서 결정

② 노동에 대한 수요는 수직축인 $\widehat{\theta_A}$에 의해 결정

③ 임금격차가 $\widehat{\theta_A}$보다 높게 되면 기업은 위험한 직업에 종사하는 근로자들을 채용하지 않음

④ 따라서 기술발전으로 모든 기업이 더 낮은 비용으로 작업장을 깨끗하게 할 수 있게 되면 기업은 임금격차를 줄여도 됨

→ 노동수요곡선은 하방이동하며, 새로운 균형점인 B점에서 임금격차는 작아지고, 고용량도 작아지게 됨

그림 **기술발전의 영향**

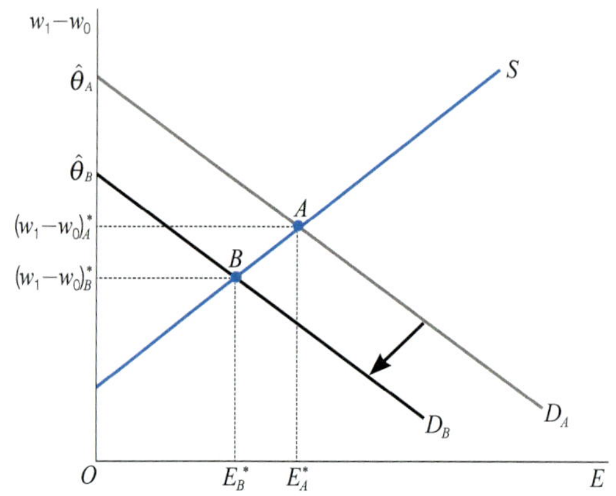

(4) 통계적 생명의 가치는 어떻게 결정되는지를 설명하시오.

예시 목차
1. 헤도닉 임금함수
2. 통계적 생명의 가치 측정

1. 헤도닉 임금함수

① 헤도닉 임금함수는 임금과 직장에서 부상당할 확률 간의 관계를 보여주며, 다음과 같이 나타낼 수 있음

$$w_i = \alpha p_i + \beta$$

② 이때 w_i는 근로자 i의 임금, p_i는 근로자가 직장에서 부당당할 확률, α는 근로자 간 임금격차를 결정하는 근로자의 교육수준, 연령, 직장위치와 같은 기타변수(β)를 통제하고 부상 당할 확률이 한 단위 증가할 때 임금이 변하는 정도

③ 실증연구 결과 유해하거나 위험한 작업환경의 특성을 어떻게 측정하든 유해하거나 위험한 작업 조건과 임금 간에는 정비례 관계가 성립

2. 통계적 생명의 가치 측정

① 통계적 생명의 가치(value of a statistical life)는 두 기업 집단의 구성원 중에서 한 명이 치명상을 입을 확률을 줄이기 위해서 함께 지불하고자 하는 액수로 나타냄

② 그러나 이러한 접근방법의 한계는 치명상을 입을 확률이 0.1만큼 증가했을 때 저위험의 일인지 고위험의 일인지에 따라서 그 의미는 다르게 해석되어야 함

(5) 모든 근로자들은 안정한 일자리와 위험한 일자리 중에서 하나를 선택해야 한다고 가정하자. 근로자들은 100명 존재하고 있으며, 기술적인 이유로 인해 위험한 일자리는 10개뿐이라고 한다. 근로자 1은 위험한 일을 받아들일 유보임금은 1이고, 근로자 2는 유보임금이 2라고 한다. 근로자 3은 유보임금이 3이고, 근로자 4는 유보임금이 4라고 한다. 이런 식으로 근로자들의 유보임금이 주어져 있다. 이때 안전하고 위험한 일자리 간의 균형임금 격차를 구하시오. 어떤 근로자들이 위험한 작업환경의 기업에 채용될지 설명하시오.

예시 목차

1. 모형의 설정
2. 위험한 일에 종사하는 균형임금격차와 근로자 수

1. 모형의 설정

① 위험한 일에 종사하는 노동시장의 공급곡선은 근로자들의 유보임금과 관련

② 근로자 1의 유보임금이 1이고 근로자 2의 유보임금이 2로 주어진 경우에 근로자를 한 명 더 추가하기 위해서는 임금을 1만큼 더 제공해야 하므로 노동공급곡선은 기울기 1로 우상향

③ 위험한 일에 종사하는 근로자를 채용하려는 기업의 노동수요곡선은 일자리가 10개로 주어져 있다고 했으므로 10명의 고용수준에서 수직의 형태

2. 균형임금격차와 근로자 수

① 문제에서 제시된 공급곡선과 수요곡선을 나타내면 다음과 같음

그림 **보상임금격차와 근로자 수**

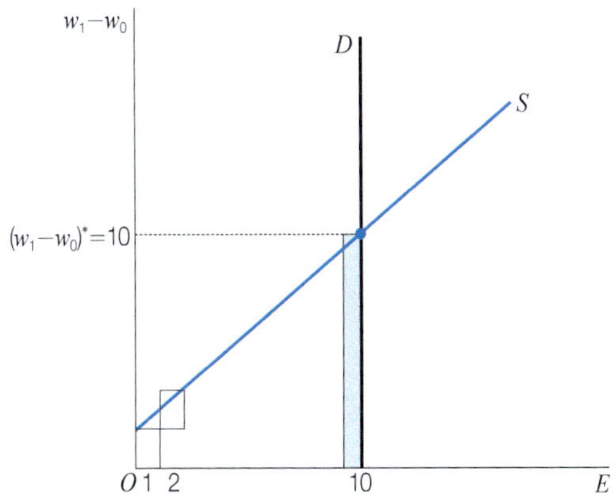

② 위험한 일에 종사하는 근로자의 수는 10명이고, 보상임금격차는 10

→ 위험한 일에 참가할 근로자를 채용하기 위해서는 최소한 10 이상을 제공해야만 함

③ 기업은 위험한 환경에 노출되기를 가장 꺼리지 않는 사람들인 유보임금이 낮은 사람들을 먼저 채용

4회 모의고사

인적자본투자

1. 인적자본과 교육에 대한 문제이다. 다음 물음에 답하라.

(1) 인적자본으로서의 교육이란 무엇을 의미하는가? 인적자본이 물적자본과 어떤 차이가 있는가? 인적자본과 인적자본투자는 어떤 차이점이 있는가?

(2) 고졸 근로자와 대졸 근로자의 연령-임금곡선을 그림을 이용해 설명하라.

(3) 연령-임금곡선에 입각해서 개인의 인적자본투자 결정기준을 현재가치 기준과 내부수익률을 기준으로 나누어 설명하라.

(4) 대학교육의 선택에 영향을 미치는 요인들은 무엇이 있는가?

(5) 인적자본 이론 중 기업특수적 훈련에서 발생하는 강탈(hold-up)의 문제를 설명하라.

2. 스펜서의 2기간 신호 모형에 입각한 문제이다. 다음 물음에 답하라.

(1) 신호가 존재하는 경우의 분리균형을 설명하라. 분리균형의 조건은 어떻게 되는가? (단, 투자기간과 투자회수기간의 길이는 동일하다.)

(2) 한국의 고졸자가 예외 없이 대학에 진학하는 과도한 고학력화를 설명하라.

3. 다음은 숙련편향적 기술진보가 노동시장에 미치는 영향에 대한 문제이다. 다음 물음에 답하라.

(1) 숙련편향적 기술진보는 숙련 노동과 미숙련 노동과 어떤 관계에 있다고 할 수 있는가?

(2) 숙련 근로자에게 유리한 편향된 기술변화가 숙련 근로자와 미숙련 근로자의 임금격차를 더 가속화시킬 수 있다는 것을 설명하라.

(3) 숙련편향적 기술진보는 단기적인 불균형 상태에서 숙련직 임금격차가 생산성격차 이상으로 크게 발생할 수 있음을 설명하라.

4. **많은 나라들은 고등교육에 대해서 정부가 많은 보조금을 제공하고 있다. 이러한 대학교육에 막대한 보조금을 제공하는 경우 발생하는 위험성(한계)을 설명하시오.**

5. **대학에 전혀 가보지 못한 사람이 석사학위를 가진 사람보다 더 많은 돈을 버는 것은 절대로 옳지 않다. "더 높은 학위를 가진 사람이 더 많이 벌 자격이 있다"라는 주장을 인적자본이론을 이용해서 논평하시오.**

6. **여성들은 동일한 연령의 남성들보다 평균적으로 더 낮은 임금을 받는다. 그리고 나이가 증가함에 따라서 남성과 여성의 근로소득 격차가 증가한다. 인적자본접근방법을 통해서 이러한 현상을 설명하시오.**

1. 인적자본과 교육에 대한 문제이다. 다음 물음에 답하라.

(1) 인적자본으로서의 교육이란 무엇을 의미하는가? 인적자본이 물적자본과 어떤 차이가 있는가? 인적자본과 인적자본투자는 어떤 차이점이 있는가?

1. 인적자본에서 교육이란

① 인적자본에서는 능력을 선천적이 아닌 후천적인 것으로 보기 때문에 후천적으로 획득된 전문기술의 연마 및 이를 위한 노력은 교육을 통해서 달성될 수 있음

② 교육을 통해서 획득되는 새로운 지식, 정보, 전문기술은 인간의 몸속에 체화되어 개인의 생산성을 높이는 자본의 특성을 지님

2. 인적자본과 물적자본의 차이

① 물적자본은 시장에서 매매될 수 있으나, 인적자본은 시장에서 매매될 수 없음

② 물적자본은 은행 담보물이 될 수 있으나, 인적자본을 담보로 돈을 대여해 주는 은행은 없음(자본시장의 불완전성)

③ 물적자본은 기업의 소유물로 공장 내에 남아있을 수 있으나, 인적자본은 개인이 투자비용을 전담하고, 개인이 투자수익을 전부 갖는 방식으로 투자가 이루어짐

3. 인적자본과 인적자본투자

① 인적자본은 저량(stock)으로 인간 체내에 내재하되 장기간에 걸쳐 형성되고, 생산성을 높이는 기술, 기능, 지식을 말하므로 결국 생산성을 향상시키는 지식, 기술, 건강, 노동시장의 정보도 인적

자본이 됨[1)]

② 인적자본투자는 일정 기간에 이루어지는 유량(flow)으로 학교 다니기, 건강유지를 위한 지출, 정보수집을 위한 활동(직장이동, 지역이동), 현장훈련 등이 해당

표 인적자본 vs. 인적자본 투자

투자경제 주체	인적자본(stock)	인적자본투자(flow)
개인, 정부, 기업	숙련, 전문기술	훈련 또는 숙련 형성
개인, 정부	교육(education)	학교 다니기(schooling)
개인	건강	건강유지 활동
개인, 정부	노동시장 정보	직장이동, 지역이동과 같은 시장정보획득 활동

참고

인적자본투자 결정

- 인적자본에 대한 수익은 투자가 끝난 후에 소유자인 근로자가 인적자본량의 이용을 남에게 임대해 주어 발생한다.
- 투자가 끝난 후 증대된 인적자본량은 생산성을 높이고 소득능력을 높이는데 그것을 임대해 주어 발생하는 투자수익은 노동시장에서 높은 임금이라는 형태로 나타난다.
- 인적자본 서비스의 시장교환은 임대시장 거래(rental market transactions)이고, 인적자본 서비스의 가격은 인적자본의 임대료가 된다.
- 장래에 장기간 걸쳐 발생하는 높은 임대료(임금)가 인적자본투자에 대한 수익일 때, 투자자는 투자의 수익과 투자의 비용을 비교하여 기대되는 수익이 투자비용보다 큰 경우 투자를 하게 된다.

1) 개인의 인적자본은 기업에서 향상되는 지식과 기술뿐만 아니라 학교에서 형성되는 지식과 기술을 포함한다. 건강유지 활동에는 시간이란 귀중한 자원이 투자되고, 건강한 사람은 병든 사람보다 생산성이 높을 것이므로 건강 또한 인적자본이 된다. 노동시장에서 정보를 획득하는 데는 시간과 비용이 들고, 이를 자신의 재능이나 기술에 좀 더 적합한 직장을 찾아내는 데 이용해 개인의 생산성을 높이는 데 기여하기 때문에 노동시장에 관해 취득한 정보도 인적자본이 된다.

(2) 고졸 근로자와 대졸 근로자의 연령-임금곡선을 그림을 이용해 설명하라.

1. 연령-임금곡선

연령-임금곡선이란 기대생애소득을 나타내는 것으로 나이를 가로축에 두고, 소득을 세로축에 두어 나이가 증가함에 따라서 소득이 어떻게 변화하는지를 보여주는 곡선

(1) 고졸자 연령-임금곡선

18세에 고교를 졸업하고 취업하는 경우 받는 임금이 18세에 H_1, 19세에 H_2이고 정년 65세에 H_R일 때, 시장이자율이 r이라면 고졸자의 생애소득의 현재가치는 다음과 같이 나타낼 수 있음

$$PV_H = H_0 + \frac{H_1}{(1+r)} + \frac{H_2}{(1+r)^2} + \cdots\cdots + \frac{H_R}{(1+r)^R}$$

(2) 대졸자의 연령-임금곡선

18세에 대학에 입학해 4년을 다녀 22세부터 일을 하게 되고, 22세에 U_4, 23세에 U_5, 정년 65세에 U_R의 임금을 받게 된다면 생애소득의 현재가치는 다음과 같음

그림 **연령-임금곡선 : 고졸자 vs. 대졸자**

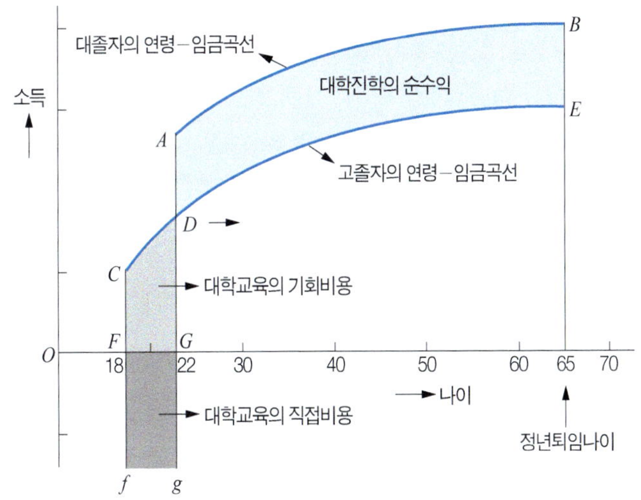

$$PV_U = \frac{U_4}{(1+r)^4} + \frac{U_5}{(1+r)^5} + \cdots\cdots + \frac{U_R}{(1+r)^R}$$

2. 대학교육의 수익과 비용

(1) 대학교육의 예상 순수익

18세의 시점에서 본 대학교육의 순수익의 현재가치는 22세 이후 대졸자가 받을 생애소득과 22세 이후 고졸자의 생애소득 간의 차액(그림에서 *ABED* 면적이 됨)

$$PV_B = \frac{U_4 - H_4}{(1+r)^4} + \frac{U_5 - H_5}{(1+r)^5} + \cdots\cdots + \frac{U_R - H_R}{(1+r)^R}$$

(2) 대학교육의 비용

① 대학교육의 비용은 직접비용, 기회비용, 심리적인 손실비용으로 나눌 수 있음

- 직접비용(D) : 등록금, 교과서비용, 각종 납부금
- 기회비용(H) : 만일 취업했다면 벌 수 있었을 소득인 H_0, H_1, H_2, H_3
- 심리적 손실비용 : 공부는 힘들고 대부분이 기피하는 일이므로 심리적인 고통 수반
  → 논의의 단순화를 위해 심리적 손실비용은 없다고 가정하고, 직접비용과 기회비용만 고려

$$PV_C = (D_0 + H_0) + \frac{(D_1 + H_1)}{(1+r)} + \frac{(D_2 + H_2)}{(1+r)^2} + \frac{(D_3 + H_3)}{(1+r)^3}$$

② 학교교육의 직접비용은 *FGgf*, 대학교육으로 인한 포기된 소득은 *CDGF*이므로 대학교육의 총비용은 *CDgf*임

(3) 연령-임금곡선에 입각해서 개인의 인적자본투자 결정기준을 현재가치 기준과 내부수익률을 기준으로 나누어 설명하라.

개인의 인적자본투자 여부의 결정기준은 현재가치 기준(present value criterion)과 내부수익률 기준(internal rate of return criterion)이 있음

1. 현재가치 기준

① 대학교육 순수익의 현재가치가 대학교육비용의 현재가치보다 큰 경우, 대학교육을 선택

$$PV_B > PV_C$$

② 앞의 [그림]을 이용하면 $ABED > CDgf$인 경우라고 할 수 있음

2. 내부수익률 기준

① 대학교육의 순편익의 현재가치를 0으로 만드는 수익률을 내부수익률이라고 함

$$NPV = \sum_{i=0}^{R} \frac{D_i - H_i}{(1+\rho)^i}$$

② 장래의 순수익과 비용을 일치시키는 내부수익률은 교육투자 1원어치의 투자수익률이라고 할 수 있음

③ 내부수익률 기준은 교육투자 1원어치의 투자수익률(ρ)과 교육투자 1원어치의 기회비용인 시장이자율(r)과 비교해서 결정

$$\rho > r$$

3. 비교

내부수익률과 현재가치법은 예외적인 경우를 제외하고는 일반적으로 일치하게 됨

참고

교육의 사적 수익률과 사회적 수익률

- 교육의 사적 수익률 : 교육투자 시 개인의 투자비용과 개인의 투자수익만을 고려하는 경우이다.
- 교육의 사회적 수익률 : 교육투자로 발생하는 사회적 수익률은 대학교육을 받으면 법과 질서를 잘 지키고 술·담배를 멀리하는 등 개인의 건강과 안전에도 좀 더 관심을 기울이며, 민주적 정부 구성에 적극적으로 참여해 다른 사람들에게도 이득을 제공하게 된다.

(4) 대학교육의 선택에 영향을 미치는 요인들은 무엇이 있는가?

1. 학력 간 임금격차

대졸자와 고졸자 간의 임금격차($U_i - H_i$)가 커질수록 대학교육의 순수익은 커지고, 대학교육에 대한 수요가 증가하게 됨

2. 예상수익 회수기간과 기회비용에 영향을 미치는 나이

교육에 대한 수요는 나이가 어릴수록 커지는데, 교육투자에 대한 수익 회수기간이 길어지기 때문

참고

인적자본특화(human capital specialization)

- 개인의 시간을 시장노동에 전혀 사용하지 않고 100% 인적자본투자에 사용하는 것을 말한다.
- 대개 젊은 나이에 인적자본특화를 하기 때문에 젊을수록 교육투자가 많아진다는 예측을 하게 되는데 이는 현실과도 부합한다.

3. 시간할인율의 크기

시간 선호(time preference)란 장래소득보다 현재소비를 얼마나 더 선호하는가를 나타내는 것으로 시간 선호가 강한 사람일수록, 현재지향적일수록 장래소득을 할인하는 비율인 시간할인율이 커지고, 시간할인율이 낮을수록 장래소득의 현재가치가 상대적으로 커서 대학교육에 대한 수요는 증가함

4. 대학교육 금전적 비용(민간부담 교육비의 크기)

민간부담 공교육비인 대학입학금, 등록금이 클수록 개인의 대학진학 수요는 감소하고, 반대로 대학이 거의 국공립으로 운영되면 민간부담 교육비는 적어지므로 대학진학을 결정하는 18세 청년의 경우 대학교육을 더 받고자 함

5. 대학교육 비금전적 비용

대학교육에 소질이 없는 학생들은 기회비용과 심리적 고통이라는 비용을 심각하게 반영

(5) 인적자본 이론 중 기업특수적 훈련에서 발생하는 강탈(hold-up)의 문제를 설명하라.

1. 기업특수적 훈련의 특성

① 기업특수적 훈련은 현재의 기업에서만 근로자의 생산성이 높아지고, 다른 기업으로 이직하는 경우에는 생산성이 높아지지 않음
② 즉, 근로자가 현재의 기업을 그만두고 타 기업으로 옮겨가면 그의 임금은 한계생산가치인 VMP^*가 될 것임
③ 그 결과 근로자는 다른 기업으로 가도 $VMP^*=W^*$인 임금밖에 받을 수 없기 때문에 훈련비용을 조금도 부담하려고 하지 않을 것임

2. 근로자에 의한 강탈

① 기업은 제0기에 훈련비용을 부담하되, 제1기에 훈련의 수익을 거둬들일 수가 있다면 기업특수적 훈련을 제공하게 됨
② 기업임금정책은 제0기와 제1기에 모두 근로자에게 $VMP^*=W^*$의 임금을 지불하여, 제0기에는 VMP^*-VMP_0만큼 전부 부담하고, 제1기에는 훈련의 수익인 VMP_1-VMP^*만큼을 전부 거두는 방법을 선택할 수 있음

그림 **기업특수훈련과 강탈**

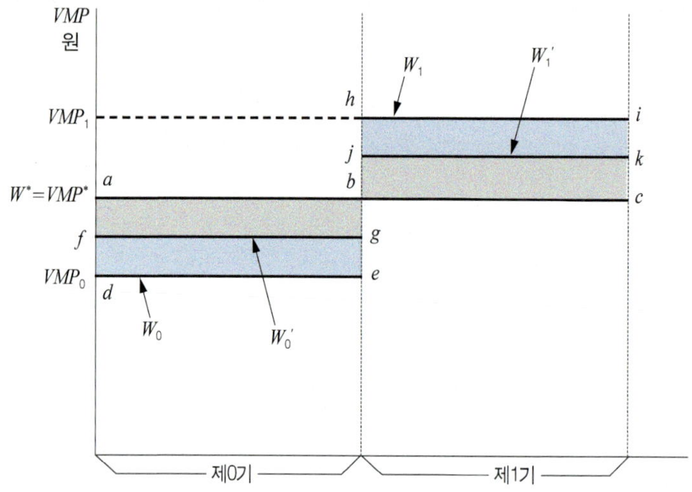

③ 기업이 기업특수적 훈련비용을 전부 부담하는 경우 기업은 훈련수익을 회수해야 하는데, 근로자가 훈련 이후에 현재의 회사를 이직해 버리면 기업은 훈련의 투자비용만큼 완전히 낭비하는 셈이 됨

④ 근로자는 이직할 경우에 발생하는 기업의 손실을 약점 잡아, 이직하지 않을테니 그 대가로 W^*보다 높은 임금을 달라고 요구 가능

⑤ 결국 기업특수적 훈련에서 기업은 훈련비용을 전액 부담하는 *abc*와 같은 정책을 사용할 수 없음

3. 기업에 의한 강탈

기업은 근로자에게 다른 기업에 가면 기업특수적 훈련이 쓸모없다는 것을 악용하여, 해고하지 않을테니 임금을 W_1보다 낮게 주겠다고 하는 경우를 말함

4. 강탈 문제의 해결 가능성

① 기업특수적 훈련은 기업과 개인의 생산성을 높이기 위해서 반드시 필요한 것이며, 궁극적으로 사용자와 근로자 모두에게 유익한 것임

② 그러나 상대방의 기회주의적 행동이나 강탈 문제로 인해 기업도 투자하지 않고 근로자도 투자하지 않으면 최악의 결과인 기업생산성과 개인생산성이 모두 정체되는 결과를 초래하게 됨(죄인의 딜레마 상황과 유사)

③ 이러한 문제를 해결하기 위한 방법이 신뢰를 바탕으로 한 암묵적 계약(implicit contract)을 체결하는 것임

④ 기업은 근로자에게 기업의 투자분을 훈련 후에 회수할 수 있도록 이직하지 말 것을 요청하고, 근로자는 기업에게 자신의 투자분을 회수할 수 있도록 해고하지 말 것을 요청하는 것이 노사 간 암묵적 합의의 주된 내용으로 계약서상에 명시하는 것이 아닌 신뢰를 바탕으로 한 것임

참고

암묵적 계약의 예

- 예를 들어 임금을 제0기에 W_0'로 하면, 근로자의 기업특수적 훈련비용은 *abgf*가 되고, 사용자의 기업특수적 훈련비용은 *fged*가 된다.
- 기업이 제1기에 임금을 W_1'로 하면, 근로자의 투자수익은 *jkcb*가 되며, 사용자의 투자수익은 *hijk*가 된다.
- 노사는 *abed*의 특수적 훈련비용을 분담하고, *hicb*에 해당하는 기업특수적 훈련의 수익을 나누어 가지게 된다.

강탈(hold-up) 문제

투자가 있는 경우에 한 사람이 투자를 하고, 수익을 거둬들이는 시점에서 다른 사람이 우월적 지위를 이용하여 거래를 불발시키거나 부당한 요구를 하는 경우를 말한다.

일반적 훈련의 강탈 문제

- 일반적 인적자본투자는 현재의 기업에서뿐만 아니라 다른 기업에서도 유용한 인적자본이기 때문에, 훈련 후에 근로자는 VMP_1의 생산성을 갖게 되고, 타 기업으로 이직하면 높아진 생산성에 부합하는 $VMP_1=W_1$의 임금을 받을 수 있게 된다.

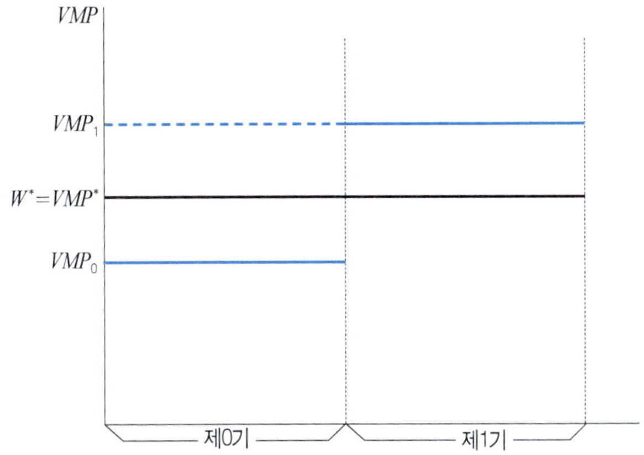

- 그런데 현재기업에 남아있게 되면 W^*의 낮은 임금을 받게 된다. 비록 훈련 전에 노사가 비용부담과 수익회수에 대한 합의를 했더라도, 근로자는 이직이라는 기회주의적 행동을 할 유인을 강하게 지니게 되고, 이직을 하거나 이직 위협을 무기로 기업에게 더 높은 임금을 요구할 수 있게 된다.
- 따라서 일반적 인적자본투자의 경우에는 근로자 개인이 비용을 대부분 부담하고 수익도 근로자가 회수하게 된다.

2. 스펜서의 2기간 신호 모형에 입각한 문제이다. 다음 물음에 답하라.

(1) 신호가 존재하는 경우의 분리균형을 설명하라. 분리균형의 조건은 어떻게 되는가? (단, 투자기간과 투자회수기간의 길이는 동일하다.)

1. 모형의 가정

① 두 기간을 상정하여, 투자기간(제0기)과 투자회수기간(제1기)으로 구성

② 대학졸업장은 개인의 능력을 신호하는 간판이라고 하고, 기업이 대졸자에게는 w_H의 생산성임금을, 고졸자에게는 w_L의 임금을 준다고 가정

③ 대학간판 취득비용은 영리한 사람은 c_H, 우둔한 사람은 c_L로 표시

2. 분리균형

(1) 개념

분리균형(separating equilibrium)이란 영리한 사람들만 대학간판에 투자하여 본인이 유능한 사람이라고 신호하고, 우둔한 사람들은 고등학교만 졸업하여 대학교육이라는 신호를 구입하지 않게 되어 영리한 자와 우둔한 자를 서로 분리시키는 균형을 말함

(2) 필요조건

① 영리한 사람이 대학졸업장을 취득할 조건

→ 대학교육의 순이익이 교육의 비용보다 큰 경우로 $w_H - w_L > c_H$

② 우둔한 사람이 대학간판에 투자하지 않을 조건

→ 대학졸업의 순이익이 대학졸업비용보다 작은 경우로 $w_H - w_L < c_L$

③ 필요조건은 $c_H < w_H - w_L < c_L$

(3) 충분조건

① 영리한 사람이 대학교육투자 시, 대학교육 후의 보수와 투자하지 않을 경우의 평균보수 간 차액이 대학교육투자비용보다 커야 함

$$w_H - \bar{w} > c_H$$

→ 단, $\overline{w}=\alpha w_H+(1-\alpha)w_L$로 평균생산성에 입각해서 근로자의 임금이 결정되는 것으로 영리한 사람의 비중이 α, 우둔한 사람의 비중이 $(1-\alpha)$인 경우에 영리한 사람은 생산성에 부합하여 임금 w_H을 받고, 우둔한 사람은 w_L을 받음)

② 따라서 충분조건은 다음과 같아짐

$$w_H - w_L > \frac{c_H}{1-\alpha}$$

(2) 한국의 고졸자가 예외 없이 대학에 진학하는 과도한 고학력화를 설명하라.

1. 혼합균형과 과잉 고학력화

① 한국에서 고졸자가 예외 없이 대학에 진학하는 과도한 고학력화는 대학교육이 지나치게 부실하거나, 대졸-고졸 간 학력격차가 크거나, 기업의 임금이 개인의 성과와 적절하게 연관되지 못하는 경우에 혼합균형이 발생하여 과도한 고학력화 현상이 일어날 수 있음

② 이때는 대학졸업장이 유능한 자와 우둔한 자를 구분하는 신호의 역할을 잘 수행하지 못함

③ 혼합균형(pooling equilibrium)은 영리한 자든 우둔한 자든 모두 대학간판에 투자하는 것이 유리하다고 판단하는 상황을 말함

2. 혼합균형이 발생할 수 있는 조건

(1) 간판투자비용이 작은 경우

① 대학이 학사관리를 철저하게 하지 않아서 누구나 입학하면 쉽게 졸업장을 취득할 수 있는 경우로 우둔한 사람이 대학졸업장을 취득하는 데 따른 편익이 비용보다 큰 경우

② $w_H-w_L>c_L$인 경우에 대학에 진학하게 됨

(2) 간판투자수익이 지나치게 높은 경우

① 노동시장에서 대졸자를 과도하게 우대하여 대졸임금이 너무 높게 책정되거나, 고졸자를 천대하여 고졸임금이 너무 낮게 책정되는 경우
② 대학간판의 순수익이 우둔한 자의 높은 교육비용보다 큰 경우
③ $w_H - w_L > c_L$인 경우

(3) 간판투자수익의 회수기간이 충분히 긴 경우

① 투자수익의 회수기간이 매우 길어 수익의 합계가 투자비용보다 큰 경우에는 투자를 결정
② 투자회수기간이 길수록 제2기의 가로 길이가 길게 연장됨

3. 다음은 숙련편향적 기술진보가 노동시장에 미치는 영향에 대한 문제이다. 다음 물음에 답하라.

(1) 숙련편향적 기술진보는 숙련 노동과 미숙련 노동과 어떤 관계에 있다고 할 수 있는가?

1. 숙련편향적 기술진보

① 현재 진행되고 있는 기술진보는 숙련편향적 기술진보로 숙련직과 미숙련직의 임금격차가 확대되고 있음
② 숙련편향적 기술진보(skill-biased technological progress)란 기업이 새로운 기술도입에 의해서 산출량을 높일 경우에 숙련 노동에 대한 수요는 증가하고 미숙련 노동에 대한 수요는 감소하는 기술진보를 말함
③ 생산현장에서 숙련편향적 기술진보의 채택은 많은 경우 신기술을 담고 있는 신형기계나 설비를 설치하는 형태를 지니는데, 미숙련 노동은 자본과 대체관계에 있어 이 근로자들의 일자리가 먼저 사라지게 되고, 신형기계나 설비를 다룰 전문기술직의 일자리는 증가하게 됨

2. 숙련편향적 기술진보와 노동의 대체·보완관계

새로운 제품혁신, 생산원료혁신, 공정혁신, 기업조직혁신, 시장혁신이 전개되면서 보완관계에 있는 전문기술직, 숙련 노동에 대한 수요는 증가하고, 대체관계에 있는 미숙련 노동에 대한 수요는 감소

(2) 숙련 근로자에게 유리한 편향된 기술변화가 숙련 근로자와 미숙련 근로자의 임금격차를 더 가속화시킬 수 있다는 것을 설명하라.

① 숙련편향적 기술진보가 일어나기 전 숙련 노동시장과 미숙련 노동시장의 수요곡선과 공급곡선을 보면 각 유형의 임금과 고용수준을 알 수 있음

그림 숙련편향적 기술진보가 노동시장에 미친 영향

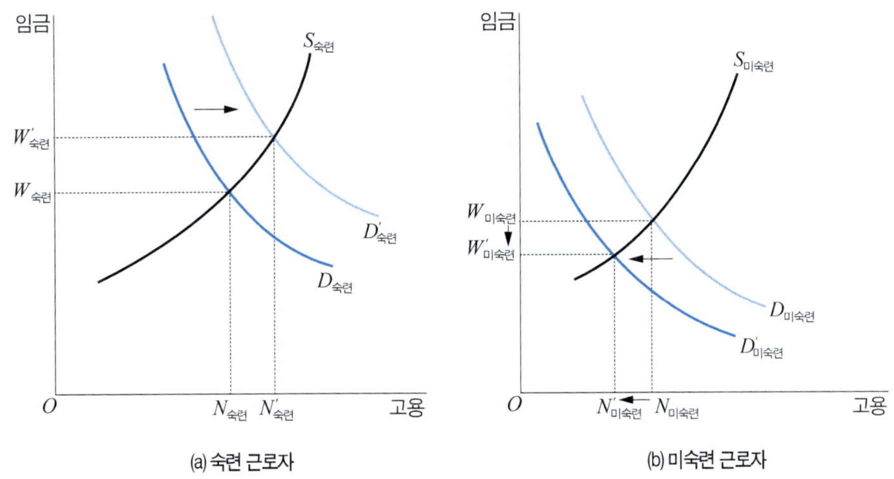

② 각 유형의 근로자에 대한 임금과 고용은 각 시장의 수요곡선과 공급곡선의 교차점에서 결정

→ 기술변화 이전에 미숙련 근로자는 낮은 한계생산성을 반영하여 숙련 근로자보다 낮은 임금을 받음

$$W_{미숙련} < W_{숙련}$$

③ 숙련편향적 기술변화는 숙련 근로자의 한계생산을 증가시키고, 미숙련 근로자의 한계생산을 감소시킴

→ 숙련 근로자의 수요곡선은 우측 이동하여 임금과 고용은 증가하게 되고, 미숙련 근로자에 대한 수요곡선은 좌측 이동하여 임금과 고용은 감소하게 됨

④ 현실적용 가능성 : 이러한 분석을 통해 숙련 근로자에게 유리한 편향된 기술 변화가 숙련 근로자와 미숙련 근로자의 임금격차를 확대하는 결론을 얻을 수 있고, 실증적인 연구에 입각하면 숙련 편향적 기술 변화가 최근 임금격차 확대에 일정부분 역할을 했다는 것을 확인할 수 있음

(3) 숙련편향적 기술진보는 단기적인 불균형 상태에서 숙련직 임금이 생산성격차 이상으로 크게 발생할 수 있음을 설명하라.

① 숙련편향적 기술진보의 경제에서는 숙련직, 전문기술직에 대한 수요 증가가 있고 숙련직, 전문기술직 공급이 수요 증가에 대응하는 시차상의 갭(gap)이 존재하여 단기적으로 불균형 상태에서 숙련직 임금이 과도하게 크게 치솟을 수 있음

② 이러한 상황은 거미집 모형(cobweb model)으로 설명할 수 있는데, 거미집 모형에는 다음 조건이 성립해야 함

- 새로운 숙련직, 전문기술직 근로자가 노동시장에 참여하는 데 시간차(time-lag)가 존재해야 함
- 인적자본투자는 현재의 시장가격기준으로 이루어지고, 일정 기간 미래에도 이 임금수준이 유지됨
- 수요곡선이 공급곡선보다 더 평평해 점차 적응기간을 거쳐 균형으로 도달할 수 있음

그림 거미집 모형 : 기술진보와 단기불균형 상태

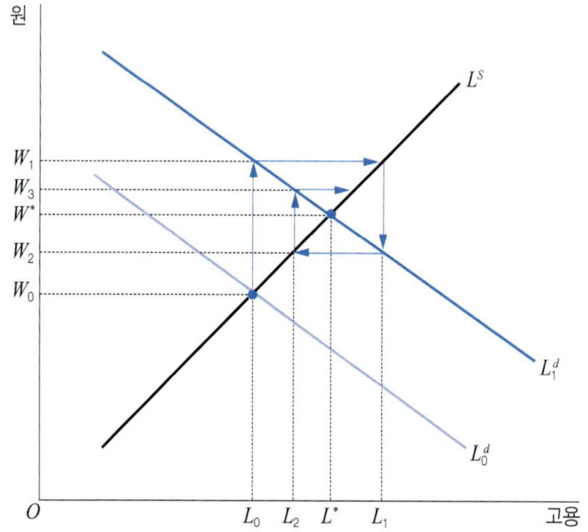

③ 숙련직 전문기술직에 대한 수요가 L_0^d에서 L_1^d로 증가

→ 단기에는 숙련직, 전문기술직의 공급이 L_0에서 비탄력적이므로 상대임금은 W_1까지 상승

→ W_1의 임금수준은 과도기적인 상태로 인적자본투자수익률이 크게 증대하여 대학에 진학하는 사람들이 크게 증가하게 되고, 그 결과 공급은 L_1까지 증가함

→ 일단 L_1까지 공급이 증가하면 단기에는 W_2까지 하락

→ 상대임금 하락으로 인해 대학 및 훈련기관 진학자는 줄어들고, 몇 년 후 졸업시점에 숙련직, 전문기술직 공급은 L_2에서 비탄력적으로 되어 상대임금은 다시 W_3로 상승

→ 이러한 과정이 반복되면서 W^*에 접근

④ 우리나라에 적용 : 대졸자 노동시장을 보면 과거 대졸자에 비해서 높은 임금(W_1)이 지불되면서 대졸자의 공급의 증대가 이루어져 $L_0 \rightarrow L_1$이 되고, 대졸자 과잉공급의 결과 대졸자 임금이 W_2로 하락하는 상황이 전개되어 대졸자가 고졸자 일자리로의 하향취업이 이루어지는 현상을 부분적으로 설명할 수 있음

4. 많은 나라들은 고등교육에 대해서 정부가 많은 보조금을 제공하고 있다. 이러한 대학교육에 막대한 보조금을 제공하는 경우 발생하는 위험성(한계)을 설명하시오.

예시 목차

1. 의의
2. 역선택의 문제 : 정보의 비대칭성
3. 신호발송 이론의 비판
(1) 교육의 생산성 기여도
(2) 교육의 사회적 수익률=0

1. 의의

① 정부가 개인에게 교육보조금을 지급하게 되면 개인 입장에서는 인적자본에 투자하는 비용은 하락

② 개인의 관점에서 볼 때는 대학교육비용의 감소는 교육투자에 대한 개인의 수익률을 증가시킴

→ 이는 비용이 감소하지 않았을 경우에 비해서 더 많은 사람들이 대학에 다닐 수 있도록 유인

→ 그러나 이러한 효과가 사회적 관점에서 볼 때 투자대비 수익이 충분하지 못할 수도 있음

③ 이러한 내용을 교육보조에 대한 비대칭정보로 인한 역선택의 문제와 신호발송이론의 측면을 기반으로 비판해할 수 있음

2. 역선택의 문제 : 정보의 비대칭성

① 정부의 보조금지급으로 인해서 생산성이 낮은 사람들이 대학에 진학하는 통합균형이 성립할 수 있게 됨

→ 그 결과 대학교육을 받지 못했다면 고등학교 졸업자의 근로소득과 대학교육 후의 근로소득의 격차는 감소

② 그러나 만일 분리균형을 통한 적절한 능력이 반영되는 적절한 직무수행이 분리되지 못하게 된다면 정보의 비대칭성으로 인한 역선택의 문제를 유발

③ 여기서 역선택이란 정보의 비대칭성으로 인해 바람직하지 못한 부적절한 선택과 미스매칭은 사회 전체적으로 비효율성을 유발

3. 신호발송이론의 비판

(1) 교육의 생산성 기여도

① 신호발송이론은 교육훈련의 효과에 대해서 인적자본이론과는 상반된 주장과 비판을 함

② 인적자본모형은 교육과 같은 인적자본의 투자는 저소득과 가난의 탈출구 역할을 할 수 있다고 보고, 정부의 실무교육과 학자금 비용 보조정책은 효과적이라고 봄

③ 신호발송이론은 근로자의 능력과 생산성은 타고난 측면에 강하며 교육을 통해서 생산성은 높아지지 않는다는 주장으로, 단지 교육을 받았다는 증거는 자신이 생산성이 높다는 신호를 발송하여 이익을 얻으려는 목적이 크다고 봄

→ 따라서 정부의 교육지원정책은 무력하게 됨

(2) 교육의 사회적 수익률=0

① 신호발송모형의 입장에서는 교육을 받았다는 증거는 근로자 자신은 생산성이 높다는 신호를 발송할 수 있어 이익을 얻게 되어 사적 수익률은 양(+)이라고 할 수 있음

② 그러나 교육을 통한 생산성 증대 효과는 없기 때문에 사회 전체적으로 교육을 통한 사회적 수익률은 0이라고 할 수 있음

→ 따라서 사회적인 낭비에 불과할 뿐

5. **대학에 전혀 가보지 못한 사람이 석사학위를 가진 사람보다 더 많은 돈을 버는 것은 절대로 옳지 않다. "더 높은 학위를 가진 사람이 더 많이 벌 자격이 있다"라는 주장을 인적자본이론을 이용해서 논평하시오.**

예시 목차

1. 의의
2. 근로자의 소득결정요인
(1) 노동의 수요와 공급 요인
(2) 임금-학력곡선과 다른 요인이 일정하다는 가정
(3) 다른 요인이 변하는 경우 효과 : 선택편의
3. 결론

1. 의의

① 소득에 영향을 주는 요인들에는 교육수준뿐만 아니라 다양한 요인들이 있음

예 경험, 직무 특성 또는 임금차이 보상, 운(luck) 등

② 교육에 투자하는 사람들은 높은 수익을 기대하기 때문에, 기대수익이 너무 낮으면 투자를 하지 않게 됨

③ 그러나 실제 수익은 수요와 공급에 의해서 영향을 받게 될 뿐만 아니라 기타 다른 요인에 의해서도 영향을 받게 되기 때문에 교육수준이 높다고 반드시 높은 소득을 얻는 것은 아님

2. 근로자의 소득결정요인

(1) 노동의 수요와 공급 요인

① 노동시장에서 결정되는 임금은 노동의 수요와 공급에 의해서 결정

② 따라서 교육을 받은 노동공급이 충분히 큰 경우에는 일시적으로 교육을 받지 않은 사람과 대등한 임금수준에 직면할 수도 있음

그림 1 **고학력 노동 시장**

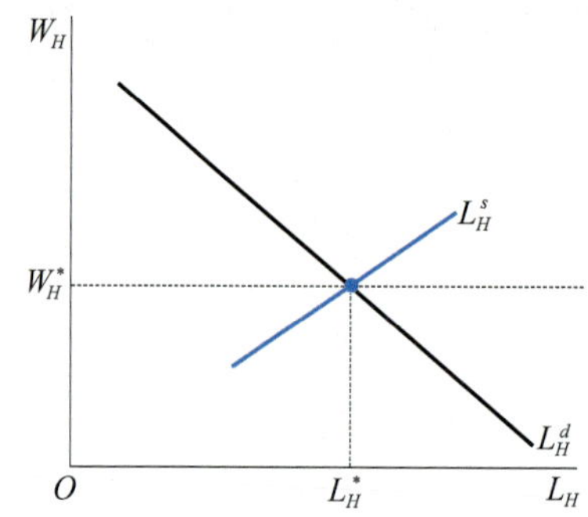

그림 2 **저학력 노동 시장**

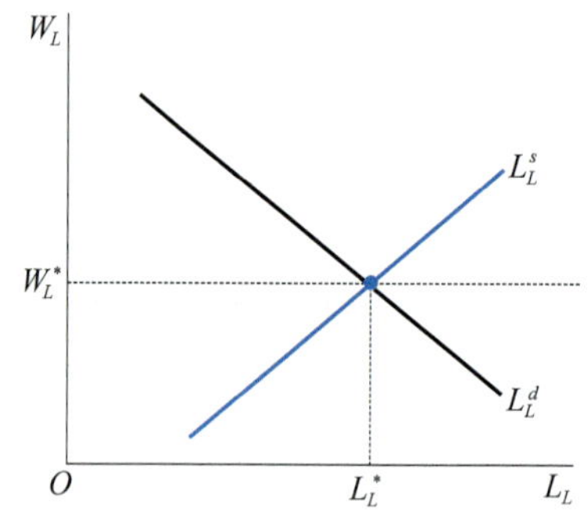

(2) 소득에 영향을 주는 요인과 다른 요인이 일정하다는 가정

① 교육과 소득의 관계를 분석하기 위해서는 소득에 영향을 주는 다른 요인들이 일정하다는 가정(ceteris paribus)을 전제로 해야 함

② 이런 전제조건이 충족되는 경우에 임금-학력곡선을 보면 학력수준이 높을수록 임금수준도 높고 그 결과 소득수준도 높게 된다는 것을 알 수 있음

(3) 다른 요인이 변하는 경우 : 선택편의와 인적자본축적

① A와 B라는 두 사람이 존재하는데, A는 블루칼라 일에 매우 능숙하고, B는 화이트칼라 일에 능숙하다고 가정

→ 이때 블루칼라 일은 학력이 불필요하고, 화이트칼라 일에는 학력이 필요하므로 교육을 받지 않은 A는 교육을 받은 B보다 더 소득이 높을 수 있음

→ 이는 인적자본축적 이론과 배치되는 결과라고 할 수 있으나, 모두 자신에게 맞는 특성의 직업을 선택한 것이므로 이 둘을 비교하는 것은 적절한 선택이 아님

② 소득을 높이는 요인에는 어느 한 가지만 있는 것이 아니고, 다양한 종류의 능력이 필요할 수 있으며, 어떤 근로자는 교육을 받은 후에 숙련된 일을 하는 데 비교우위가 있고, 다른 근로자는 교육을 받지 않고 덜 숙련된 일을 하는 데 비교우위가 있을 수 있음

③ 그러나 숙련된 일을 하는 데 있어서 교육을 받지 않게 되면 받은 경우보다 소득은 낮을 수밖에 없게 됨

6. 여성들은 동일한 연령의 남성들보다 평균적으로 더 낮은 임금을 받는다. 그리고 나이가 증가함에 따라서 남성과 여성의 근로소득 격차가 증가한다. 인적자본접근방법을 통해서 이러한 현상을 설명하시오.

예시 목차

1. 서론
2. 인적자본접근
(1) 노동시장 경력 단절
(2) 낮은 인적자본투자와 직종편중
(3) 완만한 연령-근로소득곡선

1. 서론

① 여성들이 비슷한 연령의 남성들보다 더 낮은 임금을 받는 이유에는 차별을 비롯한 많은 다양한 원인들이 존재

② 여기서는 인적자본이론 측면에서 논의

2. 인적자본접근을 통해 본 남녀임금격차 이유

(1) 노동시장 경력 단절

여성들은 전통적으로 노동시장 경력이 중단되는 경우가 많고 그 결과 인적자본투자가 회수될 수 있는 기간을 단축시키게 됨

(2) 낮은 인적자본투자와 직종편중

① 노동시장의 경력단절 가능성은 여성들이 근로경력의 중단으로 인해 입게 될 손실이 가장 적은 직종에 몰리는 원인이 됨

② 만일 낮은 인적자본투자면 충분히 수행할 수 있는 직종으로의 편중(occupational bunching)은 더 낮은 임금으로 연결됨

(3) 완만한 연령-근로소득곡선

① 여성들의 연령-근로소득곡선은 남성에 비해서 상대적으로 평평한 형태
→ 남성들은 더 우상향하고 오목한 연령-근로소득곡선

② 이를 인적자본이론과 연결시켜 설명한다면, 남성들은 여성들보다 생애 초기에 현장직무훈련(on-the-job training)을 더 많이 받는다면 남성들의 초기 임금은 상대적으로 낮은 수준이 될 것
→ 그러나 생애 후반기에 인적자본에 투자한 남자들은 이를 회수할 것이고, 그 결과 남성들과 여성들의 임금격차는 더 벌어지게 될 것

5회 모의고사

이윤급여와 임금구조

1. 다음은 일자리 탐색에 대한 모형이다. 물음에 답하라.

(1) 일자리 탐색과 관련한 한계이익과 한계비용은 어떻게 결정되는가?
(단, 탐색은 순차적으로 일어나고, λ는 기업이 y_1의 임금을 제의할 확률, $(1-F(y_1))$은 근로자가 y_1보다 높은 임금을 받을 확률, c는 탐색비용, b는 실업급여 크기라고 한다.)

(2) 눈높이임금(asking wage, reservation wage)은 무엇이며, 어떻게 결정되는가?

(3) 정보취득의 한계이익곡선과 한계비용곡선을 이용해서 눈높이임금이 결정되는 과정을 그래프로 설명하라.

(4) 실업탈출률을 구하고, 이를 이용해서 평균실업기간을 도출하라.

(5) 일자리 탐색으로 인한 한계편익과 한계비용에 대해서 설명하여라.

(6) 근로자의 일자리 탐색에 영향을 주는 요인들로서 높은 실업급여수준과 인공지능 자동화시스템의 등장으로 인한 일자리 소멸률이 높아지는 경우 눈높이임금과 실업기간에 어떤 영향을 주는지 설명하라.

2. 다음은 일자리 탐색의 미스매치와 관련된 베버리지곡선에 대한 물음이다.

(1) 베버리지곡선은 무엇을 의미하는지 설명하고, 간략하게 도출하라.

(2) 베버리지곡선이 어떤 형태를 지니는지 그림으로 설명하라. 베버리지곡선의 오른쪽 하단부분은 무엇을 의미하는가?

(3) 기업과 근로자에게 충분한 정보가 제공된다면 베버리지곡선에 어떤 영향을 미치게 되는가? 그림으로 설명하라.

(4) 노동시장에서 불황으로 총수요 충격이 발생하는 경우 미치는 효과를 베버리지곡선을 이용해서 설명하라.

(5) 기업의 구조조정으로 인해서 일자리 소멸률이 증가하는 경우 노동시장에 미치는 효과를 베버리지곡선을 이용해서 설명하라.

3. 다음은 도덕적 해이와 인센티브 임금에 대한 물음이다.

(1) 도덕적 해이의 발생 원인은 무엇이며, 이를 해결하기 위한 해결책을 급여제도와 관련해서 설명하라.

(2) 개수제(piece rate)임금과 시간제(time rate)임금에 대해서 간략히 설명하고, 노력과 임금평면에 무차별곡선을 도입하여 어떤 점을 선택하게 될 것인지를 설명하라.

(3) 기업이 시간급에 일정 정도의 능률급적 요소를 가미하는 경우, 노력회피적인 성향에 따라서 효용극대화 선택이 어떻게 달라지는지 설명하라.

4. 어느 기업은 2명의 근로자를 고용해서 자전거를 조립한다. 이 기업은 조립제품 하나당 12의 가치를 부여한다. A가 생산과정에 투입하는 노력의 한계비용은 $MC_A=4Q$이고, B의 한계비용은 $MC_B=6Q$이다. 여기서 Q는 조립된 자전거의 숫자이다.

(1) 이 기업이 개수급을 지급하게 된다면 각 근로자의 시간당 임금은 얼마가 될지 그래프를 이용해서 설명하시오.

(2) 이 기업이 시간당 15의 시간급을 지급하고 시간당 최소 2대의 자전거를 조립하지 못하는 근로자들은 모두 해고한다고 가정하자. 이때 하루 8시간 동안 각 근로자는 몇 대의 자전거를 조립하게 되는지 그래프를 이용해서 설명하시오.

(3) 이 기업이 토너먼트 방식을 적용하는 경우 상금의 격차가 클수록 참가자들로부터 더 높은 수준의 업무 노력을 끌어낼 수 있다는 것을 그래프를 이용해서 설명하시오. 그리고 상금의 차이가 클수록 어떤 문제점이 있는지 설명하시오.

> **1. 다음은 일자리 탐색에 대한 모형이다. 물음에 답하라.**
> **(1)** 일자리 탐색과 관련한 한계이익과 한계비용은 어떻게 결정되는가?
> (단, 탐색은 순차적으로 일어나고, λ는 기업이 y_1의 임금을 제의할 확률, $(1-F(y_1))$은 근로자가 y_1보다 높은 임금을 받을 확률, c는 탐색비용, b는 실업급여 크기라고 한다.)

1. 가정과 조건

① 기업이 y_1의 임금으로 일자리를 제의할 확률이 λ
→ λ는 노동시장의 급박한 정도(tightness)를 의미하는 것으로 노동시장의 일반적인 상황, 구직자의 연령과 교육수준, 구직 활동에 투입된 노력 등에 의해서 영향을 받음
② 고용주마다 일자리를 탐색하는 근로자에게 제시하는 임금은 다른데, 제시임금의 분포 즉, 밀도함수(density function)를 $f(y)$라고 하면, $F(y_1)$은 y_1 왼쪽에 있는 분포곡선 아래의 면적으로 제시임금이 y_1보다 작을 확률을 의미
③ 따라서 $(1-F(y_1))$는 제시임금이 y_1보다 클 확률을 의미
(노동시장의 임금분포가 $f(y)$이면 근로자가 받을 수 있는 임금은 y_{min}과 y_{max}값 사이로 확률은 1임)
④ 근로자가 계속 탐색할 경우 받을 수 있는 임금이 $y_1 \sim y_{max}$인 경우에 y_1보다 임금이 클 확률은 $(1-F(y_1))$
⑤ 따라서 $\lambda(1-F(y_1))$은 시장에서 y_1보다 높은 임금을 받을 확률
⑥ 조건부 기댓값 $E(y \mid y>y_1)$은 임금이 y_1 이상이라는 조건하에서 탐색으로 받을 수 있는 임금

그림 **제시임금의 분포 : 의중임금과 취업확률**

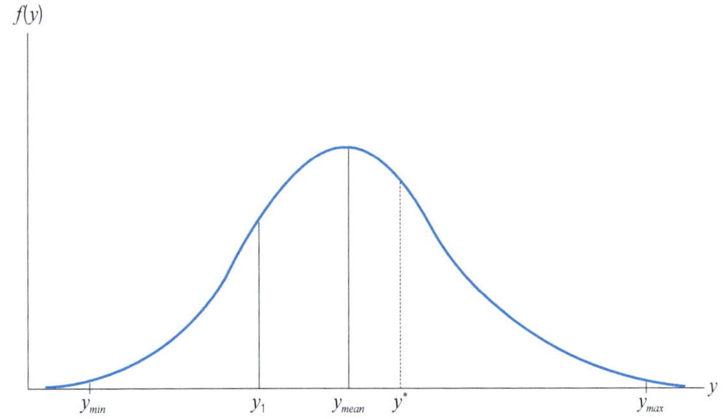

2. 일자리 탐색 최적수준

(1) 탐색의 한계이익

① 일자리 탐색의 기대이익은 노동시장에서 받을 수 있는 더 높은 임금수준과 이를 받을 수 있는 확률의 곱으로 나타낼 수 있음
② $\lambda(1-F(y_1))$은 시장에서 y_1보다 높은 임금을 받을 확률이므로, $E(y|y>y_1)$은 임금이 y_1 이상이라는 조건하에서 탐색으로 받을 수 있는 임금
③ 탐색의 기대이익=더 높은 임금을 받을 확률×보다 높은 임금의 기댓값

$$\lambda(1-F(y_1))\cdot E(y|y>y_1)$$

④ 일자리 탐색의 한계편익

$$\lambda(1-F(y_1))\cdot [E(y|y>y_1)-y_1]$$

(2) 탐색의 한계비용

① 일자리 탐색비용은 c로 시간, 노력, 교통비 등을 포함하고, 실업기간에 실업급여 b를 받는다면 구직활동과 관련된 순비용은 $c-b$가 됨
② 탐색으로 인한 기회비용은 y_1임
③ 따라서 탐색의 한계비용은 $c-b+y_1$

$$MB = \lambda(\overline{y} - y_1)$$
$$MC = c - b + y_1$$

(3) 최적 탐색기간

① 일자리 탐색의 최적 기간은 일자리 탐색과정에서 발생하는 한계편익과 한계비용이 같아지는 수준
② $\lambda(1-F(y_1))\cdot [E(y|y>y_1)-y_1]=c-b+y_1$

(2) 눈높이임금(asking wage, reservation wage)은 무엇이며, 어떻게 결정되는가?

① 눈높이임금은 탐색을 중단하고, 고용을 수용하기 위해서 개인이 마음속에 갖고 있는 최소한의 주관적 요구임금수준을 말함

② 눈높이임금은 탐색의 한계이익이 한계비용과 같아지는 임금수준을 의미

③ 눈높이 이상의 임금을 제시하는 기업을 만나게 되면 일자리 탐색을 중단하고 취업을 하게 되므로, 취업 여부를 결정하는 규칙이 바로 탐색의 중단규칙(stopping rule)이 됨

④ 눈높이임금이 높아지면 취업확률은 낮아지고, 실업기간은 길어지게 됨

⑤ 눈높이임금은 일자리 탐색 이론에서 개별 구직자가 수용할 수 있는 최소한의 제시임금이고, 최적의 탐색전략에서 매우 중요한 역할을 담당

(3) 정보취득의 한계이익곡선과 한계비용곡선을 이용해서 눈높이임금이 결정되는 과정을 그래프로 설명하라.

① 정보획득 활동기간 또는 구직 활동기간을 가로축에 놓고, 세로축에 금액(비용, 이득)을 두면, 각 근로자가 겪는 구직 활동기간의 한계비용곡선과 한계이익곡선은 [그림]과 같음

(정보취득 활동기간 밑에는 해당 정보취득 활동으로 얻을 수 있는 최대 제시임금수준을 표시)

그림 구직 활동의 한계비용과 한계이익

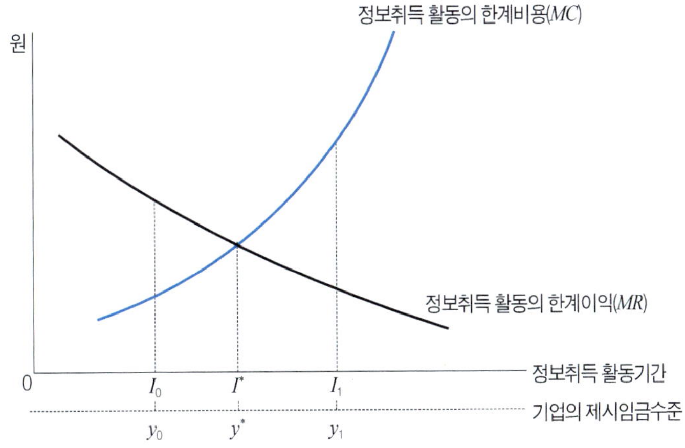

② 정보취득 활동기간의 한계비용과 한계이익이 [그림]과 같이 주어진 경우에 최적의 정보취득 활동기간이 결정되고, 최적 정보취득 활동으로 기대되는 임금이 바로 개인의 눈높이임금이 됨

참고

마찰적 실업과 눈높이임금

- 최적 정보획득 활동의 개념은 근로자의 일자리 탐색과정에서 일정 기간 동안 실업이 발생할 수 있음을 시사한다.
- 가로축의 정보획득 활동은 구직 활동을 의미하고, 이는 실업 상태를 의미한다.
- 최적의 정보량을 취득하는 데 소요되는 기간이 실업기간이 되고, 정보취득 활동 관련 실업을 마찰적 실업(frictional unemployment)이라고 한다.
- 만일 시장에서 y^*보다 높은 y_0을 제시하면 정보의 한계이익이 한계비용을 초과하게 되어 정보취득 활동을 더하게 되고, 자발적으로 실업 상태에 머무르게 되며, 마찰적 실업 상태에 빠지게 된다.

(4) 실업탈출률을 구하고, 이를 이용해서 평균실업기간을 도출하라.

① 실업탈출률은 고용이 되는 조건, 기업이 고용을 제의할 확률인 λ과 이를 수용할 확률인 $(1-F(y^*))$에 달려 있음

② 실업탈출률

$$h=\lambda(1-F(y^*))$$

③ 평균실업기간은 실업탈출률의 역수

$$T_u=\frac{1}{\lambda(1-F(y^*))}$$

(5) 일자리 탐색으로 인한 한계편익과 한계비용에 대해서 설명하여라.

1. 일자리 탐색의 한계이익

① 일자리 탐색의 기대이익=더 높은 임금 받을 확률×기댓값

② 일자리 탐색의 한계편익=$\lambda(1-F(y_1)\times E(y|y>y_1))$

2. 일자리 탐색의 한계비용

$c-b+y_1$

3. 최적탐색기간 : 한계의 원리

① 일자리 탐색의 한계편익=한계비용

② $\lambda(1-F(y_1)\times E(y|y>y_1))=c-b+y_1$

4. 마찰적 실업과 눈높이 임금

(6) 근로자의 일자리 탐색에 영향을 주는 요인들로서 높은 실업급여수준과 인공지능 자동화시스템의 등장으로 인한 일자리 소멸률이 높아지는 경우 눈높이임금과 실업기간에 어떤 영향을 주는지 설명하라.

1. 높은 실업급여수준

① 실직자에게 제공되는 실업급여수준이 높으면, 정보취득 활동의 한계비용을 낮추게 되고, 실업기간은 길어짐

② 한국의 현실은 실업급여수준이 낮고, 실업급여 수혜범위가 제한되어 있어 정보취득 활동의 한계비용이 지나치게 높은 편임

③ 한계비용이 높아지면 실업자의 눈높이임금은 낮아지고, 실업기간을 길게 가지려는 근로자가 줄어들게 됨

그림 1 고용보험의 실업급여수준이 높을 때 영향

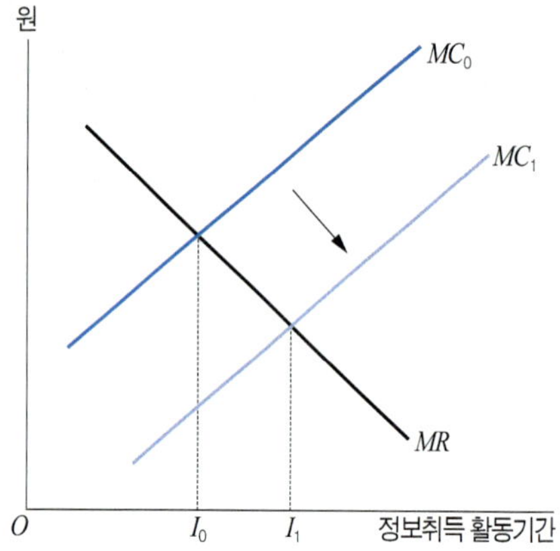

2. 일자리 소멸률의 변화

일자리 소멸률이 높아지는 경우에, 정보취득의 한계이익이 감소하여 *MR*곡선이 좌측으로 이동하게 되고, 실업기간이 짧아짐

그림 2 **현재를 중시하는 선호를 가질 때 : 정보취득한계이익 감소**

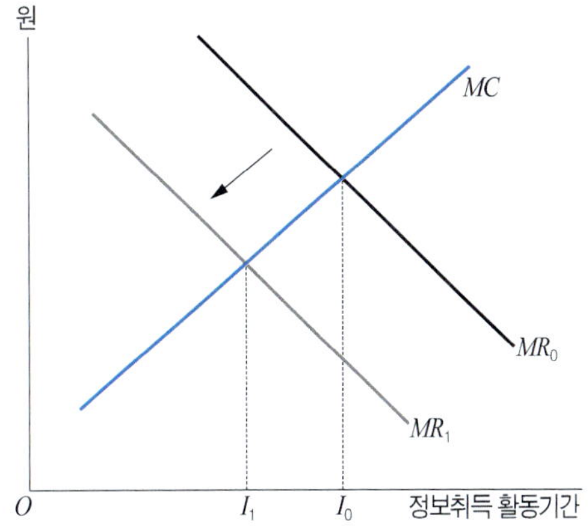

참고

의중임금 vs. 눈높이임금

- 의중임금(reservation wage)

① 의중임금이란 비경제활동인구 상태에서 1시간 노동할 때, 포기하려는 1시간 여가의 가치로 노동시간이 0일 때 여가와 소득 간의 한계대체율로 정의할 수 있다.

② '시장임금 > 의중임금'인 경우에 개인은 경제활동 참가를 선택하고, '시장임금 < 의중임금'인 경우에 비경제활동 참가를 선택해 비경제활동인구가 된다.

③ 의중임금 모형에서는 실업이 전혀 고려되지 않는 상황으로, 경제활동 참가 선택은 취업을 의미하여 의중임금은 취업과 비경제활동참가의 선택기준이 된다.

- 눈높이임금(asking wage)

① 눈높이임금은 일자리 탐색 이론에서 개인이 취업과 실업에 대해 무차별적으로 느끼는 임금수준으로, 취업과 실업 간의 선택의 기준이 되는 임금이다.

② '기업 제시임금 > 개인 눈높이임금'이면 개인은 취업하고, 반대면 실업을 선택한다.

- 취업과 비경제활동 참가의 판단기준과 취업과 실업의 판단기준은 다르다.

2. 다음은 일자리 탐색의 미스매치와 관련된 베버리지곡선에 대한 물음이다.

(1) 베버리지곡선은 무엇을 의미하는지 설명하고, 간략하게 도출하라.

① 베버리지곡선은 노동시장에서 정보의 불완전성으로 인해 근로자의 구직 활동과 기업의 구인 활동이 서로 연결되지 못하고 일정 기간 근로자는 실업 상태로, 일자리는 공석(vacany) 상태로 유지되는 상태를 보여주는 곡선을 말함

② 베버리지곡선은 가로축에 실업률(unemployment rate)을, 세로축에는 공석률(job vacancy rate)을 표시하고, 실업률과 공석률 간 역의 관계를 보여주는 곡선

③ 공석률은 분모를 경제활동인구로 해서 그중 빈 일자리 수의 비중으로 측정하여 통상실업률을 u, 공석률을 v로 표시하여 $u-v$커브로 부르기도 함

④ 베버리지곡선은 1942년 영국의 경제학자인 베버리지(William Beverage)가 통계적 상관관계를 나타낸 것으로, 우하향하는 기울기를 지님

⑤ 높은 실업률과 낮은 공석, 낮은 실업과 높은 공석은 동전의 양면과 같음

그림 **베버리지곡선**

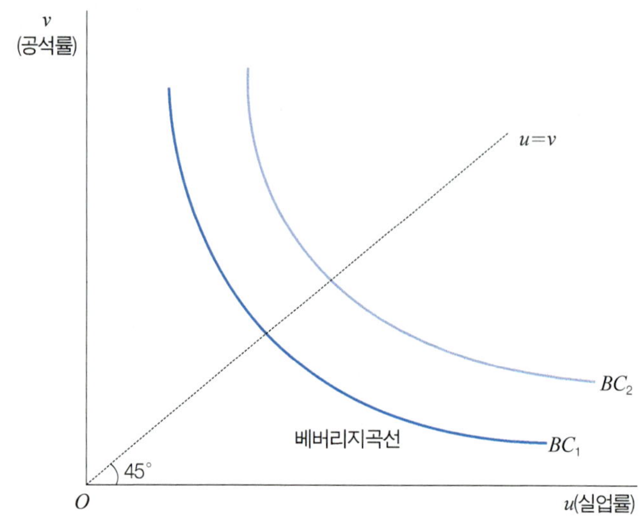

(2) 베버리지곡선이 어떤 형태를 지니는지 그림으로 설명하라. 베버리지곡선의 오른쪽 하단부분은 무엇을 의미하는가?

① 베버리지곡선은 우하향하는 기울기를 가지고 있으며, 호경기에서는 낮은 실업률과 근로자의 부족으로 늘어난 공석, 불경기에는 높은 실업률과 기업 채산성 부족으로 줄어든 공석이 나타남
② 45°선이 의미하는 바는 실업률과 공석률이 같다는 것으로 노동시장에서 마찰적 실업만 존재하는 상황
③ 베버리지곡선의 우측하단 부분은 실업률은 높고, 공석률은 낮은 상태를 의미하는 것으로, 노동시장에서 일자리는 부족하고, 구직자가 넘쳐나는 좋지 않은 경기 상황(침체)을 뜻함

그림 **경기순환이 베버리지곡선에 미치는 영향**

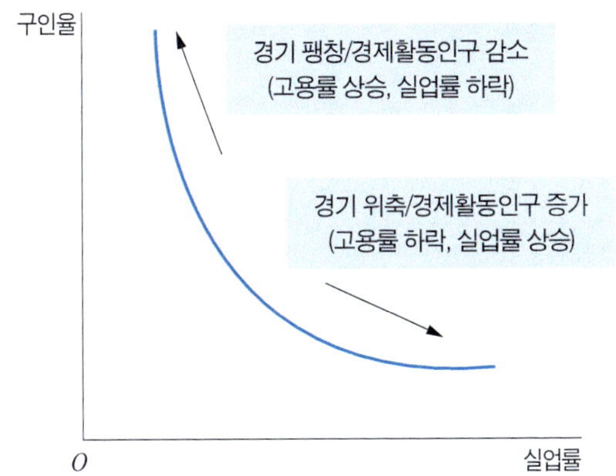

(a) 경기순환

참고

노동시장이 다급하다 vs. 헐겁다

■ 다급하다(tight)
① 노동시장에서 실업률은 낮고, 공석률이 높은 상태로 구직자보다 구인자가 훨씬 많게 된다.
② 근로자는 쉽게 일자리를 찾을 수 있고, 기업이 근로자를 찾는 데 어려움이 있어 사용자는 노동시장이 매우 다급하다고 표현한다.

■ 헐겁다(loose, 침체)
① 노동시장에서 실업률은 높고, 공석률이 낮은 상태이다.
② 노동시장이 일자리는 부족하고, 구직자가 넘쳐나 경기가 좋지 않은 상황으로 사용자는 노동시장이 헐겁다고 표현한다.

> **(3)** 기업과 근로자에게 충분한 정보가 제공된다면 베버리지곡선에 어떤 영향을 미치게 되는가? 그림으로 설명하라.

① 베버리지곡선을 이용할 경우에 원점에서 45°선을 따라서 멀리 위치하게 되면, 정보불충분성이 심각해서 잘못된 매칭으로 인한 마찰적 실업이 높은 경우를 의미

② 원점에서 45°선을 따라서 원점 쪽으로 가깝게 위치하게 되면, 기업과 근로자에게 충분한 정보가 제공되어 매칭이 잘 이루어져 마찰적 실업이 낮다는 것을 의미

③ 베버리지곡선이 원점에서 멀어지는 방향으로 이동하는 경우, 일자리 매칭(job matching)의 효율성이 낮아진 것으로 평가될 수 있음

그림 **일자리 매칭의 효율성과 베버리지곡선에 미치는 영향**

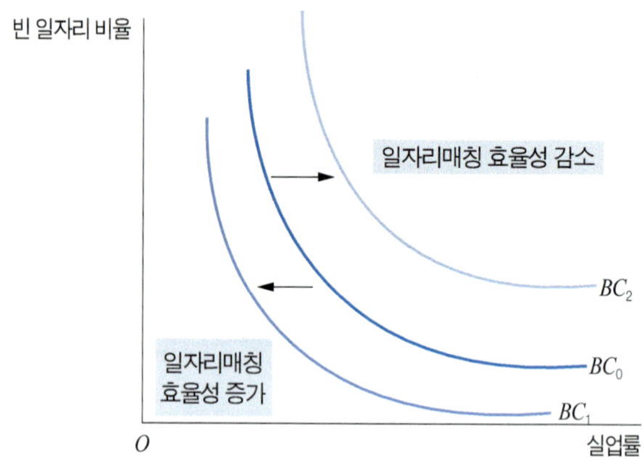

(b) 일자리매칭의 효율성

(4) 노동시장에서 불황으로 총수요 충격이 발생하는 경우 미치는 효과를 베버리지곡선을 이용해서 설명하라.

① 경제가 불황으로 진입해 경제의 총수요 부족이 발생하게 되면, 기업은 채용에 다급해하지 않게 됨
② 실업은 늘고 불경기로 공석을 오히려 줄여 $\frac{v}{u}$가 감소하고 θ^*에서 θ'로 감소하여 경제는 E^*에서 E'로 이동함
③ 실업률이 고정되어 있어 공석을 우선적으로 크게 줄여 대응하게 되고, 이후에 E^*에서 E'로 이동하게 되어 시계반대 방향으로 균형을 잡아감
④ 불경기가 전개되고 노동시장의 다급성이 약화되어 노동시장이 헐거우면, 기업은 공석을 우선적으로 크게 줄임
⑤ 기업이 일자리를 제시할 확률 λ가 감소하고, 그 결과 정상균형실업률은 상승

그림 **불황이 베버리지곡선에 미치는 영향**

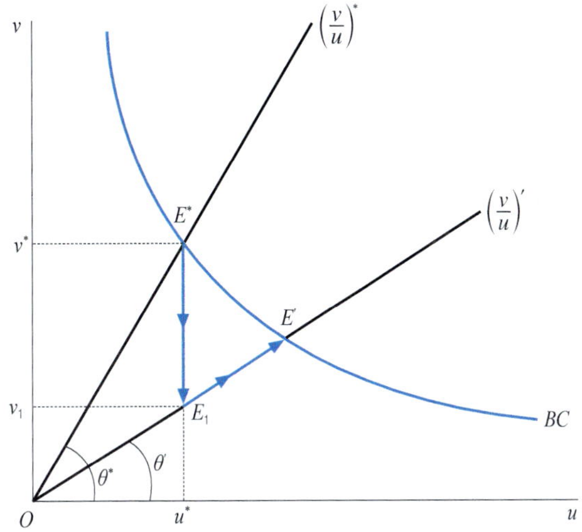

(5) 기업의 구조조정으로 인해서 일자리 소멸률이 증가하는 경우 노동시장에 미치는 효과를 베버리지곡선을 이용해서 설명하라.

① 불황기에 기업의 구조조정으로 공장이 대거 폐쇄되거나, 일자리 소멸률(the break-up rae)인 q가 증가하는 경우 베버리지 곡선이 BC에서 BC'로 바깥으로 이동

② 공장폐쇄로 공석이 줄어들면 $\left(\frac{v}{u}\right)^* \rightarrow \left(\frac{v}{u}\right)'$로 감소

③ 경제의 새로운 균형점은 E'로 변화해 기술혁신, 구조조정 등으로 일자리와 근로자 간의 재배치를 요청하게 됨

→ 이를 재배분 충격(reallocation shock)이라고 함

④ $E^* \rightarrow E'$로의 이동은 노동시장의 다급성이 완화되어 조정과정을 통해 공석률과 실업률이 증가함

그림 기업구조조정의 일자리 소멸이 베베리지곡선에 미치는 영향

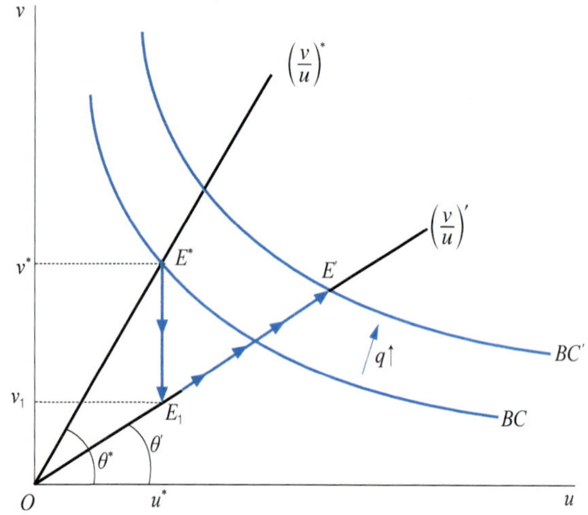

참고

실업률 증가에 대안 정책적 대응(베버리지곡선의 시사점)

■ 베버리지곡선을 이용한 매칭 모형은 정상균형실업률의 결정요인에 대한 중요한 통찰력을 제시한다.

① 실업이 총수요 변화에 따른 것인지, 일자리 소멸률의 변화에 의한 것인지 구분하여 정책대응을 해야 한다.

② 기존 이론은 불경기가 되면 기업이 경영상의 목적으로 대량해고를 해서 실업이 증가하는 것으로 파악했으나, 매칭 이론은 기업들이 해고 이전에 공석을 줄이고, 직장을 제의하는 확률을 낮추어, 신규채용을 감소시켜 실업이 증가하는 것으로 분석

3. 다음은 도덕적 해이와 인센티브 임금에 대한 물음이다.

(1) 도덕적 해이의 발생 원인은 무엇이며, 이를 해결하기 위한 해결책을 급여제도와 관련해서 설명하라.

1. 도덕적 해이 개념과 발생원인

① 도덕적 해이(moral hazard)란 대리인(agent)이 주인(principal)을 위해 특정 업무를 수행하는 과정에서 주인이 대리인의 행동을 완전히 감시할 수 없을 경우에 대리인이 사용자가 원하는 만큼 열심히 일하지 않는 것을 지칭

② 비대칭정보하에서 대리인이 주인의 정보 부족을 이용하여 자신의 이익을 우선적으로 챙기거나 사용자를 속이는 등의 비도덕적인 행위를 말함

2. 해결방안

(1) 감시감독의 강화

종업원의 부도덕한 행위나 무책임한 행위를 방지하기 위해서 영업용 택시의 경우 블랙박스와 디지털 운행기록기계를 통해 주행속도, 주행거리, 손님을 태운 횟수, 빈차 운행 횟수, 안전운전 등을 감시

(2) 효율임금의 지급

시장균형임금보다 높은 임금을 받는 근로자들은 게으름을 피울 가능성이 낮아짐

(3) 이연보수의 지급 연기

① 이연보수로 근로자의 근무경력에 비례해서 임금이 증가하는 것은 그들의 축적된 경험에 대한 보상의 의미도 있으나, 도덕적 해이를 방지하기 위한 대응책이기도 함

② 이연급여제는 기업이 근로자에게 지급하는 보수의 일부를 나중에 지급하는 것으로 어떤 근로자가 게으름을 피우다 해고되면 이연급여제하에서는 그가 치르는 대가가 커짐

③ 이연급여제는 근로자가 젊어서 생산성이 높을 때는 낮은 임금을 받아 기업의 채권을 구입하고, 나이가 든 후 생산성이 하락하면 높은 임금을 받는 것으로 젊어서 구입한 채권에 대한 원지급을 회수하는 것과 같은 의미

(4) 성과연동보수 시행

현실적으로 기본급을 아주 낮게 설정하고, 나머지 부분의 보수는 작업실적에 비례해서 만드는 방법

(5) 소사장제의 활용

① 소사장제(intrapreneurship)는 기업 내 분야별로 독자적인 책임을 지는 소사장을 두는 경영방식
② 공장의 경우 소사장은 모기업으로부터 생산라인 일부를 위임(도급)받아 시설과 원자재를 공급받고, 직접 근로자를 모집, 선발, 임금을 지급해 잔여수익을 본인의 이윤으로 취함
③ 소사장은 이윤동기로 인해서 생산성이 향상되고, 대리인이 주인처럼 행동하도록 유인하는 제도로 기업이윤을 공유하는 방식

(2) 개수제(piece rate)임금과 시간제(time rate)임금에 대해서 간략히 설명하고, 노력과 임금평면에 무차별곡선을 도입하여 어떤 점을 선택하게 될 것인지를 설명하라.

1. 개수제임금과 시간제임금

(1) 개수제임금

① 개수제(piece rate)임금은 근로자의 임금이 근로자의 생산량을 기준으로 지급되는 것으로 인형을 만드는 사람은 만든 인형의 개수에 따라서 임금을 지급받음
② 개수제임금은 능률급이라고도 하며, 노동의 결과로 만들어진 성과에 대해서 보상하는 방식
③ 기업이 완전한 능률급(=성과연동임금)을 선택하면 근로자가 e만큼의 노력을 투입할 때 그에 비례해 정확히 q만큼 하게 되고, 생산단위당(노력단위당) 임금이 p라면 근로자의 임금은 $w=pe$가 됨

(2) 시간제임금

시간제(time rate)임금은 근로시간을 기준으로 급여를 산정하기 때문에, 임금은 시간급이 투입노동량에 대해 보상하는 방식임

그림 1 **개수제임금 vs. 시간제임금**

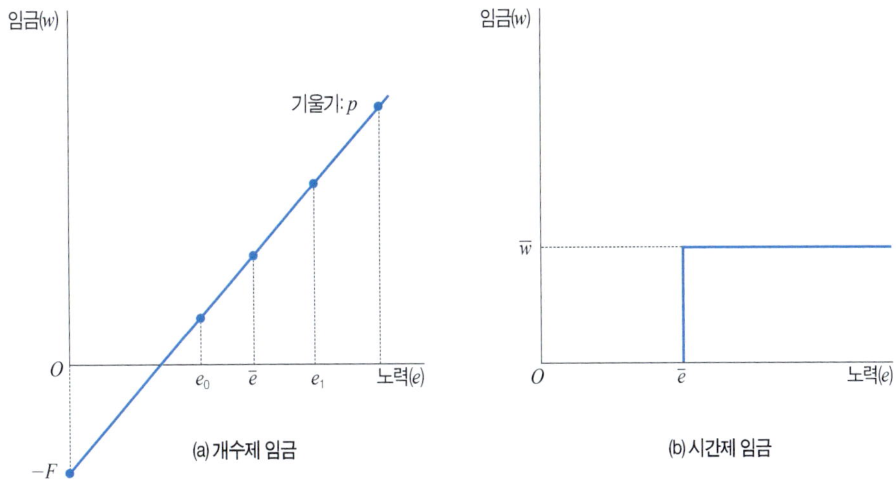

(a) 개수제 임금 (b) 시간제 임금

2. 개수제임금과 시간제임금의 노력수준 선택

(1) 두 임금체계 비교

① 시간급은 생산량이 많든 적든 똑같은 보수를 지급하기 때문에 능력수준이 평균 이상 되는 사람들은 불만을 야기하게 됨

→ 특히 작업과정을 충분히 관리할 수 없는 경우에는 근로자들로 하여금 도덕적 해이를 야기

② 능률급은 보다 유능한 사람을 유인하는 효과를 지니고, 더 나은 성과를 내도록 동기를 유발하는 기능을 함

(2) 시간제와 노력수준

① 시간급의 경우에는 대부분의 대기업에서 채택하고 있는데, 근로자 개개인의 성과를 정확히 측정하기 어렵기 때문에 도덕적 해이라는 심각한 문제를 야기할 수 있음

② 무차별곡선을 노력수준과 임금수준의 평면에 나타내면, 근로자는 일자리가 제공하는 금전적 보상인 임금(w)의 수준에서 효용을 누리고, 노력의 투입은 비효용이 되어 무차별곡선은 우상향

③ 근로자의 효용극대화수준은 A점으로, 예측하지 못한 외부여건으로 인해 기업이 e_1의 노력을 요청한다고 해서, C점을 선택하면 오히려 효용이 감소하여 노력을 더할 유인이 없음

그림 2 임금체계와 노력수준 선택

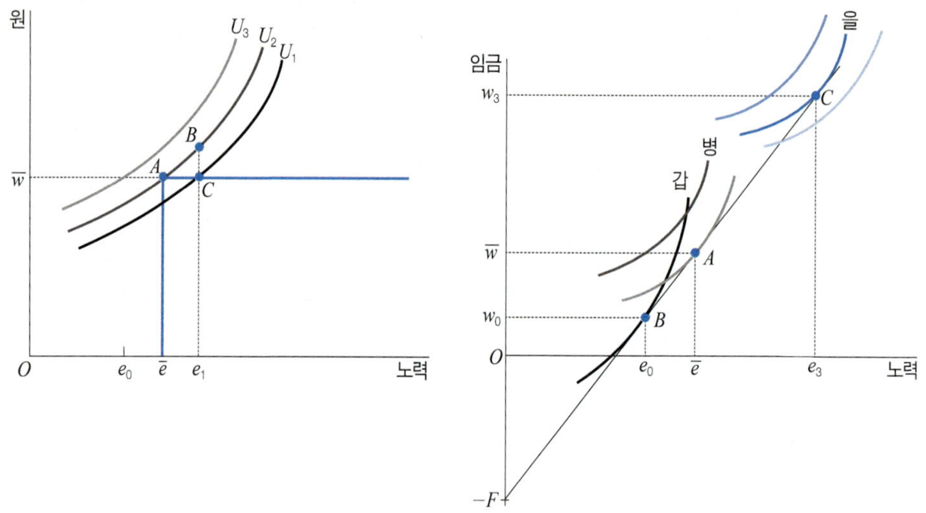

(3) 개수제와 노력수준

① 순수 개수제임금의 경우 근로자의 도덕적 해이는 발생하지 않게 됨

② 평균 이상의 능력을 가진 근로자들이 이 급여체계를 택하는 자기선택(self-selection)이 일어나며, 노사 간의 좋은 짝짓기를 기대할 수 있음

③ 각 개인은 노력의 한계이익인 보수의 증대와 노력의 한계비용인 노력으로 포기된 효용을 고려하여, 노력의 한계이익과 노력의 한계비용이 같아지는 수준에서 최적의 노력 투입을 결정하게 됨

(3) 기업이 시간급에 일정 정도의 능률급적 요소를 가미하는 경우, 노력회피적인 성향에 따라서 효용극대화 선택이 어떻게 달라지는지 설명하라.

1. 모형의 설계

① 시간급에 일정 정도 능률급적 요소를 가입하는 방법으로 시간급의 도덕적 해이 문제를 어느 정도 해결할 수 있음

② e_1 이상의 노력에 대해서는 임금을 높여주는 방식으로 인센티브 설계

③ $\bar{e}$와 e_1사이의 노력에는 $\overline{w}$라는 기본급으로 하여 고정급을 주는 제도 마련

④ e_1이후에는 성과연동급여를 적용해 양(+)의 기울기로 CG선을 따라서 임금을 지급

→ CG선이 성과연동급여를 의미하고, 그 기울기는 노력이 한 단위 증가할 때 지급되는 보수인 능률급 임금수준이 됨

2. 최적 노력 선택

① 갑과 을 두 명이 존재하는 경우, 갑은 노력회피적인 사람이고, 을은 노력에 덜 회피적인 사람이라고 가정

② 갑은 A점인 $\bar{e}$노력수준에서 효용극대화를 선택하고, 을은 G점인 e_2노력수준에서 효용극대화를 선택함

그림 시간급에 개수제를 가미한 경우의 노력

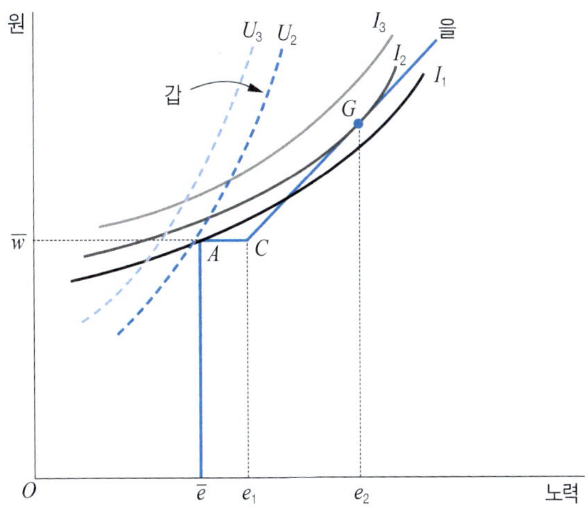

③ 성과급의 기울기인 CG의 기울기가 낮으면 근로자들은 이를 외면하지만, 기울기가 가파르게 되면 성과를 유인하는 데 효과가 있으나, 기업의 노동비용이 높아지는 부작용이 발생

3. 의의와 시사점

① 기업은 기본급인 $\overline{w}$를 낮추고 CG의 기울기를 가파르게 하여 주어진 인건비가 약간 상승하는 선에서 좀 더 높은 노력과 많은 생산을 유인하려는 전략을 구사

② 능률급의 도입은 어떤 근로자의 행위를 바꾸지 않지만, 다른 사람의 행위를 바꾸어 근로자 전체의 평균적 노력수준이 높아지게 됨

③ 능률급의 도입은 개인의 능력이 평균수준 이상인 사람은 많은 양을 생산할 수 있고, 임금수준이 시간급보다 높아지는 이익을 누리므로 평균 이상의 능력을 가진 근로자들이 스스로 입사하는 자기선택과정을 보이게 됨

4. 어느 기업은 2명의 근로자를 고용해서 자전거를 조립한다. 이 기업은 조립제품 하나당 12의 가치를 부여한다. A가 생산과정에 투입하는 노력의 한계비용은 $MC_A=4Q$이고, B의 한계비용은 $MC_B=6Q$이다. 여기서 Q는 조립된 자전거의 숫자이다.

(1) 이 기업이 개수급을 지급하게 된다면 각 근로자의 시간당 임금은 얼마가 될지 그래프를 이용해서 설명하시오.

예시 목차

1. 개수급근로자들의 생산량 결정
2. 그래프를 통한 설명

1. 개수급근로자들의 생산량 결정

① 개수급제에서 추가적인 생산물 한 단위의 한계수익은 12. 근로자가 생산을 할 때는 비효용이 발생하게 되는데, 이는 노력의 한계비용곡선이 우상향하는 기울기를 갖는 것으로 나타남
→ 최적의 생산량은 한계수익과 한계비용이 같아지는 지점에서 결정

② 좀더 능력 있는 근로자들이 더 쉽게 생산물을 생산하는 경우, 그들의 한계비용곡선은 더 낮고 그들은 더 많은 생산물을 생산

2. 그래프를 통한 설명

① 문제에서 $MR=12$이고, 근로자 A의 한계비용은 $MC_A=4Q_A$, 근로자 B의 한계비용은 $MC_B=6Q_B$

② 따라서 $MR=MC$에서 근로자 A는 자전거 3대를 생산하고 근로자 B는 자전거 2대를 생산

그림 개수급근로자들의 생산량 결정

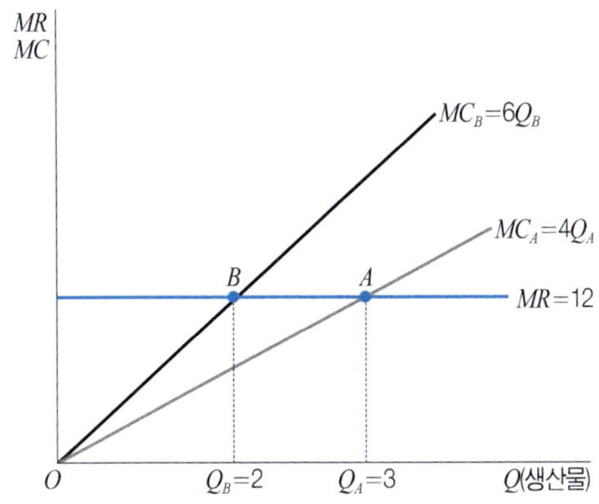

(2) 이 기업이 시간당 15의 시간급을 지급하고 시간당 최소 2대의 자전거를 조립하지 못하는 근로자들은 모두 해고한다고 가정하자. 이때 하루 8시간 동안 각 근로자는 몇 대의 자전거를 조립하게 되는지 그래프를 이용해서 설명하시오.

예시 목차

1. 최소생산조건하의 시간급

기업이 생산량을 2개 조립하는 최소한의 조건을 달고 일정한 시간급을 지급하는 경우, 근로자들은 2개 이상을 열심히 생산할 유인이 없게 됨

→ 근로자들에게 생산량은 고통인 비재화에 해당하기 때문

2. 그래프를 통한 설명

① [그림]에서 알 수 있듯이 근로자는 2개 이상을 생산할 유인이 없게 되어 한계비용곡선이 생산량 2개에서 수직으로 나타남

② 두 근로자는 각각 한 시간에 2개씩 생산하여 하루 8시간 동안에는 16개씩 생산하게 됨

그림 **시간제임금하의 생산량**

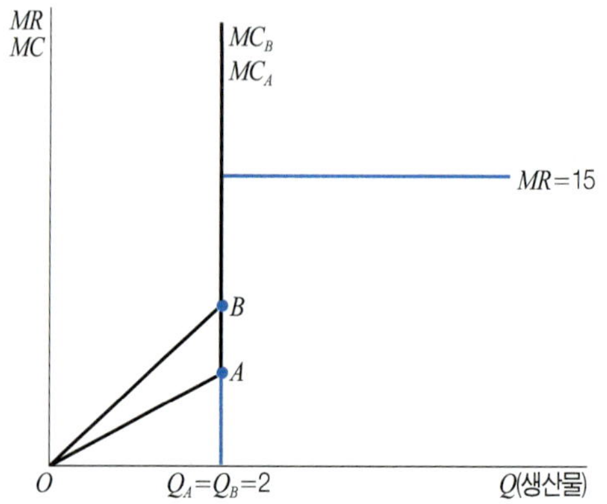

(3) 이 기업이 토너먼트 방식을 적용하는 경우 상금의 격차가 클수록 참가자들로부터 더 높은 수준의 업무 노력을 끌어낼 수 있다는 것을 그래프를 이용해서 설명하시오. 그리고 상금의 차이가 클수록 어떤 문제점이 있는지 설명하시오.

예시 목차

1. 토너먼트 방식과 노력의 배분
2. 그래프를 이용한 설명
3. 토너먼트 방식의 문제점
(1) 담합가능성
(2) 과도한 경쟁가능성

1. 토너먼트 방식과 노력의 배분

① 토너먼트(tournament)는 근로자들의 생산성에 따라 순위를 매기고, 순위에 따라 보수가 분배되는 방식으로, 승자는 상당한 수준의 보상을 받고 패자는 훨씬 적은 보상을 받음

② 기업 입장에서 근로자가 회사에 기여한 정도를 측정하기는 어렵지만, 서열의 순위를 관측하기 쉬운 경우에 적용

③ 토너먼트 방식에서 상금의 차이가 클수록 참가 근로자들은 높은 수준의 노력을 기울이게 됨

2. 그래프를 이용한 설명

① 노력에 따른 한계비용은 증가하고, 보상의 차이만큼이 한계수익으로 일정하다고 하면 다음과 같이 나타낼 수 있음

② 승자와 패자의 보상 차이가 클수록 노력의 한계수익이 높고, 노력의 수준도 높아짐

그림 **토너먼트에서 노력의 배분**

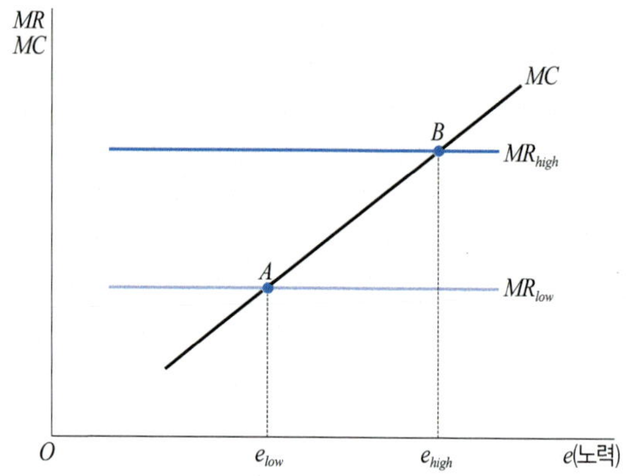

3. 토너먼트 방식의 문제점

토너먼트의 상금 차이가 크면 양날의 검이 될 수 있음
→ 참가 근로자들에게 상당한 업무 노력을 끌어낼 수도 있지만, 참가자들이 다른 이들의 업무를 훼방할 유인이 생김

(1) 담합 가능성

토너먼트에 참여하는 근로자들이 대등한 경우 담합하게 된다면 토너먼트는 적절한 수준의 업무 노력을 끌어내지 못할 수 있음

(2) 과도한 경쟁가능성

토너먼트의 상금 차이가 클수록 다른 근로자들을 방해하는 부정적인 경쟁 효과를 유발할 수 있음

6회 모의고사

차별과 노동조합

1. 다음은 단체교섭과 파업의 경제분석에 대한 문제이다. 물음에 답하라.

(1) 힉스(J. R. Hicks)의 단체교섭이론에 대한 문제이다. 사용자의 양보곡선(employer's concession curve)과 노동조합의 저항곡선(union's resistance cure)을 이용해서 최적 파업기간이 어떻게 달성되는지를 설명하라.

(2) 단체교섭과정에서 비대칭정보를 고려하여 힉스 패러독스가 발생하게 되는 이유를 설명하라.

(3) 아센펠터-존슨(Ashenfelter and Johnson)의 모형에서 노조원들이 수용할 수 있는 임금들과 사용자의 이윤함수를 통해서 최적 파업기간과 노조가 수용하는 임금률 인상의 관계를 그림으로 나타내어라.

(4) 아센펠터-존슨의 모형을 통해 실업률이 증가하는 경우 파업이 감소하는 이유를 설명하라.

2. 다음은 노동조합이 노동시장에 미치는 영향에 대한 문제이다.

(1) 노동조합의 경제적 기능을 자원배분의 효율성과 노동생산성의 입각하여 간략하게 설명하라.

(2) 노동조합이 비노조조직분야에 미치는 효과를 파급효과(spillover effect, 축출효과 displacement effect)와 위협효과(threat effect)로 나누어서 설명하라.

(3) 노조와 기업은 노동수요곡선을 떠나서 과다고용을 통한 효율적 계약을 체결할 유인이 있다는 것을 그림을 이용해서 설명하라.

3. 다음은 여성의 차별과 경력단절에 관한 문제이다. 물음에 답하라.

(1) 불완전한 정보하에서 통계적 차별이 여성그룹의 고용에 부정적으로 작용할 수 있음을 펠프스(E. Phelps)와 애로우(K. Arrow)의 주장에 입각해서 간략히 설명하라.

(2) 통계적 차별이 선별문제(screening problem)와 어떻게 연결되는지 간략히 설명하라.

(3) 버그만(B.Bergman)의 과밀 가설(crowding hypothesis)을 통해서 여성임금이 남성임금보다 더 낮게 된다는 것을 간략히 설명하라.

(4) 여성의 경제활동참가율이 M자형 패턴(쌍봉구조, bimodal structure)을 보일 수 있다는 민서-폴라첵(Mincer and Polachek)의 가설을 통해 경력단절이 생애임금 및 직종 선택에 어떤 영향을 미치는지 간략한 연령-임금 그래프를 이용해서 설명하라.

(5) 성별 직종분리란 무엇이며, 이를 측정하기 위한 던컨지수란 무엇인가?

4. 근로자들은 불완전한 정보로 인해 일자리 탐색 과정에서 마찰적 실업이 발생한다. 일자리 탐색과 관련한 한계수익은 $MR=50-1.5w$이고, 탐색의 한계비용은 $MC=w+5$이다. 이때 w는 현재 보유하고 있는 임금 제안이다. 이를 기반으로 다음 물음에 답하시오.

(1) 탐색과 관련한 한계수익이 우하향하는 이유와 한계비용이 우상향하는 이유를 설명하시오.

(2) 앞에서 제시된 근로자의 요구임금을 구하시오. 만일 임금을 15 제안하는 경우 일자리를 수락할 것인지 그래프를 그려서 설명하시오.

(3) 근로자의 할인율이 높아지는 경우와 실업보험 급여가 증가하게 되면 요구임금수준에 어떤 영향을 미치게 되는지 그래프를 이용해서 설명하시오.

(4) 요구임금과 기대실업기간 사이에 어떤 관계가 존재하는지 간략히 설명하시오.

5. 다음은 노동시장과 실업에 대한 내용이다. 물음에 답하시오.

(1) 특정 산업에서 근로자들의 업무태만을 방지하기 위해 효율임금을 지급하고 있다. 정부가 실업보험급여 수준을 높인다면 임금과 실업률에 어떤 영향을 미치게 될지 비태만공급곡선을 이용해서 설명하시오.

(2) 임금곡선이란 무엇이며, 임금과 실업률의 관계가 경쟁시장과 효율임금모형에서 어떻게 다른지 설명하시오.

(3) 보석금 비판의 관점에서 효율성임금 모형을 비판하시오.

(4) 정부가 실업급여액을 2배로 늘리고 지급기간을 현재의 절반 수준으로 줄이는 경우 전체 실업률, 실업 상태의 평균지속기간, 실업 상태를 벗어난 근로자들이 수락하는 임금의 분포에 어떤 영향을 미치는지 설명하시오.

6. 노조와 관련한 다음 물음에 답하시오.

(1) 기업의 노동수요곡선은 $w=20-0.01L$로 주어져 있다. 여기서 w는 임금이고, L은 고용수준, 노조의 효용함수는 $U=wL$로 주어져 있다고 한다. 이때 독점적 노조는 어떤 수준의 임금을 요구하게 될 것인가? 이와 같은 노조계약을 통해서 몇 명의 근로자들을 고용할지 설명하시오.

(2) 노조의 가입여부를 결정할 때 문제가 되는 몇몇 상충관계들이 발생한다. 높은 임금에 더불어 노조는 고용주가 확정기여형 연금(defined contribution pension plan)에 10%를 부담하는 안에 대해서 협상한다고 가정한다. 노조가입 결정에 이와 같은 은퇴 후의 복지 혜택을 추가로 고려하게 된다. 이렇게 근로자들은 은퇴연금과 같은 추가적인 부가혜택들이 있을 경우에 어떤 경로로 노조에 더 가입하게 되는지 그래프를 이용해서 설명하시오.

1. 다음은 단체교섭과 파업의 경제분석에 대한 문제이다. 물음에 답하라.

(1) 힉스(J. R. Hicks)의 단체교섭이론에 대한 문제이다. 사용자의 양보곡선(employer's concession curve)과 노동조합의 저항곡선(union's resistance cure)을 이용해서 최적 파업기간이 어떻게 달성되는지를 설명하라.

1. 힉스의 단체교섭 모형과 기대파업기간

가로축은 파업기간을 표시하고, 세로축은 임금률(wage rate : 시간당 임금)의 크기를 표시함

그림 **힉스의 교섭 모형과 기대파업기간**

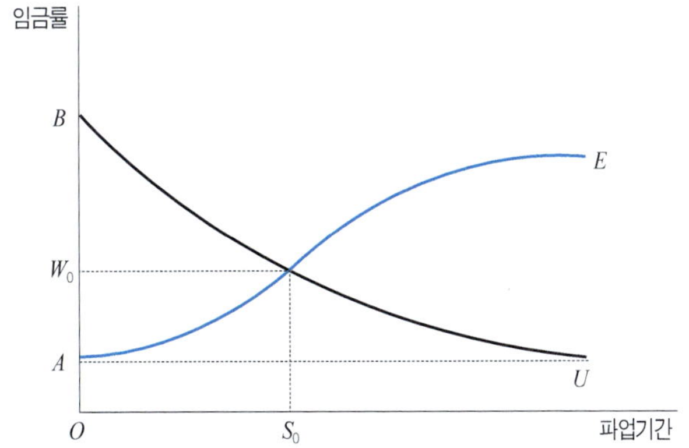

(1) 사용자의 양보곡선

① 사용자의 양보곡선(employer's concession curve)은 사용자들이 파업기간이 길어짐에 따라서 점차 높은 임금을 지불하는 방향으로 양보할 수밖에 없는 것을 의미
② 우상향하는 이유는 파업으로 인한 기업의 기회비용이 발생하기 때문
③ 임금률 A는 노동조합이 없거나 노동조합이 파업을 하기 이전에 사용자들이 지불하려고 하는 임금수준을 의미
④ 상당 기간 우상향하다가 일정 수준에 도달하면 더 이상 양보할 수 없어 평행선이 됨

(2) 노동조합의 저항곡선

① 노동조합의 저항곡선(union's resistance curve)은 노조가 파업이 진행됨에 따라서 사실상 많은 손실, 즉 비용이 발생하므로 자신의 요구임금률수준을 낮출 수밖에 없어 우하향하는 곡선이 됨
② 노동조합의 저항곡선은 노동조합에서 처음 요구하는 임금률수준인 B점에서 시작하게 됨
③ 노조의 저항곡선은 일정 기간 이후에는 더 이상 저항력을 유지할 수 없어 사용자가 제시하는 조건인 A수준을 수락할 수밖에 없음

2. 최적 파업기간

(1) 최적 파업기간 도출

① 사용자의 양보곡선은 우상향하고, 노동조합의 저항곡선은 우하향하는 형태가 되어 하나의 교차점에서 만남
② 교차점은 노동조합의 가장 노련한 교섭담당자가 사용자로부터 획득할 수 있는 가장 높은 임금률 S_0의 파업기간 동안 W_0의 임금률에 도달하게 됨

(2) 균형조정과정

① 노동조합이 W_0보다 높은 임금을 요구하면 사용자가 합의를 거부하고, W_0보다 낮은 임금을 제시하면 사용자는 쉽게 수락하지만 노동조합 내부에서 교섭대표자들과 일반 조합원 간의 마찰이 발생 가능(모종의 거래와 최선을 다하지 않았다는 비판 제기)
② 사용자의 양보곡선을 불확실하게 알 수 없는 상황에서 노동조합은 최초에는 요구임금을 높게 잡고 점차 교섭과정에서 사용자의 태도를 통해서 요구임금수준을 조정해 나감

(2) 단체교섭과정에서 비대칭정보를 고려하여 힉스 패러독스가 발생하게 되는 이유를 설명하라.

1. 힉스 패러독스의 의미

① 힉스 모형의 결론에 입각하면, 파업을 하지 않는 것이 비용 절감의 효과를 거둘 수 있기 때문에 노사의 양측에 도움이 될 수 있음

② 참고로 앞의 그래프에서 S_0에서 파업을 중단하는 것이 이익이 된다는 것을 안다면 노사 양측은 사전에 파업 없이 W_0의 임금수준에서 교섭하여 파업비용 회피 가능

③ 양측이 더 나은 선택을 통한 개선이 가능함에도 불구하고, 초기에 협상을 통해 협의에 이르지 못하는 것을 힉스 패러독스라고 함

2. 힉스 패러독스의 발생 이유

단체교섭과정에서 불확실성을 지나치게 경시했기 때문

(3) 아셴펠터-존슨(Ashenfelter and Johnson)의 모형에서 노조원들이 수용할 수 있는 임금들과 사용자의 이윤함수를 통해서 최적 파업기간과 노조가 수용하는 임금률 인상의 관계를 그림으로 나타내어라.

1. 아셴펠터-존슨 모형 가정

① 회사와 노조 간에 협상에 임할 때 비대칭정보가 존재한다고 가정

② 노동조합은 회사의 경영 상태나 지불능력이 어느 정도인지 정확히 알 수 없으나, 기업은 자신의 지불능력에 대해 잘 알고 있다고 가정

③ 비대칭정보하에서 노조는 파업을 통해서 회사의 지불능력에 대한 정보를 얻게 되는 신호의 역할을 담당

2. 노조원들의 수용가능임금

(1) UR(Union's Resistance)곡선 의미

① 비대칭적 정보로 인해서 노조는 임금요구곡선을 따라서 움직이게 됨

② 파업 이전에 상대방에 대한 불완전정보의 문제가 있는 경우에 노조는 비현실적인 임금률인 W_X를 요구할 수 있게 됨

그림 아셴펠터-존슨의 파업 모형

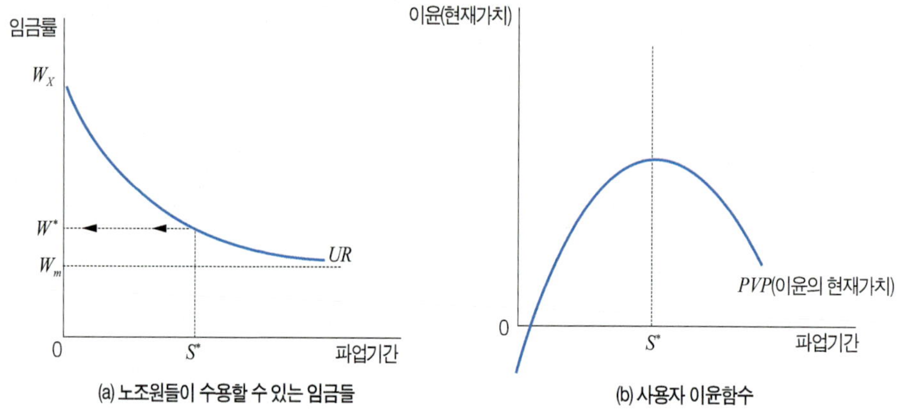

③ 노조원의 수용 가능한 최저임금수준의 임금률은 파업기간의 함수임
④ UR곡선은 힉스 모형의 노조저항곡선과 동일한 의미로 파업기간에 따라서 우하향하는 형태

(2) UR곡선의 특징

① W_X는 노조원들의 최초 임금요구(파업 없이 가결할 수 있는 임금수준)
② W_m은 노조원들이 수용할 수 있는 최저요구임금으로 경제상황과 노조원들의 사용자에 대한 적대감의 정도에 따라 최저요구임금률은 전년도 임금률보다 낮을 수 있음
③ UR곡선은 파업기간에 따라 임금요구를 하락시키는 속도를 반영

3. 사용자의 이윤함수

① 파업 초기에는 판매수입이 감소하여 이윤이 음(−)이 될 수 있음
② 파업이 진행될수록 노조의 임금률 인상요구가 낮아지는데 임금률 인상요구가 낮아질수록 발생하는 임금절약분이라는 예상이익과 생산 및 판매 감소로 인한 예상손실에 따라 이윤이 달라짐
③ 임금절약분이라는 예상이익이 판매수입 감소라는 예상손실을 능가하면, 기업은 노조의 요구를 거절하고, 반대로 파업으로 인한 판매수입 감소가 임금절약분이라는 예상이익을 능가하면 기업은 파업을 종식시키게 됨

4. 파업의 지속기간

① 파업으로 인한 기업의 장래이윤은 처음에는 증가하다가 일정 기간이 지나면 감소하게 됨

→ 파업기간이 늘어나면 사용자는 낮은 임금으로 교섭을 타결할 수 있어 기업의 장래이윤은 높아지나, 장기화될수록 노조의 임금요구 하락폭이 점차 작아져 판매의 손실분이 누적되어 기업의 장래이윤은 감소함

② 현 시점에서 이윤을 극대화하는 기업은 장래이윤의 현재가치(PVP)를 계산하게 됨

③ 노동조합은 PVP곡선을 모르지만, 사용자는 UR, PVP곡선을 알고 있음(비대칭정보)

④ 사용자는 파업기간 S^*와 W^*의 임금률 인상을 제시해 이윤의 현재가치를 극대화할 수 있고, 노조원들은 사용자의 임금인상안을 받아들여 파업은 끝남

참고

PVP곡선은 항상 우하향할 수 있는가?

■ 파업으로 인한 매출 감소가 지나치게 큰 경우에 PVP곡선은 우하향하는 형태가 될 수 있다.

① 일찍 타결해서 높은 수준의 타결임금으로 인한 인건비 증가가 있더라도 이윤 감소가 별로 문제되지 않는다면, 사용자는 파업 전에 임금교섭을 타결하게 된다.

② W_X의 임금을 허용하는 것이 기업에게 큰 손실을 초래하고, 동시에 파업으로 인한 매출 감소가 너무 크면 사업을 그만두고 퇴출하려고 할 것이다.

파업의 확률과 기대파업기간에 영향을 미치는 요인들

■ UR곡선의 상방 이동

노조가 요구하는 최초 임금률 인상요구(W_X) 증가는 인건비가 증가하여 이윤을 크게 떨어뜨린다.

→ 노조의 임금인상요구가 감소하여 기대되는 임금절약분이라는 예상이익이 판매수입 감소라는 예상손실을 상회해 기대파업기간이 증가한다.

■ W_m(노조저항선)이 낮아지는 경우

노조의 수용 가능한 최소한의 임금률수준이 낮아지는 경우 → 노조의 투쟁의지 상승 → 노조의 W_m의 하락으로 파업확률은 높아지고, 사용자의 빠른 굴복, 짧은 파업기간, 증가된 인건비는 기업의 이윤을 떨어뜨림 → PVP곡선의 하방우측 이동으로 파업기간 장기화

■ 노조의 임금률 인상요구가 시간이 지남에 따라 감소하는 속도가 빠른 경우

파업기간이 길어짐에 따라서 임금절약분이라는 예상이익 증가 → 파업기간 증가

(4) 아센펠터-존슨의 모형을 통해 실업률이 증가하는 경우 파업이 감소하는 이유를 설명하라.

① 실업이 증가하는 경우
→ 노조의 최초 임금인상 요구율이 낮아지고, 파업기간의 감소를 초래
② 실업률이 높은 경우
→ 파업기간 중 종업원들이 생계를 유지하기 위해서 노동시장에서 구할 임시직이나 파트타임직을 얻을 확률이 감소하여 최소한의 임금률수준(노조의 저항선)이 낮아져 파업이 줄어듦

2. 다음은 노동조합이 노동시장에 미치는 영향에 대한 문제이다.
(1) 노동조합의 경제적 기능을 자원배분의 효율성과 노동생산성의 입각하여 간략하게 설명하라.

1. 노동조합의 경제적 기능

(1) 효율적 자원배분 측면 : 임금 상승 효과

단결력을 배경으로 한 임금 상승을 관철시키는 것으로 노동조합이 노동공급 면에서 왜곡을 초래하여 효율적인 자원배분을 왜곡시키게 됨

(2) 노동생산성 측면 : 집단적 발언 효과

노동조합이 작업장 또는 기업 내에서 발생하기 마련인 이해갈등 또는 노동자들의 불만을 제도적으로 표출시켜 이를 해결하는 집단적 발언(collective voice) 역할 효과로 크게 나눌 수 있음

(2) 노동조합이 비노조조직분야에 미치는 효과를 파급효과(spillover effect, 축출효과 displacement effect)와 위협효과(threat effect)로 나누어서 설명하라.

1. 노동조합의 파급효과

① 노동조합으로 인해 임금 인상이 되면 이에 수반하여 실업이 발생하게 됨

② 실업자가 된 노동자들은 노동조합이 조직되어 있지 않은 다른 산업에 취업하게 되어, 다른 산업의 임금도 하락시킴

③ [그림 1]을 통해 설명하면, 노조조직으로 임금이 인상되어 W_u^1이 되면 AB만큼 실업이 발생하고, 이들이 비노조조직분야로 이동하여 노동공급곡선이 S_n^0에서 S_n^1로 이동해 비노조조직 분야의 임금이 W_n^1로 하락

그림 1 노동조합의 파급효과

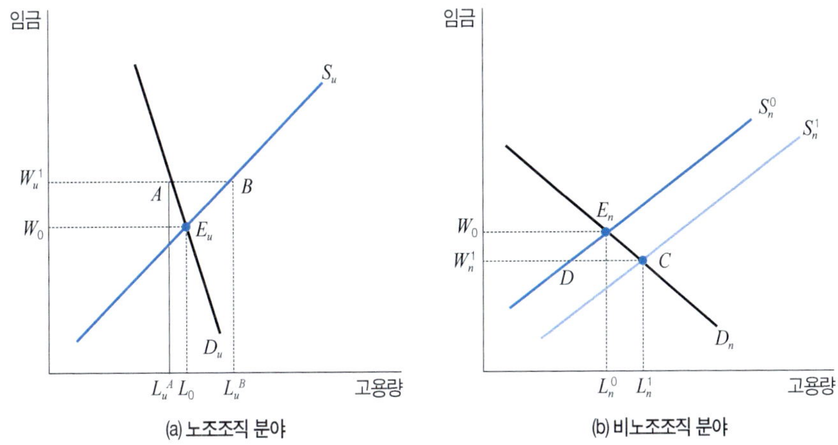

④ 이러한 효과는 노동시장이 경쟁적이라는 가정하에서 성립한 것으로 노동조합으로 조직화된 노동자들은 이득을 보고, 그 이득은 조직화되지 않은 노동자들의 희생으로 얻어진 것임

⑤ 노동조합이 경쟁적 임금수준 이상으로 임금을 상승시키려는 힘은 비조직노동자들로부터 제기되는 경쟁에 의해서 제약을 받게 됨

2. 노동조합의 위협 : 사용자 기준

① 노조의 축출효과는 비노조조직분야의 사용자들이 아무런 대응을 하지 않고 시장 메커니즘에 순응하는 경우라고 할 수 있음

② 비노조조직분야의 사용자들이 노조가 비노조기업에 미치는 영향을 차단하기 위해서 비노조분야에서도 임금을 인상하는 것을 위협효과(threat effect)라고 함

③ [그림 2]에서 노조의 파급효과로 인해 노동공급이 증가하는 것을 막기 위해서 W_u^1보다는 낮지만, W_0보다는 높은 수준인 W_G를 제시하면 고용은 L_G로 감소하게 됨

④ 그 결과 실업이 GH만큼 발생하고, 노조조직분야의 실업과 비노조조직분야의 실업이 동시에 발생해 고용된 노동자인 내부자(insider)와 고용되지 않은 노동자인 외부자(outsider) 간의 알력이 심해짐

그림 2 비노조조직 분야에서 나타나는 노조의 위협효과

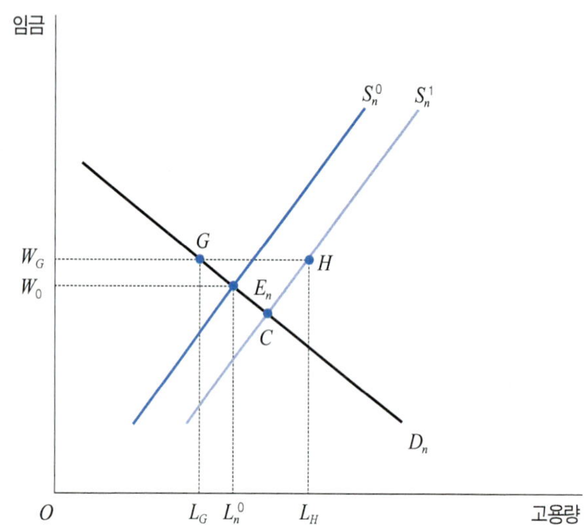

(3) 노조와 기업은 노동수요곡선을 떠나서 과다고용을 통한 효율적 계약을 체결할 유인이 있다는 것을 그림을 이용해서 설명하라.

1. 효율적 계약의 가능성

① 노동공급 독점자로서 노조는 임금 인상을 요구하고, 기업은 노동수요곡선상에서 고용을 감소시키는 것이 일반적인 현상임

② 그러나 노사 양측은 임금과 고용 양자를 교섭하여 다른 쪽에게 피해를 주지 않으면서 어느 한쪽이 더 좋아지거나 모두 좋아지는 파레토 개선이 될 수 있음

③ 양자 간의 협상을 통해서 기업이 노동수요곡선상에 있지 않는(off the demand curve)임금과 고용의 계약을 가능하게 함

④ 이렇게 노조와 기업이 서로 이익을 향상시킬 수 있는 노동수요곡선을 벗어난 균형해를 효율적 계약(efficient contract) 모형이라고 함

2. 등이윤곡선과 MRP

① 다음 [그림 1]을 보면 기업의 경제적 이윤이 0이 되는 임금과 고용을 나타내는 등이윤곡선을 도출할 수 있음

② 임금이 w_1인 경우에 A, C는 총수입=총비용인 경제적 이윤이 0인 점이고, w_2임금에서는 B가 경제적 이윤이 0임

③ 따라서 a, b, c를 연결하면 0의 경제적 이윤을 나타내는 등이윤선을 도출하게 됨

④ 등이윤선은 역U자 형태를 지니고, 아래에 위치할수록 높은 경제적 이윤수준을 나타냄

⑤ 따라서 MRP곡선은 등이윤곡선의 최대점인 b, d를 연결한 선임

그림 1 등이윤곡선의 도출

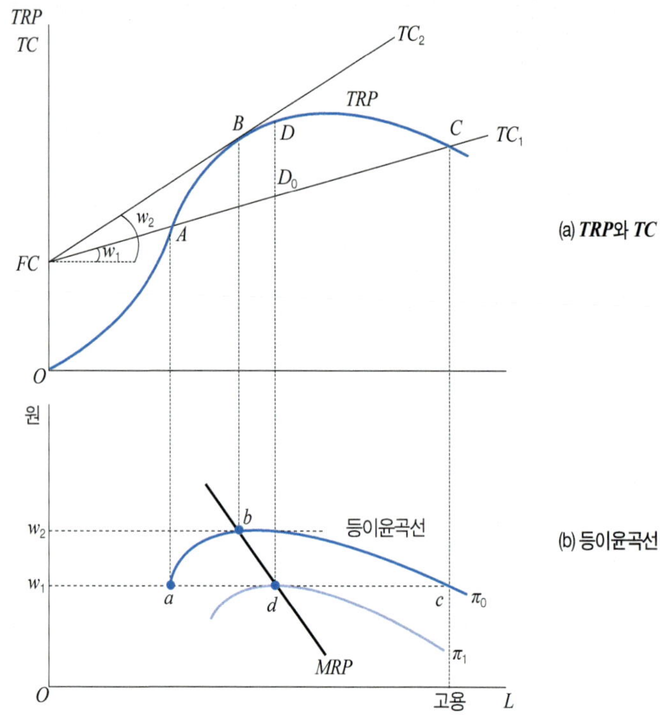

3. 계약곡선과 과다고용

(1) 노동수요곡선상에서 균형

① 노동에 대한 수요가 *MRP*인 경우에 임금이 w_0라면 L_c만큼 고용함
② 노동조합은 무차별곡선 중의 하나인 I_M과 *MRP*가 접하는 *M*점을 선택하게 됨
③ *MRP*가 주어진 경우에 노조는 (w_m, L_m)에서 최대 효용 달성 가능

그림 2 노동수요곡선을 떠난 임금 · 고용결정

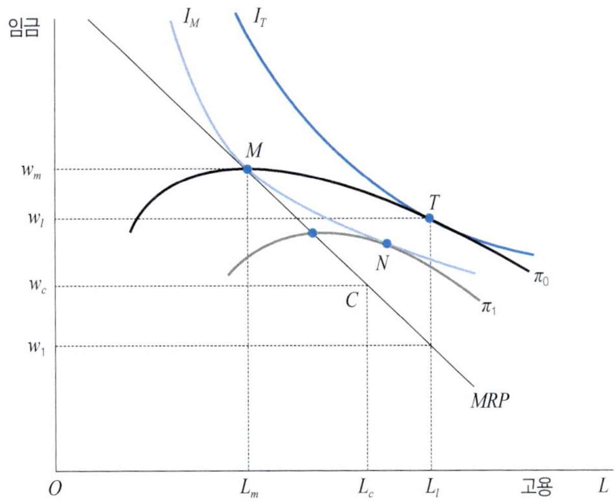

(2) 두 가지 전략적 선택 : 극단적 사례

① $M \rightarrow N$으로의 이동

→ 기업은 M을 지나는 등이윤곡선(π_0)보다 큰 경제적 이윤인 π_1을 달성할 수 있는 N점에서 임금과 고용을 제안할 수 있음

→ 노조는 더 나빠지지 않으면서 기업의 이윤은 증가

② $M \rightarrow T$로의 이동

→ 기업은 M과 같은 이윤을 누리지만, 노조는 더 높은 효용수준의 무차별곡선으로 이동 가능

(3) 효율적인 계약곡선과 과다공급

① 기업과 노동조합 간의 협상에 따라 발생 가능한 임금-고용 결합점의 궤적은 C, N, T를 연결하는 선을 얻을 수 있는데, 이를 계약곡선(contract curve)이라고 함

② 우상향하는 계약곡선은 경쟁시장보다 높은 임금과 과다고용이 가능해지면서, 노동수요곡선을 떠난 과다고용(feater-bedding)이라고 함

③ NT는 기업과 노조가 모두 이득을 보는 효율적인 계약이 되고, 노조와 기업 모두 노동수요곡선을 떠나고자 하는 유인이 작동함

4. 과다고용의 시사점

(1) 과다고용과 지대

현실적으로 노조의 부정적 효과를 부각시키는 것은 과다고용 상황으로 0의 경제적 이윤과 관련된 임금보다 높은 수준의 임금은 근로자들의 생산기여도를 초과하는 임금으로 지대(rent)라고 할 수 있음

(2) 노조의 고용확장 효과

① 효율적 계약 모형은 노조가 고용을 확장하는 역할을 수행하는 것으로 봄
② 그러나 노조조직분야의 높은 임금과 안정적 고용은 비경제활동인구에 속한 사람들이 새롭게 노동시장에 진입하도록 유인하게 되는데, 노조조직분야에 이미 고용된 근로자들인 내부자들이 지대를 누리면서 외부자들의 취업을 제한하고 있다는 비난을 피하기 어려움
③ 노조가 고용 촉진을 제한하며, 내부자 보호를 위해 내부자 해고 억제를 위한 여러 고용규제를 만드는 데 힘쓴다는 이론을 내부자-외부자 가설(insider-outsider hypothesis)이라고 함

(3) 우리나라의 시사점

① 과다고용 모형은 우리나라 공공부문 근로자의 급여가 민간부문보다 높고 공공부문 근로자가 지나치게 많은 현상을 설명해줄 수 있음
② 공공부문 *CEO*들이 공공재의 판매수익과 생산비용 간의 차액인 순수익의 극대화를 추구한다고 할 때, 순수익이 발생하면 공공요금부담을 감소시키는 형태로 국민들에게 이익을 환원시키지 않게 되고, 국민들은 이를 감시하고 탐지하는 데 비용이 많이 들어 결국 공공부문 *CEO*들이 공공부문 노조와의 협상으로 고임금과 과다고용을 야기하게 됨

3. 다음은 여성의 차별과 경력단절에 관한 문제이다. 물음에 답하라.

(1) 불완전한 정보하에서 통계적 차별이 여성그룹의 고용에 부정적으로 작용할 수 있음을 펠프스(E. Phelps)와 애로우(K. Arrow)의 주장에 입각해서 간략히 설명하라.

1. 통계적 차별과 불완전정보

① 통계적 차별은 일반적으로 채용이나 배치 문제에서의 차별에 초점을 둔 것으로, 고용주가 근로자에 대한 정확한 정보를 갖지 못하는 상황을 염두에 두고 있음
② 근로자가 채용되고 일정 기간이 지나면, 고용주는 근로자에 대한 좀 더 정확한 정보를 갖기 때문에 통계적 차별의 가능성은 그만큼 감소함

2. 펠프스 모형과 애로우 모형

불완전한 정보하에서 통계적 차별이 소수자 그룹의 고용에 부정적으로 작용할 가능성이 있음

그림 통계적 차별의 두 유형

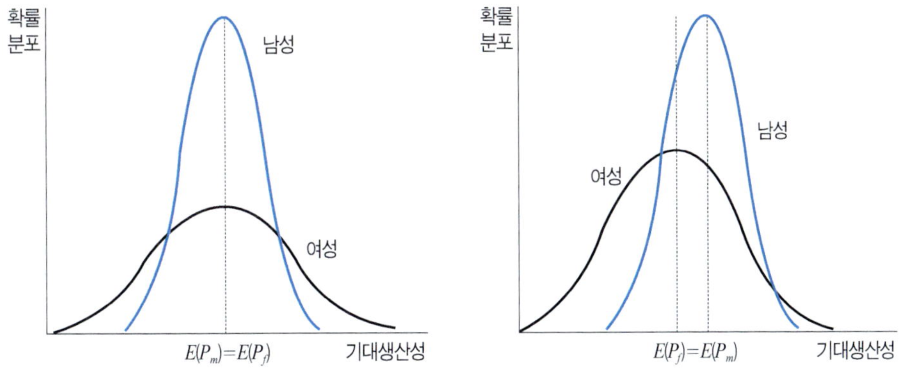

(a) 기대치는 같지만 정확성에 차이가 날 때 (b) 생산성의 기대치가 다를 때

(1) 펠프스 모형

① 노동시장에서 소수자 그룹에 대한 정보가 양적으로 적어 정확성이 떨어지기 때문에 발생
② 생산성의 기대치가 같아도 위험기피적인 고용주는 정보의 분산이 큰 소수자 그룹보다는 정보의 분산이 적은 주류 그룹의 근로자를 선호하게 됨
([그림]에서 $E(P_m)$, $E(P_f)$는 남성과 여성의 생산성의 기대치를 의미)

(2) 애로우 모형

① 인적자본에 대한 투자 결정이 내생적이기 때문에 과거 누적된 차별의 결과로 소수자 그룹의 투자가 덜 이루어져 현재의 생산성 기대치에 차이가 날 수 있음
② 여성의 경우 동일한 학력을 가지고 있어도 사회적인 고정관념에 의해 직업능력개발을 상대적으로 소홀히 하여 생산성 기대치가 남성보다 작을 수 있음
③ $E(P_m)>E(P_f)$이므로 합리적인 고용주라면 여성보다는 남성을 채용하게 됨

(2) 통계적 차별이 선별문제(screening problem)와 어떻게 연결되는지 간략히 설명하라.

1. 고용주의 학습효과와 통계적 차별의 해소

① 통계적 차별은 기업이 관찰할 수 있는 개인의 특성들이 생산성을 완전히 예측하지 못할 때 발생하는 일종의 선별 문제(screening problem)임

② 통계적 차별이 올바른 정보에 의한 것이 아니라면, 고용주가 개인에 대해 보다 정확한 정보를 얻게 되면서, 고용주의 학습효과로 점차 통계적 차별은 해소될 것임

2. 고정관념과 차별균형

① 만일 통계적 차별이 그룹특성에 대한 정확한 평가에 기초한 것이라면, 통계적 차별에 의한 선택은 기업의 합리적 선택이라고 할 수 있음

② 시장에서는 이러한 차별을 완화시킬 어떤 내재적인 힘도 없기 때문에 차별은 지속성을 보임

③ 소수자 그룹(여성)에 대한 부정적인 고정관념이 형성되고 고착화되면 자기확신(self-confirming)의 메커니즘이 작동하여 차별균형(discrimination equilibria)이 만들어짐

④ 과거 차별의 결과로 나타난 통계적 차이를 현재의 채용에 활용하게 되면서 소수자 그룹에 속한 근로자는 통계적 차별로 인한 피해를 피할 수 없게 되고, 이를 예상해 인적자본에 대한 투자를 줄이게 되어 기존의 고정관념을 강화하고, 과거의 차별을 고착화시키는 결과를 초래함

참고

적극적 고용조치와 불평등 심화 가능성

■ 불평등 효과(disparate impact) 금지

① 대부분의 국가에서는 성이나 인종을 이용해 근로자 개인의 성과를 예측하고 이를 채용, 임금, 승진 등에 반영하는 것을 불법으로 간주한다.

② 불평등 대우(disparate treatment)는 직접차별을 의미하므로 약간 다른 개념이다.

■ 적극적 고용조치(affirmative action)

① 현실에서 불평등 효과를 포착하기 어려워, 소수자에게 적극적 고용조치를 통해 보완하는 것이다.

② 그러나 실질적인 효과에 대해서는 논란이 있다.

③ 오히려 최근 연구에서는 소수자 우대조치가 어느 정도 상황을 개선할 수 있으나, 적정수준을 벗어나는 경우 보호를 받는 소수자 구성원들의 숙련투자유인을 감소시켜 오히려 상황을 악화시킬 수 있다는 연구가 많다.

(3) 버그만(B.Bergman)의 과밀 가설(crowding hypothesis)을 통해서 여성임금이 남성임금보다 더 낮게 된다는 것을 간략히 설명하라.

1. 과밀 가설의 의의

① 과밀 가설은 여성이 남성의 임금보다 낮은 이유를 설명하는 가설로, 직종과밀 가설(occupational crowding hypothesis)은 여성이 고급 직종에 취업하지 못하고, 여성지배 직종으로 내몰리게 되어 남녀 간에 동일한 생산성에도 불구하고, 현저한 임금격차가 발생한다고 설명함

② 여성의 비율이 큰 직업일수록 직업의 평균임금이 낮고, 그 결과 여성이 불리한 경제적 지위를 가지게 됨

2. 버그만의 과밀 가설

(1) 모형의 설정

① 두 직종 *F*와 *M*이 존재하고, 남성 근로자와 여성 근로자는 완전대체재 관계(잠재적으로 동일한 생산력을 지님)

② 차별이 존재하지 않는 상황에서는 동일한 생산성을 지닌 경우 동일 노동에 동일 임금이 적용 (if not, 동일 임금이 될 때까지 근로자들의 이동이 계속)

그림 **버그만의 과밀 가설의 예시**

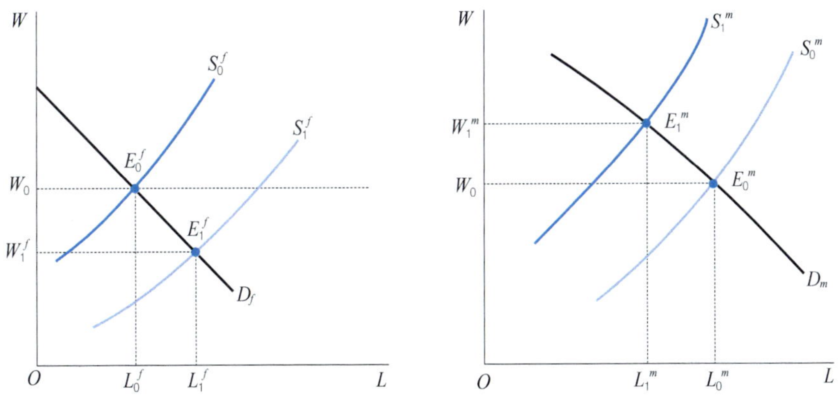

*F*직종 L_0^f=노동력의 25%
L_1^f=노동력의 40%

*M*직종 L_0^m=노동력의 75%
L_1^m=노동력의 60%

③ 균형에서 L_0^f근로자(노동력의 25%)는 F직종에 취업한 사람이고, L_0^m근로자(노동력의 75%)는 M직종에 취업한 사람을 나타냄

④ 초기 균형에서 F직종과 M직종은 성과와 무관하고, 여성과 남성은 무작위로 두 직종 영역으로 분리되어 있다고 가정

(2) 여성들이 여성 직종에 몰리는 상황이 발생하는 경우(직종분리 현상)

① M직종에서 여성에 대한 차별이 존재하여 여성의 진입이나 승진이 제한을 받는 경우

예 장기간 노동을 요구하여 여성이 도저히 감당 불가능한 경우

② 직종분리 결과 남성직종의 공급곡선은 S_0^m에서 S_1^m으로 좌측 이동하고 임금은 W_1^m로 상승

③ 이렇게 높은 임금에서는 L_1^m근로자(노동력의 60%)만 고용됨

④ M직종에서 내몰린 여성들은 F직종으로 몰리게 되고, F직종에서는 노동공급 증가로 인해 임금하락

⑤ 동일한 생산성을 가지고 있음에도 불구하고 발생한 임금격차는 $W_1^m - W_0^f$인데, $W_1^m - W_0$는 통상적인 보상임금격차이고, $W_0 - W_1^f$는 F직종의 과밀 현상에 의한 추가적인 임금격차임

참고

과밀 모형의 활용

- 과밀 모형은 성차별에 의한 이중노동시장 이외에 노조부문과 비노조부문, 정규직과 비정규직 등의 이중노동시장에서의 임금격차를 설명하는 데도 유용하다.
- 노조부문 혹은 정규직처럼 내부노동시장이 형성되어 교섭력을 가진 내부자시장이 만들어지면 시장임금 이상의 임금수준을 유지하기 위해 교섭력을 발휘할 것이고, 기업은 그 임금수준을 유지하기 위해서 고용량을 시장균형에서보다 축소하게 될 것이다.

  → 따라서 비노조부문이나 비정규직과 같은 2차 노동시장으로 더 많은 노동력이 공급되고, 균형임금은 낮아진다.

(4) 여성의 경제활동참가율이 M자형 패턴(쌍봉구조, bimodal structure)을 보일 수 있다는 민서-폴라첵(Mincer and Polachek)의 가설을 통해 경력단절이 생애임금 및 직종 선택에 어떤 영향을 미치는지 간략한 연령-임금 그래프를 이용해서 설명하라.

1. 여성참가율이 M자형 패턴을 보이는 이유

① 여성의 상당수가 자녀양육으로 가사활동이 집중되는 시기에 경제활동을 포기하고, 가사 및 자녀양육에 전념하다가 이후 자녀들이 자라서 상대적으로 시간 여유가 생기는 30대 후반 이후에 다시 노동시장으로 나오게 됨

② 미국의 경우 1970년대 여성의 출산 및 육아와 관련된 단속적 경제활동참가(intermittent participation)가 노동시장에서 남녀 간 직업구성이나 임금에서 차이를 야기하는 근본원인이라고 보기 시작

참고

여성참가율의 M자형 패턴의 국가별 비교

- 모든 나라에서 여성참가율이 M자형 패턴을 보이는 것은 아니며, 다른 선진국들에서는 1960~1970년대까지 관찰되다가 1980년대 이후에 대부분의 국가에서 사라졌다.
- 스웨덴의 경우에는 1970년대 이후 여성의 경제활동참가율에서 쌍봉구조가 사라지기 시작했고, 미국에서도 1980년대 이후부터 여성의 경제활동참가율은 남성과 유사한 역U자 형태를 보이기 시작했다.
- 현재는 OECD국가 중에서 한국과 일본만이 여전히 M자형 패턴을 보이고 있다.

2. 민서-폴라첵 가설과 인적자본 부식

① 비연속적 경제활동참가는 인적자본투자의 수익회수기간을 짧게 만들어 인적자본투자량을 적게 만듦

② 인적자본투자에는 개인의 교육투자뿐만 아니라, 기업의 투자량도 포함되는데, 비연속적 경제활동 참가로 인적자본의 부식(depreciation)이 심해져 여성들은 인적자본 부식이 적은 직업을 선택하게 됨(부식은 인적자본을 사용하지 않거나, 새롭게 유지·보수하지 않으면 잊히거나 쓸모없어지는 것을 말함)

③ 비연속적인 경제활동 참가와 경력단절로 인해, 투자수익 회수기간이 짧아지고, 인적자본에 대한 부식으로 인해서 남녀 간의 임금격차가 발생할 수 있음

3. 경력단절이 생애임금과 직종 선택에 미치는 효과

(1) 여성의 연령임금곡선

① 가로축은 연령, 세로축은 임금을 나타내는 그림으로 노동시장 진입 이후 연령의 증가에 따른 임금의 변화양상을 보여줌

② 일반적인 남성의 연령임금곡선 : O_mBG

③ 경력단절이 없는 여성의 연령임금곡선 : O_fCH

④ 여성의 연령임금곡선이 노동시장 진입시점에서 낮게 시작하는 것은 노동시장 이전의 차이에 의해서 발생한 인적자본량을 반영

그림 경력단절이 생애임금과 직종 선택에 미치는 효과

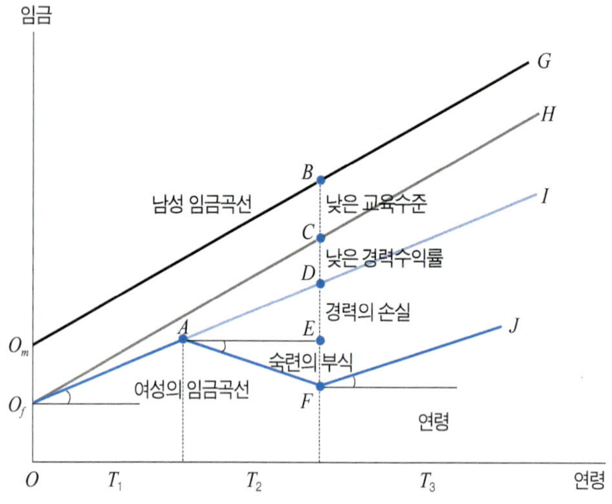

(2) 여성에게 경력단절이 존재하는 경우

① 일정 기간 동안인 T_2에서 일을 그만둘 것을 예상한다면 그로 인해 발생하는 손실(숙련의 부식, skill depreciation)이 적은 직종을 선택하는 것이 유리

② 일반적으로 경력에 따른 수익이 높은 직종들은 경력이 단절되었을 때 그만큼 손실이 커지고, 반대로 경력에 따른 수익이 낮은 직종은 일을 그만두었다가 다시 시작해도 상대적으로 손실이 적을 것임

③ 경력단절이 예상되는 여성 : O_fDI의 연령임금곡선을 갖는 직종을 선택할 것임

④ 노동시장에서 상대적으로 임금이 낮고, 고용안전성이 떨어지는 여성지배직종(female-dominated occupations)이 될 가능성이 큼

(3) 노동시장의 성별 임금격차요인 분해

① 경력단절을 거친 여성의 연령임금곡선은 O_fAFJ가 되어 이 경로를 따르게 됨
- BC : 노동시장 진입 이전의 여성의 낮은 인적자본량(낮은 교육수준)에 기인한 부분
- CD : 여성들이 경력에 대한 보상이 적은 직종을 선택하게 되어 발생하는 여성 직종의 낮은 경력 수익률에 기인한 부분
- DE : 직접적인 경력의 손실에 의해 포기되는 부분
- EF : 숙련의 부식에 의해 감소되는 부분

② 결론적으로 여성이 남성보다 적은 인적자본을 쌓고, 육아기간 동안 경력단절 및 인적자본 부식 때문에 성별 임금격차가 발생함

참고

폴라첵의 실증 연구

- 민서-폴라첵(1974)은 미국 성별 임금격차의 2/3는 경력단절에 의해서 설명될 수 있다고 했다.
- 폴라첵-시버트(1993)는 경력단절로 인한 임금손실(DF)은 남녀 간 전체 임금격차의 1/2을 설명한다고 했다.

(5) 성별 직종분리란 무엇이며, 이를 측정하기 위한 던컨지수란 무엇인가?

1. 성별 직종분리

① 성별직종분리(occupational segregation)란 노동시장에서 남성과 여성의 직업분포가 매우 상이해서 상당수의 직업이 남성지배직종(male-dominated occupation)과 여성지배직종(female-dominated occupation)으로 분리되는 현상

② 버그만의 과밀 가설과 연결되는 것으로 일반적으로는 대부분의 직업이 남성에 의해 전유됨

2. 던컨지수

(1) 측정방법

① 직종분리를 측정하는 통계수단으로 던컨지수(Duncan Index)는 다음과 같이 정의됨

$$D = \frac{1}{2}\sum_{i=1}^{n}\left|\frac{F_i}{F} - \frac{M_i}{M}\right|$$

- F_i, M_i는 i직종에 일하는 여성 및 남성 근로자의 수
- F, M은 여성과 남성의 전체 근로자 수
- n은 총 직종 수
- $\frac{F_i}{F}$, $\frac{M_i}{M}$는 각 직종에서 여성과 남성 근로자가 전체 근로자에서 차지하는 비중

(2) 의미

① 던컨지수가 0의 값을 지니면, 남성과 여성 간 직종분포가 차이가 없다는 의미

② 던컨지수가 1이면 모든 직종이 여성직종 혹은 남성직종으로 완전히 분리된다는 것을 의미함

참고

한국의 던컨지수

■ 한국의 던컨지수 실증 연구에 의하면, 1999년 100개 직종에 D = 0.54수준이고, 미국은 283개 직종을 대상으로 약 0.54로 한국과 미국은 유사한 직종분리정도를 보인다.

4. 근로자들은 불완전한 정보로 인해 일자리 탐색 과정에서 마찰적 실업이 발생한다. 일자리 탐색과 관련한 한계수익은 $MR=50-1.5w$이고, 탐색의 한계비용은 $MC=w+50$이다. 이때 w는 현재 보유하고 있는 임금 제안이다. 이를 기반으로 다음 물음에 답하시오.

(1) 탐색과 관련한 한계수익이 우하향하는 이유와 한계비용이 우상향하는 이유를 설명하시오.

예시 목차	1. 탐색 한계수익 2. 탐색 한계비용

1. 탐색 한계수익

① 탐색과 관련한 한계수익은 한 번의 추가적인 탐색으로부터 얻는 추가이득을 말함

② 현재 보유한 임금 제안이 좋을수록 추가적인 탐색으로부터 얻는 이득이 적어지기 때문에 한계수익곡선은 우하향하는 형태

2. 탐색 한계비용

① 탐색과 관련한 한계비용곡선은 추가적인 탐색의 비용을 나타냄

② 현재 보유한 임금제안이 좋을수록 추가적인 탐색의 기회비용이 높기 때문에 한계비용곡선은 우상향

③ 탐색비용에는 직접탐색비용과 탐색의 기회비용의 두 종류가 있음

④ 직접탐색비용은 교통비를 포함한 직접 발생하는 비용이고, 간접비용으로 현재 보유한 임금 제안이 15인 경우에 이를 거절하고 다른 일자리 탐색을 하게 되면 15라는 임금을 포기하게 되는데 이것이 기회비용이 됨

(2) 앞에서 제시된 근로자의 요구임금을 구하시오. 만일 임금을 15 제안하는 경우 일자리를 수락할 것인지 그래프를 그려서 설명하시오.

예시 목차

1. 요구임금의 결정
2. 균형요구임금 조정
3. 그래프를 이용한 설명

1. 요구임금의 결정

① 일자리 탐색의 요구임금은 탐색의 한계수익과 한계비용이 같아지는 수준에서 결정

- 일자리 탐색의 한계수익 : $MR=50-1.5w$
- 일자리 탐색의 한계비용 : $MC=w+5$

② 따라서 균형요구임금은 $MR=MC$인 $50-1.5w=w+5$에서 $w=18$

2. 균형요구임금 조정

만일 15라는 임금을 제시받게 되면 요구임금수준보다 낮으므로 $MR>MC$가 성립

→ 계속 탐색 활동을 하고 일자리 수락은 거절

3. 그래프를 이용한 설명

그림 **최적 일자리 탐색 모형**

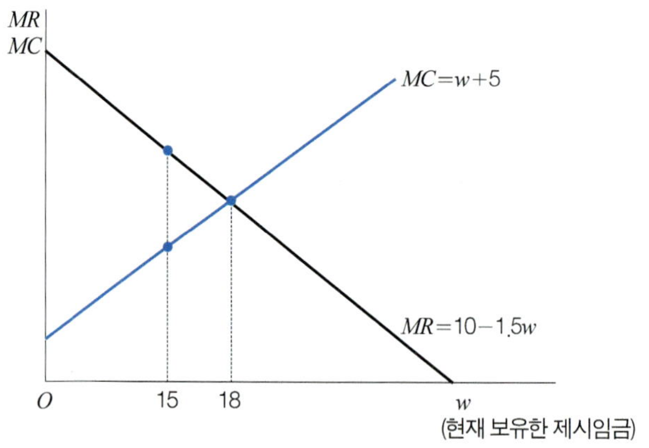

(3) 근로자의 할인율이 높아지는 경우와 실업보험 급여가 증가하게 되면 요구임금수준에 어떤 영향을 미치게 되는지 그래프를 이용해서 설명하시오.

예시 목차
1. 할인율 상승 효과
2. 실업보험급여 증가 효과

1. 할인율 상승

① 근로자의 요구임금은 일자리 탐색 활동의 편익과 비용의 변화에 반응

② 일자리 탐색 과정도 인적자본투자에 해당하는데 모든 인적자본투자와 마찬가지로 탐색으로부터의 편익은 미래에 회수되기 때문에 편익의 크기는 근로자의 할인율에 따라서 달라짐

③ 할인율이 높은 근로자들은 현재지향적이므로 탐색으로부터 발생하는 미래편익이 낮다고 인식
→ 따라서 한계수익곡선은 더 낮게 되고 요구임금도 더 낮아지게 됨
→ 근로자들은 더 나은 제안이 나타날 때까지 기다릴 인내심이 없으므로 낮은 임금 제안을 받아들이며 짧은 기간에만 실업 상태에 머물게 됨

그림 최적 일자리 탐색 모형

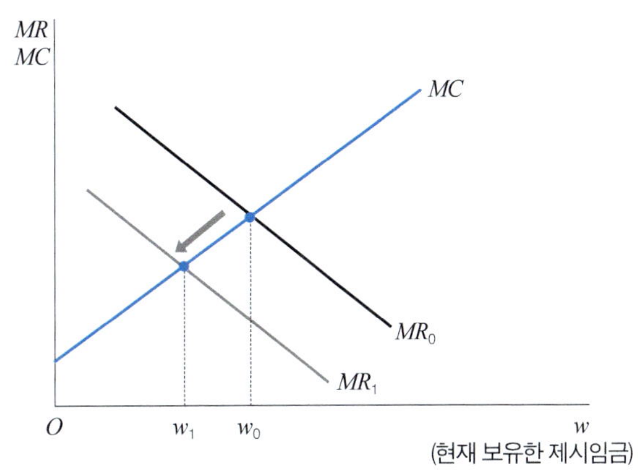

2. 실업보험급여 증가

① 실업보험제도는 실업 상태에 있으면서 적극적으로 일자리 탐색 활동을 하는 사람들에게 보상을 제공

② 따라서 실업보험 급여가 증가하게 될 때 어떤 근로자가 자신에게 제안된 일자리를 거절하게 되면 포기하는 임금은 작아짐

③ 이러한 기회비용의 감소는 일자리 탐색의 한계비용을 감소시켜 한계비용곡선은 하방이동하고, 그 결과 요구임금은 높아짐(참고로 실업보험제도는 노동시장에서 실업률과 실업지속기간을 증가시키고, 실업기간이 끝난 후의 임금수준을 높이게 됨)

그림 **실업보험급여 증가 효과**

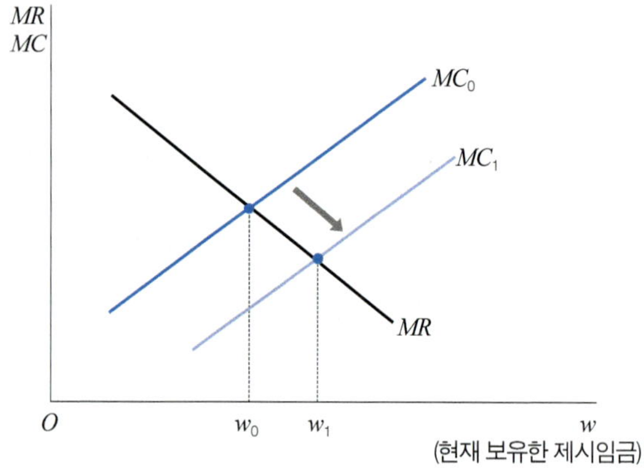

(4) 요구임금과 기대실업기간 사이에 어떤 관계가 존재하는지 간략히 설명하시오.

요구임금과 기대실업기간에는 양(+)의 관계가 존재

→ 요구임금이 높을수록 제시되는 임금을 수락할 가능성이 낮아지기 때문

5. 다음은 노동시장과 실업에 대한 내용이다. 물음에 답하시오.

(1) 특정 산업에서 근로자들의 업무태만을 방지하기 위해 효율임금을 지급하고 있다. 정부가 실업보험급여 수준을 높인다면 임금과 실업률에 어떤 영향을 미치게 될지 비태만공급곡선을 이용해서 설명하시오.

예시 목차

1. 실업급여 수준의 증가와 효율임금

실업급여 수준의 증가는 근로자들의 태만 가능성을 높이게 됨
→ 태만하지 않은 근로자들을 계속 유지하기 위해서는 더 높은 효율임금을 지급해야 함

2. 그래프를 이용한 설명

효율임금과 비태만공급곡선(비태만경계곡선, no-shirking frontier)을 이용해 실업급여를 분석하면 다음과 같음

① 노동수요곡선은 우하향하고, 노동공급곡선은 수직이며, 이때 비태만공급곡선은 우상향

② 실업급여의 증가는 비태만공급곡선을 상방이동시키며, 그 결과 효율임금 수준은 증가하고 고용수준은 감소

③ 따라서 실업자 수는 증가

그림 **비태만공급곡선과 실업급여 인상**

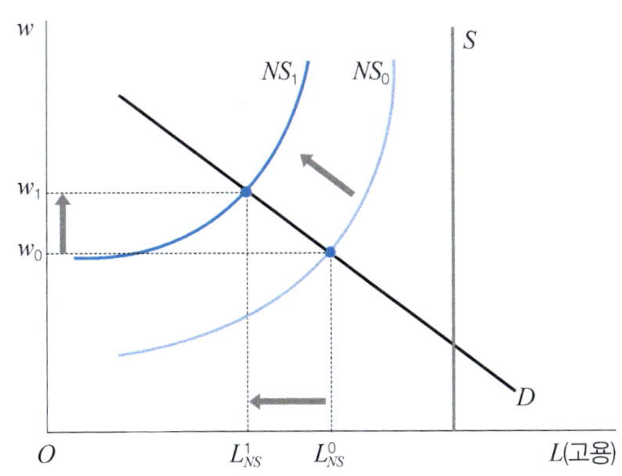

(2) 임금곡선이란 무엇이며, 임금과 실업률의 관계가 경쟁시장과 효율임금모형에서 어떻게 다르지 설명하시오.

예시 목차

1. 임금곡선 개념
2. 경쟁시장에서 임금곡선
3. 효율임금하에서의 임금곡선

1. 임금곡선 개념

① 임금곡선(wage curve, 임금-실업률곡선)이란 임금수준과 실업 사이에는 음(−)의 상관관계가 존재한다는 것

② 실업률이 낮은 지역에서는 임금이 높고, 실업률이 높은 지역에서는 임금이 낮은 경향

③ 이러한 임금곡선을 표준적인 경쟁시장에서는 설명하기 어렵고 효율임금모형에서는 설명 가능

2. 경쟁시장에서 임금곡선

① 경쟁시장의 표준모형에서 임금곡선은 임금이 상대적으로 균형임금 수준보다 높은 수준에서 경직적일 때 실업이 발생

② 높은 임금으로 인해 기업들이 고용할 용의가 있는 수보다 더 많은 수의 근로자들이 일을 하려고 하기 때문

③ 그런데 근로자들이 아무리 일자리를 계속 찾아다닌다고 해도 경직성으로 인해서 초과공급은 해소되지 않음

④ 높은 실업과 깊은 관련이 있는 것은 높은 경직적인 임금 때문

3. 효율임금하에서 임금곡선

① 효율임금모형에서는 실업률이 높은 경우에 임금은 상대적으로 낮음
→ 높은 실업이 근로자들을 생산라인에 붙들어 놓기 때문

② 그러나 실업이 거의 없는 경우에는 상대적으로 높은 임금수준에 머물러야 함
→ 태만하려는 근로자들에게 비용을 부과하기 위해서는 높은 임금이 필요하기 때문

③ 따라서 효율임금 모형은 실업과 임금 사이에 음(−)의 상관관계가 있게 되고 이를 임금곡선이라 함

(3) 보석금 비판의 관점에서 효율성임금 모형을 비판하시오.

예시 목차
1. 구직자들의 보석금 인센티브
2. 보석금과 유사한 대체방안

효율임금제도는 기업이 시장조건에 관계없이 이윤극대화를 위해 시장균형임금수준보다 높게 임금을 결정
→ 근로자들이 태만하지 않도록 유도하는 것

1. 구직자들의 보석금 인센티브

① 효율임금제도로 높은 임금을 주는 기업에는 많은 구직자들이 몰리게 될 것이고, 자신이 선택되기 위해서 일종의 예치금(보석금, bonding)을 제시할 유인이 생김
② 고임금 산업의 일자리를 원하는 근로자들은 그 일자리에 고용되기 위해서 고용주들에게 일정한 금액을 지불할 용의를 지님
→ 채용 시점에 일종의 보석금을 지불하고, 근로자 자신의 태만이 발견되면 자신은 해고당하고 보석금도 건질 수 없게 됨
→ 만일 고용관계가 원만하게 진행되면 기업은 은퇴 시점에 보석금 원금과 더불어 이자를 지급하겠다는 약속을 하는 것
③ 보석금의 수준은 고임금 산업의 일자리와 저임금 산업의 일자리 간에 무차별하도록 만드는 수준에서 결정

2. 보석금과 유사한 대체 방안

① 현실에서는 일자리를 얻기 위해서 보석금을 주고받지 않지만, 우상향하는 연령-임금곡선인 이연보상체계는 유사한 역할을 함
② 따라서 근로자들은 고임금 산업의 일자리를 얻기 위해서 경쟁하여 고임금 산업의 임금곡선은 기울기를 지니고 가파르게 됨
③ 결국 대체수단이 유사하게 작용하기 때문에 모든 일자리의 현재가치는 평준화되고 고임금 산업의 일자리와 저임금 산업의 일자리는 다시 무차별해짐
→ 이는 효율임금모형이 스스로 붕괴되어 성립하지 않는다는 것을 의미

(4) 정부가 실업급여액을 2배로 늘리고 지급기간을 현재의 절반 수준으로 줄이는 경우 전체 실업률, 실업 상태의 평균지속기간, 실업 상태를 벗어난 근로자들이 수락하는 임금의 분포에 어떤 영향을 미치는지 설명하시오.

예시 목차

1. 전체 실업률에 미치는 영향
2. 실업 상태의 평균지속기간에 미치는 영향
3. 수용임금의 분포에 미치는 영향

실업급여액에 대한 정부의 새로운 정책은 근로자에게 편익과 비용을 발생시킴
→ 추가된 편익은 급여액이 증가하는 것이고, 추가된 비용은 실업급여 지급 기간이 감소한다는 것

1. 전체 실업률에 미치는 영향

실업급여액의 증가는 단기실업률을 더 증가시키게 되지만 실업급여 지급기간의 감소는 단기적인 실업률을 감소시키게 된다.

2. 실업 상태의 평균지속기간에 미치는 영향

실업 상태의 평균지속기간은 실업급여 지급기간의 감소로 인해서 단축

3. 수용임금의 분포에 미치는 영향

① 근로자의 수용임금 분포는 실업기간 초기에는 정부가 제공하는 실업급여가 높아져 현재의 수용임금도 높아짐
② 그러나 실업기간이 길어질수록 수용임금은 낮아지게 됨

6. 노조와 관련한 다음 물음에 답하시오.

(1) 기업의 노동수요곡선은 $w=20-0.01L$로 주어져 있다. 여기서 w는 임금이고, L은 고용수준, 노조의 효용함수는 $U=wL$로 주어져 있다고 한다. 이때 독점적 노조는 어떤 수준의 임금을 요구하게 될 것인가? 이와 같은 노조계약을 통해서 몇 명의 근로자들을 고용할지 설명하시오.

예시 목차

1. 독점적 노조의 효용극대화 선택
(1) 개요
(2) 한계대체율=임금률
(3) 문제에 적용
2. 그래프를 통한 설명

1. 독점적 노조의 효용극대화 선택

(1) 개요

① 독점적 노조는 노동력을 기업에 공급하는 데 있어서 실질적인 독점력을 가짐

② 노조는 그 제품의 임금을 설정하고, 기업은 노동수요곡선을 고려한 후 고용할 근로자들의 숫자를 결정

③ 독점적 노조 모형에 의하면 노조의 임금 요구 결과 일부 근로자는 일자리를 잃게 됨

(2) 한계대체율=예산선의 기울기

① 독점적 노조는 효용극대화를 추구하는데 제약조건이 기업의 노동수요가 됨

② 따라서 이를 목적식과 제약식으로 나타내면 다음과 같음

[목적식] $Max\ U(L, w)$
[제약식] $L^d(w)$

③ 이때 효용극대화 조건은 효용함수를 의미하는 무차별곡선의 접선의 기울기인 한계대체율이 예산선의 기울기인 $\frac{P_L}{P_w}$와 같아지는 수준에서 고용량이 결정

④ 이를 식으로 나타내면 $MRS_{Lw} = \frac{MU_L}{MU_w} = \frac{P_L}{P_w}$

(3) 문제에 적용

① 문제에서 제시된 정보를 활용해 다음을 구할 수 있음

$$MRS_{Lw} = \frac{MU_L}{MU_w} = \frac{w}{L}$$

② 노동수요곡선의 기울기의 절댓값은 $\frac{P_L}{P_w} = 0.01$

③ 따라서 효용극대화는 $\frac{w}{L} = \frac{20 - 0.01L}{L} = 0.01$에서 결정

④ 이를 정리하면 $L=1{,}000$

⑤ 이를 노동수요곡선에 대입하면 기업이 지불하려는 최대한의 임금 $w=10$을 구할 수 있음

2. 그래프를 통한 설명

독점적 노조의 효용극대화는 무차별곡선과 제약선이 접하는 점(E)에서 결정되며 고용량이 1,000이고, 시간당 임금은 10

그림 독점적 노조의 효용극대화

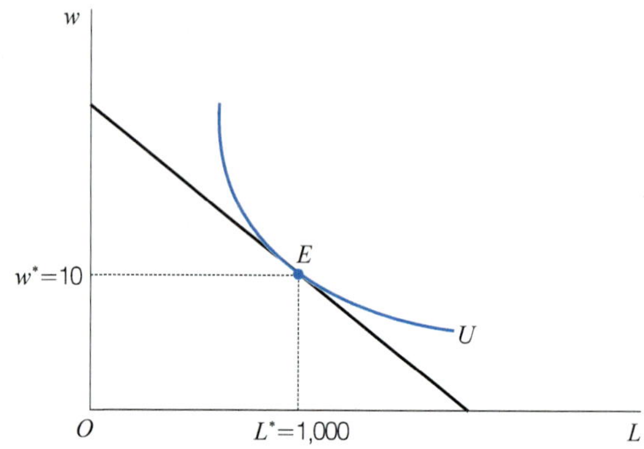

(2) 노조의 가입여부를 결정할 때 문제가 되는 몇몇 상충관계들이 발생한다. 높은 임금에 더불어 노조는 고용주가 확정기여형 연금(defined contribution pension plan)에 10%를 부담하는 안에 대해서 협상한다고 가정한다. 노조가입 결정에 이와 같은 은퇴 후의 복지 혜택을 추가로 고려하게 된다. 이렇게 근로자들은 은퇴연금과 같은 추가적인 부가혜택들이 있을 경우에 어떤 경로로 노조에 더 가입하게 되는지 그래프를 이용해서 설명하시오.

예시 목차

1. 노조 가입 결정 모형

(1) 근로자의 효용극대화 모형에 입각한 노조 가입

① 근로자들은 노조에 가입할지 말지를 선택할 때 노조가 근로자에게 무노조 고용주가 제공하는 임금-고용 패키지보다 더 나은 패키지를 제안하는 경우 노조에 가입

② 근로자의 효용극대화 모형은 노동-여가 선택모형을 통해서 다음과 같은 목적식과 제약식으로 나타낼 수 있음

→ 여기서 U는 효용이고, ℓ은 여가, M은 소득, 가용한 최대 노동시간은 T, w는 임금률을 의미

→ 무차별곡선은 원점에서 볼록한 한계대체율이 체감하는 형태를 상정

[목적식] $Max\ U(\ell, M)$

[제약식] $M = w_0(T - \ell)$

(2) 그래프를 이용한 설명

효용극대화를 추구하는 근로자는 무차별곡선의 접선의 기울기와 예산선이 접하는 $MRS_{\ell M} = w_0$에서 결정

그림 **근로자의 효용극대화**

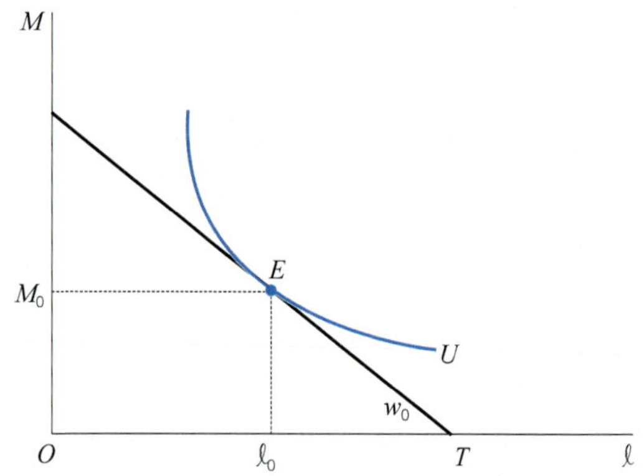

2. 고용주의 확정기여형 연금 제공과 노조 가입

(1) 확정기여형 연금 제공 의미

노조가 고용주에게 확정기여형 연금을 얻어내면 노조가입자의 입장에서는 임금이 상승한 것과 같은 효과

→ 따라서 고용주가 연금의 10%를 부담하게 되면 임금이 10% 상승하여 예산선의 기울기는 가파르게 밖으로 이동

(2) 근로자의 효용 증가 여부와 노조 가입 결정

① 고용주가 연금 10%를 부담하게 되면 예산제약선은 AT에서 BT로 이동

② 고용주가 근로시간을 크게 감소시켜 여가시간이 ℓ_a으로 증가하면 근로자의 효용은 U_a로 감소하여 상황 악화

③ 그러나 근로시간을 조금 감소시켜 여가시간이 ℓ_1로 증가한다면 효용은 U_1으로 증가하여 근로자는 노조에 가입

(3) 그래프를 이용한 설명

그림

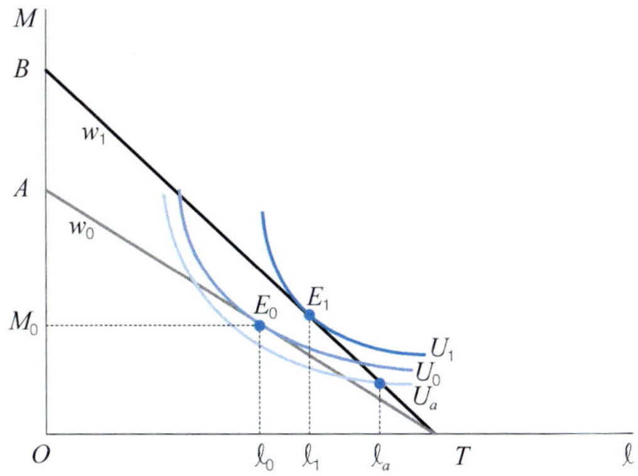

7회 모의고사

일자리와 임금격차

1. 다음은 최근에 이슈가 되는 일자리 창출과 실업률에 대한 문제이다. 실업률의 증가는 총수요가 감소하기 때문에 발생할 수도 있고, 기업의 구조조정과 산업구조의 변화로 인해서 일자리가 소멸되기 때문이라고 볼 수 있다. 두 충격이 경제에 미치는 영향을 설명하여라. 그리고 정부는 최근 일자리를 창출하기 위해서 많은 노력을 하고 있는데 일자리 창출정책이 성공을 거두기 위해서 어떤 정책적 제언을 할 수 있겠는가?

2. 현실에서는 임금격차가 실제로 존재하고, 그 격차는 시간이 지남에 따라서 수렴하기보다는 지속되는 경향이 있다. 임금격차의 발생 원인을 일자리의 이질성, 근로자의 이질성, 노동시장의 불완전성의 측면에서 설명하시오.

1. **다음은 최근에 이슈가 되는 일자리 창출과 실업률에 대한 문제이다. 실업률의 증가는 총수요가 감소하기 때문에 발생할 수도 있고, 기업의 구조조정과 산업구조의 변화로 인해서 일자리가 소멸되기 때문이라고 볼 수 있다. 두 충격이 경제에 미치는 영향을 설명하여라. 그리고 정부는 최근 일자리를 창출하기 위해서 많은 노력을 하고 있는데 일자리 창출정책이 성공을 거두기 위해서 어떤 정책적 제언을 할 수 있겠는가?**

예시 목차

1. 실업률 증가 원인에 따른 영향
(1) 베버리지 모형
(2) 총수요 충격
(3) 총공급 충격
2. 정부의 일자리 창출정책
(1) 의의와 사례
(2) 일자리 창출 정책 성공을 위한 기준
(3) 구체적인 일자리 정책

1. 실업률 증가 원인에 따른 영향

☞ 이 부분은 꼭 베버리지 모형을 모르더라도 일반적인 노동시장의 수요공급을 이용해서 설명해도 된다. 이 기회에 베버리지 모형을 설명하고자 한다.

(1) 베버리지 모형

(2) 총수요 충격

(3) 총공급 충격

2. 정부의 일자리 창출 정책

(1) 의의와 사례

① 정부의 일자리 창출 정책이란 정부에서 직접적으로 고용안정 및 실업률을 해소할 수 있도록 근로자의 안정된 직업과 함께 기업의 고용을 지원하는 정책

② 대표적인 사례로는 대공황 때 뉴딜정책과 최근 각종 '녹색 뉴딜 및 신성장동력 사업', '청년층 인턴사업', '사회적 일자리 확충 및 사회적 기업 육성' 등이 있고, '공공 대규모 사업 육성'을 통해서 일자리 창출계획을 사용할 수 있음

(2) 일자리 창출 정책이 성공을 위한 기준

■ 효율성 고려

① 경제학적으로 일자리 창출정책이 성공하기 위해서는 제한된 자원을 효과적으로 투입할 필요가 있음

② 이를 위해서는 비용효과성을 극대화할 수 있는 정책이 마련되어야 함

→ 먼저 정책대상집단(일자리 위기 계층) 파악이 중요하고, 청년층, 비정규직, 자영업자 등의 일자리창출을 우선적으로 시행해야 할 것

③ 그러나 동태적 측면에서 정책 대상사업의 선정에 있어서는 소비적인 사업보다는 투자적인 사업(미래지향적인 관점에서) 선정이 필요

■ 사회형평성 고려

일자리 위기 계층에게 일자리를 제공해주고, 경제성장과 삶의 질 그리고 사회적 형평성을 제고해줄 수 있는 사업 집행이 필요

■ 재정비용극소화

① 재정 부담을 고려해서 초기투자비용이 많이 들어가더라도 운영비용이 적게 들어가는 사업을 시행해야 함

② 그러나 민간부분의 경제활동을 구축(crowding-out)하여 민간부분의 활동을 저해하는 사업은 곤란

3. 구체적인 청년일자리 정책

■ 일학습병행제

① 일학습병행제란 학교를 다닐 때뿐만 아니라 졸업한 후에도 계속해서 취업준비를 하는 청년들을 위해 생긴 제도

② 학교 교육과 취업을 연결시켜 학교를 다니면서 기업에서 원하는 직무역량을 길러 졸업과 동시에 취업을 할 수 있는 제도

③ 학위연계형과 자격연계형으로 나눌 수 있고, 학교와 기업이 연계하여 진행하는 단기현장실업과는 달리 최소 6개월부터 최대 4년 동안 진행하는 제도이므로 좀 더 고숙련된 청년근로자들을 구할 수 있음

④ 독일에서 도입한 것으로 이를 우리 현실에 맞게 수정 변형하여 성공적으로 자리 잡고 있는 것으로 평가

■ 청년고용할당제

① 청년고용할당제란 청년실업 문제를 해결하기 위한 강력한 정책 중의 하나로, 공기업 및 공공기관에서 매년 고용정원의 3% 이상을 35세 미만의 미취업 청년으로 고용하는 제도

② 이를 시행한 공공기관이나 지방공기업은 조세감면이나 보조금을 지급받는 등 금전적인 혜택을 누리게 됨

③ 벨기에에서 도입한 것으로 국내 현실에 맞게 적용하지 못한 점이 있어 기업의 반발과 청년의 호불호가 갈리는 편으로 실패한 정책이라는 시선이 많음

■ K-move

① 해외인턴사업과 같이 청년층의 해외취업을 지원하기 위한 사업의 일종

② 해외 취업에 성공한 후에도 일정기간 근속한 경우 장려금을 제공하는 해외취업성공장려금, 맞춤형 교육을 제공하고 비용을 지원하는 맞춤형 해외취업연수 프로그램 등이 있음

■ 지역맞춤형 일자리창출지원

① 청년들을 위한 일자리창출과 중소기업의 일자리 미스매치 완화를 위해서 추진되고 있는 사업

② 지역의 청년들의 고용창출과 인적자원을 개발하기 위해서 지자체가 함께 협력하여 지역의 고용과 관련된 비영리법인단체와 다양한 관계를 구성하여 일자리창출사업을 제안하고 일자리창출 등에 효과가 클 것으로 판단하는 사업을 따로 선출하여 그 사업에 대한 투자나 관리, 감독을 추진하는 사업

■ Work-net

① 고용노동부와 한국 고용정보원이 함께 운영하는 공공취업 사이트로 구직자는 일자리 정보검색을 하여 적합한 일자리가 있다면 바로 입사지원이 가능하고, 없다면 구직등록을 한 후에 자기소개서나 이력서를 작성하여 적합한 기업을 찾을 수 있음

② 현재 가장 다양하고 많은 구인, 구직 정보를 기재하고 있으며 고용부와 고용정보원의 체계적인 검증을 통한 취업정보를 게시하고 있어 다른 사이트보다 큰 인기를 끌고 있음

2. 현실에서는 임금격차가 실제로 존재하고, 그 격차는 시간이 지남에 따라서 수렴하기보다는 지속되는 경향이 있다. 임금격차의 발생 원인을 일자리의 이질성, 근로자의 이질성, 노동시장의 불완전성의 측면에서 설명하시오.

예시 목차

1. 의의
2. 일자리의 이질성에 따른 임금격차
3. 근로자의 이질성에 따른 임금격차
4. 노동시장의 불완전성에 따른 임금격차

1. 의의

① 경제 내에서 존재하는 다양한 임금격차는 대부분 균형임금격차(equilibrium wage differentials)로, 이는 저임금 일자리로부터 고임금 일자리로 노동의 이동을 이끌어 내지 않게 됨

② 다른 임금격차는 과도기적 임금격차(transitional wage differentials)로, 이는 궁극적으로 임금 차이를 감소시키는 근로자의 이동을 촉진

③ 현실에서는 임금격차가 존재하고, 많은 임금격차가 시간이 지남에 따라서 좁혀지기도 하지만 그대로 격차가 유지되거나 더욱 벌어지는 것을 확인할 수 있음

④ 추가적으로 노동시장에서 발생하는 임금격차의 발생 원인을 일자리(사용자)의 특성, 근로자의 특성, 노동시장의 불완전성의 측면에서 설명 가능

⑤ 임금격차의 원천을 종합적으로 나타내면 다음과 같이 나타낼 수 있음

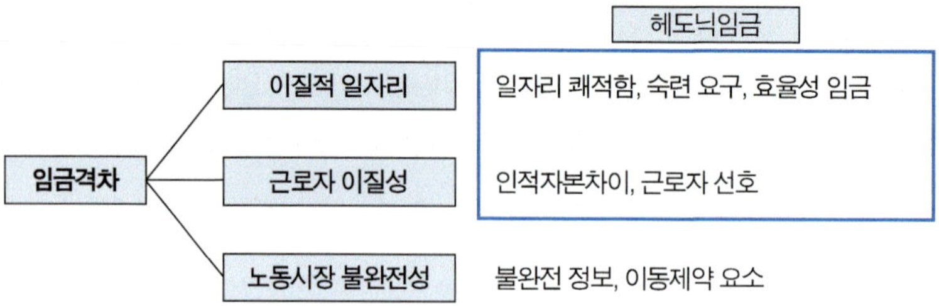

⑥ 헤도닉임금이론(hedonic theory of wages)[1]이란 일자리와 근로자 모두 이질적이란 사실을 담고 있음
→ 헤도닉 이론에 의하면 근로자들은 순효용을 극대화하는 데 관심이 있으며, 비효용을 산출하는 무엇인가의 감소를 얻기 위해서 효용을 생산하는 것을 기꺼이 '교환'할 용의가 있다고 봄

2. 일자리의 이질성에 따른 임금격차

① 현실에서 일자리는 동질적이 아니라 이질적

② 이질적 일자리(heterogeneous jobs)는 상이한 비임금적 속성을 가지고 여러 유형과 등급의 숙련을 요구하며 생산성을 증가시키기 위해 효율성임금을 지급할 때 효율에 있어서 차이가 남

③ 또한 사용자들은 노동조합 상황, 기업규모, 차별적인 편견에서 차이가 있음

(1) 보상격차

보상임금격차(compensating wage differentials)란 몇몇 바람직하지 않은 일자리 특성에 대해서 근로자를 보상하기 위해서 제공해야만 하는 추가 보수를 말함[2]

1) 헤도닉이란 용어는 쾌락주의(hedonism)의 철학적 개념으로부터 나왔는데, 헤도니즘은 사람들은 임금소득과 같은 효용과 즐거움은 추구하며, 쾌적하지 않은 근로조건을 가진 일자리의 비효용 혹은 고통은 회피한다고 가설화한다.

2) 근로자들이 더 높은 임금을 지급하는 일자리로 이동하게 되어 임금이 균등해지도록 하지 않기 때문에 보상임금격차는 균형임금격차가 된다.

① 일자리 부상 또는 사망위험

일자리에서 부상 또는 사망할 위험이 크면 클수록 특정 직종에 대한 노동공급은 적어지게 되고, 그 결과 사고위험이 높은 일자리는 보상임금격차를 얻게 됨

② 부가급여

자격 있는 근로자들을 끌어들이기 위해서 다른 조건이 일정하다면 시간당 임금 외에 병가, 유급휴가, 의료 및 치과보험과 같은 부가급여를 제공해야 총시간당 보상을 같게 만들어야 함

③ 일자리 지위

높은 지위와 명망을 제공하는 일자리는 자발적인 노동공급이 증가하게 되므로 하수처리장의 미숙련 근로자들이 존재하는 곳에 보상임금격차가 지급될 수 있음

④ 일자리 위치

쾌적한 환경과 물가수준의 차이를 고려한 실질 구매력을 동등하게 맞추기 위해서 보상적 임금격차가 필요

⑤ 근로소득의 규칙성

다른 조건이 일정하다면 오랜 기간 동안 고용이 보장되는 곳보다 고용의 변동가능성(실업의 가능성이 높은 곳)과 근로소득의 변동가능성이 높은 직종에서는 보상임금격차가 존재할 수 있음

⑥ 임금증가의 전망

근로소득에 대한 사람들의 시간 선호가 동일하다고 가정하면, 주어진 임금수준에서 근로소득 증가 전망이 더 높은 일자리를 선택

예 은행 근로자는 목수의 일보다 초기 보수가 적은 편인데, 목수 일은 편평한 생애근로소득흐름을 보일 것이므로 직종 진입초기(entry-level) 보수에 보상임금격차가 요구됨

(2) 상이한 숙련 요구

① 여러 일자리에서의 광범위하게 다양한 숙련의 요구는 임금 차이의 주요한 원천이 됨

② 숙련근로자와 미숙련근로자 사이의 보수 차이는 숙련격차(skill differential)라고 함[3]

---

3) 주의해야 할 점은 상이한 숙련 요구에 의해서 창출된 임금격차는 일자리의 비임금 측면의 차이에 의해서 산출된 임금 분산을 증가시키거나, 줄이거나 또는 반대로 뒤집을 수 있다. 그 결과 높은 임금을 받고 있는 근로자들이 더 좋은 환경의 근로조건을 갖고 있는 것처럼 보이는 흔한 관찰사항이 보상임금격차의 이론을 부인하는 것은 아니다. 오히려 이러한 관찰은 많은 경우 숙련의 차이에 의해 창출된 임금 갭이 반대방향으로 작용하는 보상격차를 상쇄한다는 것을 보여준다.

(3) 효율성임금에 근거한 차이

효율성 임금은 비슷한 자격을 보유한 근로자들 간에 발생하는 것으로 고용주는 시장의 균형임금보다 더 높은 수준의 임금을 지급하려는 것으로 균형격차에 해당

① 직무태만 모형
기업들은 근로자들의 성과를 감시하는 데 비용이 들거나 성과가 낮아 사용자가 부담하는 비용이 큰 곳에서 시장임금보다 높은 수준의 임금을 제시
→ 이는 근로자들에게 일자리 손실의 비용을 증가시켜, 양심적인 노력을 유도하고, 사용자의 노동 유효단위당 비용을 감소시킴
② 이직모형
채용과 훈련비용 부담이 큰 기업들은 높은 수준의 임금을 지급해서 근로자들에게 일자리의 가치를 증가시키고 이직률을 줄이게 됨
→ 그 결과 일자리 경험의 평균수준과 기업의 노동생산성 모두 증가

(4) 기타 사용자의 이질성

① 노동조합 상태
시장지배력을 행사하는 노동조합의 능력으로부터 경제적 지대에 해당하는 보상임금프리미엄을 받을 수 있음
② 사용자의 차별
사용자는 여성, 인종 등 어떤 근로자 계층의 채용에 관해서 우호적이거나 적대적으로 편향이 되어 있어 직접적인 임금차별이 발생할 수 있음
→ 기업이 선호하는 사람들에 대한 수요는 증가하지만 기업이 차별하려는 사람들에 대한 수요는 감소
③ 기업규모
대기업, 시장점유율이 큰 주요기업이 더 작은 기업보다 일반적으로 높은 임금과 급여를 지급
→ 대기업이 노동조합이 결성될 가능성이 높거나, 모든 면에서 동등한 근로자들보다 더 생산적일 수 있음
→ 혹은 대기업이 더 관료주의적이고 일하기에 고되거나, 통근 주차, 생활비가 높은 대도시지역에 위치할 가능성도 더 큼

3. 근로자의 이질성에 따른 임금격차

(1) 상이한 인적자본 : 비경쟁그룹

① 사람들은 타고난 자질과 자신들이 소유한 교육과 훈련의 유형, 양, 그리고 질에 따라서 상이한 인적자본 축적을 가지고 있음

→ 그 결과 노동시장에서 서로 쉽게 대체될 수 없는 아주 다양한 그룹, 하부그룹, 개인들이 존재

② 단기적으로 인적자본의 이질성은 근로자들의 서로 다른 생산성 때문에 임금격차를 발생시킴

③ 장기적으로 더 높은 보수를 지급하는 자리로 이동할 수 있지만, 이러한 이동의 정도는 인적자본투자를 재정 지원하는 상이한 능력과 교육 또는 훈련을 흡수하고 적용하는 천부적인 능력의 차이에 의해서 제한될 것이고, 그 결과 임금격차는 남아있게 됨

④ 현실에는 여러 직종을 대표하는 수많은 비경쟁그룹(non-competeting groups)이 존재

→ 이러한 비경쟁그룹의 존재는 사람들이 소유하는 교육과 훈련의 유형, 양, 그리고 질 차이로부터 결과라고 볼 수 있음[4)]

→ 따라서 직종 간, 더 나아가서는 직종 내에서도 근로자들 간에는 항상 완전하게 대체될 수 있는 것은 아님[5)]

(2) 상이한 개별 선호

■ 시간선호의 차이

시간선호에 대한 차이는 근로자들 간 상이한 인적자본축적을 설명할 수 있는데 사람들마다 현재 지향적이거나 미래지향적인지 시간에 대한 선호가 다르기 때문

→ 현재지향적인 사람들은 할인율이 높아 자신들이 미래에 상당히 높은 수익을 얻을 수 없다면 현재의 소비를 기꺼이 희생할 용의가 없음

→ 미래지향적인 사람들은 낮은 할인율을 가지고 인적자본투자에 더 높은 순현재가치를 가지게 됨[6)]

---

4) 예를 들어 이제 막 고등학교를 졸업한 사람들의 고용선택에는 농장 노동자, 주유소 종업원, 군대의 구성원, 미숙련 건설근로자, 패스트푸드점 근로자가 되는 것이 포함된다. 각각 다른 일자리에서 일할 수 있기 때문에 이러한 범주의 각 근로자는 하나의 넓은 그룹으로 분류될 수 있다. 그러나 이 그룹의 근로자 어느 누구도 변호사, 회계사 그룹과 직접적인 경쟁을 하지 않는다.

5) 직종 간의 예로는 인적자본의 축적에 기인한 것이 많은데, 이러한 요인은 배우고 수행하는 데 있어서 상이한 타고난 능력의 결과일 수도 있다. 상대적으로 소수의 사람들이 핵물리학자, 프로미식축구 쿼터백, 석유엔지니어, 오페라 가수 또는 프로모델이 되는 데 필요한 지적 혹은 육체적으로 타고난 자질을 소유하고 있다. 이러한 그룹들과 숙련 및 미숙련 근로자들의 더 큰 그룹 사이에는 노동시장에서 효과적인 경쟁이 존재하지 않는다. 핵물리학자들과 프로운동선수들 사이에 대체성도 역시 존재하지 않는다. 동일한 직종 내에서도 항상 대체되는 것은 아니다. 몇몇 프로선수들은 그 직종의 평균보수보다 훨씬 더 높은 급여를 받게 된다. 타고난 능력의 차이 때문에 다른 선수들이 단지 불완전한 대체자일 뿐이기 때문이다.

6) 시간선호의 차이는 비경쟁그룹 이론에 중요한 시사점을 지닌다. 왜 타고난 능력과 재정지원에의 접근이 비슷한 사람들이 상이한 수준의 인적자본을 얻기로 선택하는지를 설명하는 데 도움이 된다.

■ 일자리 비임금 측면에 대한 기호

일자리는 사고확률, 부가급여, 일자리 지위, 위치, 근로소득의 규칙성, 임금 증가의 전망, 일하는 속도에 대한 통제 같은 비임금 특징에 있어서 이질적

→ 사람들은 이러한 비임금 쾌적함과 불쾌함에 대한 선호에서 차이가 있음

4. 노동시장의 불완전성에 따른 임금격차

임금격차는 노동의 이동을 지연시키는 노동시장의 불완전성 때문에도 발생

→ 불완전한 정보, 비용이 드는 이주, 그리고 기타 여러 이동에 대한 장애요소들이 상호작용해서 임금격차를 발생시키고 지속되게 만듦

(1) 불완전한 노동시장 정보

■ 임금분포

① 현실에서 단일 균형임금으로 수렴하지 않고 임금분포가 나타날 수 있음

→ 저임금일자리에서 고임금일자리로 이동하지 않은 이유는 필요한 정보를 획득하는 데 비용이 들거나 정보가 불완전하기 때문

② 기업은 근로자들이 이질적이라는 것을 알고 있고, 가장 잘 매칭되는 근로자들을 찾기 위해서 노동시장을 탐색

→ 이때 탐색과정에서 직접비용과 시간의 기회비용이 수반

→ 특히 정보획득 활동은 궁극적으로 수확체감의 법칙이 작동

→ 비용으로 보면 정보를 획득하는 추가적인 한계비용이 증가

③ 이렇게 정보가 불완전하고 정보를 획득하는 데 점점 비용이 더 많이 든다는 사실은 노동시장 활동과 임금구조에서 보상격차와 무관하게 다양한 범위의 임금이 존재할 수 있다는 것을 보여줌

■ 긴 조정기간

① 정보의 불완전성과 정보비용은 노동시장에서 최종균형으로 조정되고 이행하는 데 많은 시차를 발생시킬 수 있음

→ 예를 들어 갑자기 노동수요가 증가할 경우 훈련기간이 길게 필요한 직종에서는 균형임금수준으로 조정되는 과도기적 과정에서 과다, 과소 임금이 존재할 수 있는데, 이를 그림으로 나타내면 [그림]과 같음

② [그림]에서는 장기 균형임금 W_e수준으로 이행하는 과정에서 시차가 존재하여(거미집 모형) W_0의 높은 임금수준이 과잉공급 반응으로 노동잉여가 발생해 낮은 임금인 W_1로 하락할 수 있음

→ 이때 과도기적 기간이 길게 되면 임금격차가 지속될 수 있음

그림

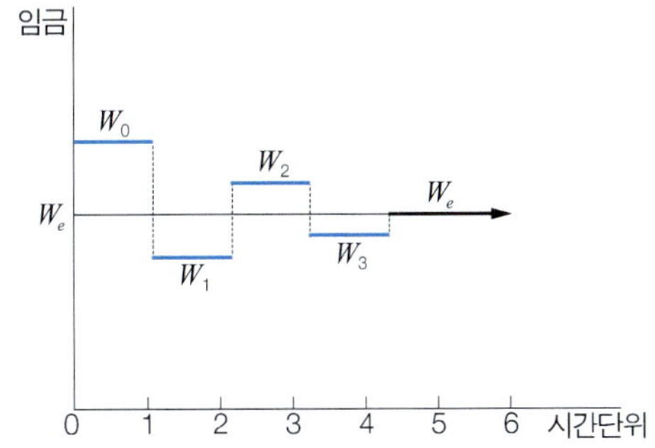

(2) 이동제약

- 지리적 이동제약

① 근로자는 임금수준이 높은 지역으로 이동해 평생근로소득을 향상시킬 수 있음

② 그러나 운송경비, 이동 기간 동안 포기한 근로소득, 새로운 일자리와 공동체에 적응하는 불편함, 가족과 친구들과 헤어지는 슬픔, 연공서열과 연금급여의 손실과 같은 비용을 수반

③ 따라서 이주비용이 높을수록 이주가 제약된다면 지리적인 임금격차는 지속

- 제도적 이동제약

① 정부가 특정 직종에 허가제를 실시해 자격이 있는 근로자들의 일자리 이동을 제약할 수 있음

② 직종별 노동조합(craft union)은 노동조합이 통제하는 도제프로그램과 조합원으로 채워진 일자리에 비조합원인 근로자들의 접근을 제한해 이동을 방해할 수 있음

- 사회학적 이동제약(차별)

사회적 장애물이 존재해 자격을 갖춘 여성들이 저임금 일자리에서 고임금 일자리로 이동하는 것을 방해한다면 성별 임금격차는 지속될 수 있음

노동경제
계산문제 특강

Point 1

노동수요

1. **Ecomania는 초콜릿 칩을 만드는 설비를 가지고 있으며, 노동의 생산함수가 $q=15L-0.1L^2$이다. 단, L은 노동시간이다. 만일 초콜릿 칩이 킬로그램당 2원에 팔리고 현행 임금이 시간당 14원이라면 이 공장의 이윤을 극대화시키는 노동시간 수는 얼마인가? 그래프를 이용해서 설명하여라.**

2. **한 기업이 생산물시장에서 독점이고, 시장의 수요곡선은 $P=160-Q$이다. 기업의 생산함수는 $Q=A\sqrt{L}$라고 할 때, 이 기업의 노동수요곡선을 도출하시오.**

3. **노동수요곡선은 $L=300-2w$이고 노동공급곡선은 $L=-100+8w$일 때, 최저임금을 50으로 결정하는 경우 노동수요의 임금탄력성은 얼마인지 계산하시오.**

4. **어떤 기업의 생산함수가 $Q=5\sqrt{LK}$이다. 여기서 L은 노동이고, 자본인 $K=1$단위로 주어져 있다. 자본의 임대료율은 2이고, 생산물시장과 생산요소시장은 모두 완전경쟁적이라고 한다. 이때 다음 물음에 답하시오.**

(1) 생산요소시장에서 이 기업의 단기 이윤극대화 조건을 구하시오.

(2) 생산물의 완전경쟁시장에서의 가격이 4인 경우에 생산요소의 단기공급곡선을 구하시오.

(3) 생산물의 완전경쟁시장에서의 가격이 4일 때 완전경쟁임금률이 2라면 고용량은 얼마가 되겠는가? 생산량과 이윤은 각각 얼마가 되는지 구하시오.

5. **어떤 기업의 생산함수가 $Q=\sqrt{LK}$이다. 여기서 L은 노동이고, K는 자본이다. 생산물시장과 생산요소시장은 모두 완전경쟁적이라고 한다. 이때 다음 물음에 답하시오.**

(1) 생산요소시장에서 이 기업의 장기 이윤극대화 조건을 구하시오.

(2) 노동의 장기수요곡선을 도출하시오.

6. 다음은 생산요소의 수요에 대한 내용이다. 물음에 답하여라.

(1) 어떤 기업의 생산함수가 $Q = 100L^{\frac{1}{2}}$이라고 한다. 여기서 L은 노동이고, Q는 생산량이다. 이 생산물의 가격이 10이라고 한다. 임금률이 5라고 하면 적정 고용량은 얼마인가?

(2) 생산함수가 $Q = min[L, K]^{\frac{1}{2}}$로 주어진 경우에 생산요소 노동의 수요함수를 구하여라.

7. 개인의 효용함수가 다음과 같이 주어져 있다고 한다.

$$U(\ell, C) = \ell^{\alpha} C^{\beta}$$

단, ℓ은 여가, C는 다른 상품의 소비를 나타낸다. 그리고 $\alpha+\beta=1$이다. 이 개인은 1단위의 시간을 가지고 있다고 가정하자. C의 가격은 1이고, 시간당 임금은 w이다. 이 개인은 V만큼의 비근로소득을 올리고 있다고 한다. 이때 다음 물음에 답하여라.

(1) 예산제약식을 구하여라.

(2) 노동공급함수를 나타내어라.

(3) 비근로소득(V)이 0일 경우를 가정하여, 시간당 임금이 변할 경우에 노동공급곡선의 형태가 어떻게 되는지를 설명하여라. 노동공급곡선이 후방굴절하는가?

(4) 비근로소득이 양(+)일 경우를 가정하여, 시간당 임금이 변할 경우에 노동공급곡선의 형태가 어떻게 변할지를 설명하여라. 노동공급곡선이 후방굴절하는가?

(5) 비근로소득이 증가할 경우에 노동공급은 증가하는가 아니면 변하지 않는가, 혹은 감소하는가? 이 결과에 대해서 설명하여라.

8. 생산물시장과 생산요소시장에서 개별기업의 행동이 어떻게 되는가를 분석하려고 한다. (단, 생산물시장과 생산요소시장은 완전경쟁시장이라고 가정한다.)

(1) 생산물시장에서 상품의 가격이 상승하였을 때 생산물시장과 노동시장에서의 변화를 설명하여라.

(2) 임금률이 상승했다고 할 때 생산요소시장과 생산물시장에 어떤 영향을 미치게 되었는지 설명하여라.

1. Ecomania는 초콜릿 칩을 만드는 설비를 가지고 있으며, 노동의 생산함수가 $q=15L-0.1L^2$이다. 단, L은 노동시간이다. 만일 초콜릿 칩이 킬로그램당 2원에 팔리고 현행 임금이 시간당 14원이라면 이 공장의 이윤을 극대화시키는 노동시간 수는 얼마인가? 그래프를 이용해서 설명하여라.

1. 이윤극대 노동자 수 결정

① 이윤극대화시키는 최적 노동자 수는 $MRP_L=MFC_L$

② 주어진 정보에 의하면 $q=15L-0.1L^2$이므로 $MP_L=15-0.2L$이고, $P=2$

③ 완전경쟁시장에서는 $P=MR=2$

④ $MRP_L=MR\times MP_L=2\times(15-0.2L)=30-0.4L$, $MFC_L=W=14$

⑤ 따라서 $MRP_L=MFC_L$에서 $30-0.4L=14$가 되고, $L=40$

2. 그래프를 이용한 설명

그림 이윤극대화 최적 노동량

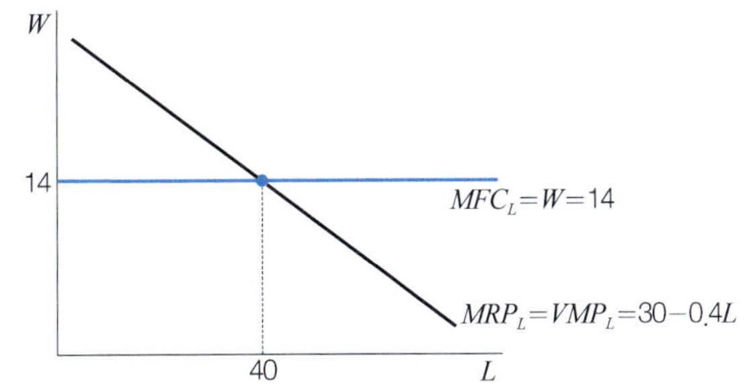

2. 한 기업이 생산물시장에서 독점이고, 시장의 수요곡선은 $P=160-Q$이다. 기업의 생산함수는 $Q=A\sqrt{L}$라고 할 때, 이 기업의 노동수요곡선을 도출하시오.

① 노동수요곡선은 $MRP_L=w$이라고 할 수 있음

② 문제에서 주어진 정보를 이용하여 MRP_L을 구하면 다음과 같이 나타낼 수 있음

$$MRP_L = MR \times MP_L = \frac{A}{2\sqrt{L}}(160 - 2A\sqrt{L}) = w$$

$$MR = 160 - 2Q$$

$$MP_L = \frac{A}{2\sqrt{L}}$$

③ $MRP_L=w$를 L로 정리하면 다음과 같은 식이 됨

$$L = \frac{6400A^2}{(A^2+w)^2}$$

3. 노동수요곡선은 $L=300-2w$이고 노동공급곡선은 $L=-100+8w$일 때, 최저임금을 50으로 결정하는 경우 노동수요의 임금탄력성은 얼마인지 계산하시오.

예시 목차

1. 최저임금 결정과 노동균형 수요량
2. 노동수요의 임금탄력성
(1) 노동수요의 임금탄력성
(2) 계산과정과 결과

1. 최저임금 결정과 노동균형 수요량 : 그래프

① 노동시장에서 수요와 공급을 고려한 균형임금은 40, 균형거래량은 220

② 이때 정부가 최저임금수준을 50으로 설정하게 되면 시장에서 결정되는 고용량은 노동수요에 의존하여 200이 됨

③ 따라서 임금수준은 50으로 상승하지만 고용량이 감소하여 200으로 감소

④ 이를 그래프로 나타내면 다음과 같음

그림 **최저임금 설정 효과**

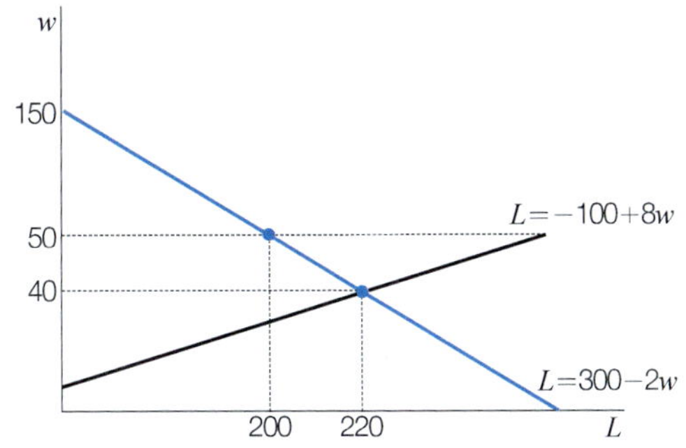

2. 노동수요의 임금탄력성

(1) 노동수요의 임금탄력성

① 노동수요의 임금탄력성은 임금이 변화했을 경우에 노동수요가 얼마나 민감하게 변하는가의 정도를 측정한 것

② 구하는 방법은 다음과 같이 변화율의 비율로 나타낼 수 있음

$$\text{노동수요의 임금탄력성} = \frac{\frac{\Delta L}{L}\times 100\%}{\frac{\Delta w}{w}\times 100\%} = \frac{\Delta L}{\Delta w}\frac{w}{L}$$

③ 노동수요의 임금탄력성은 항상 음(−)이 되기 때문에 절댓값이나 (−)를 붙여 양수로 만들기도 함
→ 여기서는 외부충격에 따른 변화의 정도에 관심이 있기 때문

(2) 계산과정과 결과

문제에서 얻어진 정보를 대입하면 다음과 같이 노동수요의 임금탄력성을 구할 수 있음

노동수요의 임금탄력성$= \frac{\Delta L}{\Delta w}\frac{w}{L} = -2\frac{50}{200} = -\frac{1}{2}$

4. 어떤 기업의 생산함수가 $Q=5\sqrt{LK}$ 이다. 여기서 L은 노동이고, 자본인 K=1단위로 주어져 있다. 자본의 임대료율은 2이고, 생산물시장과 생산요소시장은 모두 완전경쟁적이라고 한다. 이때 다음 물음에 답하시오.

(1) 생산요소시장에서 이 기업의 단기 이윤극대화 조건을 구하시오.

(2) 생산물의 완전경쟁시장에서의 가격이 4인 경우에 생산요소의 단기공급곡선을 구하시오.

(3) 생산물의 완전경쟁시장에서의 가격이 4일 때 완전경쟁임금률이 2라면 고용량은 얼마가 되겠는가? 생산량과 이윤은 각각 얼마가 되는지 구하시오.

1. 기업의 단기 이윤극대화 조건

① 문제를 정리하면 $Q=5L^{\frac{1}{2}}K^{\frac{1}{2}},\ K=1,\ r=2$

② 기업의 이윤극대화 식

$$Max\ \pi = PQ(L,\overline{K})-(wL+r\overline{K}) \quad \cdots\cdots (식1)$$

③ 주어진 생산함수를 대입

$$Max\ \pi = P5L^{\frac{1}{2}}K^{\frac{1}{2}}-(wL+r\overline{K}) \quad \cdots\cdots (식2)$$

④ 이윤극대화 필요조건

$$\frac{\Delta\pi}{\Delta L}=P5\left(\frac{1}{2}\right)L^{-\frac{1}{2}}\overline{K}^{\frac{1}{2}}-w=0 \quad \cdots\cdots (식3)$$

⑤ 이를 정리

$$VMP_L=P\times\left(\frac{5}{2}\right)L^{-\frac{1}{2}}\overline{K}^{\frac{1}{2}}=w \quad \cdots\cdots (식4)$$

⑥ 이윤극대화 생산요소의 수요량은 한계생산물 가치가 그 생산요소의 가격과 같아지는 수준에서 결정

2. 생산요소의 단기공급곡선

① 문제에서 주어진 $P=4,\ \overline{K}=1$을 (식4)에 대입해서 정리하면 생산요소의 단기수요곡선은 $L=\frac{100}{w^2}$

3. 생산량과 이윤 도출

$w=2$를 노동의 단기수요곡선에 대입하면 $L^*=25$를 얻고 이 값과 $\overline{K}=1$을 생산함수에 대입하면 $Q^*=25$
→ 이윤함수에 $\overline{K}=1, w=r=2, P=4$를 (식1)에 대입하면 $\pi^*=48$을 얻게 됨

> **5.** **어떤 기업의 생산함수가 $Q=\sqrt{LK}$이다. 여기서 L은 노동이고, K는 자본이다. 생산물시장과 생산요소시장은 모두 완전경쟁적이라고 한다. 이때 다음 물음에 답하시오.**
> **(1)** 생산요소시장에서 이 기업의 장기 이윤극대화 조건을 구하시오.
> **(2)** 노동의 장기수요곡선을 도출하시오.

1. 기업의 장기 이윤극대화 조건

① 기업의 이윤극대화 식

$$Max\ \pi = PQ(L, K) - (wL + rK) \quad \cdots\cdots (식1)$$

② 주어진 생산함수를 대입

$$Max\ \pi = PL^{\frac{1}{2}}K^{\frac{1}{2}} - (wL + rK) \quad \cdots\cdots (식2)$$

③ 이윤극대화 필요조건(1차 조건)

$$\frac{\Delta\pi}{\Delta L} = P\left(\frac{1}{2}\right)L^{-\frac{1}{2}}K^{\frac{1}{2}} - w = 0 \quad \cdots\cdots (식3)$$

$$\frac{\Delta\pi}{\Delta K} = P\left(\frac{1}{2}\right)L^{\frac{1}{2}}K^{-\frac{1}{2}} - r = 0 \quad \cdots\cdots (식4)$$

④ 이를 정리

$$VMP_L = P \times \left(\frac{1}{2}\right)L^{-\frac{1}{2}}K^{\frac{1}{2}} = w \quad \cdots\cdots (식5)$$

$$VMP_K = P \times \left(\frac{1}{2}\right)L^{\frac{1}{2}}K^{-\frac{1}{2}} = r \quad \cdots\cdots (식6)$$

→ 이윤극대화 생산요소의 수요량은 한계생산물 가치가 그 생산요소의 가격과 같아지는 수준에서 결정

2. 노동의 장기수요곡선

(식 5)와 (식 6)을 연립으로 해서 풀면 됨

→ 노동수요함수를 도출하기 위해서는 K를 소거하면 다음과 같은 식을 얻게 됨

$$w = \frac{P^2}{4r}$$

6. 다음은 생산요소의 수요에 대한 내용이다. 물음에 답하여라.

(1) 어떤 기업의 생산함수가 $Q = 100L^{\frac{1}{2}}$이라고 한다. 여기서 L은 노동이고, Q는 생산량이다. 이 생산물의 가격이 10이라고 한다. 임금률이 5라고 하면 적정 고용량은 얼마인가?

(2) 생산함수가 $Q = min[L, K]^{\frac{1}{2}}$로 주어진 경우에 생산요소 노동의 수요함수를 구하여라.

1. 기업의 이윤극대화 최적 노동량 구하기

출제 포인트 기업의 이윤극대화 조건을 활용해서 최적 노동량을 구하는 것

(1) 기업의 이윤극대화 식

① 문제에서 주어진 정보를 활용하여 기업의 이윤극대화 식을 나타내면 다음과 같음

② (목적식) $Max\pi = PQ(L) - wL$

③ 기업의 생산함수를 대입해서 다시 나타내면 다음과 같음 (단, $Q = 100L^{\frac{1}{2}}$, $P = 10$, $w = 5$)

$$Max\pi = PQ(L) - wL = 10 \times 100L^{\frac{1}{2}} - 5L$$

(2) 최적 노동공급량 결정

① 기업의 이윤함수를 노동으로 미분

② $\frac{\Delta\pi}{\Delta L} = 10\left(\frac{1}{2}\right)100\frac{1}{\sqrt{L}} - 5 = 0$

③ 이 식이 의미하는 바는 $VMP_L = W$

④ 따라서 $L^* = 10,000$

2. 생산요소의 수요함수 구하기

출제 포인트 기업의 이윤극대화 조건을 활용한 생산요소 수요함수 도출

(1) 기업의 이윤극대화 식

① 문제에서 주어진 정보를 활용하여 기업의 이윤극대화 식을 구하면 다음과 같이 설정 가능

② (목적식) $Max\pi = PQ-(wL+rK)$

(제약식) $Q = min[L, K]^{\frac{1}{2}}$

③ 제약식을 목적식에 대입한 이윤극대화 식

$Max\pi = PQ-(wL+rK) = P\times min[L, K]^{\frac{1}{2}}-(wL+rK)$

(2) 생산함수의 특성

① 문제에서 주어진 생산함수를 보면 생산량은 두 생산요소 중에서 투입량이 적은 것이 수량에 대응해 결정

② 어느 한 생산요소의 투입량이 0이면 생산량도 0이라는 것을 의미

③ 기업이 비용을 낭비하지 않으면서 생산하는 방법은 두 생산요소의 투입량을 같게 만드는 것임

④ 따라서 $L=K$가 성립하며, 생산량은 L에 따라서 결정됨

⑤ $Q=L^{\frac{1}{2}}$로 나타낼 수 있음

(3) 최적 노동공급량 조건을 활용한 노동수요함수 도출

① 생산함수를 다시 쓰면 $Max\pi = PL^{\frac{1}{2}}-(wL+rK) = PL^{\frac{1}{2}}-(w+r)L$

② 기업의 이윤함수를 노동으로 미분

③ $\frac{\Delta\pi}{\Delta L} = \frac{1}{2}PL^{-\frac{1}{2}}-(w+r)=0$

④ 따라서 $\frac{1}{2}PL^{-\frac{1}{2}} = w+r$

⑤ 이 식의 의미는 노동의 한계생산물의 가치인 (VMP_L)=생산요소의 가격(W)를 의미

⑥ 생산요소수요함수는 생산물의 가격, 생산요소의 가격의 함수로 나타냄

⑦ $L=f(p, w, r)=\left(\frac{P}{2(w+r)}\right)^2$가 됨

7. 개인의 효용함수가 다음과 같이 주어져 있다고 한다.

$$U(\ell, C) = \ell^{\alpha} C^{\beta}$$

단, ℓ은 여가, C는 다른 상품의 소비를 나타낸다. 그리고 $\alpha+\beta=1$이다. 이 개인은 1단위의 시간을 가지고 있다고 가정하자. C의 가격은 1이고, 시간당 임금은 w이다. 이 개인은 V만큼의 비근로소득을 올리고 있다고 한다. 이때 다음 물음에 답하여라.

(1) 예산제약식을 구하여라.

(2) 노동공급함수를 나타내어라.

(3) 비근로소득(V)이 0일 경우를 가정하여, 시간당 임금이 변할 경우에 노동공급곡선의 형태가 어떻게 되는지를 설명하여라. 노동공급곡선이 후방굴절하는가?

(4) 비근로소득이 양(+)일 경우를 가정하여, 시간당 임금이 변할 경우에 노동공급곡선의 형태가 어떻게 변할지를 설명하여라. 노동공급곡선이 후방굴절하는가?

(5) 비근로소득이 증가할 경우에 노동공급은 증가하는가 아니면 변하지 않는가, 혹은 감소하는가? 이 결과에 대해서 설명하여라.

1. 예산제약식

① 노동공급을 L이라고 하면 임금소득은 wL이 되고, 비근로소득이 V이므로 예산선은 다음과 같이 됨

$$C = wL + V \quad \cdots\cdots (1)$$

② 총 이용가능한 시간은 1이므로 여가와 노동시간을 합한 추가적인 조건은 다음과 같이 됨

$$1 = \ell + L \quad \cdots\cdots (2)$$

③ (2)를 (1)에 대입하여 정리하면 $C = w(1-\ell) + V = -wL + w + V$

2. 노동공급함수

① 주어진 시간 중에서 여가로 소비하고 남은 시간이 노동공급시간임

② 노동공급함수를 구하기 위해서는 여가함수를 구해야 함[1)]

③ 소득 중에서 일정한 부분인 α만큼을 가격 w인 여가 구입에 사용하고, 일정한 부분인 β만큼을 가격이 1인 다른 상품 소비에 사용한다는 것을 의미

---

1) 예산선이 $M=P_X X+P_Y Y$인 경우에 콥-더글라스 효용함수가 $U=X^{\alpha}Y^{\beta}$로 주어진 경우에 콥-더글라스 함수의 성질을 활용하게 되면 각 상품에 적용된 지수가 각각 α, β인 경우에 개인은 자신의 소득 중에서 $\frac{\alpha}{\alpha+\beta}$만큼을 X상품의 구입에 지출하고 $\frac{\beta}{\alpha+\beta}$를 Y상품의 구입에 사용한다. 문제에서는 $\alpha+\beta=1$이란 조건을 사용하면 $\frac{P_X X}{M} = \frac{\alpha}{\alpha+\beta} = \alpha$이 되고, $\frac{P_Y Y}{M} = \frac{\beta}{\alpha+\beta} = \beta$가 된다.

$$\ell = \frac{\alpha(w+V)}{w} \quad \cdots\cdots (3)$$

$$C = \beta(w+V) \quad \cdots\cdots (4)$$

④ (3)식을 (2)식에 대입하게 되면 $L = 1 - \ell = (1-\alpha) - \frac{\alpha V}{w}$가 됨 (☞ 이것이 노동공급함수)

3. 임금률 변화 시 노동공급곡선 변화

① 비근로소득이 없는 경우($V=0$), 임금률(w)이 변하더라도 노동공급 시간은 변하지 않게 됨

② w가 변화하더라도 임금률의 크기에 관계없이 자신에게 주어진 시간 중에서 $(1-\alpha)$부분만큼을 노동공급에 사용하게 됨

③ 노동공급곡선은 임금률 변화에 후방굴절하지 않는다는 것을 의미

④ 임금률이 변화 시에 여가에 영향을 주는 대체효과와 소득효과가 정확하게 상쇄됨[2)]

그림 1

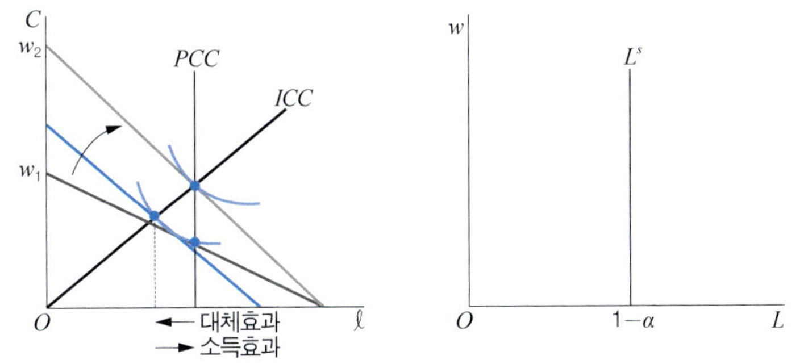

4. 비근로소득이 양(+)인 경우 임금률 변화가 노동공급에 미치는 영향

① 비근로소득(V)가 양(+)인 경우에 임금률(w)가 증가함에 따라서 노동공급은 계속 증가

② 앞의 (3) 식에서 $\ell = \frac{\alpha(w+V)}{w} = \alpha + \frac{\alpha V}{w}$ 이므로 우변은 다음 두 부분으로 나누어 볼 수 있음

- α는 앞에서 다룬 효과를 의미

2) 임금률이 변화했을 경우에 대체효과와 소득효과가 정확하게 상쇄되는 이유는 콥-더글라스 효용함수의 특성에 기인하는 것이다. 다른 효용함수의 경우에도 여가소비에 대한 대체효과와 소득효과가 서로 반대되어 나타나기는 하지만 정확하게 상쇄되는 경우는 특수한 경우라고 할 수 있다. 일반적인 경우에는 시간당 임금이 낮아서 노동공급이 작을 때는 대체효과가 소득효과보다 크고, 시간당 임금이 아주 높은 경우에는 소득효과가 대체효과보다 커진다.

- $\frac{\alpha V}{w}$는 $V>0$인 경우에 이 소비자는 V 중에서 αV만큼을 여가 소비에 사용한다는 것을 의미하는데 이때 여가의 가격은 1단위당 w이므로 임금률(w)가 상승할 경우 αV로 구입할 수 있는 여가 시간은 감소하게 됨

③ 임금률이 상승할 경우 노동공급은 증가하고, 노동공급곡선이 우상향한다는 것을 의미

그림 2

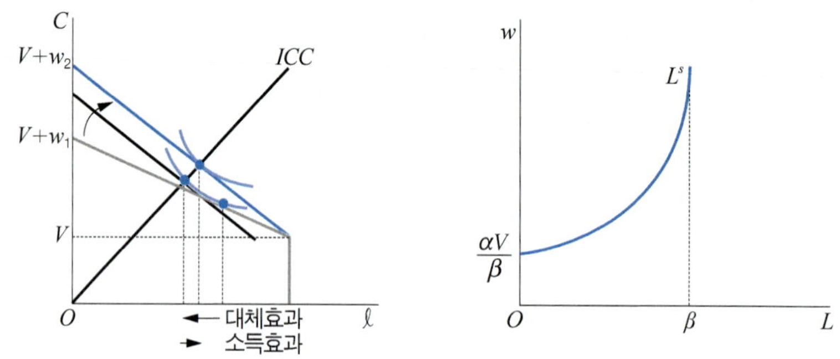

5. 비근로소득이 증가하는 경우

① $V>0$인 경우에 V가 점점 커질 경우 노동공급은 계속 감소

② $V>0$인 경우에 이 소비자는 비근로소득 중에서 αV만큼은 여가 소비에 사용하고 나머지는 다른 상품소비에 사용하게 됨

③ V이 증가할 경우에 이 소비자는 더 많은 여가를 구입하게 되어 노동공급은 감소하게 됨

④ 그 결과 노동공급곡선은 좌측으로 이동

그림 3

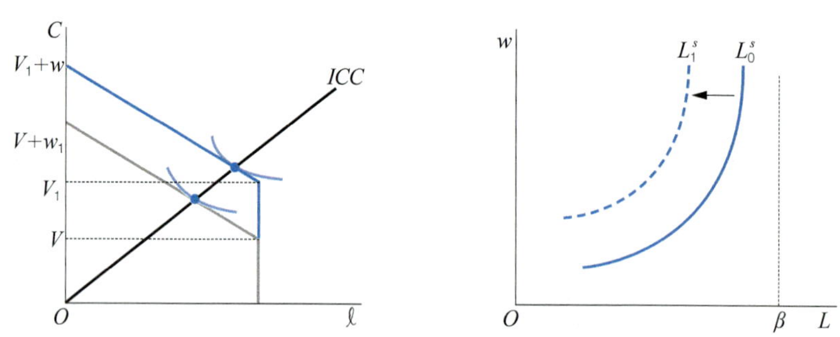

8. 생산물시장과 생산요소시장에서 개별기업의 행동이 어떻게 되는가를 분석하려고 한다. (단, 생산물시장과 생산요소시장은 완전경쟁시장이라고 가정한다.)

(1) 생산물시장에서 상품의 가격이 상승하였을 때 생산물시장과 노동시장에서의 변화를 설명하여라.

(2) 임금률이 상승했다고 할 때 생산요소시장과 생산물시장에 어떤 영향을 미치게 되었는지 설명하여라.

1. 생산물시장의 가격상승이 생산물시장과 생산요소에 미치는 효과

(1) 생산물시장에서의 상품가격 상승

① 완전경쟁시장에서 개별기업이 직면하는 시장의 수요곡선은 수평
② 생산물시장에서 상품의 가격 상승은 개별기업이 직면하는 수요곡선 상방이동
③ 생산물시장에서 생산량 증가

그림 1

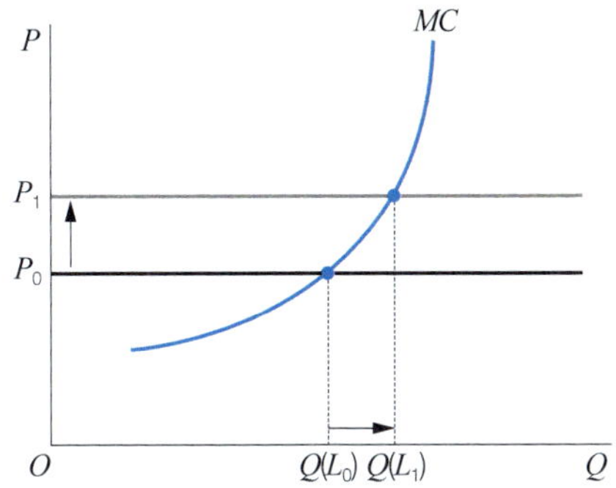

(2) 생산물에 대한 수요로부터 파생된 생산요소시장

① 생산요소시장인 노동시장은 생산물시장에 영향을 받는 파생수요
② 상품 가격 상승으로 인한 생산물 증가는 생산요소인 노동을 더 많이 고용해야 함
③ 생산요소시장에서 VMP_L이 상방이동
④ 생산요소인 노동이 더 많이 고용

POINT 1 노동수요

그림 2

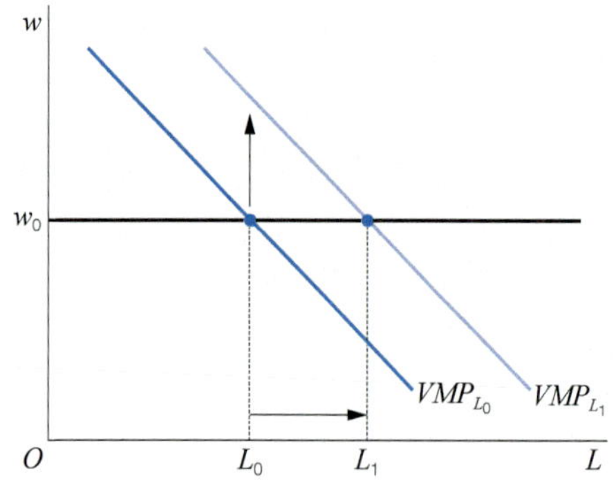

2. 임금률 상승에 따른 생산요소시장과 생산물시장 영향

: 임금률 상승은 산출량의 감소와 더불어 노동의 고용 감소

(1) 임금률 상승으로 인한 노동시장 영향

임금률 상승으로 인해 생산요소시장에서는 노동 고용이 감소

그림 3

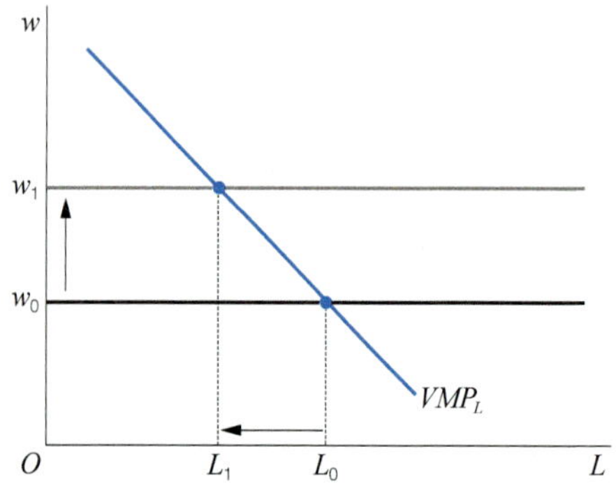

(2) 임금률 상승으로 인한 생산물시장 영향

① 임금률 상승은 한계비용 상승 효과

② 한계비용 상승은 생산물시장에서 산출량 감소, 노동고용감소

그림 4

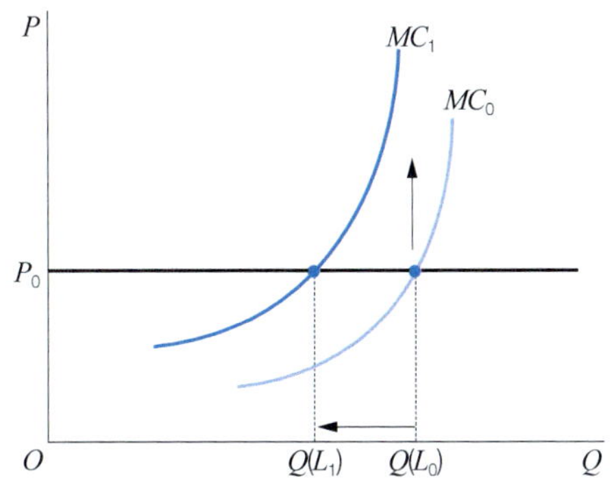

Point 2

노동공급

※ (1번~3번) 다음과 같은 여가-소득모형을 상정한다. 노동자 A의 여가와 소비재에 대한 효용함수는 $U^A(\ell, c)=\ell^2 c$로 주어져 있고, 노동자는 각각 24시간을 사용할 수 있고 근로소득 이외의 다른 소득은 없다. 다른 모든 소비재를 c라고 하고, 소비재의 가격은 1이다. 이때 시간당 임금은 $w=\frac{1}{2}$라고 한다.

1. 노동자가 효용극대화를 달성하는 노동시간은 얼마인지 계산하고 그래프로 나타내어라.
2. 노동공급을 늘리기 위해서 기업은 효용극대화 노동시간보다 초과되는 시간에 대해서는 임금을 $\frac{4}{5}$로 지급한다. 이 경우 추가적으로 증가하는 노동시간은 어떻게 되는가를 계산하고 그래프를 이용해서 설명하여라.
3. 고용주는 앞의 (2)번에서 계산된 노동시간이 부족하다는 것을 알고 추가적으로 노동공급시간을 2시간 더 증가시키려고 한다면 초과된 시간에 대해서 초과임금을 얼마로 결정해야 하는가?

※ (4번~5번) 다음과 같은 여가-소비 모형을 상정하여 물음에 답하시오. (25점)

4. 노동자 A의 여가와 소비재에 대한 효용함수는 $U^A(\ell, c)=\ell^2 c$로 주어져 있고, 근로소득 이외에 다른 소득은 없다. 노동자가 사용할 수 있는 시간은 24시간이다. 시간당 임금은 1/2이다. c는 소비재로 가격은 1로 주어져 있다. 노동자가 효용을 극대화하는 노동시간을 계산하고, 효용극대화 모형의 그래프로 설명하시오.
5. 노동자 B의 효용함수는 $U^B(\ell, c)=\ell c$로 주어져 있다. 그런데 노동자 A와는 달리 B는 비근로소득을 이미 V만큼 보유하고 있는 상황이다. 현재 임금이 1이라고 할 때 비근로소득인 V가 얼마 이상이 되면 일을 하지 않게 될 것인지를 그래프를 이용해서 설명하시오.

6. **소득－여가 선택모형을 이용하여 근로자의 노동공급 결정에 관한 내용이다. 근로자의 효용함수가 소비(C)와 여가(ℓ)을 통해서 얻는 효용함수는 $U(C, \ell)=\ell^{\alpha}C^{\beta}$이라고 가정한다. $\alpha+\beta=1$이다. 이 근로자에게는 1단위의 시간을 가지고 있다. C의 가격은 1이고, 시간당 임금은 w이다. 또한 이 개인은 V만큼의 비근로소득을 가지고 있다.**

(1) 예산제약식을 구하고 그래프로 나타내시오.

(2) 여가와 노동의 효용극대화를 이용해서 노동공급곡선을 그래프로 나타내시오. (단, 비근로소득은 없다고 가정한다.) 이때 노동공급의 임금탄력성은 어떻게 되는가?

7. **Ecomania는 연간 T시간만큼의 시간자원을 가지고 있다. 그리고 임금률 w에서 자신이 원하는 시간만큼 일할 수 있다고 한다. 이때 다음 물음에 답하여라.**

(1) 이 사람의 여가시간(ℓ)과 소비(c)를 고려하여 예산제약식을 나타내어라.

(2) 이 사람의 효용함수가 $U=96\ell+\ell c-\ell^2$이라고 할 때 노동공급함수를 구하여라.

(3) 노동시장에서 이 사람의 수입에 대해 소득세율을 25% 부과한다고 하자. 이때 그의 노동시장은 증가할지 감소할지를 설명하여라.(T의 크기에 따라서 노동공급이 증가할 수 있고 감소할 수 있음)

※ (1번~3번) 다음과 같은 여가-소득모형을 상정한다. 노동자 A의 여가와 소비재에 대한 효용함수는 $U^A(\ell, c)=\ell^2c$로 주어져 있고, 노동자는 각각 24시간을 사용할 수 있고 근로소득 이외의 다른 소득은 없다. 다른 모든 소비재를 c라고 하고, 소비재의 가격은 1이다. 이때 시간당 임금은 $w=\frac{1}{2}$라고 한다.

1. **노동자가 효용극대화를 달성하는 노동시간은 얼마인지 계산하고 그래프로 나타내어라.**

출제 포인트 효용극대화 여가와 노동시간

① 주어진 문제의 정보를 효용극대화의 목적식과 예산제약식으로 나타내면 다음과 같음

(목적식) $MaxU=\ell^2c$

(제약식) $24w=w\ell+c$

② 문제에서 $w=\frac{1}{2}$이라고 했으므로 제약식은 $12=\frac{1}{2}\ell+c$

③ 효용극대화 선택점은 여가와 소비재의 한계대체율이 예산선의 기울기인 임금률($w=\frac{1}{2}$)과 같은 점

$$MRS_{\ell c}=\frac{MU_\ell}{MU_c}=\frac{2\ell c}{\ell^2}=\frac{2c}{\ell}=w=\frac{1}{2}$$

④ 따라서 $\ell=4c$의 관계를 얻을 수 있고 이를 예산선에 대입하면 $c=4$, $\ell=16$을 구할 수 있고, 노동시간은 전체 24시간 중에서 여가시간(ℓ)을 뺀 $L=8$시간이 됨

⑤ 그래프를 이용해서 설명하면 주어진 효용함수는 콥-더글라스 효용함수의 형태로 한계대체율에 체감하기 때문에 원점에 대해서 볼록한 형태로 우하향

→ 주어진 예산제약하에서 효용을 극대화하는 여가와 노동시간은 무차별곡선과 예산선이 접하는 E_0점에서 이루어짐

→ 이는 다음 [그림]에 나타나 있음

그림

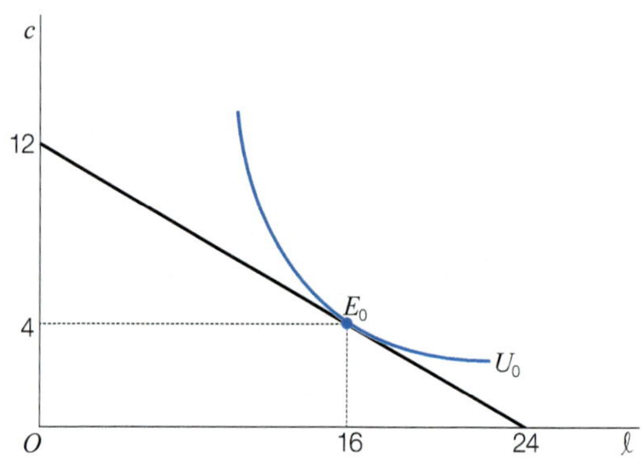

2. **노동공급을 늘리기 위해서 기업은 효용극대화 노동시간보다 초과되는 시간에 대해서는 임금을 $\frac{4}{5}$로 지급한다. 이 경우 추가적으로 증가하는 노동시간은 어떻게 되는가를 계산하고 그래프를 이용해서 설명하여라.**

① 효용극대화 노동시간은 8시간인데, 이를 초과하는 경우 임금을 기존의 1/2에서 4/5로 증가시킨다고 할 때 효용극대화 예산선은 다음과 같이 나타낼 수 있음

(목적식) $Max U = \ell^2 c$

(제약식) $\frac{84}{5} = \frac{4}{5}\ell + c$ (단, $0 \leq \ell \leq 16$인 경우)

② 주어진 문제에서 효용극대화 노동시간인 8시간을 초과하는 경우에 예산선은 효용극대화 점인 $E_0(16, 4)$을 지나게 됨

→ 예산선의 기울기는 4/5라고 했으므로 수직축 절편은 84/5(=4+16×4/5)

③ 새로운 예산선에서 효용극대화되는 점은 $MRS_{\ell c} = \frac{MU_\ell}{MU_c} = \frac{2\ell c}{\ell^2} = \frac{2c}{\ell} = w = \frac{4}{5}$에서 $\ell = \frac{2}{5}c$가 되고 이를 예산제약식에 대입하면 $c = \frac{28}{5}$

→ 따라서 $\ell = 14$가 되어 노동시간은 $L = 10$시간

그림

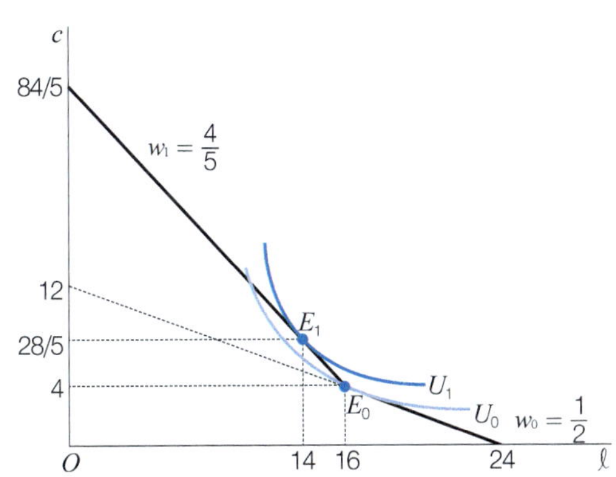

3. 고용주는 앞의 (2)번에서 계산된 노동시간이 부족하다는 것을 알고 추가적으로 노동공급시간을 2시간 더 증가시키려고 한다면 초과된 시간에 대해서 초과임금을 얼마로 결정해야 하는가?

① 고용주가 10시간의 노동에서 추가적으로 2시간 노동을 더 증가시키기 위해서는 이전보다 더 높은 임금 w_2를 지급해야 함

→ 이러한 상황을 목적식과 제약식으로 나타내면 다음과 같음

(목적식) $Max U = \ell^2 c$

(제약식) $\frac{28}{5} + 14w_2 = w_2\ell + c$ (단, $0 \le \ell \le 14$인 경우)

② 새로운 효용극대화 점 E_2는 이전의 효용극대화점인 $E_1(14, \frac{28}{5})$에서 2시간 노동을 더 하는 경우에 소비재인 수직축이 $2w_2$만큼 더 높아지므로 $E_2(12, \frac{28}{5} + 2w_2)$를 지나가게 됨

③ 효용극대화 조건인 $MRS_{\ell c} = \frac{MU_\ell}{MU_c} = \frac{2\ell c}{\ell^2} = \frac{2c}{\ell} = w_2$에 $E_2(12, \frac{28}{5} + 2w_2)$에 해당하는 $\ell = 12$, $c = \frac{28}{5} + 2w_2$을 대입하면 $\frac{2\left(\frac{28}{5} + 2w_2\right)}{12} = w_2$가 되어 $w_2 = \frac{7}{5}$

④ 이를 그림으로 나타내면 [그림]과 같음

그림

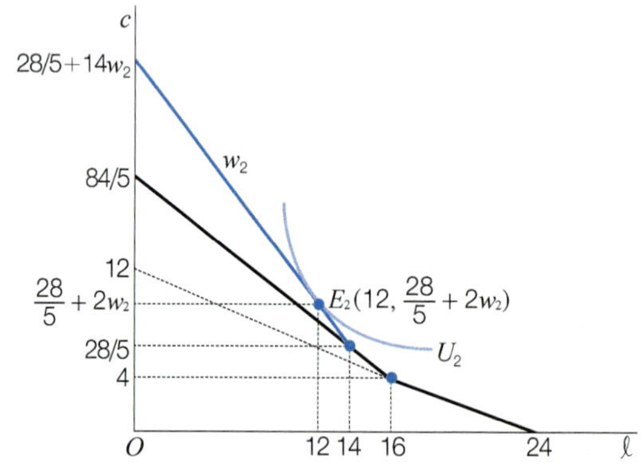

※ (4번~5번) 다음과 같은 여가-소비 모형을 상정하여 물음에 답하시오. (25점)

4. 노동자 A의 여가와 소비재에 대한 효용함수는 $U^A(\ell, c)=\ell^2c$로 주어져 있고, 근로소득 이외에 다른 소득은 없다. 노동자가 사용할 수 있는 시간은 24시간이다. 시간당 임금은 1/2이다. c는 소비재로 가격은 1로 주어져 있다. 노동자가 효용을 극대화하는 노동시간을 계산하고, 효용 극대화 모형의 그래프로 설명하시오.

1. 모형의 설정 : 목적식과 제약식

주어진 문제의 정보를 효용극대화의 목적식과 예산제약식으로 나타내면 다음과 같음

(목적식) $MaxU=\ell^2c$

(제약식) $24w=w\ell+c$

2. 최적 노동 선택

① 문제에서 $w=\dfrac{1}{2}$이라고 했으므로 제약식은 $12=\dfrac{1}{2}\ell+c$라고 할 수 있음

② 이때 효용극대화 선택점은 여가와 소비재의 한계대체율이 예산선의 기울기인 임금률($w=\dfrac{1}{2}$)과 같은 점

$$MRS_{\ell c}=\frac{MU_\ell}{MU_c}=\frac{2\ell c}{\ell^2}=\frac{2c}{\ell}=w=\frac{1}{2} \quad \text{(식1)}$$

③ 따라서 $\ell=4c$의 관계를 얻을 수 있고 이를 예산선에 대입하면 $c=4$, $\ell=16$을 구할 수 있고, 노동시간은 전체 24시간 중에서 여가시간(ℓ)을 뺀 $L=8$시간이 됨

3. 그래프를 이용한 설명

① 문제에서 주어진 효용함수는 콥-더글라스 효용함수의 형태로 한계대체율에 체감하기 때문에 원점에 대해서 볼록한 형태로 우하향

② 또한 주어진 예산제약하에서 효용을 극대화하는 여가와 노동시간은 무차별곡선과 예산선이 접하는 점에서 이루어지고 이는 [그림]에 나타나 있음

그림 **효용극대화 여가 선택**

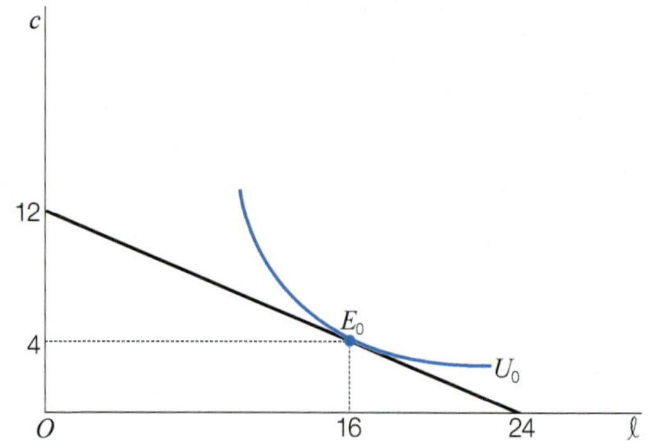

5. 노동자 B의 효용함수는 $U^B(\ell, c)=\ell c$로 주어져 있다. 그런데 노동자 A와는 달리 B는 비근로소득을 이미 V만큼 보유하고 있는 상황이다. 현재 임금이 1이라고 할 때 비근로소득인 V가 얼마 이상이 되면 일을 하지 않게 될 것인지를 그래프를 이용해서 설명하시오.

1. 모형의 설정 : 목적식과 제약식

노동자 B의 효용극대화를 추구하는 목적식과 예산식을 쓰면 다음과 같음

(목적식) $MaxU=\ell c$

(제약식) $24w+V=w\ell+c$

2. 효용극대화 선택

① 예산선의 기울기인 $w=1$이므로 제약식은 $24+V=\ell+c$가 됨

② 효용함수는 한계대체율이 체감하는 원점에 대해 볼록한 무차별곡선을 지니고 있으므로 효용극대화는 무차별곡선과 예산선이 접하는 점에서 결정

③ 한계대체율은 $MRS_{\ell c}=\dfrac{MU_\ell}{MU_c}=\dfrac{c}{\ell}$

3. 경제활동 참가여부 결정

비근로소득을 이미 V만큼 이미 보유하고 있으므로 노동을 하지 않은 경우인 $E(24, V)$에서 한계대체율과 임금률 $w=1$과 비교하여 일을 할지 여부를 결정하게 됨

① 만일 $MRS_{\ell c}^{A}=\frac{c}{\ell}>w=1$인 경우라면 전혀 일을 하지 않게 됨

② $MRS_{\ell c}^{B}=\frac{c}{\ell}=w=1$인 경우에는 일을 하든 하지 않든 무차별하게 되고 이때 임금률이 유보임금이라고 볼 수 있음

③ $MRS_{\ell c}^{C}=\frac{c}{\ell}<w=1$이라면 일을 하게 됨

4. 유보임금의 결정

$E(24, V)$을 한계대체율에 대입하게 되면 $MRS_{\ell c}=\frac{c}{\ell}=\frac{V}{24}=w=1$이므로 $V=24$가 될 때 일을 하든 하지 않든 동일하게 됨

→ 따라서 $V\geq24$가 되는 경우라면 일을 하지 않게 됨

그림 **유보임금과 경제활동 참가**

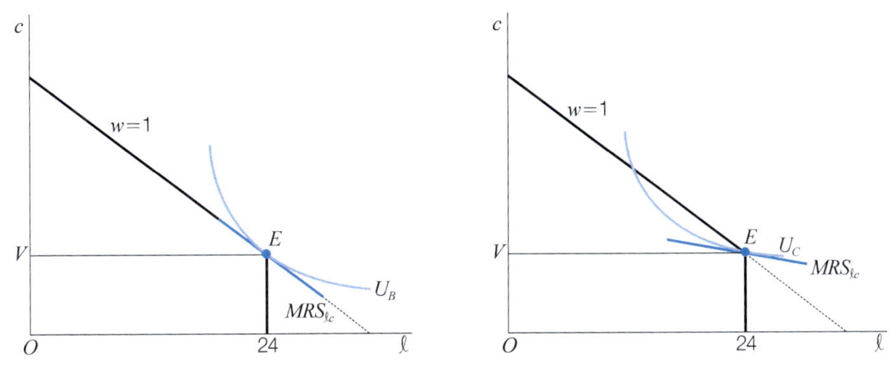

6. 소득－여가 선택모형을 이용하여 근로자의 노동공급 결정에 관한 내용이다. 근로자의 효용함수가 소비(C)와 여가(ℓ)을 통해서 얻는 효용함수는 $U(C, \ell)=\ell^{\alpha}C^{\beta}$이라고 가정한다. $\alpha+\beta=1$이다. 이 근로자에게는 1단위의 시간을 가지고 있다. C의 가격은 1이고, 시간당 임금은 w이다. 또한 이 개인은 V만큼의 비근로소득을 가지고 있다.

(1) 예산제약식을 구하고 그래프로 나타내시오.

(2) 여가와 노동의 효용극대화를 이용해서 노동공급곡선을 그래프로 나타내시오. (단, 비근로소득은 없다고 가정한다.) 이때 노동공급의 임금탄력성은 어떻게 되는가?

1. 예산식의 도출 및 형태

① 문제에서 제시된 효용함수를 이용해서 근로자의 목적식과 제약식을 나타내면 다음과 같음

② 근로자는 근로소득과 비근로소득으로 소비에 사용할 수 있으므로 예산식은 다음과 같게 됨

$$C=wL+V \quad \text{(식1)}$$

(단, 여기서 w는 임금률, L은 노동시간, V는 비근로소득을 의미)

③ 문제에서 여가와 노동시간을 합쳐 1이라고 했으므로 $L+\ell=1$ (단, ℓ은 여가시간)

④ 따라서 여가로 나타낸 예산제약식은 다음과 같이 됨

$$C=w(1-\ell)+V=w\ell+w+V \quad \text{(식2)}$$

그림 1 예산선 형태

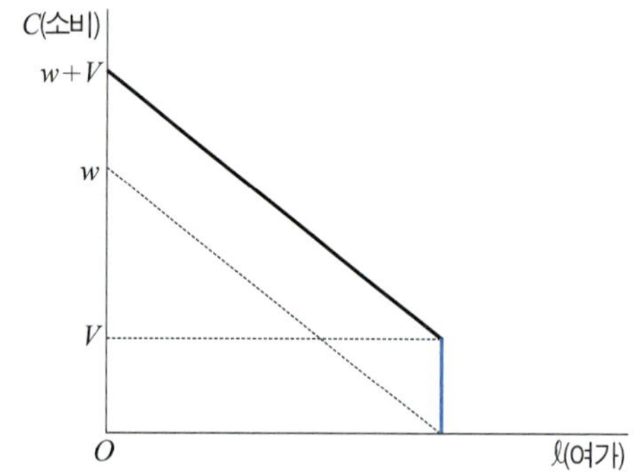

2. 노동공급함수 의미 및 도출

노동공급시간은 주어진 시간 중에서 여가로 소비하고 남은 시간이므로 노동공급함수를 구하기 위해서는 여가함수를 구해야 함

(1) 여가-노동의 선택문제

① 문제에서 주어진 효용함수와 제약조건을 활용하면 다음과 같이 쓸 수 있음

② 주의해야 할 점은 비근로소득이 0으로 주어져 있다는 점

(목적식) $U(C, \ell)=\ell^{\alpha}C^{\beta}$

(제약식) $C=wL=w(1-\ell)=-w\ell+w$

(2) 효용극대화 여가시간

① 효용극대화 조건은 효용함수에 대한 한계대체율과 예산선의 기울기인 임금률(w)이 같아야 함

$$MRS_{\ell c}=\frac{MU_{\ell}}{MU_{c}}=\frac{\alpha C}{\beta\ell}=\left(\frac{\alpha}{\beta}\right)\left(\frac{C}{\ell}\right)=w \quad \text{(식)}$$

② 이 식을 예산선에 대입하면 $\ell=\alpha$

③ 따라서 전체 시간 1 중에서 여가는 α만큼 소비하고, 노동공급인 $L=1-\alpha$가 됨

그림 2 효용극대화 여가시간

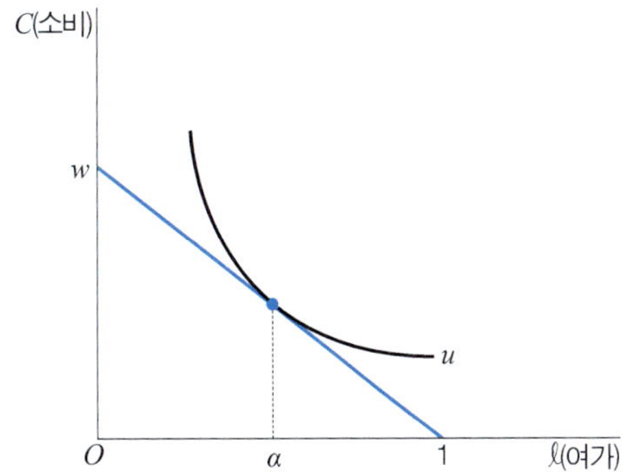

(3) 노동공급 함수 도출

① 노동공급은 $L=1-\alpha$로 일정
② 따라서 임금에 영향을 받지 않고 수직의 형태
③ 따라서 노동공급의 임금탄력성은 0

그림 3 **노동공급곡선**

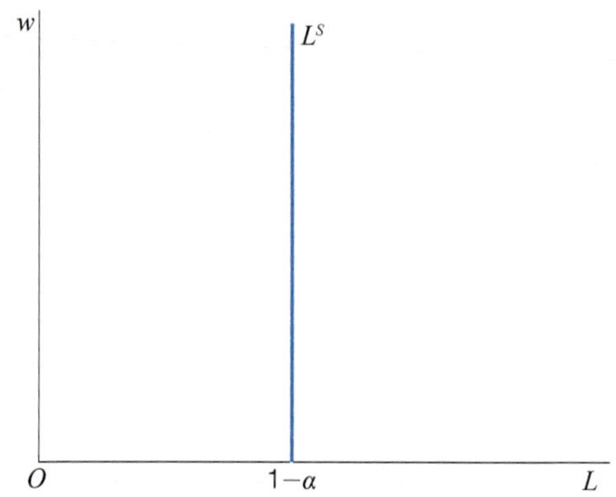

7. Ecomania는 연간 T시간만큼의 시간자원을 가지고 있다. 그리고 임금률 w에서 자신이 원하는 시간만큼 일할 수 있다고 한다. 이때 다음 물음에 답하여라.

(1) 이 사람의 여가시간(ℓ)과 소비(c)를 고려하여 예산제약식을 나타내어라.

(2) 이 사람의 효용함수가 $U=96l+\ell c-\ell^2$이라고 할 때 노동공급함수를 구하여라.

(3) 노동시장에서 이 사람의 수입에 대해 소득세율을 25% 부과한다고 하자. 이때 그의 노동시장은 증가할지 감소할지를 설명하여라.(T의 크기에 따라서 노동공급이 증가할 수 있고 감소할 수 있음)

1. 여가와 소비의 예산제약식 구하기

출제 포인트 여가와 노동의 예산제약식

① $T=L+\ell$ (단, L은 노동시간, ℓ은 여가시간, T는 총시간자원을 의미)

② 소비는 노동시간에 임금을 곱한 것으로 나타낼 수 있음

③ 따라서 예산제약식은 다음과 같음

$$c=wL=w(T-\ell)=-w\ell+wT \quad \cdots\cdots \text{식 (1)}$$

2. 여가-소비의 효용함수와 무차별곡선

출제 포인트 한계대체율을 이용한 효용함수를 도출하는 것인데, 어렵게 보이지만 수식이 복잡해서 그렇지 내용은 수업시간에 배운 한계대체율과 예산선의 기울기를 같게 놓고 푸는 것임

(1) 효용함수를 이용한 무차별곡선과 한계대체율

$$MRS_{\ell c}=\frac{MU_\ell}{MU_c}=\frac{96+c-2\ell}{\ell}$$

(2) 효용극대화 조건

① 무차별곡선의 접선의 기울기와 예산선의 기울기 w가 일치

② $MRS_{\ell c}=\dfrac{MU_\ell}{MU_c}=\dfrac{96+c-2\ell}{\ell}=w$

③ 정리하면 $c=(2+w)\ell-96$ ⋯⋯ 식 (2)

POINT 2 노동공급

(3) 노동공급곡선 도출

① 식 (1)과 식 (2)를 이용하여 효용극대화 조건에서 얻은 c를 예산선에 대입

② $(2+w)\ell-96=-w\ell+wT$

③ $(2+2w)\ell=wT+96$

④ $\ell=\dfrac{wT+96}{2+2w}$

⑤ $L=T-\ell=\dfrac{2T+wT-96}{2+2w}$을 도출

3. 소득세 부과와 노동공급 영향

출제 포인트 조세를 부과하는 경우 예산선의 형태가 어떻게 변화하고, 그 결과 노동공급에 미치는 효과를 판단

(1) 조세부과 후의 예산선

① 노동시장에서 25%의 소득세율을 부과하는 경우 예산선의 형태

② 정리하면 $c=\dfrac{3}{4}wL=\dfrac{3}{4}w(L-\ell)=\dfrac{3}{4}wT-\dfrac{3}{4}w\ell$ .... 식 (3)

(2) 효용극대화 조건

① $MRS_{\ell c}=\dfrac{MU_\ell}{MU_c}=\dfrac{96+c-2\ell}{\ell}=\dfrac{3}{4}w$

② $c=\dfrac{3}{4}w\ell+2\ell-96$ .... 식 (4)

(3) 여가와 노동공급 도출

① 식 (3)과 식 (4)를 활용하면

$$\frac{3}{4}w\ell+2\ell-96=\frac{3}{4}wT-\frac{3}{4}w\ell$$

$$\ell\left(\frac{6}{4}w+2\right)=\frac{3}{4}wT+96$$

$$\ell=\frac{3wT+384}{6w+8}$$

② $L=T-\ell=\dfrac{6wT+8T-3wT-384}{6w+8}=\dfrac{8T+3wT-384}{6w+8}$

(4) 조세 부과 전과 이후의 노동공급 격차

조세부과 전과 후의 노동공급의 격차는

$$L_1 - L_0 = \frac{(2T - 192)w}{(8 + 6w)(2 + 2w)}$$

(단, L_0은 조세 부과 전의 노동공급, L_1은 조세 부과 후의 노동공급을 의미)

(5) 노동공급의 증감 판단

① $T>96$인 경우에 $L_1-L_0>0$이므로 조세 부과 후 노동공급은 증가

② $T<96$인 경우에 $L_1-L_0<0$이므로 조세 부과 후 노동공급은 감소

Point 3

노동시장 균형

※ (1번~3번) 어느 한 기업이 특정지역에서 사과 과수원을 운영하고 있다. 이 지역의 남자와 여자의 노동공급함수는 $L_M=24w$, $L_F=4w^2$로 주어져 있다. 사과시장은 완전경쟁시장이고, 사과의 개당 가격은 5이다. 사과의 생산함수는 $Q=2L$이다.

1. 노동의 한계생산가치를 구하고, 노동시장이 완전경쟁시장이라면 남자와 여자의 임금은 각각 얼마가 되겠는가? 이때 남자와 여자의 고용량은 얼마인가?
2. 이 기업이 노동의 수요독점이라고 가정할 때, 남자와 여자의 한계노동비용을 구하시오.
3. 이 기업이 노동의 수요독점이라고 가정할 때, 기업의 최적 노동투입량과 임금을 구하시오. 남자와 여자의 임금은 동일한가의 여부를 판단하시오.
4. 정부가 남자와 여자의 임금이 동일해야 한다는 규정을 도입하였다고 하자. 남자와 여자 노동을 합친 시장 전체의 이윤을 극대화하는 임금을 구하고 이때 남자와 여자의 고용량을 구하시오.

※ (1번~3번) 어느 한 기업이 특정지역에서 사과 과수원을 운영하고 있다. 이 지역의 남자와 여자의 노동공급함수는 $L_M=24w$, $L_F=4w^2$로 주어져 있다. 사과시장은 완전경쟁시장이고, 사과의 개당 가격은 5이다. 사과의 생산함수는 $Q=2L$이다.

1. 노동의 한계생산가치를 구하고, 노동시장이 완전경쟁시장이라면 남자와 여자의 임금은 각각 얼마가 되겠는가? 이때 남자와 여자의 고용량은 얼마인가?

1. 최적 임금과 고용량 선택 : $VMP_L=w$

① 노동시장이 완전경쟁인 경우에 균형조건은 $VMP_L=w$이 성립하고 이때 $VMP_L=P\times MP_L$

② 문제에서 제시된 정보는 $P=5$이고, $MP_L=2$이므로 $VMP_L=5\times2=10$

③ 따라서 균형임금은 남녀 모두 10이 되고, 노동고용량은 노동공급곡선이 임금을 대입하면 $L_M^*=240$, $L_F^*=400$

2. 그래프를 이용한 설명

시장에서 균형임금이 $w=10$으로 주어진 경우 남자와 여자의 노동공급곡선에 대입해 최적 고용량을 구할 수 있으며 이를 그래프로 나타내면 다음과 같음

그림 노동시장

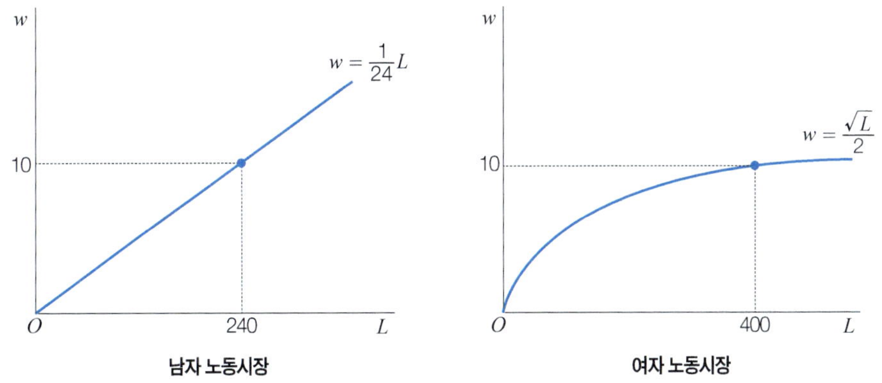

2. 이 기업이 노동의 수요독점이라고 가정할 때, 남자와 여자의 한계노동비용을 구하시오.

예시 목차

1. 남자의 한계노동비용 도출
2. 여자의 한계노동비용 도출
3. 그래프를 이용한 설명

1. 남자의 한계노동비용 도출

① 노동시장이 수요독점인 경우에 한계노동비용은 총노동비용을 노동으로 미분해 구할 수 있다.

② 총고정비용 $TFC_L^M = wL = \frac{1}{24}L \times L = \frac{1}{24}L^2$

③ 따라서 한계노동비용은 $MFC_L^M = \frac{\Delta TFC_L}{\Delta L} = \frac{1}{12}L$

2. 여자의 한계노동비용 도출

① 마찬가지 방법으로 여자의 총고정비용은 $TFC_L^F = wL = \frac{\sqrt{L}}{2} \times L = \frac{L\sqrt{L}}{2}$

② 따라서 한계노동비용은 $MFC_L^F = \frac{\Delta TFC_L^F}{\Delta L} = \frac{3}{4}\sqrt{L}$

3. 그래프를 이용한 설명

그림 한계노동비용

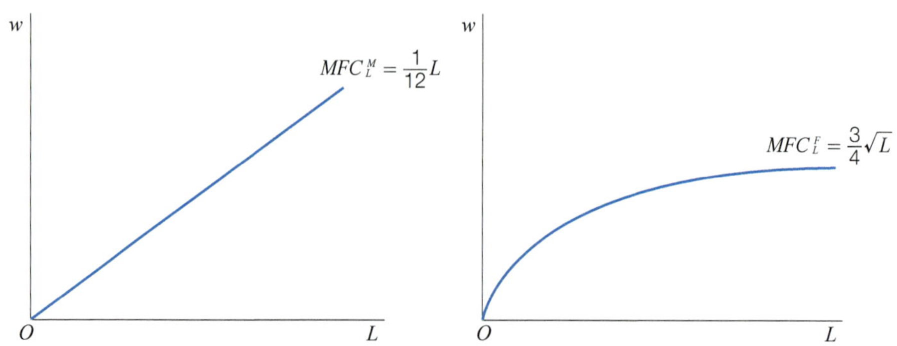

(a) 남자 한계노동비용 (b) 여자 한계노동비용

3. **이 기업이 노동의 수요독점이라고 가정할 때, 기업의 최적 노동투입량과 임금을 구하시오. 남자와 여자의 임금은 동일한가의 여부를 판단하시오.**

예시 목차

1. 수요독점시장의 균형
2. 그래프를 이용한 설명

1. 수요독점시장의 균형

① 노동시장이 수요독점시장인 경우에 기업의 최적 고용량은 다음과 같이 나타낼 수 있음 $VMP_L = w = MFC_L$

② 남자노동시장과 여자노동시장은 동일하게 임금이 같은 $w=10$이므로 $VMP_L = w = 10$으로 동일

③ 이때 남자의 $MFC_L^M = \frac{1}{12}L$이고 여자의 $MFC_L^F = \frac{3}{4}\sqrt{L}$

④ 따라서 남자의 최적고용량은 $10 = \frac{1}{12}L$에서 $L_M^* = 120$

⑤ 여자의 최적고용량은 $10 = \frac{3}{4}\sqrt{L}$에서 $L_F^* = \frac{1,600}{9}$

⑥ 그리고 남자의 최적임금은 5이고 여자의 최적임금은 5/3

⑦ 그 결과 남자와 여자의 임금은 동일하지 않음

2. 그래프를 이용한 설명

수요독점하의 남자와 여자의 최적 고용량과 임금을 그래프로 나타내면 다음과 같음

그림 최적균형

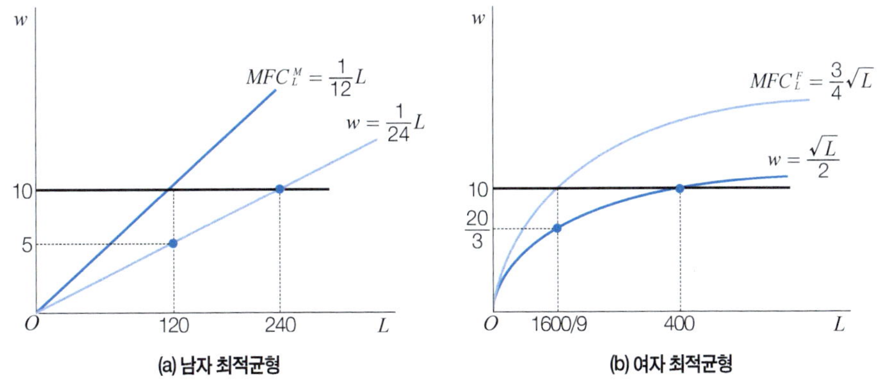

(a) 남자 최적균형 (b) 여자 최적균형

4. 정부가 남자와 여자의 임금이 동일해야 한다는 규정을 도입하였다고 하자. 남자와 여자 노동을 합친 시장 전체의 이윤을 극대화하는 임금을 구하고 이때 남자와 여자의 고용량을 구하시오.

예시 목차

1. 남자와 여자 노동을 합한 시장 노동공급곡선

(1) 시장노동공급곡선의 도출

임금이 w로 주어진 경우에 남자와 여자의 노동공급의 합은 다음과 같이 나타낼 수 있음

$L=L_M+L_F=24w+4w^2$

(2) 그래프를 이용한 설명

여자의 노동공급함수가 2차 함수이므로 정확한 그래프를 그리기 쉽지 않으므로 대략적인 형태만 그래프로 그려보면 좋을 것

2. 이윤극대화 임금과 남자와 여자 고용량

(1) 이윤극대화 임금 계산

① 기업의 이윤은 다음과 같이 총수입에서 총비용을 뺀 크기

$\pi=TR-TC,\ P=5$

$TR=PQ=P\times 2L=10L=10(24w+4w^2)$

$TC=wL=w(24w+4w^2)$

따라서 $\pi=240w+16w^2-4w^3$

② 이윤극대화 임금수준을 구하기 위해서 이윤함수를 임금으로 미분하고 0으로 두면 다음과 같이 최적 임금수준을 구할 수 있음

$$\frac{\Delta\pi}{\Delta w}=240+32w-12w^2=0$$

$w^*=6$

(2) 이윤극대화 고용량 계산

이윤극대화를 달성하는 최적 임금수준인 $w^*=6$을 남자와 여자의 노동공급곡선에 대입하면 각각 $L_M^*=144$, $L_F^*=144$

Point 4

노동시장 균형과 이동

1. 다음의 상황을 고려하여 물음에 답하시오.

> 노동과 자본을 투입해서 X재를 생산하고, 노동과 토지를 투입하여 Y재를 생산하는 경제가 있다. 생산물시장과 생산요소시장은 모두 완전경쟁적이다. 노동은 양 산업 간 이동이 자유로운 생산요소이며, X재 산업에 고용된 노동량을 L_X, Y재 산업에 고용된 노동량을 L_Y로 나타난다. 반면에 자본과 토지는 각각 X재와 Y재에만 투입된다. X재 산업에서 노동의 한계생산이 $\frac{1}{2L_X}$이고, Y재 산업에서 노동의 한계생산이 $\frac{2}{L_Y}$이며 이 국가에 존재하는 총노동량은 30이다. 두 재화의 상대가격은 모두 1이라고 한다.

(1) 두 시장의 균형에서 노동의 적정 투입량을 구하시오.
(2) X재로 표시한 노동의 실질임금이 1/4라고 한다면, X재 산업에서 노동의 수요량은 얼마인가?
(3) 두 재화의 가격이 모두 5%씩 감소하는 경우에 노동자의 실질임금은 어떻게 되겠는가?
(4) 다른 조건이 일정한 경우에 X재의 가격이 상승하는 경우, Y재의 산업에 고용된 노동량은 증가할지 감소할지 설명하시오.
(5) 다른 조건이 일정한 경우에 X재의 가격이 5% 상승하면 명목임금은 얼마나 변하게 되는지 설명하시오. 정확하게 5% 상승하는가?

1. 다음의 상황을 고려하여 물음에 답하시오.

> 노동과 자본을 투입해서 X재를 생산하고, 노동과 토지를 투입하여 Y재를 생산하는 경제가 있다. 생산물시장과 생산요소시장은 모두 완전경쟁적이다. 노동은 양 산업 간 이동이 자유로운 생산요소이며, X재 산업에 고용된 노동량을 L_X, Y재 산업에 고용된 노동량을 L_Y로 나타난다. 반면에 자본과 토지는 각각 X재와 Y재에만 투입된다. X재 산업에서 노동의 한계생산이 $\frac{1}{2L_X}$이고, Y재 산업에서 노동의 한계생산이 $\frac{2}{L_Y}$이며 이 국가에 존재하는 총노동량은 30이다. 두 재화의 상대가격은 모두 1이라고 한다.

(1) 두 시장의 균형에서 노동의 적정 투입량을 구하시오.

① 두 산업 X, Y에서 임금격차가 발생한다면 노동이동이 자유로운 경우에는 노동자들은 높은 임금을 주는 곳으로 이동

→ 따라서 임금이 동일해질 때 더 이상의 이동이 발생하지 않게 되므로 균형임금은 임금이 같아지는 상황

② 노동의 한계생산력설에 의하면 실질임금은 한계생산과 같은 수준에서 결정

→ 결국 두 산업의 한계생산이 같아지는 수준에서 노동은 이동을 멈추게 됨

③ 추가적으로 이 국가에 존재하는 총노동량은 30

→ 따라서 이를 목적식과 제약식으로 쓰면 다음과 같음

$$(\text{목적식})\ MP_L^X = \frac{1}{2L_X} = MP_L^Y = \frac{2}{L_Y}$$

$$(\text{제약식})\ \overline{L} = 30 = L_X + L_Y$$

④ 따라서 $L_X=6, L_Y=24$

(2) X재로 표시한 노동의 실질임금이 1/4라고 한다면, X재 산업에서 노동의 수요량은 얼마인가?

① 실질임금은 노동의 한계생산량과 같아짐

② $w = \frac{1}{4} = MP_L^X = \frac{1}{2L_X}$이 성립하게 되어 $L_X=2$

(3) 두 재화의 가격이 모두 5%씩 감소하는 경우에 노동자의 실질임금은 어떻게 되겠는가?

① 두 재화의 가격이 5%씩 감소하는 경우에는 노동의 명목임금도 정확하게 5% 감소
② 따라서 실질임금은 변함이 없음

(4) 다른 조건이 일정한 경우에 *X*재의 가격이 상승하는 경우, *Y*재의 산업에 고용된 노동량은 증가할지 감소할지 설명하시오.

① *X*재 가격이 상승하는 경우에 *X*재의 한계생산가치인 VMP_L은 커지므로 노동의 수요곡선이 상방으로 이동
② 따라서 *Y*재 산업에 고용된 노동자들은 *X*재 산업으로 이동
③ 그 결과 *Y*재 산업에 고용된 노동량은 감소

(5) 다른 조건이 일정한 경우에 *X*재의 가격이 5% 상승하면 명목임금은 얼마나 변하게 되는지 설명하시오. 정확하게 5% 상승하는가?

① *X*재 산업의 가격만 5%상승하게 되고, *Y*재의 가격을 비롯한 다른 요인들이 고정되어 있는 상황이라면 *X*재 산업에 고용이 증가
→ 그 결과 *X*재 산업의 한계생산은 감소하게 되고, 그 결과 실질임금은 하락
→ 결국 명목임금은 5%보다 작게 상승
② 만일 명목임금이 5% 상승하게 되면 실질임금은 불변이 되기 때문
③ 실질임금이 하락한다는 것은 명목임금이 5%보다 작게 상승한다는 것을 의미

Point 5

헤도닉 모형

1. 근로자의 효용함수는 $U = \sqrt{w} - 2x$이고, w는 임금, x는 기업 내의 공기 중에서 독성오염물질의 비율을 의미한다. 경제에 오직 깨끗한 직업($x=0$)과 더러운 직업($x=1$)의 두 가지만 존재한다고 하자. 깨끗한 직업에서 받는 임금이 w_0이고, 더러운 직업에서 받는 임금을 w_1이라고 한다. 깨끗한 직업의 임금이 시간당 16이라면 더러운 직업의 임금은 얼마인가? 보상적 임금격차는 얼마가 될 것인가 계산하여라.

① 모든 사람들의 선호가 동일하다고 가정
- 깨끗한 직업에서의 효용 : $(x = 0)$ $U_0 = \sqrt{w_0} - 2(0) = \sqrt{w_0}$
- 더러운 직업에서의 효용 : $(x = 1)$ $U_1 = \sqrt{w_1} - 2(1) = \sqrt{w_1} - 2$

② 깨끗한 직업에서 시간당 임금이 $w_0=16$인 경우에 효용수준은 $U_0 = \sqrt{16} = 4$가 되고, 동일한 효용을 제공하는 더러운 직업에서 시간당 임금은 $U_0 = 4 = U_1 = \sqrt{w_1} - 2$에서 $w_1=36$

③ 따라서 보상적 임금격차는 $w_1-w_0=36-16=20$

④ 이를 그림으로 나타내면 다음과 같음

그림 **효용함수와 보상임금격차**

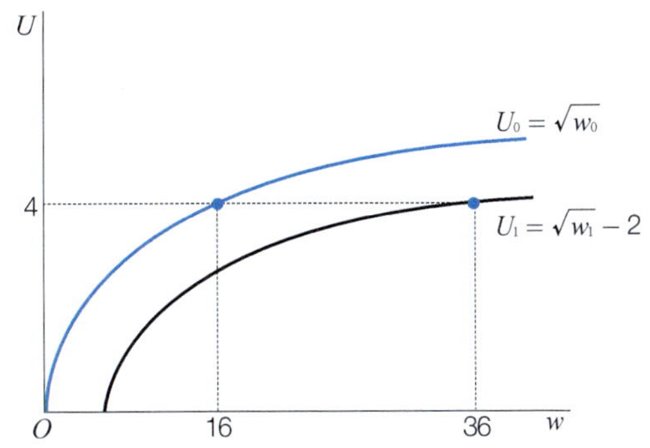

POINT 5 헤도닉 모형

저자 약력

장선구
성균관대학교 경제학과 졸업
성균관대학교 경제학 박사
한국경제학회 종신회원
(전) 웅지세무대학교 회계정보학과 교수
(전) 동국대학교 입학사정관
(현) 성균관대학교 경제학과 겸임교수
(현) 성균관대학교 국립외교원 모의고사 출제 및 특강
(현) 에듀윌 경영 아카데미 CPA 경제학, CTA 재정학 강의
(현) 프라임 법학원 노무사 노동경제학, 감정평가사 경제학 강의
(현) 공단기 경제학 강의
(현) 유니스터디 경제학 강의
(저서) 와이드 경제학 4판(비앤엠북스)
정석미시경제론(비앤엠북스)
정석거시경제론(비앤엠북스)
원샷123 객관식경제학(비앤엠북스)
경제학 그래프 계산특강(비앤엠북스)
현대경제학(율곡출판사) 외 다수
(유튜브채널) 경제학짱박사

저자와의
협의하에
인지생략

장선구 노동경제학 연습 제2판 [응용실전편]

2020년 01월 04일 초판 인쇄
2021년 01월 15일 초판 2쇄 발행
2023년 03월 25일 2판 인쇄
2023년 04월 05일 2판 1쇄 발행

편저자 : 장 선 구
발행인 : 정 광 식
발행처 : **비앤엠북스**
서울시 금천구 가산디지털1로 70 B1-103(호서대벤처타워)
등 록 2004. 12. 29. / 제313-2004-00298호
전 화 2627-5710~13, 팩스 2627-5720
홈페이지 www.대학교재.net
이 메 일 bnmbook@daum.net

정가 35,000원 ISBN 978-89-6821-183-6